职业教育·城市轨道交通类专业教材

Chengshi Guidao Jiaotong Yunying Anquan
城市轨道交通运营安全

彭湘涛　黎新华　主　编
丛　丛　李俊辉　副主编
　　　　谢小星　主　审

人民交通出版社股份有限公司
北　京

内 容 提 要

本教材依据《高等职业学校城市轨道交通运营管理专业教学标准》，参考岗位职业能力要求，融入职业技能等级证书（1+X证书）考点，并充分吸收一线工作人员的工作经验，系统阐述了城市轨道交通运营安全的相关内容，具体包括：城市轨道交通运营安全基础、城市轨道交通运营安全相关法律法规、城市轨道交通危险源辨识与控制管理、城市轨道交通行车与客运安全管理、城市轨道交通运营安全技术管理、城市轨道交通应急管理和城市轨道交通运营安全分析与评价，总计七个模块。

本书是城市轨道交通类专业的核心课教材，可供高职、中职院校教学选用，也可作为城市轨道交通行业岗位培训或自学用书，同时可供城市轨道交通行业工程技术人员学习参考。

图书在版编目(CIP)数据

城市轨道交通运营安全/彭湘涛,黎新华主编. —北京:人民交通出版社股份有限公司,2021.11
ISBN 978-7-114-17542-8

Ⅰ.①城… Ⅱ.①彭…②黎… Ⅲ.①城市铁路—交通运输安全—交通运输管理—职业教育—教材 Ⅳ.①U239.5

中国版本图书馆 CIP 数据核字(2021)第 154073 号

职业教育·城市轨道交通类专业教材

书　名：	城市轨道交通运营安全
著作者：	彭湘涛　黎新华
责任编辑：	李　晴
责任校对：	孙国靖　宋佳时
责任印制：	张　凯
出版发行：	人民交通出版社股份有限公司
地　址：	(100011) 北京市朝阳区安定门外外馆斜街 3 号
网　址：	http：//www.ccpcl.com.cn
销售电话：	(010) 59757973
总经销：	人民交通出版社股份有限公司发行部
经　销：	各地新华书店
印　刷：	北京鑫正大印刷有限公司
开　本：	787×1092　1/16
印　张：	20
字　数：	452 千
版　次：	2021 年 11 月　第 1 版
印　次：	2021 年 11 月　第 1 次印刷
书　号：	ISBN 978-7-114-17542-8
定　价：	48.00 元

(有印刷、装订质量问题的图书由本公司负责调换)

前言

当前，城市轨道交通已成为我国许多大中城市的公共交通骨干，对缓解城市用地压力、提高人民出行效率、减少环境污染都发挥着至关重要的作用。城市轨道交通运行速度快，载运量大，运营中使用大量的运输生产设备，既有与运输直接相关的行车设备，也有服务乘客的机电设备；大量人员参与运营过程，既有成千上万的工作人员，又有日均百万次甚至千万次的乘客运量。因此，城市轨道交通的从业人员必须具备很强的安全意识，掌握多方面的安全技能，正确执行作业的操作流程，及时准确处理各类突发事件，为乘客的安全出行提供有力保障。

为贯彻落实《国家职业教育改革实施方案》（国发〔2019〕4号）等文件精神，服务城市轨道交通行业发展，编者与广州地铁、深圳地铁等多家地铁企业开展了城市轨道交通运营岗位职业能力要求论证，依据《高等职业学校城市轨道交通运营管理专业教学标准》，对照岗位职业能力要求，吸收一线企业员工工作经验，融入职业技能等级证书（1+X证书）标准，基于校级精品课程和校级课程思政示范课程的建设成果，编成了本书。

本书在编写过程中注重突出以下特色：

- **内容编排科学合理**。本书体系架构清晰，层次和篇幅合理，理实结合，图文并茂，利用知识拓展等模块融入行业发展新技术、新应用和思政元素，符合职业教育教学标准的各项要求。
- **职业导向，课证融通**。本书充分借鉴企业岗位要求，设置了典型工作任务，并在各模块中指明了相关的职业技能等级证书（1+X证书）考点，以期为学生未来的职业发展奠定良好基础。
- **以案例为载体组织教学单元，体现先进职业教育理念**。本书以真实案例的介绍和分析作为模块导入和单元导入，目的是激发学生学习兴趣，同时强化职业精神和职业责任感的培养。
- **应用信息技术，建设融媒体教材**。本书力求做到可听、可视、可练、可交互，配有课件、教案、动画、视频、在线课程、虚拟仿真实训等丰富的助学助教资源，以支持多种教学模式的开展。
- **职业院校与龙头企业、科研机构联合开发编审**。本书由广东交通职业技术学院彭湘涛、黎新华任主编，丛丛、李俊辉任副主编，轨道交通产业教育研究院谢小星任主审，广州地铁集团有限公司、深圳市地铁集团有限公司和青岛地铁集团有限公司在大纲论证和岗位标准、员工经验、实际案例的提供方面给予了大力支持。本书的具体编写分工为广东交通职业技术学院彭湘涛编写模块二、模块三、模块五、模块六，广东交通职业技术学院丛丛、李俊辉编写模块四，广州市交通运输职业学校夏荷香编写模块一，广东交通职业技术学院黎新华编写模块七。全书由彭湘涛统稿。

  本书在编写过程中还参考了许多专家、学者发表的有关城市轨道交通运营安全的文献，已尽可能将其列出，但不排除部分文献并未列明出处，在此一并向文献作者表示感谢。限于编者水平，书中未尽之处，恳请读者批评指正。

编　者

2021 年 7 月

目录

模块一 城市轨道交通运营安全基础 /1

单元一 安全及安全管理基础知识 ……………………………………………… 2
单元二 事故致因理论和事故预防理论 ………………………………………… 11
单元三 安全生产管理 …………………………………………………………… 26
单元四 城市轨道交通运营安全基础知识 ……………………………………… 31
单元五 城市轨道交通运营安全影响因素 ……………………………………… 43
单元六 城市轨道交通运营安全保障体系 ……………………………………… 51
思考与练习 ………………………………………………………………………… 64

模块二 城市轨道交通运营安全相关法律法规 /65

单元一 安全管理法律法规基础 ………………………………………………… 66
单元二 《安全生产法》 ………………………………………………………… 70
单元三 城市轨道交通安全管理相关法律法规 ………………………………… 74
思考与练习 ………………………………………………………………………… 81

模块三 城市轨道交通危险源辨识与控制管理 /82

单元一 危险源识别 ……………………………………………………………… 83
单元二 危险源评价与控制管理 ………………………………………………… 94
单元三 安全色与安全标志 ……………………………………………………… 103
　　　　任务工单一 危险源识别 ……………………………………………… 116
思考与练习 ………………………………………………………………………… 118

模块四　城市轨道交通行车与客运安全管理　/119

单元一　行车安全管理 ··· 120
　　任务工单二　隧道疏散应急处理 ··· 127
单元二　行车调度安全 ··· 130
单元三　车站作业安全 ··· 134
单元四　列车驾驶安全 ··· 138
单元五　客运安全管理 ··· 142
　　任务工单三　列车上发现可疑物品处理 ·· 149
单元六　调车作业安全 ··· 152
单元七　试验试车安全 ··· 155
单元八　城市轨道交通施工作业安全 ·· 161
思考与练习 ··· 177

模块五　城市轨道交通运营安全技术管理　/178

单元一　消防安全 ·· 179
　　任务工单四　灭火器结构认知及初起火灾处理 ···························· 193
　　任务工单五　站台火灾应急处理 ··· 195
单元二　电气安全管理 ··· 198
单元三　机械设备安全管理 ·· 216
单元四　特种设备和特种作业安全 ··· 223
思考与练习 ··· 231

模块六　城市轨道交通应急管理　/232

单元一　城市轨道交通突发事件 ··· 233
单元二　应急管理体系 ··· 236
单元三　城市轨道交通应急设备及突发事件应急处理 ························· 249
　　任务工单六　水侵出入口应急处理 ··· 266
　　任务工单七　车站照明全部熄灭处理 ··· 268
单元四　伤害急救管理 ··· 270
　　任务工单八　乘客突发情况应急处理 ··· 276

思考与练习 ·· 279

模块七　城市轨道交通运营安全分析与评价　/280

单元一　城市轨道交通运营安全分析 ··· 281
单元二　城市轨道交通运营安全评价 ··· 298
思考与练习 ·· 308

参考文献　/309

数字资源索引

序号	名称	页码
1	"四不放过"原则	61
2	安全管理法律法规体系	68
3	违反规章,代价巨大	70
4	安全生产事故处置	73
5	消防安全	79
6	风险评估	95
7	风险控制	95
8	风险辨识	101
9	行车安全无小事	120
10	行车安全	122
11	调查目的和意义	126
12	施工安全不可忽视	161
13	消防安全概述	181
14	消防安全设备设施	192
15	火灾扑救逃生	192
16	地铁车厢火灾应急逃生	193
17	电气安全	201
18	预防机械伤害的措施	217
19	特种设备的认知	225
20	特种设备认识及安全使用	226
21	车辆救援抢险队队员训练、演习、抢险联系手语	234
22	正线大面积停电故障	256
23	车站停电应急处理	256
24	列车火灾紧急处理	257
25	乘客受伤(急病)救助演练	260
26	恶劣天气应急处理	264
27	列车脱轨起复救援	265
28	强暴雨出入口水淹事件应急处理演练	266

模块一

城市轨道交通运营安全基础

模块导入

南京地铁 2 号线一列车由油坊桥站开往经天路站，在南大仙林站正常上下客后，司机启动了发车按钮，同时由于该站站台门有被挤开的信号，出于安全设计，系统未输出动力。司机随即下车检查异常，但站台门又迅速复位，列车启动。司机发现列车启动后，立即上车，但在上车过程中，未能站稳，跌落轨行区，头部等部位摔伤。事发后，由便乘司机继续执乘该车，列车正常开行，未对乘客出行造成影响。

地铁的驾驶系统分为自动驾驶系统和手动驾驶系统。在自动驾驶模式下，司机到站后要负责开关门和启动列车。意外发生后，列车由自动驾驶模式在南—经区间内运行。当时列车上恰好坐着一位赶去经天路站上班的便乘司机。他在听到一声异常响动后，发现驾驶室内没有人，便立即做出反应，将驾驶室的车门打开，开始操控列车，并向控制中心汇报情况。最后，列车正常到达经天路站。实际上，如果地铁处于无人驾驶状态，按照程序，其会停靠在下一站。

此次事故的直接原因是，列车由于安全设计的原因，在站台门被挤开的情况下，列车系统没有输出动力。但在司机下车查看时，被挤开的站台门瞬间又迅速复位，列车开始启动，司机在迅速上车的过程中，未能站稳导致跌落。

城市轨道交通运营中采用了很多自动化程度很高的设备，如果不能正确掌握其使用方法和特性，就有可能导致意想不到的危险。安全是各企业追求的共同目标，特别是对于城市轨道交通企业来说，由于涉及大量乘客和繁多的设备，安全管理更是企业管理的重中之重。城市轨道交通企业通过各类安全培训和教育的方式，提高员工的安全意识和安全技能，同时不断提高设备的可靠性，进一步优化作业流程，也向乘客宣传安全乘车知识，通过不同的途径确保整个企业的运输安全生产。

X证书考点

在本模块中，城市轨道交通站务职业技能等级证书（1＋X 证书）考评要求掌握人身安全基本知识，包括乘客人身安全和员工通用安全作业；同时掌握劳动防护用品的使用和管理。

教学目标

1. 掌握安全、危险、事故等基本概念。
2. 了解安全的相互关系。
3. 掌握事故的致因理论和预防理论。
4. 了解安全生产管理的相关理论。
5. 了解城市轨道交通运营安全的特点。
6. 了解城市轨道交通运营安全的影响因素。

建议学时

6 学时。

单元一 安全及安全管理基础知识

单元导入

列车司机洗刷库违章作业引致伤亡

【事件经过】

某年某月某日上午 10：17，某地铁 1 号线乘务中心丙班 30 组司机黄某、副司机张某（男，23 岁）按 60 号表驾驶 415 车回车辆段，进 2 号联络线，准备入洗刷库，执行洗刷作业。

10：23，列车运行至洗刷库。洗刷作业过程中，司机黄某在前部驾驶室驾驶列车，副司机张某在尾部驾驶室执行监护作业。洗刷作业完毕，与信号楼联系确认后，司机黄某驾驶列车出库。

10：32—10：35，列车运行至车辆段东牵线，在规定位置停车后，黄某更换操纵台，步行至尾部驾驶室，准备折返回停车列检库，此时发现副司机张某不在驾驶室内。

因调车信号已开放，黄某确认列车两侧无人后，独自驾驶列车回库。入库停车后，黄某去运转室询问张某是否退勤，经值班员任某确认，张某没有退勤。

10：36，运转室甲班值班员任某向运转室值班班长汪某报告，丙班 30 组副司机张某不知去向。汪某立即赶到值班室和黄某一起去洗刷库寻找张某，途经中平交道北门时遇到了丙班 24 组副司机呼某，三人一同去了洗刷库。经询问，洗刷库管理员称 415 车副司机出库时在尾部驾驶室内。三人随即出库，沿出库线路寻找。

10：55，至距东平交道口东侧 67m 处，发现张某头部朝西脚朝东，蜷卧于道床南侧。当时张某头部有血迹，口鼻涌血，呼唤没有反应。

11：02，呼某打 120 叫急救车，汪某向乘务中心领导报告。随后，呼某背着张某，由黄某和汪某协助，将张某移到东平交道口处。

11:18，急救车到达现场后医务人员立即对张某进行抢救，最终因抢救无效死亡。

【事件分析】

直接原因：上述事故的直接原因是副司机张某违章作业。

间接原因：一是运营分公司安全管理有缺陷：缺少严格的安全检查监督机制，存在职工违章现象；安全规章制度落实不到位，个别职工安全意识淡薄。二是责任范围内所属设备管理不清：运营分公司对车辆段所管辖的设备管理不善，未制定通风系统动力控制箱按钮箱安全操作规程，未指定设备负责人，未制定该设备的维护、保养制度。运营分公司对所管辖的设备隐患排查不彻底，车辆段通风系统自2004年安装完毕后长期处于无人维护、管理的状态。三是照明问题：车辆段车场作业环境照明不足，东平交道口距事发地点有五盏灯不亮，事故地点照明不足。

【定性定责】

（1）根据《生产安全事故报告和调查处理条例》（国务院令493号），该起事故定性为生产安全一般事故；根据地铁公司《运营事故处理规则》第13条第一款，该起事故定性为重大事故。

（2）给予运营分公司党政主要领导行政警告处分；给予运营分公司分管运营安全工作领导、分管车辆段设备维修工作领导行政记过处分。

（3）运营分公司对相关责任人提出处理意见，并上报公司。

【案例启示】

隐患存在于生产生活中，当具备一定条件时，可能导致事故的发生。上述案例中，员工安全意识淡薄，制度不健全，都有可能成为事故发生的直接原因。

任务要求

1. 掌握安全和安全管理的相关概念。
2. 了解安全相关概念的相互关系。
3. 了解安全问题的基本特性。

一 安全相关概念及相互关系

（一）安全相关概念

1. 安全

关于安全的概念，可归纳为两种，即绝对安全和相对安全。

绝对安全观是人们较早时期对安全的认识，目前仍然有一部分现场生产管理人员和科技工作者持此认识。绝对安全观认为，安全指没有危险、不受威胁、不出事故，即消除能导致人员伤害，发生疾病、死亡或造成设备财产破坏、损失以及危害环境的条件。无危则安，无损则全。例如，《牛津简明英语词典》将安全定义为"不存在危险和风险"。有的学者认为安全是"免于能引起人员伤亡或财产损失的条件""安全意味着系统不会引起事故的能力""安全即是无事故，没有遭受或引起创伤、损失或损伤"。这种安全观认为发生死亡、工伤等的概率为零,这在现实生产系统中是不存在的,是安全的一种极端理想的状态。由于绝对安全观过分强调安全的绝对性,使其应用范围受到了很大的限制,特别是在分析社会-技术系统的安全问题时更是如此。

与绝对安全观相对应的就是人们现在普遍接受的相对安全观。相对安全观认为,安全是相对的,绝对安全是不存在的。例如,美国哈佛大学的劳伦斯教授将安全定义为"安全就是被判断为不超过允许极限的危险性,也就是指没有受到损害的危险或损害概率低的通用术语";霍巴特大学的罗林教授指出,"所谓安全系指判明的危险性不超过允许限度";《英汉安全专业术语词典》将安全定义为"安全意味着可以容许的风险程度,比较地无受损害之忧和损害概率低的通用术语"。

由相对安全的定义可知,安全是在具有一定危险性条件下的状态,安全并非绝对无事故。事故与安全是对立的,但事故并不是不安全的全部内容,而只是在安全与不安全这一对矛盾斗争过程中某些瞬间突变结果的外在表现。安全依附于生产过程,伴随生产过程而存在。但安全不是瞬间的结果,而是对系统在某一时期,某一阶段过程状态的描述;换言之,安全是一个动态过程,它是关于时间的连续函数。但在现有理论和技术条件下,确定某一生产系统的具体安全函数形式是非常困难的,通常采用概率法来估算系统处于安全状态的可能性,或者利用模糊数学来说明在非概率情形下的不精确性。

因此,安全是指在生产与生活活动过程中,能将人或物的损失控制在可接受水平的状态;换言之,安全意味着人或物遭受损失的可能性是可以接受的,若这种可能性超过了可接受的水平,即为不安全。该定义具有下述含义:

(1) 这里所讨论的安全是指生产领域中的安全问题,既不涉及军事或社会意义的安全与保安,也不涉及与疾病有关的安全。

(2) 安全不是瞬间的结果,而是对于某种过程状态的描述。

(3) 安全是相对的,绝对安全是不存在的。

(4) 构成安全问题的矛盾双方是安全与危险,而非安全与事故。因此,衡量一个生产系统是否安全,不应仅仅依靠事故指标。

(5) 不同的时代,不同的生产领域,可接受的损失水平是不同的,因而衡量系统是否安全的标准也是不同的。

2. 危险

关于什么是危险,从文献上看,目前还没有十分统一的定义。作为安全的对立面,可以将危险定义为:危险是指在生产与生活活动过程中,人或物遭受损失的可能性超出了可接受范围的一种状态。危险与安全一样,也是与生产过程共存的过程,是一种连续性的过程状态。危险包含了尚未为人所认识的,以及虽然为人们所认识但尚未为人所控制的各种隐患。同时,危险还包含了安全与不安全矛盾斗争过程中某些瞬间突变发生外在表现出来的事故结果。

3. 风险(危险性)

"风险"一词在不同场合含义有所不同。就安全而言,风险是描述系统危险程度的客观量，这主要有两种考虑：一是把风险看作一个系统内有害事件或非正常事件出现可能性的量度；二是把风险定义为发生一次事故的后果大小与该事故出现概率的乘积。一般意义上的风险具有概率和后果的二重性，即可用损失程度 c 和发生概率 p 的函数来表示风险 R：

$$R = f(p, c)$$

为简单起见，大多数文献中将风险表达为概率与损失程度的乘积。

$$R = p \times c$$

上述风险定义中，无论损失或者后果，均是针对事故来定义的，包括已发生的事故和将会发生的事故。风险既然是对系统危险性的度量，则仅以事故来衡量系统的风险是很不充分的，除非能够辨识所有可能的事故形式。从整个系统的角度出发，风险是系统危险影响因素的函数，即风险可表达为如下的形式：

$$R = f(R_1, R_2, R_3, R_4, R_5)$$

式中：R_1——人的因素；

R_2——设备因素；

R_3——环境因素；

R_4——管理因素；

R_5——其他因素。

4. 安全性

从系统的安全性能讲，安全性为衡量系统安全程度的客观量。与安全性对立的概念是描述系统危险程度的指标——风险（又称为危险性）。

假定系统的安全性为 S，危险性为 R（图 1-1），则有：

$$S = 1 - R$$

显然，R 越小，S 越大；反之亦然。若在一定程度上消减了危险因素，就等于创造了安全条件。

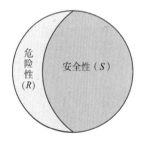

图 1-1　安全性和危险性关系

由于安全性与可靠性的联系十分密切，在实际应用中存在将可靠性与安全性混用的现象，因而有必要明确二者之间的差别。可靠性是指系统或元件在规定条件下，规定时间内，完成规定功能的能力，而安全性则是指系统的安全程度。可靠性与安全性有共同之处，从某种程度上讲，可靠性高的系统，其安全性通常也较高，许多事故之所以发生，就是由于系统可靠性较低所致。但是，可靠性不同于安全性，可靠性要求的是系统完成规定的功能，只要系统能够完成规定功能，它就是可靠的，而不管是否会带来安全问题。安全性则要求识别系统的危险所在，并将它从系统中排除。此外，故障的发生不一定导致损失，而且也存在这样的情形，即当系统所有元件均正常工作时，也可能伴有事故发生。

想一想

安全性高的系统，可靠性一定高吗？

5. 事故

"事故"一词经常使用，事故现象也屡见不鲜，但对于事故的确切内涵，至今尚无一致的认识。《牛津简明英语词典》将事故定义为"意外的、特别有害的事件"；美国安全工程师海因里希认为，事故是"非计划的、失去控制的事件"；甘拉塔勒等人从更为一般的意义上提出，"事故是与系统设计条件具有不可容忍的偏差的事件"；吉雷进一步补充说明了"事故是指任何计划之外的事件，可能引起或不会引起损失或伤害"。还有的学者从能量观点出发解释事故，认为事故是能量逸散的结果。主要观点如下：

（1）事故是违背人们意愿的一种现象。

（2）事故是不确定事件，其发生形式既受必然性的支配，但也不可避免地受到偶然性的影响。

（3）事故发生的原因，可归结为三类：

①目前尚未认识到的原因；

②已经认识，但目前尚不可控制的原因；

③已经认识，目前可以控制而未能有效控制的原因。

（4）事故一旦发生，可以造成以下几种后果：

①人受到伤害，物受到损失；

②人受到伤害，物未受损失；

③人未受伤害，物受到损失；

④人、物均未受到伤害或损失。

许多生产领域，如城市轨道交通系统，将凡是造成系统运行中断的事件均归入事故的范畴，虽然系统运行中断不一定会造成直接的财产损失或人员伤害，但却严重干扰了系统的正常运行秩序，从而带来严重的间接损失。

（5）事故的内涵相当复杂。从宏观的生产过程看，事故是安全与危险矛盾斗争过程中某些瞬间突变结果的外在表现形式，是时间轴上一系列离散的点；从微观而言，每一个事故均可看作在极短时间内相继出现的事件序列，是一个动态过程，如图1-2所示。

图1-2 事故的形成过程

综上所述，事故是指在生产活动过程中，由于人们受到科学知识和技术力量的限制，或者由于认识上的局限，当前还不能防止，或能防止而未有效控制所发生的违背人们意愿的事件序列。它的发生，可能迫使系统暂时或较长期地中断运行，也可能造成人员伤亡、财产损失或者环境破坏，或者其中二者或三者同时出现。

(6) 事故的特征主要包括事故的因果性，事故的偶然性、必然性和规律性，事故的潜在性、再现性、预测性和复杂性。

①事故的因果性。

因果，即原因和结果。因果性即事物之间，一事物是另一事物发生的根据，这是一种关联性。事故是许多因素互为因果连续发生的结果，一个因素既是前一个因素的结果，又是后一个因素的原因。也就是说，因果关系有继承性，是多层次的。

事故的因果性决定了事故的必然性。事故因素及其因果关系的存在决定事故或早或晚必然要发生。其随机性仅表现在何时、何地、何原因的意外事件触发产生而已。

掌握事故的因果关系，采取措施中断事故因素的因果连锁，就消除了事故发生的必然性，从而可能防止事故的发生。

②事故的偶然性、必然性和规律性。

从本质上讲，伤亡事故属于在一定条件下可能发生，也可能不发生的随机事件。就一特定事故而言，其发生的时间、地点、状况等均无法预测。

事故是由于客观存在不安全因素，随着时间的推移，出现某些意外情况而发生的，这些意外情况往往是难以预知的。因此，掌握事故的原因，可降低事故发生的概率；掌握事故的原因是防止事故发生的必要条件。但是，即使完全掌握了事故原因，也不能保证绝对不发生事故。

事故的偶然性还表现在事故是否产生后果（人员伤亡、物质损失）以及后果的大小难以预测。反复发生的同类事故并不一定产生相同的后果。事故的偶然性决定了要完全杜绝事故发生是困难的，甚至是不可能的。

事故的必然性中包含着规律性。既为必然，就有规律可循。必然性来自因果性，深入探查、了解事故因果关系，就可以发现事故发生的客观规律，从而为防止事故发生提供依据。应用概率理论，收集尽可能多的事故案例进行统计分析，就可以从总体上找出带有根本性的问题，为宏观安全决策奠定基础，为改进安全工作指明方向，从而做到"预防为主"，实现安全生产的目的。

由于事故或多或少地含有偶然性，因而要完全掌握它的规律非常困难。但在一定范畴内，用一定的科学仪器或手段却可以找出它的近似规律。

从偶然性中找出必然性，认识事故发生的规律性，变不安全条件为安全条件，把事故消除在萌芽状态之中，这就是防患于未然，是预防为主的科学根据。

③事故的潜在性、再现性、预测性和复杂性。

事故往往是突然发生的，然而导致事故发生的因素，即"隐患或潜在危险"早就存在，只是未被发现或未受到重视而已。随着时间的推移，一旦条件成熟，就会显现而酿成事故，这就是事故的潜在性。

事故一经发生，就成为过去。时间一去不复返，完全相同的事故不会再次显现。然而没有真正地了解事故发生的原因，并采取有效措施去消除这些原因，就会再次出现类似的事故。因此，应致力于消除这种事故的再现性，这是能够做到的。

知识拓展

成语"亡羊补牢"

"亡羊而补牢,未为迟也。"丢了羊再去修补羊圈,还不算迟。羊已经丢失,无法找回,但为了防止损失加大,就要查找羊丢失的原因,采取有效措施,防止类似的事情再次发生。

人们根据对过去事故所积累的经验和知识以及对事故规律的认识,并使用科学的方法和手段,可以对未来可能发生的事故进行预测。

事故预测就是在认识事故发生规律的基础上,充分了解、掌握各种可能导致事故发生的危险因素以及它们的因果关系,推断它们发展演变的状况和可能产生的后果。事故预测的目的在于识别和控制危险,预先采取对策,最大限度地减小事故发生的可能性。

事故的发生取决于人、物和环境的关系,具有极大的复杂性。

6. 事故隐患

在我国长期的事故预防工作中经常使用事故隐患一词。所谓隐患是指隐藏的祸患,事故隐患即隐藏的、可能导致事故的祸患。这是一个在长期工作实践中大家形成的共识用语,一般是指那些有明显缺陷、毛病的事物,即人的不安全行为和物的不安全状态。

从系统安全的角度来看,通常人们所说的事故隐患包括一切可能对人–机–环境系统带来损害的不安全因素。事故隐患可定义为:在生产活动过程中,由于人们受科学知识和技术力量的限制,或者由于认识上的局限,而未能有效控制的有可能引起事故的一种行为(一些行为)或一种状态(一些状态)或二者的结合。隐患是事故发生的必要条件,隐患一旦被识别,就要予以消除。对于受客观条件所限不能立即消除的隐患,要采取措施降低其危险性或延缓危险性增长的速度,减少其被触发的"概率"。

7. 危险源

危险源是指一个系统中具有潜在能量和物质释放危险的、可造成人员伤害、在一定的触发因素作用下可转化为事故的部位、区域、场所、空间、岗位、设备及其位置。它的实质是具有潜在危险的源点或部位,是爆发事故的源头,是能量、危险物质集中的核心,是能量从那里传出来或爆发的地方。

一般来说,危险源可能存在事故隐患,也可能不存在事故隐患。对于存在事故隐患的危险源一定要及时加以整改,否则随时都可能导致事故。

实际上,对事故隐患的控制管理总是与一定的危险源联系在一起,因为没有危险的隐患也就谈不上要去控制它;而对危险源的控制,实际就是消除其存在的事故隐患或防止其出现事故隐患。所以,在实际生产中有时不加区别也使用这两个概念。

想一想

危险源是不是就是事故隐患?

（二）相互关系

1. 安全与危险

安全与危险是一对矛盾，具有矛盾的所有特性。一方面双方互相排斥、互相否定；另一方面安全与危险两者互相依存，共同处于一个统一体中，存在着向对方转化的趋势。安全与危险这对矛盾的运动、变化和发展推动着安全科学的发展和人类安全意识的提高。

描述安全与危险的指标分别是安全性与危险性，安全性越高则危险性就越低，安全性越低则危险性就越高。即二者存在如下关系：

$$安全性 = 1 - 危险性$$

2. 安全与事故

事故与安全是对立的，但事故并不是不安全的全部内容，而只是在安全与不安全矛盾斗争过程中某些瞬间突变结果的外在表现。

系统处于安全状态并不一定不发生事故，系统处于不安全状态，也未必完全由事故引起。

3. 危险与事故

危险不仅包含了作为潜在事故条件的各种隐患，同时还包含了安全与不安全的矛盾激化后表现出来的事故结果。

事故发生，系统不一定处于危险状态；事故不发生，也不能确定系统不处于危险状态。事故不能作为判别系统危险与安全状态的唯一标准。

4. 事故与隐患

事故总是发生在操作的现场，总是伴随隐患的发展而发生在生产过程之中，事故是隐患发展的结果，而隐患则是事故发生的必要条件。

5. 危险源与事故

第一类危险源是指在生产过程中存在的，可能发生意外释放的能量，包括生产过程中各种能量源、能量载体或危险物质。第一类危险源决定了事故后果的严重程度，它具有的能量越多，发生事故后果越严重。

第二类危险源是指导致能量或危险物质约束或限制措施破坏或失效的各种因素。广义上包括物的不安全状态、人的不安全行为和管理缺陷。第二类危险源决定了事故发生的可能性，它出现得越频繁，发生事故的可能性越大。

第一类危险源的存在是事故发生的前提。第二类危险源的出现是第一类危险源导致事故的必要条件。

二　安全问题的基本特性

作为伴随生产而存在的安全问题，对于所有的技术系统都具有普遍的意义，交通运输系统也不例外。安全问题的基本特性主要表现在以下几个方面。

（一）安全的系统性

安全涉及技术系统的各个方面，包括人员、设备、环境等因素，而这些因素又涉及经济、政治、科技、教育和管理等许多方面。特别对于像城市轨道交通这样的开放系统，安全既受系统内部因素的制约，也受系统外部环境的干扰。而安全的恶化状态，即事故，不仅可能造成系统内部的损害，而且可能造成系统外部环境的损害。因此，研究和解决安全问题应从系统观点出发，运用系统工程的方法，进行综合治理。

（二）安全的相对性

凡是人类从事的生产活动，都有安全问题，所不同的只是发生事故的可能性有大有小，危害程度有轻有重而已。安全的相对性表现在三个方面：首先，绝对安全的状态是不存在的，系统的安全是相对于危险而言的；其次，安全标准是相对于人的认识和社会经济的承受能力而言，抛开社会环境讨论安全是不现实的；再次，人的认识是无限发展的，对安全机理和运行机制的认识也在不断深化，即安全对于人的认识而言具有相对性。由安全的相对性可知，在各种生产和生活活动过程中，事故或危害事件是可以避免的，但难以完全避免；各种事故或危害事件的不良作用、后果及影响可能避免，但难以完全避免。但是，事故是可以预防的，可以利用安全系统工程的原理和技术，预先发现、鉴别、判明各种隐患，并采取安全对策，从而防患于未然。

（三）安全的依附性

安全是依附于生产而存在的，它不可能脱离具体的生产过程而独立存在。只要存在生产活动，就会出现安全问题。另外，安全是生产的前提和保障，安全工作搞得不好，生产便无法顺利进行。因此，需要经常持久地抓好安全工作。

（四）安全的间接效益性

要保证生产安全必须在人员、设备、环境和管理方面有相应适时的安全投入，但安全投入所产生的经济效益和社会效益却是间接的、无形的，难以定量计算。因此，安全投入往往被忽视，只有发生了事故造成了损失之后才会意识到安全投入的必要性和重要性。事实上，安全的效益除了减少事故的直接和间接经济损失外，更重要的是在提高人员素质、改进设备性能、改善环境质量和加强生产管理等方面所创造的积极的经济效益和社会效益。

📖 知识拓展

从安全经济学的角度，通常有这样的指标：1元的直接损失直接伴随着4元的间接损失；安全上有1元的合理投入，能够有6元的经济产出。安全生产带来的是隐性效益，生产中不发生事故，才能保证生产的正常开展和连续进行，从而获得良好的经济效益；企业良好的安全生产形象，也能提升企业的市场竞争力。一旦发生事故，除了造成直接的经济损失外，还会影响生产经营、职工队伍稳定、企业形象等，造成一系列间接经济损失。

（五）安全的长期性和艰巨性

人对安全的认识在时间上往往是滞后的，很难预先完全认识到系统存在和面临的各种危险，而且即使认识到了，有时也会由于受当时技术条件的限制而无法予以控制。随着技术进步和社会发展，旧的安全问题解决了，新的安全问题又会产生。所以，安全工作是一个长期的过程，必须坚持不懈，始终如一地努力才行。

此外，高技术总是伴随高风险，随着现代科学技术的发展，各种技术系统的复杂化程度增加了。以现代交通运输系统为例，其规模、速度、设备和管理上都发生了极大的飞跃，一旦发生事故，其影响之大、伤亡之多、损失之重、补救之难，都是传统运输方式不可比拟的。此外，事故是一种小概率的随机偶发事件，仅仅利用已有的事故资料不足以及时、深入地对系统的危险性进行分析，而现代社会的文明进步又不容许通过事故重演来深化对安全的研究。因此，认识事故机理，不断揭示系统安全的各种隐患，确实是艰巨的任务。

单元二 事故致因理论和事故预防理论

单元导入

司机主观臆断引发溜车

【事件经过】

某年某月某日21：24，广州地铁1号线1326次（2728车）由司机和学员以SM模式驾驶进长寿路站上行站台。对标停车后，司机发现左侧车门无法打开（司机误按了关门按钮），"左门开"按钮指示灯不亮（灯泡烧坏），便认为列车无开门信号。司机按压强行开门按钮后，指示灯还是不亮。21：27，司机切除ATP，开门指示灯仍不亮。21：30，行调要求司机按压8K01/8K07继电器开车门清客，但车门仍无法打开（司机错误按压了下一行的2K03继电器）。21：30，行调命令1326次司机解锁车门清客。21：32，行调命令司机清客完毕后，打车门旁路动车不停站到广州东站退出服务。21：37，司机发现旁路车门后，列车保压制动不能缓解，无法动车（旁路开关故障）。21：37，行调决定救援，长寿路站值班站长给司机提供了另一把方孔钥匙，司机和学员一起去切除B09（未施加停车制动），司机切除了1A28、1C28、1B27车的B09；学员切除了1B28、1C27、1A27车的B09。21：42，司机到达1A28端驾驶室报告行调已切除B09；行调命令：连挂推进运行回厂。此时，由于未施加停车制动，又切除了全部的B09，列车发生向前溜动并加速，但1326次司机误认为列车已经连挂并在被推进运行中，未采取任何停车措施。21：43，救援车司机发现前方故障车向前移动，报告行调。行调马上命令1326次列车停车，司机这才施加制动停车。

【事件分析】

（1）当值司机业务能力不强，在整个故障处理过程中未能按照该公司制定的列车故障处理指南执行。当值司机发现列车停稳后左侧开门按钮灯不亮时，没有试灯检查指示灯是否烧损，也没有尝试按压开门按钮开门，主观认为指示灯不亮即为无开门使能信号就不能开门。采用继电器进行开门清客时，错误操作了其他继电器，是本次事件的直接原因。

（2）当值司机在切除B09开关前，没有按规定施加列车停车制动，盲目地与学员分头操作切除。司机做完救援准备时也未按照规定到连挂端驾驶室等待救援列车。当值司机在列车已没有制动、一直向前溜动的过程中没有安全意识，在没有确认连挂情况下臆测为列车已连挂上推进运行，是导致本次事件发生的主要原因。

（3）1325次（前序列车）司机到达西塱站后未将1A28车左门关指示灯不亮的故障信息进行交接。

【定性定责】

根据《运营事故（事件）调查处理规则》的规定，本次事件定性为列车溜走并进入区间，险性事件。

【案例启示】

任何事故的发生，都是由一定的原因引起，而在平时的运输活动中，可以通过一些预防措施避免事故的发生。如上述案例中，车辆在切除制动系统后，如果采取了防溜措施，或者司机认真确认了制动系统的状态，没有主观臆断，这起事故就有可能不会发生。

任务要求

1. 了解几种常见的事故致因理论。
2. 了解几种常见的事故预防理论。

在城市轨道交通事故中，人员伤亡或者财产损失是事故的结果，违章操作、设备故障等是导致事故发生的直接原因，但调度指挥不当、人员安全培训不到位、操作环境欠佳、管理制度存在缺陷等也可能致使事故发生。因此，事故的发生并不是孤立的原因引起的，而是由众多的环节组成的；伤亡事故的发生不是一个孤立的事件，而是一系列与原因事件相继发生的结果。为了防止事故，必须弄清事故为什么会发生，即造成事故发生的因素（事故致因因素）有哪些，并在此基础上，研究如何通过消除、控制事故因素来防止事故发生。

事故有自然事故和人为事故之分。自然事故是指由自然灾害造成的事故，如地震、洪水、旱灾、山崩、滑坡、龙卷风等引起的事故。人为事故是指由人为因素而造成的事故，这类事故既然是人为因素引起的就能够预防。事故之所以可以预防是因为它具有一定的特性和规律，只要掌握了这些特性和规律，并能合理应用，事先采用有效措施加以控制，就可以预防和减少事故的发生及其造成的损失。

一　事故致因理论

事故是一种可能给人类带来不幸后果的意外事件。在科学技术落后的古代，人们往往把事故的发生看作是人类无法违抗的"天意"或"命中注定"，从而祈求神灵保佑。随着社会的发展、科学技术的进步，特别是工业革命以后工业事故频繁发生，人们在与各种工业事故斗争的实践中不断总结经验，探索事故发生的规律，相继提出了阐明事故为什么会发生，事故是怎样发生的以及如何防止事故发生的理论。由于这些理论着重解释事故发生的原因以及针对事故致因因素如何采取措施防止事故，所以被称作事故致因理论。事故致因理论是指导事故预防工作的基本理论。

事故致因理论是一定生产力发展水平的产物。在生产力发展的不同阶段，生产过程中出现的安全问题有所不同，特别是随着生产方式的变化，人在生产过程中所处地位的变化，引起人们安全观念的变化，产生了反映安全观念变化的不同的事故致因理论。到目前为止，事故致因理论的发展还很不完善，还没有给出对于事故致因进行预测、预防的普遍而有效的方法，某个事故致因理论只能在某类事故的研究、分析中起到指导或参考作用。

(一) 海因里希 (H. W. Heinrich) 事故因果连锁论

海因里希首先提出了事故因果连锁论，用以阐明导致事故的各种原因之间及与事故、伤害之间的关系。该理论认为，伤害事故的发生不是一个孤立的事件，尽管伤害可能发生在某个瞬间，却是一系列互为因果的原因事件相继发生的结果。在事故因果连锁论中，以事故为中心，事故的结果是伤害（伤亡事故的场合），事故的原因包括直接原因、间接原因和基本原因三个层次。由于对事故的各层次的原因的认识不同，形成了不同的事故致因理论。因此，人们也经常用事故因果连锁的形式来表达某种事故致因理论。

海因里希把工业伤害事故的发生、发展过程描述为具有一定因果关系的事件的连锁，即：人员伤亡的发生是事故的结果，事故的发生是由于人的不安全行为或物的不安全状态造成的，人的不安全行为或物的不安全状态是由于人的缺点造成的，人的缺点是由于不良环境诱发的，或者是由先天的遗传因素造成的。海因里希最初提出的事故因果连锁过程包括表1-1中所述的五个因素。

海因里希事故因果连锁过程五个因素　　　　　表1-1

因　　素	具　体　说　明
遗传及社会环境	遗传因素及社会环境是造成人的性格上缺点的原因。遗传因素可能造成鲁莽、固执等不良性格；社会环境可能妨碍教育，助长性格上的缺点发展
人的缺点	人的缺点是使人产生不安全行为或造成机械、物质不安全状态的原因，它包括鲁莽、固执、过激、神经质、轻率等性格上的先天的缺点，以及缺乏安全生产知识和技能等后天的缺点
人的不安全行为或物的不安全状态	人的不安全行为或物的不安全状态是指曾经引起过事故或可能引起事故的人的行为或机械、物质的状态，它们是造成事故的直接原因
事故	由于物体、物质、人或放射线的作用或反作用，使人员受到伤害或可能受到伤害的出乎意料的、失去控制的事件。坠落、物体打击等能使人员受到伤害的事件是典型的事故
伤害	直接由于事故产生的人身伤害

人们用多米诺骨牌来形象地描述这种事故因果连锁关系，得到图1-3所示的海因里希事故因果连锁。在多米诺骨牌中，一颗骨牌被碰倒了，就会发生连锁反应，其余的几颗骨牌相继被碰倒。如果移去连锁中的一颗骨牌，则连锁被破坏，事故过程就被中止。海因里希认为，企业事故预防工作的中心就是防止人的不安全行为、消除机械的或物质的不安全状态，中断事故连锁的进程，从而避免事故的发生。

安全管理工作的中心是防止人为的不安全行为，消除机械的或物质的危害，这就必须加强探测技术和控制技术的研究。人为的失误常常是事故的直接原因，它是问题的中心。控制事故的方法也必然针对人的失误，包括防止管理者失误、加强工人的安全教育和培训等。

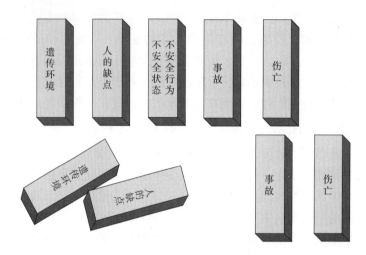

图 1-3 海因里希事故因果连锁

(二) 管理失误论

在海因里希的事故因果连锁中，把遗传和社会环境看作事故的根本原因，表现出它的时代局限性。尽管遗传因素和人员成长的社会环境对人员的行为有一定的影响，但不是影响人员行为的主要因素。在企业中，如果管理者能够充分发挥管理的控制机能，则可以有效控制人的不安全行为和物的不安全状态。

博德在海因里希事故因果连锁的基础上，提出了反映现代安全观点的事故因果连锁，即博德的事故因果连锁，如图 1-4 所示。

图 1-4 博德的事故因果连锁

博德的事故因果连锁理论同样为五个因素（表 1-2），但每个因素的含义与海因里希的有所不同。

博德的事故因果连锁理论五个因素　　　　　　表 1-2

因　素	具　体　说　明
管理缺陷	(1) 对于大多数企业来说，由于各种原因，完全依靠工程技术措施预防事故既不经济也不现实，只能通过完善安全管理工作，经过较大的努力，才能防止事故的发生。 (2) 企业管理者必须认识到，只要生产没有实现本质安全化，就有发生事故及伤害的可能性，因此，安全管理是企业管理的重要一环。 (3) 安全管理系统要随着生产的发展变化而不断调整完善，十全十美的管理系统不可能存在。 (4) 由于安全管理上的缺陷，致使能够造成事故的其他原因出现

续上表

因　素	具体说明
工作条件原因 个人原因	（1）个人原因包括缺乏安全知识或技能、行为动机不正确、生理或心理有问题等。 （2）工作条件原因包括安全操作规程不健全，设备、材料不合适，存在温度、湿度、粉尘、气体、噪声、照明、工作场地状况（如打滑的地面、障碍物、不可靠支撑物）等有害作业环境因素。 （3）只有找出并控制这些原因，才能有效地防止后续原因的发生，从而防止事故的发生
直接原因	（1）人的不安全行为或物的不安全状态是事故的直接原因，这种原因是安全管理中必须重点加以追究的原因，但是直接原因只是一种表面现象，是深层次原因的表征。 （2）在实际工作中，不能停留在表面现象上，而要追究其背后隐藏的管理上的缺陷原因，并采取有效的控制措施，从根本上杜绝事故的发生
事故	（1）人体或物体与超过其承受阈值的能量接触，或人体与妨碍正常生理活动的物质接触，就会导致事故的发生。 （2）防止事故就是防止接触。可以通过对装置、材料、工艺等的改进来防止能量的释放，或者操作者提高识别和回避危险的能力，佩带个人防护用具等来防止接触
损失	（1）人员伤害及财物损坏统称为损失。人员伤害包括工伤、职业病、精神创伤等。 （2）在许多情况下，可以采取恰当的措施使事故造成的损失最大限度地减小。例如，对受伤人员进行迅速正确抢救，对设备进行抢修，以及平时对有关人员进行应急训练等

（三）轨迹交叉论

海因里希曾经调查了美国的 75000 起工业伤害事故，发现占总数 98% 的事故是可以预防的，只有 2% 的事故超出人的能力所能达到的范围，是不可预防的。在可预防的工业事故中，以人的不安全行为为主要原因的事故占 88%，以物的不安全状态为主要原因的事故占 10%。根据海因里希的研究，事故的主要原因或者是由于人的不安全行为或者是由于物的不安全状态，没有一起事故是由于人的不安全行为及物的不安全状态共同引起的。于是，他得出结论：几乎所有的工业伤害事故都是由于人的不安全行为造成的。

后来，这种观点受到了许多研究者的批判。根据日本的统计资料，1960 年机械制造业休工 8 天以上的伤害事故中，96% 的事故与人的不安全行为有关，9% 的事故与物的不安全状态有关；1977 年机械制造业休工 4 天以上的 104638 件伤害事故中，与人的不安全行为无关的只占 55%，与物的不安全状态无关的只占 16.5%。这些统计数字表明，大多数工业伤害事故的发生，既是由于人的不安全行为，也是由于物的不安全状态。

对人和物两种因素在事故致因中地位认识的变化，一方面是由于生产技术进步的同时，生产装置、生产条件不安全的问题越发引起人们的重视；另一方面是随着人们对人的因素研究的深入，能够正确地区分人的不安全行为和物的不安全状态。正如约翰逊指出的，判断到底是不安全行为还是不安全状态，受研究者主观因素的影响，取决于他对问题认识的深刻程度。许多人由于缺乏有关人失误方面的知识，把由于人失误造成的不安全行为看作物的不安全状态。

现在，越来越多的人认识到，一起工业事故之所以能够发生，除了人的不安全行为之外，一定存在着某种不安全条件。斯奇巴（Skiba）指出，生产操作人员与机械设备两种因素都对事故的发生有影响，并且机械设备的危险状态对事故的发生作用更大些。他认为，只有当两种因素同时出现时，才能发生事故。反映这种认识的理论称为轨迹交叉论。该理论认为，在事故发展进程中，人的因素的运动轨迹与物的因素的运动轨迹的交点，就是事故发生的时间和空间，即人的不安全行为和物的不安全状态发生于同一时间、同一空间，或者说人的不安全行为与物的不安全状态相遇，则将在此时间、空间发生事故，如图1-5所示。

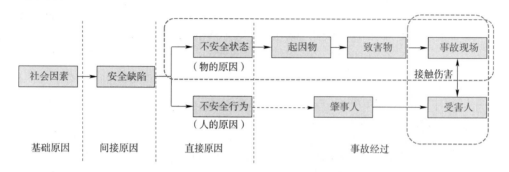

图1-5 轨迹交叉论事故模型

值得注意的是，许多情况下人的因素与物的因素又互为因果。例如，有时物的不安全状态诱发了人的不安全行为，而人的不安全行为又促进了物的不安全状态的发展，或导致新的不安全状态出现。因而，实际的事故并非简单地按照上述的人、物两条轨迹进行，而是呈现非常复杂的因果关系。

想一想

2002年6月30日，45位俄罗斯精英少年受联合国教科文组织的邀请，远赴西班牙巴塞罗那。领班带领青少年团队走错了机场，因此延误了正常应该乘坐的飞往巴塞罗那的航班，不得不将机票改签为两天后的机票。意大利的贝加莫国际机场远在千里之外，满载货物的货机在此启程，目的地是布鲁塞尔。按照飞机航线的规划，两架飞机将会在德国南部上空相交。货机为了减小飞机的阻力以求节省燃料，爬升飞机高度进入稀薄的空气中飞行，最终，两架飞机处在同一高度上。同时，由于空管中心雷达系统维修，其扫描速度显著下降。当两架飞机相距较近时，货机应急系统提示驾驶员下降高度。货机机长听从了应急系统的提示，下降了高度。与此同时，客机应急系统提示驾驶员上升高度，空管中心提醒驾驶员下降高度。在两难的抉择中，驾驶员听从了空管中心的指令。两架飞机在空中相撞，最终导致两架航班上共计71名乘客及机组人员全数遇难。

请你思考：(1) 运用轨迹交叉理论，此次空难为何发生？(2) 客机驾驶员为何在两难选择中选择了空管的提示？

轨迹交叉论作为一种事故致因理论，强调人的因素、物的因素在事故致因中占有同样重要的地位。按照该理论，可以通过避免人与物两种因素运动轨迹交叉，即通过避免人的不安全行为和物的不安全状态同时、同地出现来预防事故的发生。根据轨迹交叉论的观点，消除人的不安全行为可以避免事故。但是，应该注意到，人与机器不同，机器在人们规定的约束条件下运转,自由度较少,而人的行为受各自思想的支配,有较大的行为自由性。这种行为自由性一方面使人具有搞好安全生产的能动性,另一方面也可能使人的行为偏离预定的目标,发生不安全行为。由于人的行为受许多因素的影响,控制人的行为是件十分困难的工作。

想一想

2020年6月1日起,全国开展"一盔一带"安全守护行动。某市民在骑车中带了头盔,但并未戴在头上。交警发现后将其拦停,对其进行了安全教育。该市民在交警的指导下戴上了头盔。10min后,该市民在经过一处路口时,与一辆从路边突然冲出的车辆发生碰撞,由于戴了头盔,市民只是受了轻微擦伤。

请运用交叉理论,说说该市民如果未被交警拦停教育的可能结果。

消除物的不安全状态也可以避免事故。通过改进生产工艺,设置有效安全防护装置,根除生产过程中的危险条件,使得即使人员产生了不安全行为也不致酿成事故。在安全工程中,把机械设备、物理环境等生产条件的安全称为本质安全,在所有的安全措施中首先应该考虑的就是实现生产过程、生产条件的本质安全。但是,受实际的技术、经济条件等客观条件的限制,完全杜绝生产过程中的危险因素几乎是不可能的,只能努力减少、控制不安全因素,使事故不容易发生。

综上所述,为了有效防止事故发生,必须同时采取措施消除人的不安全行为和物的不安全状态。

(四)能量意外释放理论

1. 能量与事故

1961年吉布森(Gibson)和1966年哈登(Haddon)等人先后提出和完善了解释事故发生物理本质的能量意外释放理论。这种理论的观点是:人受伤害的原因只能是某种能量向人体的转移,而事故则是一种能量的不正常或不期望的释放。

能量按其形式可分为机械能、动能、势能、热能、电能、化学能、原子能、辐射能(包括离子辐射和非离子辐射)、声能和生物能等。在能量意外释放理论中,能量引起的伤害分为两大类。第一类伤害是由于施加了超过局部或全身性的损伤阈值的能量而产生的。表1-3所列为人体受到超过其承受能力的各种形式能量作用时受伤害的情况。第二类伤害则是由于影响局部或全身性能量交换引起的,譬如因机械因素或化学因素引起的窒息(如冻伤、溺水、一氧化碳中毒等)。表1-4所列为人体与外界的能量交换受到干扰而发生伤害的情况。人受到伤害都可归结为上述一种或若干种能量的不正常或不期望的转移。

能量类型与伤害 表1-3

能量类型	产生的伤害	事故类型
机械能	刺伤、割伤、撕裂、挤压皮肤和肌肉、骨折、内部器官损伤	物体打击,车辆伤害、机械伤害,起重伤害,高处坠落,坍塌,冒顶片帮,放炮,火药爆炸、瓦斯爆炸,锅炉爆炸,压力容器爆炸

续上表

能量类型	产生的伤害	事故类型
热能	皮肤发炎、烧伤、烧焦、焚化、伤及全身	灼烫、火灾
电能	干扰神经-肌肉功能，电伤	触电
化学能	化学性皮炎、化学性烧伤、致癌、致遗传突变、致畸胎、急性中毒、窒息	中毒和窒息、火灾
电离辐射	细胞和亚细胞成分与功能的破坏	反应堆事故，治疗性与诊断性照射，滥用同位素、辐射性粉尘的作用，具体伤害结果取决于辐射作用部位和方式

能量交换受到干扰后发生的伤害　　　　　　　　　　表1-4

影响能量交换类型	产生的伤害	事故类型
氧的利用	局部或全身生理损害	中毒或窒息
其他	局部或全身生理损害（冻伤、冻死）、热痉挛、热衰竭、热昏迷	多种

2. 能量与伤害严重程度

能量意外释放理论的另一个重要概念是：在一定条件下，某种形式的能量能否造成伤害及事故，主要取决于：人接触能量的大小，接触时间和频率，能量的集中程度，屏障设置的早晚等。

该理论阐明了伤害事故发生的物理本质，指明了防止伤害事故就是防止能量意外释放，防止人体接触能量。根据这种理论，人们要经常注意生产过程中能量的流动、转换以及不同形式能量的相互作用，防止发生能量的意外释放或逸出。

用能量转移的观点分析事故致因的基本方法是：首先确认某个系统内的所有能量源，然后确定可能遭受该能量伤害的人员及伤害的可能严重程度，进而确定控制该类能量不正常或不期望转移的方法。

3. 防止能量造成伤害的措施

从能量意外释放理论出发，预防伤害事故就是防止能量或危险物质的意外释放，防止人体与过量的能量或危险物质接触。约束、限制能量，防止人体与能量接触的措施称为屏蔽。这是一种广义的屏蔽。在工业生产中经常采用的防止能量意外释放的屏蔽措施如表1-5所示。

防止能量意外释放的屏蔽措施和举例　　　　　　　　表1-5

措施	说明	举例
用安全的能源代替不安全的能源	被利用的能源具有的危险性较高，考虑用较安全的能源取代	在容易发生触电的作业场所，用压缩空气动力代替电力可以防止发生触电事故。但是应该注意，绝对安全的事物是没有的，以压缩空气做动力虽然避免了触电事故，而压缩空气管路破裂、脱落的软管抽打等都带来了新的危害

续上表

措　施	说　明	举　例
限制能量	在生产工艺中尽量采用低能量的工艺或设备，这样即使发生了意外的能量释放，也不致发生严重伤害	利用低电压设备防止电击，限制设备运转速度以防止机械伤害，限制露天爆破装药量以防止个别飞石伤人等
防止能量蓄积	能量的大量蓄积会导致能量突然释放，因此，要及时泄放多余的能量，防止能量蓄积	通过接地消除静电蓄积，利用避雷针放电保护重要设施等
控制能量释放	将能量控制在某种范围内	建立水闸墙防止高势能地下水突然涌出
缓慢释放能量	缓慢地释放能量可以降低单位时间内释放的能量，减轻能量对人体的作用	各种减振装置可以吸收冲击能量，防止人员受到伤害
开辟释放能量的渠道	使能量换一种方式或者渠道释放，避免事故发生	安全接地可以防止触电，在矿山探放水可以防止透水，抽放煤体内瓦斯可以防止瓦斯蓄积爆炸等
设置屏蔽设施	屏蔽设施是一些防止人员与能量接触的物理实体，即狭义的屏蔽。屏蔽设施可以设置在能源上（例如安装在机械转动部分外面的防护罩），也可以设置在人员与能源之间（例如安全围栏等）	安装在机械转动部分外面的防护罩、人员佩戴的个体防护用品，可被看作设置在人员身上的屏蔽设施
在人、物与能源之间设置屏障，在时间或空间上把能量与人隔离	在生产过程中有两种或两种以上的能量相互作用引起事故的情况	一台起重机移动的机械能作用于化工装置，使化工装置破裂而有毒物质泄漏，引起人员中毒。针对两种能量相互作用的情况，可以考虑设置两组屏蔽设施：一组设置于两种能量之间，防止能量间的相互作用；另一组设置于能量与人之间，防止能量达及人体，如防火门、防火密闭等
提高防护标准	采取更加完善的防护措施	采用双重绝缘工具防止高压电能触电事故；对瓦斯进行连续监测和遥控遥测；增强对伤害的抵抗能力，如用耐高温、耐高寒、高强度材料制作的个体防护用具等

二 事故预防理论

（一）事故的发展阶段

如同一切事物一样，事故也有其发生、发展过程，因而是可以预防的。事故的发展一般可归纳为三个阶段，即孕育阶段、生长阶段和损失阶段，如图1-6所示。各阶段都具有自己的特点。

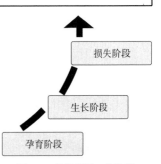

图1-6　事故发展三个阶段

1. 孕育阶段

事故的发生有其基础原因，即社会因素和上层建筑方面的原因，如地方保护主义、各种设备在设计和制造过程中潜伏着危险，这些就是事故发生的最初阶段。此时，事故处于无形阶段，人们可以感觉到它的存在，估计到它必然会出现，但不能指出它的具体形式。

2. 生长阶段

在此阶段出现企业管理缺陷，不安全状态和不安全行为得以发生，构成了生产中的事故隐患，即危险因素。这些隐患就是"事故苗子"。在这一阶段，事故处于萌芽状态，人们可以具体指出它的存在。此时，有经验的安全工作者已经可以预测事故的发生。

知识拓展

地铁事故苗子是指在地铁运营工作中，发生或存在安全隐患，但其性质或损害后果不足以构成"特别重大事故、重大事故、大事故、险性事故、一般事故"的情况，如通过列车在站停车进行乘降作业、列车夹物走车、列车超过规定的限制速度运行和列车在终点站未经允许进行带人折返作业等。

3. 损失阶段

当生产中的危险因素被某些偶然事件触发时，就要发生事故。例如：肇事人的肇事、起因物的加害和环境的影响，使事故发生并扩大，造成人员伤亡和经济损失。

安全工作的目的，是要避免发生事故而造成损失，因此要将事故消灭在孕育阶段和生长阶段。

（二）事故预防目标

事故预防目标包括道德、法律和经济三个方面。

1. 道德的目标

道德方面的目标，是从任何一个人都要关心他人的观念出发的。随着人们物质文化生活水平的逐步提高，人们对安全与健康的要求越来越高。环境问题、人口问题、产品安全问题和其他一些问题引起了广泛的讨论。越来越多的人认为，为了盈利或者其他目的而引起工作场所之内或者之外人的安全与健康问题，从道德上讲，是无法接受的，由于死亡和伤残而造成的痛苦和艰难，是无法用金钱来衡量的。雇主比起过去，现在道德义务的观念要更强。

有关道德目标的一个衡量尺度就是士气，它与法律和经济两个目标相关。工人的士气可以通过积极参加事故预防的演习而得到加强，也可因为事故而被削弱。不良的公共形象，影响企业内部和外部的无形资产，公众信心的减弱会削弱企业与社区的联系、市场地位、市场占有额乃至其自身的名气。

2. 法律的目标

法律方面的目标，是由国家的法律所规定的。当违背及未能遵守法律时，就会受到起诉及其一系列强制性的行动处理。根据法律，受到伤害的工人和其他人是由于企业破坏了其法律义务或未能达到法律所规定的标准，因而应得到依法规定的赔偿。

3. 经济的目标

经济方面的目标，是确保企业的财政状况，持续保证职业安全健康，避免造成与事故相关的损失，包括雇主的现金损失、社区及社会因工人伤亡而受到的损失、财产的损失及工作受到影响而造成的损失。伤亡事故经济损失是指企业职工在劳动生产过程中发生伤亡事故所引起的一切经济损失，包括直接经济损失和间接经济损失。其中，直接经济损失是指因事故造成人身伤亡及善后处理支出的费用和毁坏财产的价值，这部分损失项目可以列入保险之中。间接经济损失是指因事故导致产值减少、资源破坏和受事故影响而造成其他损失的价值，一般包括没有保险的财产损失、计划的延期、加班的支出、由事故而引起的管理支出及因维修、重建而造成的产量下降等费用。

（三）事故预防原则

事故有其固有规律，除了人类无法左右的自然因素造成的事故（如地震、洪水、泥石流等）以外，在人类生产和生活中所发生的各种事故绝大部分是可以预防的。事故的预防工作应该从技术和组织管理两个方面考虑，应当遵循的基本原则有以下两个方面。

1. 技术原则

在生产过程中，客观上存在的隐患是事故发生的前提。因此，要预防事故的发生，就需要针对隐患采取有效的技术措施进行治理。在采取有效技术措施进行治理过程中，应当遵循的基本原则如下：

（1）消除潜在危险原则。即从本质上消除事故隐患，其基本做法是，以新的系统、新的技术和工艺代替旧的不安全的系统和工艺，从根本上消除发生事故的可能性。例如，用不可燃材料代替可燃材料，改进机器设备、消除人体操作对象和作业环境的危险因素，消除噪声、尘毒对工人的影响等，从而最大可能地保证生产过程的安全。

（2）降低潜在危险严重度的原则。即在无法彻底消除危险的情况下，最大限度地限制或减少危险程度。例如，手电钻工具采用双层绝缘措施，利用变压器降低回路电压，在高压容器中安装安全阀等。

（3）闭锁原则。闭锁原理就是以某种方法使一些元件强制发生互相作用，以保证安全操作。在系统中通过一些元器件的机器联锁或机电、电气互锁，作为保证安全的条件。例如，冲压机械的安全互锁器，电路中的自动保护器。

（4）能量屏蔽原则。在人、物与危险源之间设置屏障，防止意外能量作用到人体和物体上，以保证人和设备的安全。例如，建筑高空作业的安全网、核反应堆的安全壳等都可起到保护作用。

（5）距离保护原则。当危险和有害因素的伤害作用随着距离的增加而减弱时，应尽量使人与危害源距离远一些。例如，化工厂远离居民区、爆破时控制危险距离等。

（6）个体保护原则。根据不同作业性质和条件，配备相应的保护用品及用具，以保护作业人员的安全与健康。例如，使用安全带、护目镜、绝缘手套等保护用品及用具。

（7）时间防护原则。使人处在危险和有害因素作用的环境中的时间缩短到安全限度内。

> 💡 **想一想**
>
> 你能想到哪些生产场所采取了时间防护原则吗?

（8）坚固原则。坚固原则是指提高结构强度，加强安全系统。

（9）薄弱环节原则。薄弱环节原则是指利用薄弱元件，使它在危险因素尚未达到危险值之前预先破坏，如熔丝、安全阀、爆破片等。

（10）取代操作人员的原则。特殊或严重危险条件下，用机器人代替人操作。

（11）警告、禁止信息原则。用光、声、色等其他标志作为传递组织和技术信息的目标，以保证安全。例如警灯、警报器、安全标志、宣传画等。

2. 组织管理原则

预防事故的发生，不仅要遵循上述技术原则，而且还要在组织管理上采取相关的措施，才能最大限度地减少事故发生的可能性。

（1）系统整体性原则。安全工作是一项系统性、整体性的工作，它涉及企业生产过程中的各个方面。安全工作的整体性要体现出：有明确的工作目标，综合地考虑问题的原因，动态地认识安全状况；落实措施要有主次，要有效地抓住各个环节，并且能够适应变化的要求。

（2）计划性原则。安全工作要有计划和规划，近期的目标和长远的目标要协调进行。工作方案、人员、财物的使用要按照规划进行，并且有最终的评价，形成闭环的管理模式。

（3）效果性原则。安全工作的好坏，要通过最终成果指标来衡量。但是，由于安全问题的特殊性，安全工作的成果既要考虑经济效益，又要考虑社会效益。正确认识和理解安全的效果性，是落实安全生产措施的重要前提。

（4）党政工团协调安全工作原则。党制定正确的安全生产方针和政策，教育干部和群众遵章守法，了解和解决工人的思想负担，把不安全行为变为安全行为。政府实行安全监察管理职责，不断改善劳动条件，提高企业生产的安全性。工会代表工人的利益，监督政府和企业把安全工作搞好。青年是劳动力中的有生力量，青年工人中往往事故发生率高，因此，动员青年开展事故预防活动，是安全生产的重要保证。

（5）责任制原则。各级政府及相关的职能部门和企事业单位应当实行安全生产责任制，对违反劳动安全法规和不负责任而造成的伤亡事故的人员应当给予行政处罚，造成重大伤亡事故的应当追究刑事责任。只有将安全责任落到实处，安全生产才能得以保证，安全管理才能有效。

综上所述，事故的预防要从技术、组织管理和教育多方面采取措施，从总体上提高预防事故的能力，才能有效地控制事故，保证生产和生活的安全。

（四）事故法则

美国安全工程师海因里希曾统计了55万件机械事故，其中死亡、重伤事故1666件，轻伤48334件，其余则为无伤害事故。从而得出一个重要结论：在机械事故中，死亡或重伤、轻伤和无伤害事故的比例为1:29:300，即在每330次事故中，可能会造成死亡或重伤事故 1 次，轻伤、微伤事故 29 次，无伤害事故 300 次。这就是著名的海因里希事故法则，即事故的统计规律，又称为 1:29:300 法则。人们将事故法则的比例关系绘制成三角形图，称为事故三角形，如图 1-7 所示。

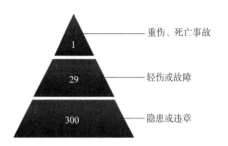

图 1-7 事故三角形

不同的行业，不同类型的事故，无伤、轻伤、重伤的比例不一定完全相同。但是这个统计规律告诉人们，在进行同一项活动中，无数次意外事件必然导致重大伤亡事故的发生，要消除 1 次死亡或重伤事故以及 29 次轻伤事故，必须首先消除 300 次无伤害事故。也就是说，要防止重大伤亡事故必须减少和消除无伤害事故，防止灾害的关键，不在于防止伤害，而是要从根本上防止事故。所以，安全工作必须从基础抓起，如果基础安全工作做得不好，小事故不断，就很难避免大事故的发生。

尽管目前由于安全技术和生产环境都有了显著的提升和改善，该比例不能准确反映现在的安全生产状况，但该理论对指导安全生产、提高人们的安全防范意识仍具有重要的意义。

（五）事故预防的 3E 准则

海因里希把造成人的不安全行为和物的不安全状态的主要原因归结为四个方面的问题：不正确的态度，技术、知识不足，身体不适，不良的工作环境。针对这四个方面的原因，海因里希提出工程技术方面改进、说服教育、人事调整和惩戒四种对策。这四种安全对策后来被归纳为众所周知的 3E 准则，如图 1-8 所示。

图 1-8 事故预防 3E 准则

这里，安全技术对策着重解决物的不安全状态的问题，安全教育对策和安全管理对策则主要着眼于人的不安全行为的问题，安全教育对策主要使人知道应该怎么做，而安全管理对策则要求人必须怎么做。

一般来讲，在选择安全对策时应该首先考虑工程技术措施，然后才是教育、训练。在实际工作中，应该针对不安全行为和不安全状态的产生原因灵活地采取对策。例如，针对职工的不正确态度问题，应该考虑工作安排上的心理学和医学方面的要求，对关键岗位上的人员要认真挑选，并且加强教育和训练，如能从工程技术上采取措施，则应该优先考虑；对于技术、知识不足的问题，应该加强教育和训练，提高其知识水平和操作技能；尽可能地根据人机学的原理进行工程技术方面的改进，降低操作的复杂程度。为了解决身体不适的问题，在分配工作任务时要考虑心理学和医学方面的要求，并尽可能从工程技术上改进，降低对人员素质的要求。

对于不良的物理环境，则应采取恰当的工程技术措施来改进。即使在采取了工程技术措施，减少、控制了不安全因素的情况下，仍然要通过教育、训练和强制手段来规范人的行为，避免不安全行为的发生。

为了防止事故发生，不仅要在上述三个方面实施事故预防与控制的对策，而且还应始终保持三者间的均衡，合理地采取相应措施，并综合使用上述措施，才有可能做好事故预防工作。

（六）本质安全化方法

1. 系统本质安全化

系统中的人、物及人物关系称为安全的三要素，如果再细分就是人、物（原材料等）、机（工具）、环境及它们之间的关系。系统中这些要素的任一要素均能独立地成为实现安全的充分条件。例如，人若能对危害因素具有绝对的抵御能力，或物（机、环境）绝对不会造成危害，或它们之间的关系能在时空、能量上不发生任何危险性联系，结果都是安全的，这样的系统就是本质安全化的。

但是，在现实的生产、生活中不可能做到绝对的本质安全化，能做到的只能是与现实社会、科技、经济等发展水平相适应的相对的本质安全化，即本质安全也是相对的安全，是可接受的危险。系统本质安全化主要从以下方面入手：

（1）人通过良好的安全教育、训练，从而具有良好的安全生理、心理、知识、技能与应急应变反应能力的综合素质，同时具有完善的人身防护。

（2）所处理的原料、中间体、产品等物质具有良好的安全性能，避免选用有潜在危险性或性能不明的物质。

（3）所用机械设备具有完备的安全及冗余设计、安全装置、安全指示、报警、联锁、排出等机构，且作用明确，可靠性高，即使出现了故障，也不会导致事故。

（4）工艺过程无害化、安全化，工艺布置可以阻断、隔离危险的发展与继续，避免事故及损失。

（5）创造能充分发挥人、机、物正常功能的"合适"环境条件，包括光线、温度、湿度、通风、噪声、活动空间等，还要考虑到雷雨、风暴、地震、洪水等不正常自然条件时的安全措施。

（6）科学而严密的安全管理，如在线检测与监控，达到人、机、物、环境全系统最佳的动态协调。

在以上这些本质安全化所要求的基本内容中，最能体现本质安全化的集中在以下方面：

（1）系统的安全性，依靠系统自身而不是系统外加的安全装置与措施来保证。

（2）构成系统的人对机、物、环境的良好适应性。

（3）保证机、物、环境对人的最大适应性，即使人出现了失误或误操作，机、物、环境也能避免事故灾害发生。

2. 本质安全化方法

预防事故应当采取的本质安全化方法，主要从物的方面考虑，包括降低事故发生概率和降低事故严重程度。

（1）降低事故发生概率的措施

影响事故发生概率的因素很多，如系统的可靠性、系统的抗灾能力、人的失误和违章等。

在生产作业过程中，既存在自然的危险因素，也存在人为的生产技术方面的危险因素。这些因素能否导致事故发生，不仅取决于组成系统各要素的可靠性，而且还受企业管理水平和物质条件的限制。因此，降低系统事故的发生概率，最根本的措施是设法使系统达到本质安全化，使系统中的人、物、环境和管理安全化。一旦设备或系统发生故障，能自动排除、切换或安全地停止运行；当人发生操作失误时，设备、系统能自动保证人机安全。要做到系统的本质安全化，应采取以下综合措施。

①提高设备的可靠性。要控制事故的发生概率，提高设备的可靠性是基础。为此，应采取以下措施：

第一，提高元件的可靠性。设备的可靠性取决于组成元件的可靠性，要提高设备的可靠性，必须加强对元件的质量控制和维修检查。一般可采取：使元件的结构和性能符合设计要求和技术条件，选用可靠性高的元件代替可靠性低的元件；合理规定元件的使用周期，严格检查维修，定期更换或重建。

第二，增加备用系统。在规定时间内，多台设备同时全部发生故障的概率等于每台设备单独发生故障的概率的乘积。因此，在一定条件下，增加备用系统（设备），使每台单元设备或系统都能完成同样的功能，一旦其中一台或几台设备发生故障，系统仍能正常运转，不致中断正常运行，从而提高系统运行的可靠性，也有利于系统的抗灾救灾。例如，对企业中的一些关键设备，如供电线路、电动机、水泵等均配置一定量的备用设备，以提高其抗灾能力。

第三，对处于恶劣环境下运行的设备采取安全保护措施。为了提高设备运行的可靠性，防止发生事故，对处于恶劣环境下运行的设备应当采取安全保护措施。如对处于有摩擦、腐蚀、侵蚀等条件下运行的设备，应采取相应的防护措施；对振动大的设备应采取加强防振、减振和隔振措施等。

第四，加强预防性维修。预防性维修可以有效排除事故隐患、排除设备的潜在危险。为此，应制定相应的维修制度，并认真贯彻执行。

②选用可靠的工艺技术，降低危险因素的感度。危险因素的感度是指危险因素转化为事故的难易程度。危险因素的存在是事故发生的必要条件，降低危险因素的感度，关键是选用可靠的工艺技术。

③提高系统的抗灾能力。系统的抗灾能力是指当系统受到自然灾害和外界事物干扰时，自动抵抗而不发生事故的能力，或者是指系统中出现某危险事件时，系统自动将事态控制在一定范围的能力，例如，采用漏电保护装置、安全监测监控装置等。

④减少人的失误。由于人在生产过程中的可靠性远比机电设备差，很多事故是因人的失误造成的。降低系统事故发生概率，必须首先减少人的失误，主要方法有：对工人进行充分的安全知识、安全技能、安全态度等方面的教育和训练；以人为中心，改善工作环

境，为工人提供安全性较高的劳动生产条件；提高机械化程度，尽可能用机器操作代替人工操作，减少现场工作人员；用人机工程学原理进行系统设计，合理分配人机功能，并改善人机接口的安全状况。

⑤加强监督检查。实践表明，对系统中的人、机、物进行严格的监督检查，在各种劳动生产过程中是必不可少的，只有加强安全检查工作，才能有效保证企业的安全生产。建立健全各种自动制约机制，加强专职与兼职、专管与群管相结合的安全检查工作是安全管理工作中重要的一环。

（2）降低事故严重度的措施

事故严重度是指因事故造成的财产损失和人员伤亡的严重程度。事故的发生是由于系统中的能量失控造成的，事故的严重度与系统中危险因素转化为事故时释放的能量有关，能量越高，事故的严重度越大。因此，降低事故严重度具有十分重要的作用。目前，一般可采取的措施如下：

①限制能量或分散风险。为了减少事故损失，必须对危险因素的能量进行限制，如各种油库、火药库的储存量的限制，各种限流、限压、限速等设备对危险因素的能量进行限制。此外，通过把大的事故损失化为小的事故损失，可达到分散风险的效果。

②防止能量逸散的措施。防止能量逸散就是设法把有毒、有害、有危险的能量源储存在有限允许范围内，而不影响其他区域的安全，如防爆设备的外壳、密闭墙、密闭火区、放射性物质的密封装置等。

③加装缓冲能量的装置。在生产中，设法使危险源能量释放的速度减慢，可大幅降低事故的严重度，而使能量释放速度减慢的装置称为缓冲能量装置。在工业企业和生活中使用的缓冲能量装置较多，如汽车、轮船上装备的缓冲设备、缓冲阻车器，以及各种安全带、安全阀等。

💡 **想一想**

城市轨道交通车辆上有哪些缓冲装置？在列车行驶时发挥怎样的作用？

④避免人身伤亡的措施。避免人身伤亡的措施包括两个方面的内容。一是防止发生人身伤害，如采用遥控操作、提高机械化程度、使用整体或局部的人身个体防护都是避免人身伤害的措施。在生产过程中及时注意观察各种灾害的预兆，以便采取有效措施，防止事故发生。二是一旦发生人身伤害，采取相应的急救措施，即使不能防止事故发生，也可及时撤离人员，避免人员伤亡。做好救护和工人自救准备工作，对降低事故的严重度具有十分重要意义。

单元三　安全生产管理

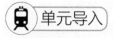

单元导入

接触轨跳闸导致行车中断

【事件经过】

某年某月某日 18：11—18：37，北京地铁 10 号线三元桥至太阳宫上行区间，发生接触轨跳闸现象，导致运营中断 26min，影响了乘客的正常出行。

某年 11 月 7 日，线路公司在日常检查过程中发现三元桥站至太阳宫上行 K14＋860 至 K15＋400 区间钢轨侧磨值为 10.85mm，临近轻伤标准（12mm）。11 月 14 日，钢轨侧磨值发展为 12.65mm，已超过钢轨磨耗轻伤标准（12mm）；翌年 2 月 1 日，钢轨侧磨值发展为 14.85mm，已临近钢轨磨耗重伤标准（15mm），线路公司依据维修规程进行维修施工作业。

2 月 27 日凌晨，线路公司依据施工组织方案，将 40 块鱼尾板分散存放于 K14＋860～K15＋400 区间两侧的接触轨防护板后，均未采取任何临时加固和防范措施。

2 月 27 日 6：08，第一辆列车经过 K14＋860～K15＋400 区间，随着列车运行产生振动，造成鱼尾板移动。18：05，鱼尾板在经受列车一天运行造成的震动后，产生较大位移，最终与接触轨搭接，造成三元桥至太阳宫上行区间发生接触轨跳闸现象，导致运营中断 26min，影响了乘客的正常出行。

【事件分析】

上述事故的直接原因是临时存放的鱼尾板不稳固，受列车运行震动影响，产生位移，与接触轨搭接，造成接触轨跳闸。间接原因是安全管理存在薄弱环节。一是对采用新工艺带来的安全风险认识不足，未能认识到施工过程中可能存在的隐患，在施工组织方案中没有明确指出可能潜在的风险；二是对新设备、新技术的维修维护缺乏针对性，沿袭既有规章制度，没有针对钢弹簧浮置板道床大修作业特性制定专项安全措施；三是新工艺、新设备、新技术等的培训有薄弱点，没有针对钢弹簧浮置板道床检修维修进行技术培训。

【定性定责】

依据《北京市地铁运营有限公司安全事故处理规则》第 19 条第 1 款规定："A1. 中断正常运营 20 分钟"，此事故定性为 A 类一般事故；按照《北京市地铁运营有限公司安全事故处理规则》相关规定，责成线路公司对相关责任人按规定进行绩效考核。

【案例启示】

上述案例中，由于员工没有严格执行维修作业流程，未按相关规定进行有效防护，最终导致事故的发生。在城市轨道交通运输生产中，要严格执行我国的安全生产方针，加强安全管理，杜绝任何细微的违章。

任务要求

1. 掌握安全生产管理的含义。
2. 掌握企业安全生产管理的四要素。
3. 理解我国安全生产方针。

一　安全生产管理的含义

安全生产管理是管理的重要组成部分，是安全学科的一个分支。所谓安全生产管理，就是针对人们在生产过程中的安全问题，运用有效的资源发挥人们的智慧，通过人们的努力,进行有关决策、计划、组织和控制等活动,实现生产过程中人与机器设备、物料、环境的和谐,达到安全生产的目标。

安全生产管理的目标是减少和控制危害,减少和控制事故,尽量避免生产过程中由于事故而造成人身伤害、财产损失、环境污染及其他损失。安全生产管理的基本对象是企业的员工,涉及企业中的所有人员、设备设施、物料、环境、财务、信息等各方面安全生产管理的内容,包括安全生产管理机构和安全生产管理人员、安全生产责任制、安全生产管理规章制度、安全生产策划、安全培训教育、安全生产档案等。

二 安全生产管理相关理论

(一) 安全生产管理理论的发展过程

安全生产管理理论的发展大致可分为四个阶段,即古代、18世纪中期(工业革命)、20世纪初至中期(法律、理论、模式)、20世纪末(现代安全生产管理理论、方法、模式、标准规范等更加丰富和成熟,逐渐被企业接受)。

我国20世纪50年代引入现代安全管理理论,20世纪60—70年代吸收研究事故致因理论;20世纪80—90年代开始研究风险管理理论并尝试实践;20世纪末研究推行职业健康安全管理体系;21世纪初将风险管理融入安全生产管理。

(二) 安全生产管理原理

安全生产管理原理是从生产管理的共性出发,对生产工作的实质内容进行科学分析、综合、抽象与概括所得出的管理规律。安全生产原则是在安全生产管理原理的基础上指导生产管理活动的通用规则,主要包括系统原理、人本原理、强制原理、预防原理,如图1-9所示。

图1-9 安全生产管理原理

(三) 企业安全生产管理的四要素

1. 强化安全文化建设

安全文化是安全生产的根本。安全文化最基本的内涵就是人的安全意识,即应加强安全文化建设,强化全民安全意识,提高全民安全素质。把安全意识提到全社会的层面上来,使安全宣传教育深入人心,保证公民人人具有自我保护意识,真正做到警钟长鸣、居安思危、言危思进,常抓不懈。

企业安全文化建设要紧紧围绕"以人为本"的中心，以"安全理念渗透和安全行为养成"为目标，内化思想，外化行为，不断提高广大员工的安全意识和安全责任，把"安全第一"变为每个员工的自觉行为。安全理念决定安全意识，安全意识决定安全行为。切实落实"安全第一，预防为主，综合治理"的安全生产方针。要确立具有自己行业特色的安全生产管理原则，落实各种事故防范预案。加强职工安全培训，确立安全生产理念。在班组园地和各科室张贴安全职责、操作规程，还可在班组安全学习会上不断向员工灌输安全知识，将安全文化建设变成员工的自觉行动。

2. 落实安全责任制

安全责任是安全生产的灵魂，也是安全生产法规的具体体现。安全责任制的实质是"安全生产，人人有责"。建立健全安全生产责任体系不仅要强化问责制的行政责任追究制度，还要依法追究安全事故罪的刑事责任，并随着市场经济体制的完善，强化和提高民事责任或经济责任的追究力度。

（1）政府主管部门是安全生产的监督管理主体，要切实落实地方政府监管责任，科学界定国家应急管理部的综合监管职能，建立严格且科学合理的安全生产问责制，严格落实安全生产责任追究制度，深刻吸取事故教训。

（2）企业第一责任人要切实负起职责，制定和完善企业安全生产方针、制度，层层落实安全生产责任制，完善企业规章制度，治理安全生产重大隐患。

（3）必须层层落实安全责任，逐级签订安全生产责任书。安全生产责任书中应有具体的责任、考核和奖罚办法。对完成安全生产责任书各项考核指标、考核内容的单位和个人应给予精神奖励或物质奖励；对没有完成考核指标、考核内容的单位和个人应给予处罚。

3. 运用安全科技武装

安全科技又称为科学安全文化，它影响着安全文化的品质和功能，是实现安全生产的手段。安全是企业管理、科技进步的综合反映，安全需要科技的支撑，实现"科技兴安"。安全科技是事故预防的重要力量，只有充分依靠安全科技，生产过程的安全才有根本的保障。

城市轨道交通企业要采用先进设施设备，并组织研究、开发安全生产技术，提高安全管理水平。在日常运输生产中，为提高运输效率和运输服务质量，必须加大安全科技投入，运用先进的科技手段来监控安全生产全过程，如安装闭路电视监控系统、先进列控系统、自动售票机、自动检票机和行车记录仪等，实现安全生产管理的现代化、自动化和信息化。

> 💡 **想一想**
>
> 在你乘坐轨道交通时，在安全保障方面，你觉得哪些地方科技含量非常高？

4. 重视安全投入

安全投入是安全生产的基本保障。安全是生产力，需要成本，成本即效益。安全生产的实现要以投入的保障作为基础。提高安全生产的能力需要为安全付出成本。设备老化、安全设施缺失、安全人才的匮乏是安全的心腹之患，隐患不除，永无宁日。要建立企业、地方、国家多渠道的安全投入机制，加快技术改造，消除安全隐患。

安全投入包括两个方面：一是资金投入，二是资源（人才、设备）投入。其具体内容如下。

（1）资金投入：要按规定从成本中列支安全生产专项资金，用于改善安全设施，更新安全技术装备、器材、仪器、仪表，以及其他安全生产投入，以保证生产经营单位达到法律、法规、标准规定的安全生产条件，实现最关键的本质安全。

（2）资源（人才、设备）投入：一方面，城市轨道交通企业通过招聘安全管理和城市轨道专业人才，提高公司安全管理队伍的素质及技术水平，为实现公司安全、和谐发展打下坚实的基础；另一方面，企业应创造机会让安全工作人员参加专业培训，组织安排他们到安全工作做得好的单位参观、学习，吸取经验。

三 我国安全生产管理现状

（一）我国安全生产方针

我国在十六届五中全会上提出了"安全第一，预防为主，综合治理"的安全生产方针。

"安全第一"，就是在进行工业生产时，时刻把安全工作放在重要位置，当作头等大事来做好。必须正确处理安全与生产的辩证统一关系，明确"生产必须安全，安全促进生产"的道理。任何生产活动中都存在不安全因素，存在发生伤亡事故的危险性。要进行生产，就必须首先解决其中的各种不安全问题。"安全寓于生产之中"，安全与生产密不可分。无数事实证明，工业伤亡事故不仅给受伤害者本人及其家属带来巨大的不幸，也干扰生产的顺利进行，给企业带来严重的经济损失。搞好安全工作，创造安全的生产劳动条件，不仅可以避免或减少各种事故，而且还能更好地发挥职工的积极性和创造性，促进工业生产迅速发展。

"预防为主"，就要掌握工业伤亡事故发生和预防规律，针对生产过程中可能出现的不安全因素，预先采取防范措施，消除和控制它们，做到防微杜渐，防患于未然。科学技术的进步，安全工程的发展，使得人们可以在事故发生之前预测事故，评价事故危险性，先行采取措施，消除或控制不安全因素，实现"预防为主"。

想一想

地铁为了应对早晚客流高峰，都有哪些预防性的应对措施？

综合治理，是指适应我国安全生产形势的要求，自觉遵循安全生产规律，正视安全生产工作的长期性、艰巨性和复杂性，抓住安全生产工作中的主要矛盾和关键环节，综合运用经济、法律、行政等手段，人管、法治、技防多管齐下，并充分发挥社会、职工、舆论的监督作用，有效解决安全生产领域的问题。只有认真治理隐患，有效防范事故，才能把"安全第一"落到实处。事故发生后组织开展抢险救灾，依法追究责任，深刻吸取教训，固然十分重要，但对于生命个体来说，伤亡一旦发生，就不再有改变的可能。事故源于隐患，防范事故的有效办法，就是主动排查、综合治理各类隐患，把事故消灭在萌芽状态。不能等到付出了生命代价、有了血的教训之后再去改进工作。从这个意义上说，综合治理是安全生产方针的基石,是安全生产工作的重心所在。

"安全第一、预防为主、综合治理"的安全生产方针是一个有机统一的整体。"安全第一"与"预防为主"两者相辅相成,前者是明确认识问题,后者是明确方法问题。"安全第一"明确指出了安全工作的重要性,它是处理安全工作与其他工作关系的总原则、总要求。在组织生产活动时,必须优先考虑安全,并采取必要的安全措施;当安全和生产发生矛盾时,必须先解决安全问题再生产。"预防为主"则要求一切安全工作必须立足于预防;一切生产活动必须在初始阶段就考虑安全措施,并贯彻于生产活动的始终。"综合治理"是一种新的安全管理模式,它是保证"安全第一,预防为主"的安全管理目标实现的重要手段。安全和生产的辩证统一关系是生产必须安全,安全促进生产。

在"安全第一,预防为主、综合治理"方针指导下,我国制定了一系列安全生产政策、法规、制度,具体指导各项安全工作。为了使这些安全生产政策、法规、制度得到认真贯彻,我国实行国家监察、行业管理、群众监督的安全监察体制。我国颁布了许多安全法规,使工业安全工作走上了法治的轨道。

(二)我国安全发展理念

(1)十六届五中全会通过的《关于制定国民经济和社会发展第十一个五年计划的建议》中提出了"坚持节约发展、清洁发展、安全发展,实现可持续发展"。十六届五中全会确立了安全发展的指导原则,把安全发展作为一个重要理念纳入我国社会主义现代化建设的总体战略。

(2)"以人为本"必须以人的生命为本。企业发展不能以牺牲人的生命为代价,不能损害劳动者的安全和健康权益。

(3)经济社会发展必须以安全为基础、前提和保障。经济发展要建立在安全保障能力不断增强、安全生产状况持续改善、劳动者安全健康得到切实保障的基础上。

(4)构建社会主义和谐社会必须解决安全生产问题。只有做好安全生产工作,国家才能富强安宁,百姓才能平安幸福,社会才能和谐安定。

(三)我国安全生产监管体系

我国安全生产工作体制为国家监察、地方监管、企业负责、群众监督。国家与行政管理部门之间实行综合监管和行业监管;中央政府与地方政府之间实行国家监管和地方监管;政府与企业之间实行政府监管和企业管理。

单元四 城市轨道交通运营安全基础知识

单元导入

列车追尾导致多人受伤,车辆受损

【事件经过】

某年某月某日,某地铁10号线新天地车站需要进行电缆孔洞封堵作业。维保中心供电公司在未进行风险识别、未采取有针对性防范措施的情况下，签发了不停电作业的工作票，并经地铁第一运营有限公司同意。13：58，自动化仪表股份有限公司电工作业时，造成供电缺失，导致10号线新天地集中站信号失电，造成中央调度列车自动监控红光带、区间线路区域内车站列车自动监控面板黑屏。地铁运营由自动系统向人工控制系统转换。此时，1016号列车在豫园站下行出站后显示无速度码，司机即向10号线调度控制中心报告，行车调度员命令1016号列车以手动限速（RMF）方式向老西门站运行。14：00，1016号列车在豫园站至老西门站区间遇红灯停车，行车调度员命令停车待命。14：01，行车调度员开始进行列车定位。14：08，行车调度员未严格执行调度规定，违规发布调度命令。14：35，1005号列车从豫园站发车。14：37，1005号列车以54km/h的速度行进到豫园站至老西门站区间弯道时，发现前方有列车（1016号）停留，随即采取制动措施，但由于惯性仍以35km/h的速度与1016号列车发生追尾碰撞。事故发生后，虹桥路站至天潼路站9站路段实施临时封站措施，其余两端采取小交路方式保持运营。地铁启动公交配套应急预案，公安、武警等赶赴现场协助疏散，两列事故列车内500多名乘客撤离车站。该事故导致295人到医院就诊检查，还有70人住院和留院观察，无人员死亡；两列列车不同程度损坏。

【事件分析】

（1）直接原因：行车调度员在未准确定位故障区间内全部列车位置的情况下，违规发布电话闭塞命令；接车站值班员未严格确认区间线路是否空闲的情况下，违规同意发车站的电话闭塞要求，导致1005号列车与1016号列车发生追尾碰撞。

（2）间接原因：第一，企业执行规章制度不严，应急管理不到位。地铁相关运营公司未根据"地铁电话闭塞法行车规定（试行）"要求，制定该公司相应岗位的具体操作细则；总调度所（COCC）在实施电话闭塞行车的相关规定中，对调度环节中的复核、监控等要求未予明晰，没有将电话闭塞法、基于无线通信的列车控制系统（CBTC）等行车管理相关要求及时充实到应急预案中；地铁10号线运营部门未组织过信号中断状态下的针对性应急演练，以致操作人员在处理信号中断而引发突发事件时职责不清、处理失误。第二，设备设施维护、隐患排查治理不到位。该企业未建立风险评估机制，未制定落实相关隐患排查治理的规定；在组织实施地铁10号线UPS柜底电缆孔洞封堵作业中，供电公司、运营公司未对运营状态下的供电、信号等设施维护作业进行风险评估，未制定运行时段的作业方案，未采取有针对性的防范措施。第三，对地铁网络化运营过程中出现的新情况、新问题研究不够。该企业于当年7月经修改完善后分别发布"地铁电话闭塞法行车规定（试行）"和"地铁10号线CBTC阶段行车管理办法（试行）"后，培训不到位，员工对安全技术特性的了解和掌握不够，对可能影响运营安全的问题估计不足。

【定性定责】

事故调查组公布的事故调查结果认定该起事故是一起造成重大社会影响的责任事故，12名事故责任人员受到严肃处理。

【案例启示】

城市轨道交通运营需要多个部门甚至多个单位共同协调、统一组织，任何一个单位、一个部门或者一个人的疏忽大意都有可能导致整个运营系统瘫痪，造成无法挽回的损失。

任务要求

1. 了解城市轨道交通运营安全的特性。
2. 了解城市轨道交通安全管理的基本内容。
3. 了解城市轨道交通安全管理手段。

一 城市轨道交通运营安全的特性

要做好城市轨道交通运营安全工作，首先必须了解城市轨道交通运营企业安全生产工作的特点，然后针对其特点采取相应措施，确保运营质量。城市轨道交通是一个物质生产部门，但它又具有与其他物质部门不同的特点。城市轨道交通是通过乘客位移来完成生产任务的，而乘客的位移又是在多部门、多工种共同配合下，通过列车在高速度的运动中实现的。所以，城市轨道交通运营生产的安全工作，一方面同其他行业有着共同的要求，即在生产过程中，防止和消除人身伤亡事故和设备事故，变危险为安全，变有害为无害；另一方面由于城市轨道交通本身的特点，决定了城市轨道交通运营生产在安全上有其自己的特点。

（一）城市轨道交通运营涉及部门多，安全工作影响面广

城市轨道交通运营生产活动都是在地下、地面、高架等复杂的运行条件下进行，外界自然环境、社会环境以及城市轨道交通运营系统内部环境等多方面的因素，对运营安全的干扰和影响较大。城市轨道交通运营是由车辆、车站、工务、电务等多部门组成的一架巨大联动机，每个工作环节必须紧密联系、协同动作，才能确保安全运营。否则，一个部门、一个环节出了问题都会影响其运营安全。特别是行车安全方面更为突出，如果一个地方发生行车重大、大事故，就会影响一线、一片，甚至波及整个运营生产。

（二）城市轨道交通运营生产过程复杂，安全工作贯穿始终

城市轨道交通运送乘客，要经过复杂的生产过程，要经过若干工序、若干人员的共同劳动才能实现乘客的位移，把乘客运送到目的地。安全生产贯穿运营生产的始终，牵扯生产环节中的每一道工序、每一个人。因此生产过程中，各工作环节都必须严格遵章守纪，才能确保乘客的运输安全。否则，只要某一个工种、某一个职工违章作业，就将造成行车事故或人身伤亡事故。这不仅浪费城市轨道交通运输能力，而且影响城市轨道交通的声誉。

（三）城市轨道交通运营安全生产受外界环境的影响大

城市轨道交通运营生产一年四季进行，安全生产必然会受到外界自然环境变化的影响。如天阴、下雨、刮风、下雪、下雾等，会影响电动车驾驶员瞭望信号和观察线路情况，稍不注意就可能发生事故；到防洪季节，可能发生塌方落石，或线路、桥梁被毁坏，影响行车安全；到寒冷季节，可能造成运营设备冻坏，影响安全生产；强烈的雷电，可能毁坏或干扰通信、信号设备，也可能影响行车安全等。

(四) 城市轨道交通线网覆盖整个城市，安全工作受社会环境影响大

城市轨道交通运送乘客是在复杂的城市轨道交通线上完成的。因此，社会治安秩序的好坏，沿线人民群众对城市轨道交通安全知识的了解，爱路护路情况，或一些乘客违章携带危险品、易燃、易爆品上车等，都将影响城市轨道交通的安全生产。

(五) 城市轨道交通是现代化交通工具，技术性强

城市轨道交通是城市现代化的交通工具，设备先进，结构复杂，因而，技术性很强。各种车辆、车站设备、调度设备、通信、信号设备、养路机械、修车设备等结构复杂，要求从业人员有相应的安全技术措施和有关技术知识。因此，各类操作人员都必须经过培训和严格考试合格后才能任职。只有这样，才能确保安全生产。

(六) 城市轨道交通运营是动态加工，时间因素对安全影响大

城市轨道交通运送乘客是通过列车使其发生位移，把他们运送到目的地的。由于行车的密度大，列车运行间隔时间短，因此，在作业时要求有关人员特别注意时间因素，要做到分秒不差，准确无误，才能确保运营安全。否则，一分一秒之差，可能导致重大、大事故，造成不可挽回的损失。

二　城市轨道交通运营安全的意义

(一) 安全是城市轨道交通适应经济和社会发展的先决条件

随着城市轨道交通的快速发展，其逐步成为我国现代化交通工具之一，对经济、社会和科技的发展，满足人民物质和文化生活需求起着重要作用。城市轨道交通运营安全保障了人民生命财产不受伤害和损失，提高了广大人民群众的生活质量。随着国家经济体制改革步伐的加快，如果发生事故，特别是大事故、重大事故，将造成行车中断，甚至造成车毁人亡的严重后果，无疑将会给人民带来不幸，给国家造成巨大损失。

(二) 安全是城市轨道交通运营产品最重要的质量属性

城市轨道交通是一个从事社会化运输的部门，运输是生产过程在流通过程中的继续，运输生产的全部意义在于有计划、有目的、有成效地实现旅客空间位置的移动。产品质量属性包括安全、准确、迅速、经济、便利和文明服务，其中安全最为重要。

(三) 安全是各项工作质量的综合反映

城市轨道交通犹如规模庞大的联动机，其不停地运转，自然条件复杂，作业项目繁多，情况千变万化。安全工作贯穿于运输生产全过程，涉及每个作业环节和人员。只要有一段路基、一根钢轨、一台机车或一辆车辆的关键零部件、一台信号机发生故障或损坏，一个与运输直接有关的人员的瞬间疏忽、违章作业、操作失误，都会造成行车事故或人身伤亡事故。因此，在运营过程中，各部门、各工种人员必须遵章守纪，以确保运输安全。

(四) 安全是加快城市轨道交通发展的重要保证

加快城市轨道交通的发展，必须有一个稳定的运营安全局面。如果安全形势不稳，不

断发生事故，势必会打乱运营秩序，干扰总体部署，分散工作精力，使社会舆论反应强烈，工作就会处于被动状态，城市轨道交通的发展就失去了重要前提与基础。

三 城市轨道交通安全管理的基本内容

城市轨道交通安全管理是指管理者按照安全生产的客观规律，对运输系统的人、财、物、信息等资源进行计划、组织、指挥、协调和控制，以减少或避免轨道交通运输事故为目的，以控制危险、防止事故、最大限度地减少事故损失为目标而进行的决策、组织和控制等一系列活动。

城市轨道交通安全管理的范围包括已经投入运营的城市轨道交通系统运营过程中所涉及的人、物、环境的行为和状态，其对象包括运营管理机构和人员、乘客、车辆系统、供电系统、消防系统、线路和轨道系统、机电设备系统、通信系统、信号系统、环境和设备监控系统、自动售检票系统、车辆段及综合基地、系统外界环境。

依照运营安全管理的基本原则和要求，城市轨道交通运营安全管理的基本内容包括总体管理、重点管理和事后管理三个方面。

（一）总体管理

城市轨道交通运营安全管理，涉及面很广，内容非常丰富，包括安全组织、安全法规、安全信息、安全技术、安全教育及安全资金等，如图1-10所示。

（1）安全组织管理

安全组织管理是安全管理的实施主体，负责安全的组织领导、协调平衡、监督检查工作，使运输企业安全管理体制有效地正常运转，保证安全目标的实现。其主要内容有：

①安全计划管理。负责城市轨道交通运营安全的中长期规划和近期计划的编制和组织实施，以及方针、目标和政策的制定与落实。

②安全行政管理。包括各级安全管理机构的设置和职责划分，安全工作组织领导的原则和方法的确定，以及保证职工安全生产的组织手段，后者包括：

a. 安全劳动管理。对直接制约城市轨道交通运营安全的关键因素，如人员配备与组合、定员与班制、劳动定额和分配关系等合理地规定与协调。

b. 职工生活管理。为保证职工以饱满的热情和旺盛的精力投入安全生产，在职工物质生活、精神生活和医疗卫生等方面所作出的妥善安排。

c. 安全行为管理。主要是运用各种安全管理手段，对个人行为、群体行为、管理行为及人际关系进行激励、约束和协调。

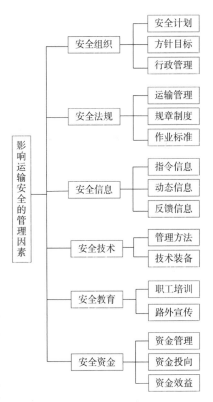

图1-10 城市轨道交通运营安全管理内容

(2) 安全法规管理

安全法规管理的任务是严格遵循国家有关城市轨道交通运营安全的法律、法规等条文规定，对各种运输规章制度和作业标准进行研究、制订、修改、完善、贯彻和落实，使城市轨道交通运营安全管理工作做到有法可依，有章可循，违法必究，违章必查。其主要工作有以下两项内容：

①建立健全工作。安全法规要在尊重实践、尊重科学的基础上，通过建立、修订、补充逐步形成相对稳定、协调一致、切实可行的规章制度和作业标准体系。

②增加废止工作。技术条件和作业环境的变化，必然对城市轨道交通运营安全规章制度和作业标准的针对性、有效性和规范性提出新的要求，在原有基础上，及时增加运输生产急需的规章规定和废止不适用的规章制度对安全运输具有同等重要作用，不可偏废。

(3) 安全信息管理

安全信息一般是指在运营生产过程中，对一切有利于安全生产的指令和系统安全状态的描述或反映。安全信息既是安全管理的对象，又是安全管理的重要支持。安全信息包括：

①安全指令信息。指各种城市轨道交通运营安全法规和安全方针、政策、目标、计划和措施等；

②安全动态信息。指在完成运营任务，执行指令信息过程中的正面和负面效应的反映；

③安全反馈信息。从执行指令信息结果获得，能反馈用来调整和控制安全生产的信息；

④其他安全信息。如安全科学技术和管理信息等；

从某种意义上说，城市轨道交通运营安全管理就是准确、及时、经济地收集、加工、传递、存储、检索、输出一切对城市轨道交通运营安全有用有利的信息管理，并用城市轨道交通运营安全所需的安全指令信息、安全动态信息、安全反馈信息和其他先进的安全科技和管理信息，精心指挥、精心组织、精心管理运输生产，不断开创城市轨道交通运营安全生产的新局面。为此，就要有严密的组织和先进的手段加以保证，如建立健全各种信息中心和网络，并广泛应用电子计算机和各种先进的信息处理技术。

(4) 安全技术管理

技术，除泛指操作技能外，广义地讲，还包括相应的生产工具和其他物资设备，以及生产工艺过程或作业程序、方法。安全技术管理的任务是正确执行国家有关技术政策、标准、规程和轨道运输行业主要技术政策，为城市轨道交通运营安全提供可靠的技术依据和技术措施；充分发挥科技是第一生产力的作用，不断吸收现代科技先进成果，促进城市轨道交通运营安全管理科技含量日益提高。由此可见，城市轨道交通运营安全技术管理包括对城市轨道交通运营安全硬技术设备的维护与管理和对城市轨道交通运营安全软技术的开发与应用。

①城市轨道交通运营安全硬技术设备的管理，是指对运输基础设施和安全技术设备的

研制、试验、引进、装配、维护和安全质量管理等。

②城市轨道交通运营安全软技术的开发与应用，包括与城市轨道交通运营安全有关的各种操作办法、管理方法、城市轨道交通运营安全管理基础理论及安全科学理论的研究与应用。

知识拓展

2021年4月17日上午，深圳市首列全自动驾驶地铁列车在中车长客（中车长春轨道客车股份有限公司）下线。车辆采用A型铝合金鼓形车体，8辆编组，6动2拖，最高运行速度120km/h。该列车是深圳市首个采用最高等级自动驾驶技术的轨道交通车辆，标志着深圳市轨道交通即将进入全自动驾驶时代。列车采用了高安全等级（SIL4）的核心控制部件，以及障碍物检测、端墙防撞、脱轨检测等安全保障技术，并将整车网络安全等级提升至2.0，为列车提供全方位的安全保护。

（5）安全教育管理

为了实现城市轨道交通运营安全，必须通过各种形式和方法，对广大干部和职工进行经常性的安全教育，其内容主要有：

①安全思想教育。这是安全教育的重点所在，内容包括安全生产方针、政策、重要意义，劳动纪律、作业纪律，各项规章制度、典型事故案例教育等。通过正反两方面的教育，使基层作业人员和各级管理人员牢固树立"安全第一"的思想，强化"预防为主"的意识，正确处理好安全与效率、效益的关系。

②安全知识教育。包括安全生产技术知识和安全管理知识教育，目的是解决应知的问题。前者包括运输生产特点、安全特性、设备性能、各部门作业方法及规范要求、事故成因及预防等；后者主要针对安全管理人员而进行的安全教育，内容包括城市轨道交通运营安全管理体制和各部门安全管理体系的构成与运作、事故预测和预防，系统安全评价的基本原理和方法，人-机工程学、安全心理学、行为科学等有关知识与应用。

③安全技能教育。这是通过对作业人员进行长期、反复训练及本人实践，把所学到的安全知识转化为动手能力的过程，主要是解决应会的问题。内容包括岗位熟练操作、防止误操作和处理异常情况的技术、知识和能力。

④事故应急处理教育。一般应包括事故应急处理知识教育、自我保护和自救互援教育、事故现场保护方法教育和事故应急处理演习等。通过上述教育能有效防止事故损失扩大，为处理事故和迅速恢复正常运输秩序创造有利条件。

此外，城市轨道交通运营安全是一项全员参与的活动，对各种城市轨道交通运营参与者进行的城市轨道交通运营安全知识、城市轨道交通运营安全常识及安全法制宣传、教育，也是安全教育管理的重要内容，应与地方政府配合进行。

（6）安全资金管理

要搞好城市轨道交通运营安全，必须有相应的安全资金保证。安全资金管理包括对保证城市轨道交通运营安全所需资金的筹集、调拨、使用、结算、分配等，并进行安全投资的经济评价与经济分析，实行财务监督等。

(二) 重点管理

重点管理可归结为对人的安全管理、对设备的安全管理、对环境的安全管理和对作业的安全管理，所有这些管理工作对运营安全生产都具有重要意义和保证作用。

1. 对人的安全管理

（1）掌握对人的安全管理的规律。对人的安全管理要掌握四个规律，即生产规律、自然规律、职工思想变化规律和人的生理、心理规律（图1-11）。

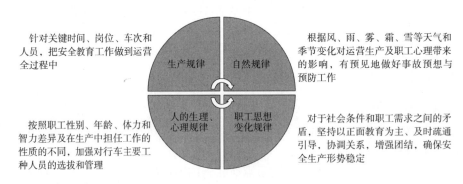

图1-11 人的安全管理中四个规律

（2）提高对人员的安全管理水平。大力进行职工队伍的思想道德教育和职业道德教育，充分发挥广大职工安全生产的积极性、主动性和创造性。对违反作业标准、规章制度的人与事，应实事求是地予以批评教育，对事故责任者根据损失和责任大小给予相应的处罚。

2. 对设备的安全管理

设备安全管理的重点工作主要包括提高基础设备的安全管理水平，提高基础设备的安全性能，提高安全技术设备的安全性能等。这是一项长期而艰巨的工作。

（1）提高基础设备的安全管理水平。提高设备质量，加强设备管理，必须坚持定期检查制度，建立各种检查记录台账，立卡建档，定期保质保量地做好维修保养和病害整治工作，对设备的惯性故障、重点病害、严重隐患要集中力量加以整治，采取严密的安全防范制度和措施，杜绝简化检查、检测、维修作业程序的现象发生，确保运营安全。对设备的养护维修，应坚持预防为主、检修与保养并重、预防与整治相结合的原则，处理好设备维修与运输生产的关系，正确、合理地使用设备，提高操作技术和保养水平，防止超负荷、超范围、超性能使用设备，使设备质量可靠、稳定，逐步形成修、管、用良性循环的发展模式。

（2）提高基础设备的安全性能。合理规划线路大修、换轨，努力提高线路质量，依靠科学技术加快对新型车辆的研制和使用，提高车辆制造和检修质量，切实改善通信及供电设备条件。

（3）提高安全技术设备的安全性能。积极改善检测设备，加大对自然灾害预报及防治设备的投入。

知识拓展

近日,无锡地铁 3 号线不断上线新设备。据统计,无锡地铁车站安检机最大过包量达 80 个/min。由于客流强度高、流量大,安检效率难以满足需要,且由人工进行识别,易导致安检人员工作疲劳。因此,极易导致进站口拥堵、乘客矛盾等安全隐患。另外,安检机普遍是单机应用,无法对安检数据进行分析和预警,出现发现危险情况反映不及时等问题。无锡地铁不断优化车站设备设施功能,切实为市民出行提供便利,提出了"安检＋人工智能＋互联网"的理念,运用人工智能(AI)识别系统的双源双视角 X 射线安全检查设备,不但可以进行不断地"自我学习、自主更新",建立和更新危险物品库。同时,设备还使用顶尖的物质识别技术,实现 360°无死角出图,在图像显示上赋予不同的颜色,自动判断危险品并发出声光警报,高效分辨出有机物、无机物和混合物,减少了工作人员因产生视觉疲劳造成的漏检问题,让危险品无以遁形。除此以外,根据智能一体化安防的要求,无锡地铁每个安检点还增设了爆炸物探测仪、台式危险液体检查仪、防爆球、防爆毯等辅助设备。通过一键通报警器装置打造的警民联动系统,自动定位并发送报警位置给地铁警务人员,快速高效地守护市民的安全出行。

3. 对环境的安全管理

环境对安全的影响可分为内部环境条件影响和外部环境条件影响两个部分,前者包括作业环境和由管理行为营造的内部社会环境,后者包括自然环境和外部社会环境。在众多影响因素中,作业环境和内部社会环境是可控的,而自然环境和外部社会环境是不可控的。但企业管理可通过改善可控的内部小环境来适应不可控的外部大环境,其作用就在于保持良好的工作、作业和生活秩序,保障职工身心健康,保证运营安全。其主要方法有两种:一是加强管理,改善内部社会环境条件;二是大力改善作业环境。

4. 对作业的安全管理

安全管理的出发点和落脚点是现场作业控制,对现场作业重点控制的内容主要包括标准化作业控制、非正常情况下作业控制和系统结合部作业联控等。

(三) 事后管理

事后管理是指事故发生后的安全管理工作,它是安全系统管理不可缺少的重要组成部分,主要包括事故调查处理和事故应急处理。事故调查处理的主要工作有事故通报、事故调查、责任判定、统计分析、总结报告等;事故应急处理中,应及时与调度指挥人员取得联系,听候指示办理。在事故发生后,主管部门和有关单位需要做大量的调查和处理工作,如减少事故损失和防止事故扩大的抢险、救援及事故定性定责,总结经验教训,采取防范措施等,以防止同类事故重复发生。但更为重要的是,对于导致事故的直接和间接原因及其相互间的内在联系进行实事求是、深入细致地分析,形成有利于改善安全状况的共识和对策,并将其上升为安全总体管理和重点管理的新内容。

综上所述,城市轨道交通运营安全管理就是通过总体管理、重点管理和事后管理的综合实施与全面加强,促进安全的全过程(计划、实施、监控)、全员(领导、干部、职工)、全要素(人员、设备、环境等)的全方位管理,有效实现从"事故消防"向"事故预防",从"重治标,轻治本"向"标本兼治,从严治本",从"条块分割,各自为主"向"条块结合,以块为主,逐级负责"等方面转变,切实把握安全生产主动权。

四 城市轨道交通安全管理的主要手段

由于城市轨道交通自身的特点,其安全性已越来越受到广大公众的密切关注。因此,及时有效地分析轨道交通运营安全及故障原因,制定相关对策及处理措施,对改善城市轨道交通运营的安全现状、预防事故和降低事故损失具有重要意义。对于城市轨道交通来说,做好安全生产工作是一项重要的政治任务,关系到国家和人民的生命财产安全,以及和谐社会的构建。其安全管理的手段主要有防、治、控、救。即防止事故发生,治理安全隐患,控制不安全因素、救援事故与险情。

(一) 防止事故发生

预防事故发生必须牢固树立"安全第一,预防为主"和"隐患险于明火,防范胜于救灾"的思想。

1. 开展公众安全宣传教育,推进轨道交通运营安全文化建设

大力开展公众安全宣传教育,积极推进轨道交通运营安全文化建设,努力提高全体员工和乘客的安全意识。通过各种方式宣传"安全第一,预防为主""以人为本,安全至上"的安全理念,大力营造"关爱生命,关注安全"的氛围,将城市轨道运营安全管理中的"全员"概念延伸至全民、全社会,致力于建设安全型社会,从而确保运营安全。

2. 加强员工培训,提高其处理突发事件的能力

岗位不同,工作要求不同,对工作人员而言,高质量地完成本岗位的工作要求是保证城市轨道交通系统安全高效运营的关键,因此,必须加强工作人员的业务素质和道德培养。对于运营关键岗位,尤其是乘务、站务、调度这种关键性操作岗位,员工的业务水平直接影响城市轨道交通安全运营,通过开展针对此类岗位的各种业务比武、知识竞赛、岗位操作资格证年审等活动,可增强关键岗位的业务能力和应急处理经验,对于城市轨道交通安全运营关系重大。总之,重视员工培训是实现安全运营的基础和条件,也是安全运营的成功经验之一。此外,还要进行安全教育,其内容主要有安全思想教育(安全生产方针、政策、重要意义、劳动纪律、作业纪律、各项规章制度和典型事故案例教育)、安全生产技术知识教育和事故应急处理教育。

3. 充分依靠科技成果,加强硬件设备的安全防范措施

采用科技成果是城市轨道交通运营安全工作的重要保障。从设备角度考虑,可以增强机械设备的安全系数。例如,采用先进的阻燃材料,防止火势蔓延;使用安全屏蔽门,以减少因拥挤而失足落下站台的危险;采用防滑花岗石,防止因滑倒而导致的事故;增加车站和列车上的安全监测与预防设施;使用自动售票机和火灾自动报警系统,等等。

(二) 治理安全隐患

治理安全隐患，即检查、整顿、消除安全隐患和不安全因素，为轨道交通创造一个良好的运营环境。

1. 完善城市轨道交通运营安全标准体系

目前，我国城市轨道交通建设与管理的安全标准尚未完善。根据我国城市轨道交通发展的情况，应尽快修改和完善影响城市轨道交通安全的有关车辆、消防、报警、监控、通风、排烟和应急照明等的设计规范，建立城市轨道交通安全技术标准和安全检查规范，补充、完善安全设计、安全施工、安全运营规范，提高规划设计和施工的安全标准，从而提高城市轨道交通整体安全水平。此外，还要建立防火、防爆等安全防范与应急措施。

2. 加强对城市轨道交通运营企业的安全评估工作

开展对企业的安全评估工作是强化企业安全管理的基础，是保障城市轨道交通运营安全的重要措施。有关部门应尽快制定和实施《城市轨道交通运营企业安全评价标准和办法》，并以此为依据开展企业安全评估工作。对评估中发现的问题，要立即整改。对需要一段时间整改的，要制订计划，落实责任，限期整改，并确保按期完成。要将评估报告和处理意见报送当地政府，以督促有关部门对事故隐患进行整改，提高城市轨道交通运营企业的安全管理水平。

3. 加强日常管理和检查，加大查处力度

在日常工作中，要加强对员工作业情况的检查。可以通过日常检查与定期检查相结合、专项检查与综合检查相结合，检查员工是否按作业标准工作，杜绝违章违纪现象，及时发现隐患并加以整改。在城市轨道交通中，乘客跳轨、携带危险品等都会给运营安全带来较大隐患，工作人员和公安部门必须加大查处力度，对此种行为进行阻止，设置安全栅、门，严禁"三品"上车。

4. 通过"6S 管理"减少安全隐患

"6S 管理"是企业行之有效的现场管理理念和方法，其作用是提高效率，保证质量，使工作环境整洁有序，预防为主，保证安全。6S 起源于日本，通过规范现场、现物，营造一目了然的工作环境，培养员工良好的工作习惯，因日语的拼音均以"S"开头，简称 6S。在运营安全管理工作中，及时开展整理（Seiri）、整顿（Seiton）、清扫（Seiso）、清洁（Seiketsu）、素养（Shitsuke）和安全（Security）活动，对现场进行全面的规范和排查，从人、机、料、法、环各方面深入查找不安全的活动场所、设备和环节，对于与安全相关的操作、作业场所、作业过程进行必要的目视化提示与警示，对重要的操作进行现场目视化指引，通过划分管理区域和确定管理责任人等措施，让员工一开始就养成事事"讲究"的习惯，减少因现场混乱或误操作造成的不安全故障或事故。

> **知识拓展**
>
> 整理（Seiri）——将工作场所的任何物品区分为有必要和没有必要的，除了有必要的留下来，其他的都消除掉；整顿（Seiton）——把留下来的必要用的物品依规定位置摆放，并放置整齐加以标识；清扫（Seiso）——将工作场所内看得见与看不见的地方清扫干净，保持工作场所干净、亮丽的环境；清洁（Seiketsu）——将整理、整顿、清扫进行到底，并且制度化，经常保持环境处在美观的状态；素养（Shitsuke）——每位成员养成良好的习惯，并遵守规则做事，培养积极主动的精神（也称习惯性）；安全（Security）——重视成员安全教育，每时每刻都有安全第一观念，防患于未然。

（三）控制不安全因素

控制不安全因素即控制各种隐患、突发事件和运营风险等。

1. 实时监控措施

城市轨道交通运营企业必须具备专业的维修保养业务监督验收能力。通过工作进度表、工作总结会议和年审会议，对外包活动进行适时的调整和监控，包括总结合作经验、制定改进方案等复杂的工作，保持和稳定双方良好的合作关系，达到避免风险并实现双赢的目标。

2. 严格执行 ISO 9000 质量控制体系，提高管理水平

为确保系统处于良好的运营状态，为乘客提供安全、舒适的出行环境，对安全管理工作应实行目标化管理，即人员配备专业化、业务技能熟练化、设备管理规范化、设施运营正常化、日常养护制度化、事故救援快捷化、安全管理目标化、安全服务人性化。同时，依据 ISO 9000 质量控制体系，制定安全管理工作控制程序并严格执行。

3. 保持与其他单位的良好协作，控制外部因素干扰

城市轨道交通系统往往要穿越复杂的城市建筑，受到的约束条件很多。与施工单位保持良好的协作关系，可以提前了解施工范围和内容，对侵入轨道限界的工程应及时制止和控制，以免给运营安全带来影响；建立警地联动机制，共保城市轨道交通一方平安。目前，国内城市轨道交通大多建立了相应的公安部门，地铁运营单位要加强与公安部门的合作，充分依靠公安力量保障城市轨道交通的平安秩序，明确联动例会制度、工作联系机制及联动应急机制；与地方供电局保持良好沟通，密切关注有关停电信息，以便及时调整运营策略。

4. 及时有效地采取措施，将事故控制在萌芽状态

事故发展的初期是有效控制事故、避免事故恶化的关键阶段。在事故或故障发生时，应正确及时地采取有效措施，将事故或故障控制在一定范围内，最大限度地减少损失，降低影响，防止事态恶化。

（四）救援事故与险情

救援事故与险情，即在发生事故与险情时，以最快、最有效的办法确保安全，减少损失，恢复正常，维持服务。救援事故与险情程序如图1-12所示。

```
┌─────────┐    当事故或险情发生时，城市轨道交通运营人员应根据有关制度和应急处理预案迅速
│ 正确处理 │──→ 做出判断与处理，安全疏散乘客，确保国家财产不受损失；在险情和事故排除后，应
└─────────┘    及时进行设备检修，彻底消除安全隐患
     ↓
┌─────────┐    在处理事故或险情时，城市轨道交通运营人员应根据实际情况合理地调整列车运营，
│ 合理调整 │──→ 最大限度地减少对后续列车的影响，保证运营正常进行。调整运营的方式有很多种，如
└─────────┘    扣车、限速、反向运行、越站通过等
     ↓
┌─────────┐    发生事故或险情时，当事人员要及时向有关部门和领导汇报，保持信息渠道畅通。调
│ 及时报告 │──→ 度中心应根据实际情况做出正确判断，发出调度命令指挥行车；对于有重大影响的事件，
└─────────┘    要通过有关部门向地方政府汇报
     ↓
┌─────────┐    事故或险情发生后，要按照"四不放过"原则及时找出事故原因，然后分析总结，整
│ 分析原因 │──→ 改隐患，完善规章制度，防止同类事故再次发生。"四不放过"是指事故原因未查清不
└─────────┘    放过、责任人员未处理不放过、整改措施未落实不放过、有关人员未受到教育不放过
```

图1-12 救援事故与险情程序

单元五 城市轨道交通运营安全影响因素

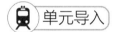**单元导入**

高架线路围网侵限与列车碰撞

【事件经过】

某年某月某日18：47，00718次列车运行至黄阁汽车城—东涌上行约K46+100处，司机突然发现前方50~60m处线路上的网栏脱落并向线路方向转动，司机立即拉快制并与准司机同时拍下司机台上的两个紧停按钮，列车撞上铁网后停下（当时司机采用SM模式，紧制速度90km/h；推荐速度85km/h；实际速度69km/h），列车停稳后司机发现司机室挡风玻璃破裂，并通过司机室侧窗确认列车尾部已越过铁网，司机报行调并告诉行调挡风玻璃破裂。18：58左右，01216次列车运行到黄阁汽车城—东涌上行区间时司机接行调命令："经下行司机反映，那个围栏是在K45+900处。"司机在复诵此命令时发现前方60m左右有风忽然把围栏吹向线路中央，司机立即拉快制并拍紧停按钮，列车无法停车还是撞上围栏，致使挡风玻璃破裂。

【事件分析】

①本次围蔽网松脱可能是由于瞬间局部风压过大造成的。由于台风风力作用，导致围网松动侵入线路限界，从而造成00718次列车与围网发生碰撞。②行车调度员接报列车碰撞异物的发生地点（K45+900）后，推算里程标时出现方向性概念错误，未将推算的里程标结合台面张贴的"地铁四号线线路示意图"进行核对，行车调度员向司机发布的调度

命令中限速地点不正确，另一行调和值班主任没有发现并纠正限速地点的错误，导致01216次与侵入限界的围网发生碰撞。③01216次司机在接到行调的限速命令后，没有发现限速里程与围网侵限点的矛盾，在恶劣的天气条件下依然采用ATO模式驾驶列车，没有控制列车速度，也没有采取有效措施在侵限围网前将列车停下。④接报00718次列车在K45+900碰撞异物后，控制中心没有及时将信息通报给所有相关岗位和人员，导致添乘01216次列车的黄阁汽车城站值班站长不知道添乘的目的。

【定性定责】

根据《运营事故（事件）调查处理规则》的规定，本次事件定性为一般事件，车务中心负次要责任。

【案例启示】

影响运营安全的因素有很多，其中环境是一个不容小视的因素。案例中，由于台风自然因素的影响，导致围网侵入机车车辆限界，最终与列车发生碰撞。根据相关规定，当风力达到八级时，高架和地面线路采用人工驾驶模式，列车以不高于60km/h限速运行。在台风等恶劣天气条件下，一旦发生设备侵限等异常情况，控制中心要沉着、冷静处理，及时掌握事件信息并告知各相关部门及岗位，第一时间通知后续列车司机，再向全线列车司机发布事件信息。控制中心要重新检查突发事件时的应急处理流程，在确保安全的前提下，合理安排行车和客运组织。

任务要求

1. 掌握城市轨道交通运营安全的影响因素。
2. 掌握城市轨道交通运营安全影响因素的相互作用。

轨道交通运营系统是一个在时间、空间上分布很广的开放的动态系统，运营安全影响因素错综复杂，涉及很广，从系统论的观点出发，与运营安全有关的因素可以划分为四类：人、物（机器以下简称"机"）、环境、管理。这种分类具有下述优点：

（1）它是从构成生产系统的最基本元素出发，从事故的最基本原因着手，具有普遍意义。

（2）充分体现安全是一项全员、全要素、全过程的活动。因为系统中的"人"，是指作为工作主体的人；"机"是指人所控制的一切对象的总称（包括固定设备和移动设备）；"环境"是指人、机共处的特定的工作条件（包括内部环境和外部环境）。

（3）考虑了人、机、环境对安全的影响，尤其考虑了三者之间的相互作用，包括人-人，人-机，机-机，机-环境，人-环境，以及人-机-环境等。

（4）以管理作为控制、协调手段，协调人、机、环境之间的相互关系，并通过反馈作用将系统状态的信息反馈给管理系统，从而改进安全管理方法，最终得到更为安全的系统。

交通运营安全影响因素之间关系如图1-13所示。

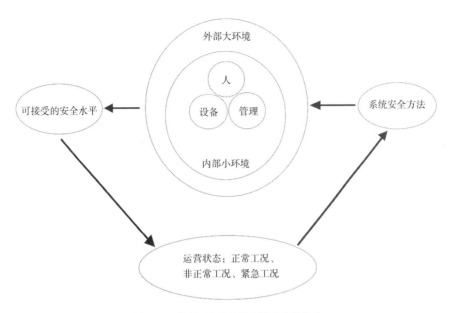

图 1-13 交通运营安全影响因素及其关系

一、人的因素

从众多运营事故的原因分析中可以发现，人的失误是导致运营事故发生的主要原因。再先进的设备和控制系统也需要人的操作和监控，一旦出现人为的疏忽和失误，就容易引发大的运营事故。此外，乘客作为地铁运营中的参与者，如果自身安全意识不强，或者违反规章制度，也容易导致事故的发生。

（一）工作人员因素

1. 一线运营工作人员（含行车调度、司机、站务人员等）

（1）决策、指挥、监控、操作失误，引发列车挤岔、列车冲突、列车脱轨等各类行车事故。

（2）错办列车进路、错发调度命令，未确认信号、道岔、进路动车。

（3）超速驾驶列车、错开车门、开门走车、夹人夹物走车。

（4）安全意识薄弱，应急突发事件处理能力不足，相关专业知识缺乏，使事故影响进一步扩大，导致重大后果。

2. 设备检修人员（含设备调度）

（1）违规进入接触轨区域，导致触电伤亡。

（2）接触网（轨）错送电、漏停电，导致接触网（轨）检修人员触电伤亡。

（3）施工作业结束后，施工清场不彻底。

（4）检修维护机械装置时未采取措施，机械装置突然开动。

（5）对运转中的机械装置、带电设备、加压容器、装有危险物容器等，进行清擦、检修、调节等作业。

（6）不按规定操作机械、装置，使用有缺陷的或用错机械、工具，违章驾驶机动车。

（7）使安全防护装置失效，包括拆掉、移走安全装置，去掉其他防护物等。

（8）不正确使用劳动防护用品，导致人身伤害事故（事件）发生。

（9）不必要接近危险场所。

（10）作业过程中存在不安全行为，如用手代替工具、从中间或底下抽取货物、以扔代替传递、不必要的奔跑等。

（二）乘客因素

1. 违反城市轨道交通运营管理规章

乘客不熟悉城市轨道交通运营管理规章，私自携带危险品进站，擅自进入轨道、隧道或者其他有警示标志的区域，个别乘客在列车运行期间，有拉门、砸窗、跳车等不当举动，这些都是潜在的事故隐患。

2. 报复社会，故意破坏

一些对社会不满的人、恐怖分子等为了制造社会混乱，利用城市轨道交通客流量大的特点，选择在城市轨道交通内破坏设备、实行恐怖行为。

3. 应急自救能力缺失

由于乘客平时缺少相关的训练，一旦发生事故，就容易陷入恐慌，造成踩踏等事故。如在火灾发生时不知道如何使用灭火器进行灭火，不知道如何进行逃生，所以有时候一个很小的事件都会引发严重的群体性受伤事件。

4. 其他相关方人员

（1）由于第三方维保单位资质、能力或在保养期内违约撤离维修人员问题，使设备维护不良，存在安全隐患，导致各类运营事故（故障）的发生。

（2）在城市轨道交通运营控制保护区内进行建造、拆卸建（构）筑物、爆破等可能危害城市轨道交通设施作业的单位人员，未会同城市轨道交通经营单位制定城市轨道交通设施保护方案，影响安全运营。

二 物的因素

城市轨道交通系统是由众多设备和系统构成的，例如供电、车辆、通信信号、轨道和车站、通风系统等，这些"物"的因素容易受到使用年限、使用环境的影响而产生故障，即存在不安全状态的可能性。实践证明，消除生产作业中的物的不安全状态，可以大幅度减少事故发生。

（一）供电系统

城市轨道交通系统各项设备包括列车都离不开电，一旦供电系统出现故障，车站照明、列车运行、信号系统故障等问题就会接踵而至。常见的供电系统故障主要是大面积停电、电气火灾等。尤其是大面积停电可能造成乘客恐慌，尽管有应急照明装置，但列车突然停止、车站灯光变暗都会影响乘客的心理。

（二）车辆系统

车辆系统故障是乘客最能直接感受到的，乘客身处其中影响最为直接，因此，车辆系统是否可靠对城市轨道交通运营安全至关重要。车辆系统的故障包括车辆制动失灵、自燃、受电弓异常、轮对故障、车门打开故障等。

（三）信号系统

信号系统是城市轨道交通行车组织的关键设备，运营控制中心的相关指令都要通过信号系统下达给列车和车站，高效的信号系统是实现列车自动化运营控制的重要设备。信号系统常见的故障包括信号错误显示、道岔失去控制、信号传输故障等。

（四）线路系统

感应板超限、钢轨损伤或断裂、线路曲线位移、胀轨跑道、道岔尖轨不密贴、路基下沉、坍塌等故障都可能引发列车脱轨等行车事故（事件）。

（五）通风、排烟系统

通风、排烟系统在城市轨道交通发生火灾的时候能够发挥重要作用，正常情况下用于车站换气、区间隧道通风，以确保车站和区间隧道有良好的空气环境。

（六）屏蔽门（安全门）系统

屏蔽门（安全门）是用于分隔站台公共区和轨道区间的一道透明屏障，由钢结构、活动门、固定门、门驱动装置和控制机构等组成，玻璃采用单层钢化玻璃。屏蔽门（安全门）可能导致事故的因素有：

（1）在发生火灾等突发事故时，滑动门、应急门不能打开，影响人员疏散。

（2）屏蔽门（安全门）与列车的间隙夹人，被夹人员无法离开危险区域，列车动车，进而导致行车事故。

（3）屏蔽门（安全门）的接地端与轨道连接，使屏蔽门（安全门）与轨道等电位，可能导致人员触电。

（七）车站公用工程及辅助设施

车站公用设备、设施可能导致事故的因素有：

（1）火灾及消防联动设备失效，导致火灾事故。

（2）车站存放易燃易爆品，引发火灾、爆炸等事故。

（3）疏散通道被阻塞，影响乘客紧急疏散。

（4）缺乏消防设施，在发生火灾等突发事件下不能及时控制灾情，进而引发更大的事故。

（5）车站内的建筑物装修材料，不满足阻燃、燃烧后低烟低毒的排放要求，不符合防火安全性的要求。

（6）车站的天花板或天花板内安装的设备掉落，导致人员伤亡。

（7）自动扶梯运行中发生梯级下陷、驱动链断裂、扶手带断裂等故障，导致人员伤亡。

三 环境因素

（一）自然环境

城市轨道交通在运营期间可能受到气象灾害或地质灾害的影响，气象灾害或地质灾害会引发次生灾害，从而造成更大的危险。

可能引发城市轨道交通运营事故的气象因素，见表1-6。

气象因素　　　　　　　　　　　　　　　　　　　　　　　　表1-6

序号	灾害类型	运营事故
1	暴雨、洪涝	（1）洪水灌入地下车站，可能造成人员伤害、设备损坏、地铁局部或全线停止运营。 （2）因雨水影响导致钢轨湿滑，影响轮轨关系，导致列车空转滑行。 （3）车站排水不畅造成水浸出入口，站台或站厅积水，影响乘客人身安全。 （4）高架线路出现路基下沉，边坡坍塌或挡土墙倒塌、高架桥墩倾斜/倒塌，线路旁的建筑物、树木或其他物品倒塌，侵入轨行区限界影响行车安全。 （5）排水不畅造成水淹道床、轨道，中断行车。 （6）电气设备受潮短路，发生设备火灾
2	热带气旋、风害、龙卷风	（1）轨行区异物侵入（线路旁树木以及其他物体侵入线路限界）或地铁车辆被强风吹袭危及行车安全，导致车辆脱轨、倾覆等损坏，并造成人员伤亡；因雨水影响轮轨关系，导致列车空转滑行。 （2）高架车站站台PIDS电视等悬挂设备被强风破坏，玻璃幕墙掉落破碎，顶盖铝板松脱。 （3）高架线路出现路基下沉，边坡坍塌或挡土墙倒塌，线路旁的建筑物、树木或其他物品受强风吹袭倒塌，侵入轨行区限界影响行车安全。 （4）排水不畅造成水淹道床、轨道，接触网（轨）受台风吹袭变形损坏，中断行车。 （5）户外施工作业人员遭受台风吹袭，导致人员被吹倒摔伤或刮走，导致伤亡
3	酷暑高温	（1）高温导致钢轨胀轨跑道的现象，或导致接触轨（网）变形，影响集电靴（受电弓）与接触轨（接触网）的关系，引发弓网事故。 （2）高温情况下空调系统负荷过大，电力设备由于承受过高电量，可能引发电气火灾。 （3）各种电气设备受高温影响，散热困难导致热量积聚，引起电气火灾。 （4）乘客或施工作业人员中暑晕倒，危及乘客或员工的人身安全
4	浓雾	（1）大雾导致钢轨湿滑，影响轮轨关系，导致列车空转滑行。 （2）大雾导致能见度下降，导致司机的瞭望距离减少，给司机确认线路状况、信号及行车标志等造成困难。 （3）户外施工作业人员受影响，电气设备容易受潮，影响设备使用

续上表

序号	灾害类型	运营事故
5	雹害、结冰	(1) 冰雹、道路结冰导致钢轨湿滑，影响轮轨关系，导致列车空转滑行。 (2) 客车或工程机车在地面或高架线路运行时，冰雹导致列车玻璃破裂，甚至对驾驶室人员造成伤害。 (3) 因冰雹袭击，导致车站、区间相关设施破坏。 (4) 冰雹袭击时，可能造成人员伤亡
6	冷害、冻害	温差过大或温度过低，影响信号系统设备正常运行，可能引发行车事故
7	雷电	(1) 地面建筑和设备遭受雷击，导致设备设施损坏，引起火灾或影响行车和人员生命安全。 (2) 在高架上的客车、工程机车和车辆遭受雷击，导致机车车辆损坏，人员伤亡。 (3) 户外施工作业人员遭受雷击，造成人员伤亡
8	雪害	(1) 地面、高架线路的接触网支架倒塌，中断行车。 (2) 高架车站钢结构承载负载过大而倒塌，中断行车和造成人员伤亡

可能引发城市轨道交通运营事故的地质因素，见表1-7。

地 质 因 素　　　　　　　　　　　　　　　表1-7

序号	灾害类型	运营事故
1	地震	(1) 地铁客车脱轨。 (2) 地下隧道结构局部受损，个别隧道错位，出现隧道冒水漏水现象。 (3) 钢轨扭曲，供电支架损坏，接触网线脱落。 (4) 电缆、给排水管道受损，供电、供水中断
2	山体崩塌	(1) 崩落的岩体或者土体滚落到地面线路，侵入轨行区限界中断行车，可能掩埋列车或人员。 (2) 可能导致高架桥墩、桥梁倾斜倒塌，中断行车和造车人员伤亡
3	滑坡	可能中断地面线路行车
4	泥石流	(1) 灌入地下车站，可能造成人员伤害、设备损坏、地铁局部或全线停止运营。 (2) 侵入轨行区限界中断行车。 (3) 造成边坡坍塌或挡土墙倒塌、高架桥墩倾斜或倒塌，侵入轨行区限界影响行车安全
5	地面塌陷地面沉降	(1) 地面线路路基塌陷，中断行车。 (2) 高架桥墩倾斜、倒塌，中断行车

（二）社会环境

　　城市轨道交通是城市客运交通的大动脉，是维系城市与区域经济功能的基础工程设施系统；城市轨道交通多处于地下，环境封闭、人员集中、疏散困难，一旦出现突发重大事件，将给人们生命和财产带来重大损失。

运营事故的发生往往是多种因素共同作用的结果，而社会环境就是其中之一。很多突发性公共事件都是社会环境引起的，恐怖分子、悲观厌世者为了制造新闻效应、报复社会，可能将城市轨道交通车站、列车作为实施纵火、爆炸等行为的场所。

（三）作业环境

作业环境引发事故的因素有很多，主要包括以下两个方面。

1. 照度不良

如地下设备间、电缆夹层、设备夹层等部位，还有地下式厂房、封闭式厂房等，只能依靠人工照明，从地上到地下厂房，亮度差别很大。地下车站，大量的乘客及工作人员集中在站厅、站台及设备间内，因此照明对安全运营起着至关重要的作用。

2. 辐射危害

大功率高频电磁波对人体有害，通信信号系统在设计时，在满足工程需要的前提下，应采用发射功率小的设备，控制和减少电磁波辐射，以降低对人体伤害。

（四）设备设施的周边环境

在地铁车站出入口附近，如果有加油站等危险设施，一旦这些设备设施发生事故（如火灾、爆炸等），将影响轨道交通出入口及车站的安全，进而影响乘客及工作人员的人身安全。

四 管理因素

管理因素是引发城市轨道交通运营事故灾害的间接因素，主要是对人和设备产生影响。管理不善可能导致工作人员松懈麻痹，容易出现人为操作失误，管理不善还可能引起设备的故障，如果不能及时维修，埋下事故隐患。主要包括：安全生产管理组织机构不健全、人员不足；安全生产责任制责任划分不明确；安全管理目标未突出安全管理重点，未分清主次，未将目标预期结果做到具体化、定量化、数据化，或者目标太高而无法实现；运营单位制订的安全规章制度、安全作业规程不完善，不符合国家相关规范的要求；运营单位人员未按规定开展"三级"安全教育、"四新"教育等安全教育培训，或者培训效果不理想，员工安全素质不满足运营单位安全生产条件；运营单位对安全生产所必需资金投入不够，不满足安全生产的相关要求；运营单位在新线设备设施不具备安全生产条件的情况下，违规验收且投入使用，直接影响运营生产安全。

知识拓展

"四新"安全教育是指采用新工艺、新设备、使用新材料、生产新产品时进行的新操作方法和安全知识教育。一般包括新工艺、新设备、新材料、新产品的特性及操作方法；新制订的安全制度和操作规程的内容和要求；新的防护装置使用注意事项等。它是安全生产教育的主要形式之一。

五 多因素影响分析

任何事故的发生都有其单一因素的直接关系。但就城市轨道交通运营的特点来看，各个因素之间是相互作用、相互交叉的,每起城市轨道交通运营安全事故的发生基本上都不是某个单一因素造成的,通常都是某两个甚至多个因素综合作用的结果。

(一) 人和人之间

从工作人员的角度来看,城市轨道交通运营是由多个部门、多层次人员分工协作来实现的,同事之间、管理者与被管理者之间的合作、影响和制约,对于防范事故发生有着关键的影响;人与人之间的配合也十分重要,在紧急时刻,乘客能够配合工作人员的疏导,听从工作人员的指挥,将会使事故带来的损失减少。

(二) 人与设备之间

在人与设备的关系中,人是操纵设备的主体,人的态度、注意力、技能等直接影响着设备的正常运转。同时,在信息技术迅速发展的今天,部分智能设备也能为人提供决策支持,具有自动报警、纠正误差等功能,可减少人的疏忽带来的损失。

(三) 人与环境之间

人与环境的关系也是相互的。一方面,人生活在环境中,受到环境条件的影响和制约。例如,天气炎热可能会引起工作人员和乘客的焦躁情绪,导致公共安全事件(如冲突)的发生而造成安全隐患等;另一方面,人不断从环境中获取信息,从而控制、改造环境,在自然灾害到来前增强内部环境的防御能力。

(四) 设备与环境之间

设备与环境之间也是相互作用的。设备的工作效率随着时间的推移会不可避免地降低,同时设备会因受潮、生锈、磨损等环境因素的影响而降低工作效率,留下安全隐患;环境,尤其是内部环境也会受到设备的影响,如果设备发生故障,发生气体、液体泄漏或不能及时排出有害物质,内部环境就会因此而变得非常危险,导致事故发生。

单元六　城市轨道交通运营安全保障体系

单元导入

区间驾驶臆断行车导致列车撞车

【事件经过】

某年某月某日 18:14,某地铁 561 次列车根据出站绿灯信号由长椿街站发车出站,由于前方区间被 313 次列车占用,前方信号灯显示为黄灯,561 次列车运行至该处,其自动停车装置发出警报;561 次列车的司机由于安全意识淡薄,以为自动停车报警装置误报警,在未进行前方信号瞭望和确认的情况下,擅自将该报警装置切除,采用牵引位继续运行,待列车越过黄灯信号机看到前方显示红灯信号时,561 次列车立即采取制动措施,将牵引手柄由牵引 3 位直接拉到制动 3 位。由于此操作需要 3s 的缓解延时,561 次司机误以为制动无效改用了风闸切断电制动,直至 561 次司机看到 313 次列车的尾部才摁下了紧急停车按钮。561次列车在巨大的惯性下与313次列车的尾部相撞,撞击前的一瞬间313次列车前方的信号机转化为绿灯信号,313列车解除了制动装置准备起步,561次列车强大的冲击力和18‰下坡道作用力将313次列车推至前方366m处。由于事故现场线路为凹形坡道,313次列车在5‰的上坡阻力下溜回坡谷后停车。事故造成35名乘客受伤,多节车厢损坏严重;内环线路中断运营5h 04min,外环线路中断运营1h 07min。

【事件分析】

561次司机驾驶列车时精神不集中,主观臆断,擅自关闭自动停车保护装置,在未确认信号的情况下违章行车;561次司机将牵引手柄由牵引3位直接拉到制动3位,违反了电动列车操作规程;313次列车司机在隧道内停车未进行汇报,同时行车调度未及时将313次列车在隧道内停车的信息传递给后车。

【定性定责】

根据《运营事故(事件)调查处理规则》的规定中"造成1条(试运营)区段单向中断运营5小时以上,或者双线中断运营3小时以上",本次事故定性为一般事故,两名司机和当班调度违反相关规定受到严肃处理。

【案例启示】

通常情况下,列车上搭载数千名乘客,安全保障尤为重要。在列车上,安装有先进的列控设备,最大限度地保障行车安全。该案例中,由于两车相距不远,后续列车发出自动停车报警信号,就是在司机驾驶列车疏忽时起到安全保护的作用。在城市轨道交通系统中,不管是各类设备技术的保障,还是工作人员操作技能的保障,都是为了切实保护乘客的乘车权益。

任务要求

1. 掌握城市轨道交通安全技术保障系统。
2. 了解城市轨道交通安全文化建设的内容。
3. 了解城市轨道交通相关部门和岗位的安全责任保障制度。

一 城市轨道交通总体安全保障

(一) 城市轨道交通总体安全管理保障体系概述

城市轨道交通安全保障体系,是针对相关人员、设备、环境、管理等因素所采取的各种措施的一种有机结合成的新的管理控制系统。它是指配置在城市轨道交通生产系统之上,起保障系统安全作用的所有方法和手段的综合,一方面保证系统不会对其外部环境构成威胁,另一方面保证系统和人员的安全性。

安全保障系统的概念是为了解决安全问题而构造的,其内涵是针对生产系统本身安全而言,并不是从生产系统分离出安全保障系统这一子系统,而是改造生产系统的安全保障系统,使之具有处理本系统一切安全问题的功能。因此,安全保障系统是"由与生产安全问题有关的相互联系、相互作用、相互制约的若干因素结合成的具有特定功能的有机整体"。安全保障系统的任务,就是要对运营管理系统的高效运行提供有效的安全保障。

安全保障系统是配置在轨道交通系统上的各种安全保障设备、技术和管理等的有机结合体,两者之间互相交叉、互相渗透,它并不是在轨道交通系统外部单独存在。因为生产系统是一个实实在在存在的系统,看得见,摸得着,例如一个城市轨道交通车站内必然有相应的人员和设备,安全保障系统是配置在生产系统上的各种与安全管理相关的设备、人员等的有机结合,两者互相交叉,互相渗透,你中有我,我中有你。

在企业安全管理系统中,专业安全工作者起着非常重要的作用。他们既是企业内部上下沟通的纽带,更是企业领导者在安全方面的得力助手。在掌握充分资料的基础上,为企业安全生产实施日常监管工作,并向有关部门或领导提出安全改造、管理方面的建议。归纳起来,专业安全工作者的工作可分为以下四个部分。

(1)分析。对事故与损失产生的条件进行判断和估计,并对事故的可能性和严重性进行评价,即进行危险分析与安全评价,这是事故预防的基础。

(2)决策。确定事故预防和损失控制的方法、程序和规划,在分析的基础上制订合理可行的事故预防、应急措施及保险补偿的总体方案,并向有关部门或领导提出建议。

(3)信息管理。收集、管理并交流与事故和损失控制有关的资料、情报信息,并及时反馈给有关部门和领导,保证信息的及时交流和更新,为分析与决策提供依据。

(4)测定。对事故和损失控制系统的效能进行测定和评价,并为取得最佳效果进行必要的改进。

(二)城市轨道交通运营安全管理机构

为了保证安全法规的贯彻执行,加强安全的监督管理,必须设立安全管理机构。有的轨道交通运营企业设立安全委员会,委员由公司领导和各部门经理组成,常设办公室在安全监察室。三大部门——车务部、车辆部、维修工程部设立安全领导小组、专职安全监察员,各车间、班组设有兼职安全员(图1-14)。

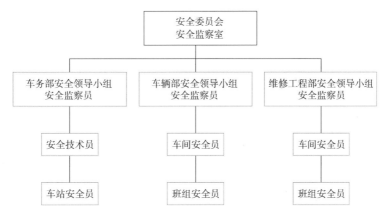

图1-14 安全委员会组织架构

二 城市轨道交通安全技术保障

城市轨道交通的运行采用高度自动化控制,即运行中的城市轨道交通列车的安全性需要高度依赖于各种技术保障系统,因此在安全管理工作中,非常有必要对城市轨道交通系统中有关技术保障系统的工作原理进行了解。

（一）列车自动控制（Automatic Train Control，ATC）系统

列车自动控制系统是以技术手段对列车运行方向、运行间隔和运行速度进行控制，保证列车能够安全运行、提高运行效率的系统，简称列控系统。列控系统分为列控地面子系统和列控车载子系统。在不同的应用场合，列控系统的设备构成有所不同。

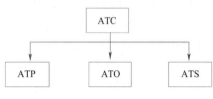

图 1-15 列车自动控制系统

列车自动控制系统包括列车自动防护（ATP）系统、列车自动驾驶（ATO）系统、列车自动监控（ATS）系统，如图 1-15 所示。

列车自动防护系统是整个列车自动控制系统的基础，列车自动驾驶系统和列车自动监控系统都依托于列车自动防护系统的工作。列车自动防护系统亦称列车超速防护系统，其功能为列车超过规定速度时即自动制动；列车自动驾驶系统控制列车加速或减速，甚至制动，如图 1-16 所示；列车自动监控系统主要是将现场的行车信息及时传输到行车指挥中心，行车指挥中心将行车信息综合处理后，实时无误地向现场下达行车指令，以保证行车工作的准确、快速、安全、可靠。

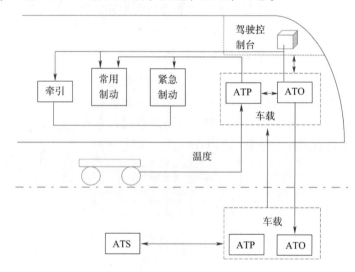

图 1-16 ATO 子系统结构图

（二）环境与设备监控系统

一般来说，地铁的环境与设备监控系统（Building Automation System，BAS），由设置在控制中心的中央级监控系统、设置在车站控制室的车站级监控系统，以及就地级监控设备形成的三级监控管理系统组成。其功能主要有：

（1）自动监视并控制各种机电设备的起、停，显示或打印当前运转状态。

（2）自动检测、显示、打印各种机电设备的运行参数及其变化趋势或历史数据状态。

（3）根据外界条件、环境因素、负载变化情况自动调节各种设备，使之始终运行在最佳状态。

(4) 监测并及时处理各种意外、突发事件。

(5) 实现对大楼内各种机电设备的统一管理、协调控制。

(6) 水、电、气等的计量收费,实现能源管理自动化。

(7) 能对包括设备档案,设备运行报表和设备维修进行管理等。

（三）地铁火灾报警系统

火灾报警系统（Fire Alarm System，FAS），主要由设置在沿线各车站、区间隧道、控制中心大楼、停车场、主变电站等与地铁运营有关的建筑和设施的火灾报警系统设备，以及相关的网络设备和通信接口组成，一般由中央级和车站级两级系统组成，采用控制中心的中控级和车站级二级监控管理模式。

FAS系统主要由火灾报警监控终端、报警监控通信网、报警监控中心三部分组成。通过现代通信网络技术，以计算机网络和无线通信为基础，充分运用现代计算机、通信、控制与信息综合决策的先进技术和感烟、感温、感光等火灾报警设备，通过网络化管理，实现对建筑消防设施运行的远程、实时监控，初步具备报警监控、设施巡检、动态服务、信息服务、报警数据统计和分析等五大功能。

三 城市轨道交通安全文化保障

安全文化就是安全理念、安全意识以及在其指导下的各项行为的总称，主要包括安全观念、行为安全、系统安全、工艺安全等。安全文化主要适用于高技术含量、高风险操作型企业，在交通、能源、电力、化工等行业内的重要性尤为突出。

（一）安全文化的层次与特征

1. 安全文化的层次

广义的安全文化的构成具有层次性，如图1-17所示。

(1) 安全物质文化——物质层

安全物质文化是为保证人们的安全生活和安全生产而以物质形态存在的条件、环境、设施的总和，或者说是能够满足人们安全需求的各种物质要素和物质财富的总称。它们是安全文化的物质载体，居于安全的最表层或者说是最外层。安全物质文化是安全文化的根本保障和基础。

图1-17 安全文化结果示意图

(2) 安全行为文化——行为层

行为文化是在安全精神文化和安全制度文化的指导下，人们借助一定的物质文化生产过程中的安全行为表现，居于安全文化中间层。安全行为文化既是安全精神文化和制度文化的反映，同时又反作用于安全精神文化和安全制度文化。

(3) 安全制度文化——制度层

安全文化中一切制度化的法规和制度组织形式是安全文化中重要的、强制性的组成部分，安全制度文化是协调生产关系、规范组织和个体行为的各项法规和制度，居于安全行为文化和安全精神文化之间，是安全文化的中间层，发挥协调、保障、制约、促进作用。

(4) 安全精神文化——精神层

安全精神文化居于安全文化的内层,是指为全体成员所共同遵守,用于指导和支配安全行为的以价值为核心的意识观念的总称。作为安全文化的软件和核心,安全精神文化对制度文化、行为文化、物质文化起主导作用。

以上四种层次构成了安全文化的整体结构,它们相互联系、相互影响、相互渗透、相互制约。其中,安全物质文化是基础,安全精神文化是核心和精髓,安全行为文化和安全制度文化是桥梁和纽带。

2. 安全文化的特征

(1) 时代性

安全文化是人类文化的最重要组成部分,是安全科学的基础。安全文化也属于上层建筑,它的发展和繁荣均受到时间、地点、当时政治背景、经济基础、社会环境、科技进步及当时大众需求的影响,也受到世界科技进步、政治斗争、市场经济竞争的影响。

(2) 人本性

企业安全文化的核心是以人为本,其目的是实现人的安全价值,其本质在于追求企业对安全价值的认同。爱护生命、保护职工的安全与健康,是企业追求的目标与发展的需要。

(3) 系统性

安全文化内容丰富,涉及领域广泛,不仅是文化科学与安全科学的交叉与综合,还是自然科学与社会科学的交叉与综合。人们要解决身心安全与健康的本质和运动规律问题,必须以文化的观点,用系统工程的思想、综合处理的方法,建立安全文化系统工程的体系,应用各种科技手段,根据安全文化建设中的总指标和分指标,对安全文化的总系统工程及分系统工程进行综合分析和计算,以评价总系统和分系统的科学性、有效性。

(4) 群体性

安全文化是组织内的共同性文化,是全体成员所认同的安全理念、安全目标、安全行为规范等,或者说,是全体成员共同达成的意识。

(5) 继承性

任何时代、任何地域的安全文化,都是经过传播、传承、优化融合、发展而成的,都具有继承性。

3. 安全文化的功能和作用

企业安全文化是其安全生产的根本。安全最基本的内涵就是人的安全意识,安全要真正做到警钟长鸣,居安思危,常抓不懈。

(1) 导向功能

企业安全文化提倡、崇尚什么将通过潜移默化的作用,接受共同的价值观念,职工的注意力必然转向所提倡、崇尚的内容,将职工个人目标引导到企业目标上来。

(2) 凝聚功能

当一种企业安全文化的价值观被该企业成员认同之后,它就会成为一种黏合剂,从各方面把其成员团结起来,形成巨大的向心力和凝聚力,这就是文化力的凝聚功能。

(3) 激励功能

文化力的激励功能,指的是文化力能使企业成员从内心产生一种情绪高昂、奋发进取的效应。通过发挥人的主动性、创造性、积极性、智慧能力,使人产生激励作用。

(4) 约束功能

这是指文化力对企业每个成员的思想和行为具有约束和规范作用。文化力的约束功能,与传统的管理理论单纯强调制度的硬约束不同,它虽然也有成文的硬制度约束,但是更强调不成文的软约束。

(5) 协调功能

安全文化的形成,使人们对安全有了共识,有共同的价值观、态度和信念,不仅便于相互间的沟通,也便于团结协作。

安全文化的作用是通过对人的观念、道德、伦理、态度、情感等深层次的人文因素的强化,利用领导、教育、宣传、奖惩及创建群体气氛等手段,不断提高人的安全素质。

(二) 城市轨道交通企业的安全文化建设

1. 安全文化建设的内容

与安全文化的构成要素相对应,城市轨道交通企业安全文化建设包括以下内容:

(1) 建立稳定可靠、标准规范的安全物质文化

安全文化需要依靠技术进步和技术改造来不断提高本身安全文化的深度和广度,主要包括:

①作业环境安全。将生产场所中的噪声、高温、粉尘、有毒气体、辐射等有害物质控制在规定的标准范围内,创造舒适、安全的作业环境。

②工艺过程安全。操作者应了解物料、原料的性质,正确控制好温度、压力和质量等参数。

③设备控制过程安全。通过对生产设备和安全防护设施的管理,来实现设备控制过程安全。

(2) 建立符合安全伦理道德和遵章守纪的安全行为文化

①员工在掌握安全知识的基础上,熟练掌握各种安全操作技能。

②严格按照安全操作规程进行操作。

(3) 建立健全切实可行的安全管理(制度)文化

①建立健全企业安全管理机制,即建立各方面、各层次责任落实到位的高效运作的生产经营单位安全管理网络;建立起切实可行、奖惩严明的劳动保护监督体系。

②建立健全生产经营单位安全管理的基本法规、专业安全规章制度和奖惩制度,使其规范化、科学化、适用化,并严格执行。

（4）建立"安全第一、预防为主"的安全观念文化

①通过多种形式的宣传教育，提高员工的安全生产意识，包括应急安全保护知识、间接安全保护意识和超前安全保护意识，并进行安全知识教育培训。

②进行安全伦理道德教育，提高员工的责任意识，使其自觉约束自己的行为，承担起应尽的责任和义务。

知识拓展

间接安全保护意识是指当危险因素以隐形、间接、慢性伤害形式出现时，行为人能够及时辨识、认知和采取预防措施，这种措施包括防护、隔离和消除及脱离等。这些措施是人们对客观规律认识基础上的主观能动性的表现，而这种主观能动性是经过长期的工作和生活经历以及安全教育和培训逐步形成的。

超前安全保护意识是指由于安全管理的缺陷造成人的态度、情感等变化而可能发生不安全行为或物的不安全状态时，行为人能够对这种可能的变化有所警觉、意会、纠正及有效控制。这些都是建立在人们思考、分析和探索基础上的，是生产实践上升为理论阶段，继而指导实践的过程和结果。例如，乘飞机就能主动系上安全带，进高楼就下意识地注意到安全通道。

2. 城市轨道交通安全文化建设特点

安全文化共性与个性的结合构成了整个社会和谐统一的安全文化机制。城市轨道交通企业的安全文化建设应突出以下几个特点：

（1）安全文化应作为城市轨道交通企业的核心文化来建设

城市轨道交通企业的安全文化建设有一般企业安全文化建设的共性，同时也有作为运输行业安全文化建设的特性。城市轨道交通系统的根本任务，就是把旅客安全及时地运送到目的地。城市轨道交通系统运营的作用、性质和特点，决定了轨道运输必须把安全生产摆在各项工作的首要位置，因此，城市轨道交通企业安全文化建设是企业文化建设的首要工作。

（2）城市轨道交通企业安全文化建设应树立大安全的观念

城市轨道交通系统是由轨道交通设备设施、行车组织、员工、乘客和周边环境等众多因素组成的一个庞大联动机，运营过程中的各个环节和因素均会对城市轨道交通系统安全产生影响，因此，城市轨道交通企业应树立大安全的观念。

例如，某些地铁公司借鉴其他城市的安全管理经验，将行车安全管理推进到运营安全管理的层面。建立起包括行车安全、设备安全、治安安全、消防安全、员工职业卫生与安全、乘客人身与财产安全、防恐和反恐等方面在内的大安全概念，丰富了城市轨道交通系统安全管理的内涵。

①城市轨道交通企业安全文化建设应树立"以人为本"的观念。城市轨道交通作为大众化交通工具，其服务的主体和对象主要是人，确保人员的安全是城市轨道交通企业最基本、最重要的要求。以人为本、尊重人员生命、促进企业发展为内涵的安全文化在城市轨道交通系统安全管理中发挥着重要的作用，主要体现在以下3个方面：

一是，具有规范人的安全行为的作用，使人能意识到安全的含义、安全的责任和应有的道德，从而自觉规范自己的行为，避免不安全行为。

二是，具有组织及协调安全管理机制的作用，使城市轨道交通系统内部的各部门、各人员都实现安全运营而协同工作。

三是，具有使生产进入安全高效的良性循环的作用。实践证明，城市轨道交通系统的安全不但要有可靠的安全生产设备，而且必须有高水平的管理和高素质的职工。高的安全素质必须依靠企业的安全文化来进行培育。

②城市轨道交通企业安全文化建设应树立"全民、全社会安全管理"的观念。城市轨道交通系统的安全，直接关系到广大乘客的人身安全和财产安全，与广大人民群众的切身利益息息相关。要实现城市轨道交通系统安全有序，在加强员工安全教育的基础上，必须对广大乘客进行宣传教育，即要向乘客大力宣传并督促其遵守轨道交通安全管理制度，提高全民的安全防范意识。

事实证明，将城市轨道交通系统安全管理中的"全民"概念延伸至"全民、全社会"，建设"安全型社会"，对城市轨道交通系统安全起到了重要的作用。安全文化不但发挥了保证城市轨道交通系统安全的作用，而且影响了市民的道德行为。如提倡站台等车时，站在车门两侧，不但提高了乘客上下车的效率，而且形成了一种良好的互敬互让、与人方便的社会公德，从而在实践中推进了社会文化的建设。

某些地铁公司在安全文化建设上做了有力的探索，积极扩大"全员安全管理"的外延，努力提高全体员工和全社会的安全意识，致力于建造"安全型社会"。例如，在企业内部持续开展"安全生产月""安全生产示范岗""安全知识竞赛"和"6S管理"等活动，以不同层次、不同主题的具体活动为载体，使员工在潜移默化中受到安全教育，提高员工的安全意识和安全素质。培养"安全型地铁虚拟组织"，定期与地铁车站内的公安、保洁人员、商铺和银行营业人员等开展安全联席会，组织他们参加各种地铁安全演练，与地铁员工同步进行安全知识和应急技能培训，使他们的安全理念与地铁公司保持一致；对外单位的施工负责人进行地铁施工管理规章和安全培训，实行持证上岗；与地铁车站周边的社区进行联合，共同维护地铁运营安全。培养"安全型地铁乘客"，定期开展"地铁安全咨询日"和"地铁开放日"等活动，向市民派发地铁安全知识小册子，充分发挥地铁车站和列车等宣传阵地的作用，通过新闻媒体等进行广泛的安全宣传教育，大力营造"关爱生命、关注安全"的氛围，在广大乘客当中普及安全知识和基本安全技能。

四 城市轨道交通安全生产责任制度保障

（一）安全生产责任制度

安全生产责任制度规定各级领导应对本单位安全生产负总的领导责任，以及各级工程技术人员、职能科室和生产工人在各自的职责范围内，对安全生产应负的责任。

安全生产责任制度根据"管生产的必须管安全"的原则，明确规定了企业各级领导和各类人员在安全生产中应负的责任。这是企业岗位责任制度的重要组成部分，是企业中最基本的安全生产制度，是安全管理制度的核心。

我国企业实行以"一把手"负责制为核心的安全生产责任制。企业法人代表对整个企业的安全生产负责，各部门、单位的"一把手"对自己管辖部门、单位的安全生产负责。

他们的任务是贯彻执行国家有关安全生产的法律、制度和保障管辖范围内的职工安全和健康。在管理生产、经营的同时，必须负责管理安全工作，做到"五同时"，即在计划、布置、检查、总结、评比生产工作时，同时计划、布置、检查、总结、评比事故预防工作。在明确了"一把手"的安全生产责任基础上，规定各级人员的安全生产责任。

（二）安全生产教育制度

安全生产教育制度是对企业各类人员进行安全生产教育的制度。包括"三级教育"、特种作业人员的专门训练、经常性的安全教育等内容。

三级教育制度是厂矿企业必须坚持的基本安全教育制度和主要形式。所谓"三级教育"是对新工人、参加生产实习的人员、参加生产劳动的学生和新调到本厂工作的工人集中一段时间，连续进行入厂教育、车间教育和岗位教育三个级别的安全教育。

对从事特种作业的人员，要进行专门的安全技术和操作知识的教育和训练，经过国家有关部门考核合格后，发给"特种作业人员操作证"。特种作业人员在进行作业时，必须随身携带"特种作业人员操作证"。对操作者本人，尤其对他人和周围设施的安全有重大危害因素的作业，称为特种作业。直接从事特种作业者，称为特种作业人员。特种作业范围包括电工作业、锅炉司炉、压力容器操作、起重机械作业、爆破作业、金属焊接（气割）作业、煤矿井下瓦斯检验、厂内机动车辆驾驶、机动船舶驾驶和轮机操作、建筑登高架设作业以及符合特种作定义的其他作业。

企业进行经常性安全生产教育，建立安全活动日和在班前班后会上布置、检查安全生产情况等制度，对职工经常进行安全教育，并且注意结合职工文化生活，进行各种安全生产的宣传活动。在采用新的生产方法，增添新的技术、设备，制造新的产品或调换工人工作时，要对工人进行新操作法和新工作岗位的安全教育。企业的经常性安全教育可按下列形式开展：

（1）在每天的班前班会上说明安全注意事项，讲评安全生产情况。

（2）开展安全活动日，进行安全教育、安全检查、安全装置维护。

（3）召开安全生产会议，专题计划、布置、检查、总结、评比安全生产工作。

（4）召开事故现场会，分析造成事故的原因及其教训，确认事故的责任者，制定防止事故再次发生的措施。

（5）总结发生事故的规律，有针对性地进行安全教育。

（6）组织工人参加安全技术交流，观看安全生产展览、电影、电视等；张贴安全生产宣传画、宣传标语等，时刻提醒人们注意安全。

（三）城市轨道交通企业安全生产职责

1. 企业安全生产委员会的安全生产职责

（1）贯彻执行安全生产和劳动保护的法律、法规、方针、政策。

（2）贯彻执行上级有关安全生产和劳动保护工作的决定和部署。

（3）定期开会，研讨企业安全生产和劳动保护工作，制订计划并组织实施；组织、领导、协调各部门落实安全防范的各项措施，落实安全生产责任制。

（4）组织安全生产大检查，落实事故隐患的整改措施。

（5）研究解决企业安全生产的重大问题，并作出贯彻落实的决定。

（6）组织生产安全事故的调查分析，按"四不放过"的原则，制定整改措施，严肃认真处理；调查研究，总结经验，树立典型，表彰先进。

"四不放过"原则

2. 企业负责人的安全生产职责

（1）负责组织建立健全本单位的安全生产责任制。

（2）负责组织制订本单位的安全生产规章制度和操作规程；负责组织本单位安全生产所需资金的有效投入。

（3）负责监督、检查本单位的安全生产工作，及时消除生产安全事故隐患。

（4）发生重大生产安全事故时，应立即组织抢救。

（5）负责组织制订并实施本单位的生产安全事故应急救援预案，及时、如实报告生产安全事故。

3. 安全职能部门的安全生产职责

（1）认真贯彻执行国家和各级政府有关安全生产的方针政策、法律法规、标准规程，在企业安全生产负责人的领导下，组织和推动企业的安全生产和劳动保护工作。

（2）建立健全企业的安全生产管理网络，做好安全基础管理工作。定期召开会议，分析安全生产和劳动保护工作，指导、帮助基层单位开展工作。

（3）制订和完善安全生产责任制，搞好监督检查，负责安全评比表彰工作。组织开展安全竞赛活动，推广安全管理的先进经验和安全技术。

（4）组织制订或修改安全管理制度、安全技术规程，制订预防伤亡事故和职业病的措施。

（5）督促有关部门做好安全装备及设备的使用、维修和保养工作。

（6）做好职工（含外聘员工）的安全教育和安全培训工作，组织开展各种安全宣传活动，与人力资源部门配合，督促和协助有关部门做好特种作业人员的安全技术培训和考核，做到持证上岗。

（7）参加新建、改建、扩建和技术改造工程项目的"三同时"立项、可行性研究、初步设计审查、试车投产检查及竣工验收工作。

（8）根据国家规定，按照事故处理权限，组织或参与职工伤亡事故的调查处理，负责各类事故的汇总、统计及上报，建立健全事故的档案，监督检查防止事故发生的措施的落实工作。

（9）督促检查有关部门及时做好特种设备（包括锅炉、压力容器、起重机械、厂内机动车辆、电梯等）的安全管理及检测检验工作。督促有关部门合力组织生产，执行国家规定的工时制，合理安排工作时间和休息休假。

（10）组织现场安全监察，督促解决安全生产中的问题和隐患，及时纠正违章指挥、违章作业和违反劳动纪律的行为。遇有危及安全生产的紧急情况，有权责令其停止作业，立即报告有关领导并做出处理。

4. 部门负责人安全生产职责

（1）贯彻执行《中华人民共和国安全生产法》和有关安全生产法规、标准、规程及相关制度；组织制订本部门安全生产管理制度及操作规程。

（2）在编制生产（工作）计划时，要同时编制安全技术措施计划，从人员、技术、物资、资金等方面，确保其按期实施。

（3）实施安全生产责任制。

（4）针对本部门安全生产特点，对员工进行安全生产宣传教育，增强员工的安全生产意识。

（5）定期开会研究本部门安全生产工作，着力解决安全生产中发现的问题和隐患。

（6）组织本部门安全生产检查，落实隐患整改措施。

（7）及时、如实报告本部门发生的生产安全事故。

（8）建立健全安全生产台账、档案，按规定要求填报安全生产报表。

5. 工会安全生产职责

（1）对企业违反安全生产法律法规、不提供安全生产条件的，工会应当代表员工与企业交涉，要求企业采取措施予以改正。

（2）工会按照国家规定对新建、改建、扩建和技术改造工程中的安全设施与主体工程同时设计、同时施工、同时使用进行监督和验收。

（3）对企业发生违章指挥、强令员工冒险作业，或者生产过程中发现重大事故隐患时，工会有权提出解决问题的建议。

（4）发现危及员工生命安全情况时，工会有权向企业建议组织员工撤离危险现场，企业必须及时做出处理决定。

（5）参加涉及员工因工伤亡事故和其他严重危害员工健康问题的调查处理。

（6）工会对企业侵犯员工安全生产合法权益的问题进行调查，协调劳动关系，维护员工安全生产和劳动保护的合法权益。通过职代会和其他形式，组织员工参加安全生产的民主管理和民主监督，听取和反映员工的意见和建议，帮助解决存在的具体问题。

6. 站长（值班站长）**安全生产职责**

（1）认真贯彻执行国家有关安全生产的法规和企业安全规章制度。

（2）定期召开车站安全生产会议，研究、布置和检查车站的安全生产工作。

（3）落实各岗位安全生产责任制，经常对车站员工进行安全教育。

（4）运用广播电视、黑板报、宣传栏、警示、标语等形式，向乘客宣传文明、安全乘车的知识和规定。

（5）针对节假日、重大活动车站出现大客流时，要采取有效措施，控制客流，疏导乘客，保持畅通，确保安全。

（6）发现生产事故隐患及时整改，如一时不能解决，应及时上报；发生事故，要及时上报，并组织人员维持现场秩序，疏散乘客，抢救受伤人员。

（7）建立健全安全生产台账档案，按规定要求填报安全生产报表。

(8)定期向站务中心领导和有关职能部门汇报安全生产情况。

7. 班组长安全生产职责

(1)负责班组安全生产管理工作,组织开展安全生产竞赛,总结、交流安全生产经验。

(2)认真贯彻执行各项安全管理制度和操作规程,编制实施安全技术措施计划,不断改善劳动条件。

(3)班前班后做好每日的安全预想和总结,班组每周开展一次安全生产检查,落实生产事故隐患整改措施,使设备和各种安全装置始终处于良好的运行状态。

(4)定期开展安全教育活动,增强员工的安全意识。

(5)发生事故要立即抢救受伤人员,并及时向上级报告。

(6)做好班组的安全生产台账记录工作。

8. 专(兼)职安全人员安全生产职责

(1)宣传贯彻执行有关安全生产的法规和企业各项规章制度,协助部门领导开展安全管理工作。

(2)参加制订本部门安全生产制度和安全操作规程,检查落实安全生产责任制。

(3)对员工进行安全教育,增强员工的安全意识。

(4)开展安全生产检查,制止违章,落实生产事故隐患整改措施。

(5)组织特殊工种开展培训、复审、考核工作。

(6)负责特种设备的安全管理工作。

(7)做好安全生产台账的登记工作。

(8)参与生产安全事故的调查工作。

(9)组织安全生产工作的考评。

9. 员工安全生产职责

(1)严格执行企业安全生产规章制度,遵守劳动纪律,服从管理,正确佩戴和使用劳动防护用品,不违章作业并劝阻和制止他人违章作业。

(2)根据安全技术规章和工艺要求精心操作,各种生产记录要准确、清楚、及时、完整可靠,正确分析、判断和处理事故。按时巡回检查,发现异常及时处理。

(3)接受安全生产教育和培训,掌握本职工作所需要的安全生产知识,提高安全生产技能,增强事故防御和应急处理能力。

(4)发现事故隐患或者其他不安全因素时,应立即向现场安全人员或者单位负责人报告。

(5)发现直接危及人身安全的紧急情况时,可以停止作业或者在采取可能的应急措施后撤离作业场所。

(6)加强设备维护,经常保持作业场所整洁,搞好文明生产,妥善保管和正确使用各种保护用品和操作工具。

(7)了解本岗位及作业场所的危险因素、防范措施及事故应急措施,对本单位的安全生产工作提出建议。

（8）对本单位安全生产工作中存在的问题，可以提出批评、检举、控告，有权拒绝违章指挥和强令冒险作业。

思考与练习

1. 安全、安全管理、事故、隐患、危险的概念各是什么？它们之间有什么联系？
2. 安全生产管理的含义是什么？企业安全生产管理的"四要素"是指什么？
3. 城市轨道交通运营安全有什么重要意义？
4. 城市轨道交通安全管理的方针是什么？有哪些手段？
5. 城市轨道交通运营安全的影响因素有哪些？
6. 城市轨道交通运营安全保障系统有哪些特征？由哪些子系统构成？

模块二

城市轨道交通运营安全相关法律法规

模块导入

广州地铁（Guangzhou Metro）是服务于广东省广州市和珠江三角洲的城市轨道交通系统，广州地铁是国际地铁联盟（CoMET）的成员之一，其第一条线路广州地铁1号线于1997年6月28日正式开通运营，使广州成为中国内地第四个、广东省首个开通地铁的城市。

截至2020年12月31日，广州地铁运营里程为553.2km，位于中国内地第四名。除了本地地铁线网（531.1km）、有轨电车（22.1km）外，还包括广清、广州东环城际铁路60.8km，江西南昌地铁3号线28.5km，海南三亚有轨电车8.4km，以及巴基斯坦拉合尔橙线25.6km。同时，正同步推进11条（段）、292km地铁新线建设，统筹负责27个国铁、城际、综合交通枢纽、市政道路项目投资建设，实现了与重大基础设施、产业集聚区和发展平台的配套，拉大了城市布局，拓展了城市空间。2019年，广州地铁日均客运量905.72万人次，总客运量达到33.06亿人次，广州地铁最高日客运量为2019年12月31日的1156.94万人次。2020年由于新冠肺炎疫情原因，客流量下降，总客运量为24.16亿人次。地铁作为一种特殊的人员密集公共场所，对其安全性的要求较高。不管是日常运营期间，还是在重大活动举办期间，广州地铁都坚持做到"两不发生"（不发生运营事故，不发生人身伤害事故）的运营安全目标。广州地铁采用安全人员专业化、安全作业规范化、安全保障自动化、安全状态可视化、隐患排查精细化、预测预警智能化、应急联动高效化、安全教育经常化、安全管理网格化、安全制度体系化的"十化"安全管理法，对地铁工程建设及运营进行安全管理，为广州地铁的安全生产提供了重要保障。广州地铁安全管理指导思想是：为了满足乘客对城市轨道交通高可靠性、高安全性的要求，遵循"科学合理、最低风险"的安全原则，从地铁设计、建设、运营等的安全保障要求出发，全面落实"以人为本"科学发展观，牢固树立"安全第一，预防为主，综合治理"的思想，以"人、物、环、法"作为安全管理核心要素，实施"十化"安全管理法，对广州地铁安全设计、安全建设、安全运营等各环节进行全面管理，确保人民生命和财产安全。广州地铁的"十化"安全管理法，充分落实了"以人为本"和"安全第一，预防为主，综合治理"的指导思想，已经成为广州地铁安全生产的重要保障手段。

广州地铁创新安全模式,从"人、物、环、法"核心要素出发,科学制定各类作业标准,建立健全安全管理规章制度,形成了完善的安全保障体系和安全管理网络。不管是地铁工程建设,还是地铁日常运营,都应该把安全管理放在第一位,高度重视可能发生的各类安全隐患。

广州地铁制定的各类管理办法和管理条例,都是为了规范城市轨道交通运营管理,保障城市轨道交通运营安全,维护乘客和运营单位的合法权益,促进城市轨道交通行业健康发展。

教学目标

1. 熟知安全生产法规及安全生产法律体系。
2. 熟知城市轨道交通安全管理法规基本体系。
3. 掌握《安全生产法》中一些基本规定。
4. 了解《城市轨道交通运营管理办法》的基本内容。
5. 了解《城市轨道交通管理条例》的基本内容。
6. 了解《城市轨道交通消防安全管理》的基本内容。

建议学时

6学时。

单元一 安全管理法律法规基础

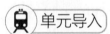

地铁扶梯伤人引发索赔

【事件经过】

某年7月5日9:36,北京地铁4号线动物园站30多人乘扶梯出站。乘客有的两两并排,有的大人抱着孩子。在最上端乘客距离地面只剩下七八米时,上行扶梯突然发出异响并轻微抖动,随后开始快速向后倒。由于事发突然,众人纷纷失去平衡摔倒,与后面被压中的乘客一起向下滚落。

事发后,地铁方立即对动物园站封锁,只留C口供人进出。伤者被送往医院救治。

当日16:00,京港地铁公司召开新闻发布会。其发言人通报,事故致一名12岁少年死亡,另有30人受伤,其中3人伤势较重,但生命体征平稳。9名轻伤乘客经医生诊断治疗后于当天下午陆续出院。

7月6日,出事扶梯的紧固件设备送检。北京地铁线全线停用该品牌自动扶梯,并对1331部地铁电梯进行排查。

7月7日,北京市质量技术监督局表示,经初步判定,发生故障的某品牌513MPE型号扶梯存在设计制造缺陷。

同日,国家质量监督检验检疫总局专门发出紧急通知,全国立即停止使用该品牌513MPE型号自动扶梯。

7月9日,地铁事故身亡男童家属索赔120万元,地铁方认为索赔过高。

7月11日,死亡少年家属称和京港地铁公司谈妥赔偿,具体不愿透露。

7月14日,专家称我国电梯现采用1995年欧洲标准,随后将改用2009年欧洲标准。

11月25日,北京市质量技术监督局公布调查结果,认定该事故为一起责任事故。

【事件分析】

导致事故的直接原因是"固定零件损坏,扶梯驱动主机发生位移,造成驱动链条脱落,扶梯下滑"。

【定性定责】

11月25日下午,北京市质量技术监督局公布,调查组认定该事故为一起责任事故,3家责任单位——广州某品牌电梯有限公司、北京某品牌电梯有限公司、某品牌电梯(中国)投资有限公司被罚款总计50万元(北京市政府批准后发布的最终调查结果)。

其中,扶梯制造单位某品牌电梯有限公司、日常维护保养单位北京某品牌电梯有限公司对此次事故负有主要责任,质监部门依据《特种设备安全监察条例》第88条,各自处以20万元罚款。

调查组还认为,某品牌电梯(中国)投资有限公司由于未能及时发放有关技术文件,对本次事故负有次要责任,也被罚款10万元。

北京市质量技术监督局介绍,对于日常维保工作的北京某品牌电梯有限公司负责事故扶梯日常维保的人员,吊销作业许可证,两名事故责任人涉嫌违反相关法律法规,建议司法机关依法追究刑事责任。

【案例启示】

地铁车站是一个相对封闭的空间,机电设备多,人员密集,存在各种安全隐患,在地铁运营中扶梯安全控制是客运安全非常重要的环节。扶梯作为地铁车站重要的输送设备,已成为运营组织工作中需要密切关注的一个危险源。其日常运行状态直接关系到客运安全。本案例中的事故原因主要是扶梯本身存在设计缺陷导致,作为使用频率非常高的一种机电设备,同时也作为一种特种设备,地铁运营方在采购扶梯设备设施时,应规范扶梯采购准入标准,同时规范完善扶梯维护保养制度,加强设备监控,确保设备状态良好,杜绝客伤事故。

京港地铁依据相应的法律法规和安全生产管理条例,依法对涉及的几家公司进行追责,地方质检部门根据事故的性质和严重程度对涉及的几家电梯公司予以罚款,切实保障了地铁公司权益,同时,也有利于为乘客营造安全的乘车环境。

任务要求

1. 了解安全生产法规及安全生产法律体系。
2. 了解城市轨道交通安全管理法规基本体系。

在社会与经济活动中，法规是国家法律、行政法规和行政规章的统称。与城市轨道交通运营安全及其管理相关的法规是由国家立法机关、行政机关制定的国家法律、行政法规和行政规章中有关运输安全的各种限制性规定与专项要求。它们是城市轨道交通运营及其安全管理的法治依据。

我国目前的法律框架为：第一是法律，由全国人大通过，以国家主席令的形式发布的法律文件；第二是法令，或称行政法规，由国务院常务会议通过，以国务院令的形式发布的法律文件；第三是法规，或称部门规章，由政府各行业主管部门制定，以部、委、局令的形式发布的法律文件；第四是国家标准，由国家质量技术监督管理部门制定、批准和发布，其中，有一些强制性标准属于国家法规，其他标准本身虽不具有强制性，但因标准的某些条文由法律赋予强制力而具有技术法规的性质。

一 安全生产法规及安全生产法律体系

安全生产法规是指国家机关为加强安全生产监督管理，落实安全生产技术措施，保护人民群众生命和财产安全，防止和减少安全生产事故，促进经济发展，按照一定的法律程序制定并颁布实施的法律规范。安全生产法规具有国家强制性，一切生产经营单位、行政机关、社会团体和从业人员及相关方都必须严格遵守，认真执行。对违反安全生产法规的行为，造成重大后果的，要追究法律责任，并根据情节轻重分别给予行政处分、经济处罚，直至追究刑事责任。安全生产法规的主要任务是调整在生产经营活动中相关组织之间及其与从业人员之间在安全生产方面的权利和义务关系，保护有关人员的人身和财产安全。

安全生产法律体系是指我国全部现行的、不同的法律规范形成的有机联系的统一整体。根据法律的地位和效力不同，安全生产法律体系分为法律、行政法规、规章和法定安全生产标准。

（一）法律

我国现行的有关安全生产的专门法律主要有《中华人民共和国安全生产法》（以下简称《安全生产法》）《中华人民共和国消防法》《中华人民共和国道路交通安全法》《中华人民共和国海上交通安全法》《中华人民共和国矿山安全法》等，与安全生产相关的法律主要有《中华人民共和国劳动法》《中华人民共和国职业病防治法》《中华人民共和国工会法》《中华人民共和国矿产资源法》《中华人民共和国铁路法》《中华人民共和国公路法》《中华人民共和国民用航空法》《中华人民共和国港口法》《中华人民共和国建筑法》《中华人民共和国煤炭法》《中华人民共和国电力法》等。

（二）行政法规

安全生产行政法规的法律地位和效力低于有关安全生产法律，高于地方性安全生产法规、部门规章等。地方性安全生产法规的法律地位和法律效力低于有关安全生产法律及安全生产行政法规，高于地方政府安全生产规章；经济特区和民族区域自治地方安全生产法规的法律地位和效力与地方性安全生产法规相同。

（三）规章

规章分为部门规章和地方政府规章。部门安全生产规章是国务院有关部门依照安全生产法律、行政法规的授权制定发布的，其法律地位和效力低于法律、行政法规，高于地方政府安全生产规章。地方政府安全生产规章是最低层级的安全生产法律，其法律地位和效率低于其他上位法，不得与上位法相抵触。

（四）法定安全生产标准

法定安全生产标准主要是指强制性安全生产标准，分为国家标准和行业标准，对生产经营单位具有同样的约束力。虽然我国没有技术法规的正式用语，也未将其纳入法律体系的范畴，但许多安全生产立法却将安全生产标准作为生产经营单位必须执行的技术规范而载入法律。安全生产标准法律化是我国安全生产立法的重要趋势。

二 城市轨道交通安全管理法规基本体系

目前，我国城市轨道交通行业安全法规尚属空白，《中华人民共和国消防法》和《安全生产法》中均没有针对城市轨道交通的具体规定。立法空白导致了只能通过行政手段来建立和运作城市轨道交通综合安全管理体系。与法律手段相比，行政手段虽然同样具有强制性，但在稳定性和明晰性方面相去甚远，这给城市轨道交通安全管理工作带来隐患。在全国性法律法规立法条件尚不成熟的情况下，可以依据相关法律中的部分条例，首先推动地方立法，对城市轨道交通安全管理体系做出规定。

（一）国家颁布的规范各行各业安全生产的专门法律

我国第一部全面规范各行各业安全生产的专门法律为《安全生产法》。

《安全生产法》的颁布实施，标志着我国安全生产的法制建设进入了一个新的发展阶段，对于依法强化我国安全生产监督管理，规范各类生产经营单位的安全生产和作业，制裁各种安全生产违法行为，遏制重大、特大事故的发生，保障劳动生产者安全的合法权益，维护人民群众生命财产安全，具有十分重要的意义。在城市轨道交通系统内宣传、贯彻《安全生产法》是加强安全生产法制建设，不断推进运营安全，加快城市轨道交通发展的重大举措和长期任务。

（二）国务院颁布的与城市轨道交通运营安全及其管理有关的安全法规

国务院颁布的与城市轨道交通运营安全及其管理有关的安全法规，是经国务院办公会议通过并以国务院令颁发的行政法规，明确规定了城市轨道交通系统各部门和工作人员对保证运营安全应尽的职责，以及对各种扰乱站、车秩序，侵犯乘客权益，危害行车安全，损坏轨道设施行为的禁令和奖惩范围及权限。对造成特别重大人身伤亡或巨大经济损失及性质特别严重、产生重大影响的特别重大事故调查程序做出了具体规定，主要内容包括调查的原则要求、特大事故的现场保护和报告、特大事故的调查办法和处理权限等。2001年4月21日国务院发布了《国务院关于特大安全事故行政责任追究的规定》，2018年3月7日国务院办公厅公布了《关于保障城市轨道交通安全运行的意见》。

此外，国务院发布的《民用爆炸物品安全管理条例》《放射性物品运输安全管理条例》和《化学危险物品安全管理条例》等，都对制定与执行城市轨道交通系统危险货物运输管理的相关规则起到了重要作用。

（三）主管部门制定的与城市轨道交通运营安全有关的规程、规则

我国目前尚未制定关于城市轨道交通的统一安全运营规则，在这种背景下，各城市轨道交通管理部门结合实践，制定了一系列相关规程、规则，主要分为以下两类：

违反规章，代价巨大

（1）与行车安全及其管理有关的规程、规则。与行车安全及其管理有关的规程、规则主要有《技术管理规程》《行车组织规则》和《行车事故处理规则》等。

（2）与运营安全及其管理有关的规程、规则。与运营安全及其管理有关的规程、规则主要是各类相关的旅客运营规程，如交通运输部印发的《城市轨道交通初期运营前安全评估管理暂行办法》、北京市制定的《北京市城市轨道交通安全运营管理办法》。

（四）原国家质量技术监督局制定的作业标准和生产条例

作业标准是延伸的规章制度，一般是指与重复进行的生产活动直接有关的作业项目和程序，在内容、顺序、时限和操作方法等方面，依据作业规章制度所做的统一规定，是组织现代化大生产的主要手段。作业标准和规章制度相辅相成，缺一不可，尤其是对大量重复进行、影响大、安全要求高的调车作业和接发列车作业更是如此。

规范正常状态下的作业标准需要参照城市轨道交通事故预防法规标准体系和城市交通安全保障管理体系等。此外，还有针对突发事故的城市轨道交通事故应急及救援法规标准体系。

（五）ISO 9000 质量认证体系

城市轨道交通系统是城市综合交通路网的主干，在目前各种运输方式激烈竞争的形势下，城市轨道交通运营要提高服务质量和市场竞争能力，应尽快跨入 ISO 9000 质量认证行列。ISO 9000 系列标准的核心是对运输过程的动态控制，满足运输企业全面建立安全管理模式的需要，实现在运输安全上的有序可控、持续发展，从而取得较好的效果。

与城市轨道交通运营安全有关的国家法律和安全法规，对规章制度和作业标准在制定与执行上起着权威性、原则性的指导作用。而后者又是前者的制定依据，随着形势的发展和条件的变化，都需要适时予以修订、补充和增删，以使城市轨道交通运营安全管理水平不断提高。

单元二　《安全生产法》

 单元导入

杭州地铁完善地铁施工安全检查监管制度

一段时间来，杭州地铁某施工工地遭河水倒灌，在建工地汽车吊发生侧翻……针对事

故频发，市建委牵头开展建筑施工和地铁施工安全生产大检查，重点打击无资质施工行为，整治层层转包、违法分包问题，检查地铁消防危化品运输作业。

杭州地铁集团公司与相关部室及勘察、设计、施工、监理、第三方监测单位的相关负责人都签订了责任状，明确了安全生产目标。地铁集团经过招标选定了几家监测单位，对全线施工的车站和区间进行独立第三方监测，实行"每日隐患排查报告制度"，要求各在建地铁工程的监理、施工单位每天下班前向地铁集团上报当日的隐患排查和治理情况。

地铁引进的第三方监测内容涉及7个方面：深基坑开挖安全保障措施、盾构掘进姿态控制情况、专项施工方案制定情况、风险源梳理排查情况、应急预案制定及演练情况、监控量测工作开展情况、关键节点验收情况。同时杭州地铁集团要求施工单位针对盾构进出洞、起重吊装作业、脚手架、盾构掘进及管线改迁等有限空间作业，落实重大风险管控，完善作业现场通风、除尘、防火防爆等安全设备设施，确保地铁工程安全。

《安全生产法》是为了加强安全生产工作、防止和减少生产安全事故、保障人民群众生命和财产安全、促进经济社会持续健康发展而制定的法律。上述案例中，杭州地铁依据《安全生产法》不管是对施工单位还是对监测单位，都提出了明确的法律要求。

任务要求

1. 了解《安全生产法》中一些基本规定。
2. 了解《安全生产法》关于从业人员的权利和义务。

一 《安全生产法》的法律地位和立法宗旨

《安全生产法》是我国第一部安全生产基本法律，根据2021年6月10日第十三届全国人民代表大会常务委员会第二十九次会议《关于修改〈中华人民共和国安全生产法〉的决定》进行了第三次修正。在我国安全生产法律体系中，《安全生产法》的法律地位和法律效力是最高的，是各类生产经营单位及其从业人员实现安全生产所必须遵守的行为规范，是各级人民政府和各有关部门进行监督管理和行政执法的法律依据，是制裁各种安全生产违法犯罪行为的法律武器。《安全生产法》第一条明确规定了其立法宗旨，即"为了加强安全生产工作，防止和减少生产安全事故，保障人民群众生命和财产安全，促进经济社会持续健康发展"。

二 《安全生产法》的适用范围

《安全生产法》的第二条对其适用范围做了规定："在中华人民共和国领域内从事生产经营活动的单位（以下统称生产经营单位）的安全生产及其监督管理，适用本法；有关法律、行政法规对消防安全和道路交通安全、铁路交通安全、水上交通安全、民用航空安全以及核与辐射安全、特种设备安全另有规定的，适用其规定。"

三 《安全生产法》的基本规定

（一）安全生产管理的方针

《安全生产法》第三条规定："安全生产工作坚持中国共产党的领导。安全生产工作应当以人为本,坚持人民至上、生命至上,把保护人民生命安全摆在首位,树牢安全发展理念,坚持安全第一、预防为主、综合治理的方针,从源头上防范化解重大安全风险。安全生产工作实行管行业必须管安全、管业务必须管安全、管生产经营必须管安全,强化和落实生产经营单位主体责任与政府监管责任,建立生产经营单位负责、职工参与、政府监管、行业自律和社会监督的机制。"

(二) 生产经营单位安全生产责任制度

《安全生产法》第四条规定:"生产经营单位必须遵守本法和其他有关安全生产的法律、法规,加强安全生产管理,建立、健全安全生产责任制和安全生产规章制度,改善安全生产条件,推进安全生产标准化建设,提高安全生产水平,确保安全生产。"该条规定主要依法确定了以生产经营单位为主体、以依法生产经营为规范、以安全生产责任制为核心的安全生产管理制度。

在《安全生产法》的第二章具体规定了生产经营单位安全生产保障的责任,主要包括从事生产经营活动应当具备的安全生产条件、安全生产资金投入、安全生产管理机构和安全生产管理人员的配置、生产经营单位主要负责人和安全生产管理人员安全资格、从业人员安全生产培训、特种作业人员范围和要求、建设项目安全设施"三同时"、安全警示标志、安全设备达标和管理、特种设备检测检验、生产安全工艺设备管理、危险物品管理、重大危险源管理、生产设施场所安全距离和紧急疏散、爆破吊装等作业现场安全管理、劳动防护用品规定、交叉作业的安全管理、工伤保险的规定等。

(三) 生产经营单位主要负责人的安全责任

《安全生产法》第五条规定:"生产经营单位的主要负责人对本单位的安全生产工作全面负责。"生产经营单位主要负责人是指直接领导指挥生产经营单位日常生产经营活动,能承担生产经营单位安全生产工作主要领导责任的决策人,如厂长、经理等。

按照《安全生产法》第二十一条的规定,生产经营单位的主要负责人对本单位安全生产工作负有下列职责:一是建立健全本单位安全生产责任制;二是组织制定本单位安全生产规章制度和操作规程;三是组织制定并实施本单位安全生产教育和培训计划;四是保证本单位安全生产投入的有效实施;五是督促、检查本单位的安全生产工作,及时消除生产安全事故隐患;六是组织制定并实施本单位的生产安全事故应急救援预案;七是及时、如实报告生产安全事故。

(四) 工会在安全生产工作中的地位和权利

工会是代表从业人员对生产经营单位的安全生产进行监督,维护从业人员合法权益的群众性组织,是协助生产经营单位加强安全管理的助手,是政府监督管理的重要补充。《安全生产法》第七条规定:"生产经营单位的工会依法组织职工参加本单位安全生产工作的民主管理和民主监督,维护职工在安全生产方面的合法权益。"

《安全生产法》第六十条明确了工会参加安全管理和监督的权利:"工会有权对建设项目的安全设施与主体工程同时设计、同时施工、同时投入生产和使用进行监督,提出意见。工会对生产经营单位违反安全生产法律、法规,侵犯从业人员合法权益的行为,有权要求纠正；发现生产经营单位违章指挥、强令冒险作业或者发现事故隐患时，有权提出解决的建议，生产经营单位应当及时研究答复；发现危及从业人员生命安全的情况时，有权向生产经营单位建议组织从业人员撤离危险场所，生产经营单位必须立即做出处理。工会有权依法参加事故调查，向有关部门提出处理意见，并要求追究有关人员的责任。"

（五）生产安全事故责任追究

《安全生产法》第十六条规定："国家实行生产安全事故责任追究制度，依照本法和有关法律、法规的规定，追究生产安全事故责任人员的法律责任。"《安全生产法》规定要实行追究的，是指发生人为责任事故，对负有责任的单位或人员进行责任追究。生产安全事故责任者所承担的法律责任的主要形式包括行政责任和刑事责任。

安全生产
事故处置

（六）安全生产标准

安全生产标准是对法律规范的重要补充。《安全生产法》第十一条规定："国务院有关部门应当按照保障安全生产的要求，依法及时制定有关的国家标准或者行业标准，并根据科技进步和经济发展适时修订。生产经营单位必须执行依法制定的保障安全生产的国家标准或者行业标准。"依照法律规定，执行法定的保障安全生产的国家标准和行业标准是生产经营单位的法定义务，生产经营单位必须执行安全生产方面的国家标准或行业标准，特别是强制性的标准。

（七）安全生产宣传教育

安全生产事关人民群众生命和财产安全。要实现《安全生产法》保护人民群众生命和财产安全的立法宗旨，做好安全生产工作，就必须依靠和发动广大职工群众乃至全民积极主动、自觉自愿地参与，从而提升全民的安全意识，弘扬安全文化，树立以人为本的理念。《安全生产法》第十三条规定："各级人民政府及其有关部门应当采取多种形式，加强对有关安全生产的法律、法规和安全生产知识的宣传，增强全社会的安全生产意识。"第七十七条规定："新闻、出版、广播、电影、电视等单位有进行安全生产宣传教育的义务，有对违反安全生产法律、法规的行为进行舆论监督的权利。"

（八）安全生产科技进步和奖励

实现安全生产必须依靠科技进步，先进的安全生产科学技术对提高安全生产水平具有不可替代的重要作用。只有重视和鼓励安全生产科学技术的研究，推广先进的安全生产技术，才能不断改善安全生产条件，不断装备先进可靠的安全设备设施，加强预防生产安全事故和消除事故隐患的手段与能力，实现科技兴安、科技保安。《安全生产法》第十八条规定："国家鼓励和支持安全生产科学技术研究和安全生产先进技术的推广应用，提高安全生产水平。"第十九条明确了对在改善安全生产条件、防止生产安全事故、参加抢险救护等方面取得显著成绩的单位和个人，国家给予奖励。

四 从业人员的权利和义务

生产经营单位的从业人员是各项安全生产经营活动最直接的劳动者，是各项法定安全生产的权利享有者和义务承担者。《安全生产法》第六条规定："生产经营单位的从业人员有依法获得安全生产保障的权利，并应当依法履行安全生产方面的义务。"《安全生产法》第三章对从业人员的安全生产权利义务做了全面、明确的规定，并且设定了严格的法律责任，为保障从业人员的合法权益提供了法律依据。

（一）从业人员的权利

《安全生产法》规定了各类从业人员必须享有的有关安全生产和人身安全的最重要、最基本的权利，这些基本安全生产权利可以概括为以下五项：

（1）获得安全保障、工伤保险和民事赔偿的权利。
（2）得知危险因素、防范措施和事故应急措施的权利。
（3）对本单位安全生产批评、检举和控告的权利。
（4）拒绝违章指挥和强令冒险作业的权利。
（5）紧急情况下停止作业和紧急撤离的权利。

（二）从业人员的义务

从业人员依法享有权利，也必须承担相应的义务。从业人员的安全生产义务主要有以下四项：

（1）遵章守规，服从管理。
（2）正确佩戴和使用劳动防护用品。
（3）接受安全培训、掌握安全生产技能。
（4）发现事故隐患或其他不安全因素及时报告。

单元三　城市轨道交通安全管理相关法律法规

单元导入

列车夹人动车导致乘客伤亡

【事件经过】

某年某月某日 18：16，上海地铁 2 号线中山公园站往浦东方向的 209 号列车正在关门作业，列车警示用蜂鸣器同步响起。突然，一名中年女性乘客在车门即将关上之际，将手伸进门中，欲强行上车，致使手腕被夹。站台服务员发现后，立即上前帮助该乘客向外拽拉，但未果，此时列车启动，并带动该乘客，造成其与安全护栏撞击跌落在站台上。事发后，车站立即拨打 120 急救车送该乘客去医院抢救，后经抢救无效死亡。

【事件分析】

（1）209 号列车是 2000—2002 年间购进的 AC02 型交流电动车组，车门采用气动形式，由于启动车门本身的缺陷加之超负荷使用时间已经很长，导致在乘客手腕被夹时没能及时停止关门动作、打开或向列车乘务员报警。

（2）中山公园站为下行方向弯曲车站，即使在低谷时间段司机也无法凭肉眼观测到全列情况。由于高峰拥挤、人多嘈杂，站务员的应急措施没能得到列车乘务员的响应。

（3）站务员及车站其他工作人员没有按动紧急停车按钮，乘客也没能按下车内紧急停车阀。

（4）列车乘务员在进乘务室前，没有观察站台闭路电视监控系统并及时采取有效措施来避免事故的发生。

本次事故中，乘客未遵守《上海轨道交通乘客守则》中第四条规定，即乘客须在安全线内候车；车门开启、关闭时，不得触摸车门。同时，由于工作人员在面对突发情况时，未能采取正确的处置方法，也是本次事故的原因之一。

【定性定责】

依据《上海申通地铁集团有限公司轨道交通运营事故调查处理规则》中"导致1~2人死亡（含失踪）或者危及10人以下生命安全"，本次事故为一般轨道交通运营事故。

【案例启示】

各地轨道交通企业都依据相关的法律法规，结合自身情况，制定了轨道交通乘客守则，引导乘客文明乘车、安全乘车，防止乘客发生意外。同时，轨道交通企业也出台相应的管理办法，从各方面保障运营秩序，为乘客创造安全、便捷、和谐的乘车环境。

任务要求

1. 了解《城市轨道交通运营管理规定》的基本内容。
2. 了解《城市轨道交通管理条例》的基本内容。
3. 了解《城市轨道交通消防安全管理》的基本内容。

一 《城市轨道交通运营管理规定》

《城市轨道交通运营管理规定》于2018年5月14日经交通运输部第7次部务会议通过，自2018年7月1日起施行。

《城市轨道交通运营管理规定》适用于城市轨道交通运营及相关的管理活动，包括运营基础要求、运营服务、安全支持保障、应急处置和法律责任等内容。下面简要介绍与安全管理相关的内容。

（一）运营基础要求

1. 项目验收

运营单位应当全程参与城市轨道交通工程项目按照规定开展的不载客试运行，熟悉工程设备和标准，检查系统运行的安全可靠性，发现存在质量问题和安全隐患的，应当督促城市轨道交通建设单位（以下简称建设单位）及时处理。

城市轨道交通工程项目验收合格后，由城市轨道交通运营主管部门组织初期运营前安全评估。通过初期运营前安全评估的，方可依法办理初期运营手续。

初期运营期间，运营单位应当按照设计标准和技术规范，对土建工程、设施设备、系统集成的运行状况和质量进行监控，发现存在问题或者安全隐患的，应当要求相关责任单位按照有关规定或者合同约定及时处理。

2. 项目试运营

城市轨道交通线路初期运营期满一年,运营单位应当向城市轨道交通运营主管部门报送初期运营报告,并由城市轨道交通运营主管部门组织正式运营前安全评估。通过安全评估的,方可依法办理正式运营手续。对安全评估中发现的问题,城市轨道交通运营主管部门应当报告当地人民政府,同时通告有关责任单位要求限期整改。

开通初期运营的城市轨道交通线路有甩项工程的,甩项工程完工并验收合格后,应当通过城市轨道交通运营主管部门组织的安全评估,方可投入使用。受客观条件限制难以完成甩项工程的,运营单位应当督促建设单位与设计单位履行设计变更手续。全部甩项工程投入使用或者履行设计变更手续后,城市轨道交通工程项目方可依法办理正式运营手续。

知识拓展

甩项工程是指某个单位工程,为了急于交付使用,把按照施工图要求还没有完成的某些工程细目甩下,而对整个单位工程先行验收。其甩下的工程细目,称为甩项工程。甩项工程中有些是漏项工程,或者是由于缺少某种材料、设备而造成的未完工程;有些是在验收过程中检查出来的需要返工或进行修补的工程。

3. 人员配置

运营单位承担运营安全生产主体责任,应当建立安全生产责任制,设置安全生产管理机构,配备专职安全管理人员,保障安全运营所必需的资金投入。

运营单位应当配置满足运营需求的从业人员,按相关标准进行安全和技能培训教育,并对城市轨道交通列车驾驶员、行车调度员、行车值班员、信号工、通信工等重点岗位人员进行考核,考核不合格的,不得从事岗位工作。运营单位应当对重点岗位人员进行安全背景审查。城市轨道交通列车驾驶员应当按照法律法规的规定取得驾驶员职业准入资格。运营单位应当对列车驾驶员定期开展心理测试,对不符合要求的及时调整工作岗位。

(二) 安全支持保障

运营单位有权进入施工单位的作业现场进行巡查,发现危及或者可能危及城市轨道交通运营安全的情形,运营单位有权予以制止,并要求相关责任单位或者个人采取措施消除妨害;逾期未改正的,及时报告有关部门依法处理。

地面、高架线路沿线建(构)筑物或者植物不得妨碍行车瞭望,不得侵入城市轨道交通线路的限界。沿线建(构)筑物、植物可能妨碍行车瞭望或者侵入线路限界的,责任单位应当及时采取措施消除影响。责任单位不能消除影响,危及城市轨道交通运营安全、情况紧急的,运营单位可以先行处置,并及时报告有关部门依法处理。

禁止下列危害城市轨道交通运营设施设备安全的行为:

(1)损坏隧道、轨道、路基、高架、车站、通风亭、冷却塔、变电站、管线、护栏护网等设施;

(2)损坏车辆、机电、电缆、自动售检票等设备,干扰通信信号、视频监控设备等系统;

（3）擅自在高架桥梁及附属结构上钻孔打眼，搭设电线或者其他承力绳索，设置附着物；

（4）损坏、移动、遮盖安全标志、监测设施以及安全防护设备。

禁止下列危害或者可能危害城市轨道交通运营安全的行为：

（1）拦截列车；

（2）强行上下车；

（3）擅自进入隧道、轨道或者其他禁入区域；

（4）攀爬或者跨越围栏、护栏、护网、站台门等；

（5）擅自操作有警示标志的按钮和开关装置，在非紧急状态下动用紧急或者安全装置；

（6）在城市轨道交通车站出入口 5m 范围内停放车辆、乱设摊点等，妨碍乘客通行和救援疏散；

（7）在通风口、车站出入口 50m 范围内存放有毒、有害、易燃、易爆、放射性和腐蚀性等物品；

（8）在出入口、通风亭、变电站、冷却塔周边躺卧、留宿、堆放和晾晒物品；

（9）在地面或者高架线路两侧各 100m 范围内升放风筝、气球等低空飘浮物和无人机等低空飞行器。

在城市轨道交通车站、车厢、隧道、站前广场等范围内设置广告、商业设施的，不得影响正常运营，不得影响导向、提示、警示、运营服务等标识识别、设施设备使用和检修，不得挤占出入口、通道、应急疏散设施空间和防火间距。

城市轨道交通车站站台、站厅层不应设置妨碍安全疏散的非运营设施。

禁止乘客携带有毒、有害、易燃、易爆、放射性、腐蚀性以及其他可能危及人身和财产安全的危险物品进站、乘车。运营单位应当按规定在车站醒目位置公示城市轨道交通禁止、限制携带物品目录。

二 《城市轨道交通管理条例》

根据有关法律、法规，北京市、上海市、广州市和深圳市等城市分别制定了《城市轨道交通管理条例》。其一般包括总则、规划与建设、设施保护、运营管理、设施管理、安全与应急管理、法律责任、附则等内容。这里以《广州市城市轨道交通管理条例》为例，对其有关运营安全的内容进行介绍。根据学习、工作需要，本部分内容可自行查阅当地管理条例。

（一）运营单位运营安全生产管理

城市轨道交通运营单位应依法承担城市轨道交通运营安全生产责任，设立安全生产管理机构，配备专职安全生产管理人员，保证安全生产所必需的资金投入。严格按照消防管理、事故救援的规定，在城市轨道交通车站及车厢内按国家相关标准配置灭火、报警、救援、疏散照明、逃生、防爆、防毒、防护、监视等器材和设备，并定期检查、维护、更新，保证其完好和有效。城市轨道交通运营单位应在城市轨道交通沿线采取技术保护和监测措施，评估城市轨道交通运行对车站、隧道、高架道路（含桥梁）等建筑物的影响，定期对城市轨道交通进行安全性检查和评价，发现隐患应及时消除。

城市轨道交通运营单位应以方便乘客了解的方式在车站明示常见危险品的目录，并对乘客携带的物品进行运输安全检查。

（二）禁止危害城市轨道交通安全的行为

禁止携带易燃、易爆、有毒、放射性、腐蚀性等危险品进入城市轨道交通设施。

禁止下列危害城市轨道交通安全的行为：

（1）擅自操作有警示标志的按钮、开关装置，在非紧急状态下动用紧急或安全装置。

（2）擅自移动、遮盖安全消防警示标志、疏散导向标志、测量设施及安全防护设备。

（3）在轨道上放置、丢弃障碍物，向城市轨道交通列车、机车、维修工程车等设施投掷物品。

（4）在城市轨道交通的地面线路轨道上擅自铺设平交道口、平交人行道。

（5）损坏轨道、隧道、车站、车辆、电缆、机电设备、路基、护坡、排水沟等设施。

（6）在城市轨道交通过江隧道控制保护区内的水域抛锚、拖锚。

（7）在城市轨道交通地面线路或高架线路轨道两侧修建妨碍行车瞭望的建（构）筑物，或种植妨碍行车瞭望的树木。

（8）故意干扰城市轨道交通专用通信频率。

（9）其他危害城市轨道交通安全的行为。

想一想

你还知道哪些危害城市轨道交通行车安全的行为？

（三）运营单位应急管理

因城市轨道交通设施发生故障而影响运行时，城市轨道交通运营单位应及时排除故障，尽快恢复运营。暂时无法恢复运营时，应当组织乘客疏散和换乘。节假日、大型群众活动等原因引起客流量上升时，城市轨道交通运营单位应及时增加运力，疏导乘客。在城市轨道交通客流量激增，严重影响运营秩序，可能危及运营安全的情况下，城市轨道交通运营单位可以采取限制客流的临时措施。

市人民政府应制定轨道交通运营突发事件应急预案，城市轨道交通运营单位应制定运营突发事件先期应急处置方案，并建立应急救援组织，配备救援器材设备，定期组织演练。城市轨道交通运营单位制定的运营突发事件先期应急处置方案应报市人民政府备案。

城市轨道交通运营发生自然灾害、安全事故或其他突发事件时，城市轨道交通运营单位应按照先期应急处置方案组织力量迅速开展应急抢险救援，疏散乘客，防止事故扩大，减少人员伤亡和财产损失，同时报告政府有关部门；乘客应服从城市轨道交通运营单位工作人员的指挥。

市人民政府相关部门及电力、通信、供水、公交等单位应按照应急预案的规定进行抢险救援和应急保障，协助城市轨道交通运营单位尽快恢复运营。

城市轨道交通运营中发生安全生产事故，事故调查结论和事故责任由安全生产监督行政管理部门依照国家、省、市有关规定进行认定。

城市轨道交通运营中发生人身伤亡事故,按照"先抢救受伤者、及时排除障碍、恢复正常运行,后处理事故"的原则处理,城市轨道交通运营单位应保护现场,保留证据,维持秩序;公安机关应及时对现场进行勘察、检验,依法处理现场,出具伤亡鉴定结论。

在运营过程中发生乘客伤亡的,城市轨道交通运营单位应依法承担赔偿责任。但伤亡是乘客自身健康原因造成的,或者城市轨道交通运营单位证明伤亡是乘客故意、重大过失造成的除外。

三 《城市轨道交通消防安全管理》(XF/T 579—2015)

《城市轨道交通消防安全管理》(XF/T 579—2005)于2005年12月8日发布,由公安部消防局提出,是中华人民共和国公共安全行业标准。

(一) 范围

该标准规定了地铁、轻轨等城市轨道交通在运营过程中的危险源控制、各级、各类人员的消防安全责任和职责,灭火和应急疏散预案与演练,消防设施检查及维护管理,消防宣传教育,人员培训和消防档案管理等消防安全工作的管理要求。

消防安全

该标准适用于城市轨道交通的消防安全管理。

(二) 总要求

城市轨道交通的消防安全管理应在当地政府的统一组织协调下,建立由政府相关部门(包括公安、消防)与运营单位及供电、通信、供水和医疗等单位密切协作、运转高效、分工明确的报警接警、监控和抢险救援机制。

城市轨道交通运营单位应制订安全管理责任制度,按照国家现行有关消防法律、法规、规章(以下统称消防法规)落实消防安全责任制。国家有关部门和单位应根据该标准对城市轨道交通中使用的设施、设备的设计、制造、安装与使用制定相关的安全管理办法和技术要求。

城市轨道交通运营单位应制定符合本单位实际情况的灭火和应急疏散预案,定期组织演练,提高先期应急处置能力。

城市轨道交通运营单位应当遵守有关消防法规,贯彻"预防为主,防消结合"的消防工作方针,正确处理好运营与安全的关系,建立科学的消防设施管理体制,保证轨道交通的安全运营。

城市轨道交通应按照现行有关消防法规和技术规范的要求配置消防设施、器材,并在工程设计中积极采用先进的防火、灭火技术,选用先进可靠的防火灭火设施、器材。

城市轨道交通应依据现行有关消防法规和技术规范设置防火灾、水淹、风灾、冰雪、地震、雷击和停车事故等防灾设施,并以防控火灾的消防设施、器材为主。

城市轨道交通的消防安全管理工作和消防监督工作,除遵守该标准的规定外,还应符合国家现行的其他有关法律法规的规定。

城市轨道交通的消防安全设计、施工、验收管理应符合现行有关消防法规和技术规范的规定，并经国家规定的公安消防监督机构审查和批准。

（三）消防安全管理职责要求

城市轨道交通运营单位为消防安全重点单位，应建立消防安全责任体系，明确逐级岗位消防安全职责。城市轨道交通消防设计应有保障消防安全疏散的设施及通道，运营单位应保障消防安全疏散通道及设施完好、可用，落实消防安全措施。城市轨道交通运营单位应建立与当地公安、消防机构联系制度，及时反映单位消防安全管理工作情况。该标准具体规定了消防安全责任人、消防安全管理人、部门主管人员（车站站长、控制中心主任、消防安全员、环控调度人员、行车调度人员、电网调度人员、维修调度人员、自动消防系统操作人员、列车驾驶员、其他人员）应履行的职责。

同时，该标准规定城市轨道交通车站站厅内按规定设置的商业场所实行承包、租赁或委托经营、管理时，应接受和服从运营单位的消防安全管理。运营单位应提供符合消防安全要求的建筑物，订立的合同中应明确消防安全责任。

（四）危险源控制要求

运营单位应根据当地实际情况和轨道交通的设施状况、人员特点等制定相应的火源控制管理规定。城市轨道交通严格限制可燃物品的使用，并制定可燃物品安全使用的管理规定，主要包括限制可燃物、吸烟管理、明火（动火）管理、电气火源控制、燃气控制、采暖控制、用油系统控制、易燃易爆化学危险品控制。

（五）灭火和应急疏散预案与演练

该标准明确规定，城市轨道交通特大事故和突发事件应急救援预案应由当地政府组织制定。当地政府应组织城市轨道交通运营单位及公安、消防、供电、通信、供水、交通和医疗等单位按应急预案定期进行必要的演习。在演习过程中应采取措施防止发生人员意外伤亡。政府应制定报告程序、现场事故调查、新闻采访接待及事故现场以外区域组织工作程序。城市轨道交通运营单位应积极配合当地政府制定轨道交通消防应急预案，并严格落实预案中轨道交通运营单位的相关职责。

该标准对运营单位应急预案、控制中心应急处理预案（调度指挥预案）、城市轨道交通车站应急处理预案、列车火灾事件应急处理预案、车站其他预案、车务安全应急处理预案、乘客疏散预案制定的原则和内容做了明确的规定。

同时，该标准对灭火和应急疏散演练的目的、一般规定、组织进行了具体的阐述。

（六）消防设施检查、维护管理及抢险救援工具备品

消防设施检查、维护管理主要包括两方面的内容：一是消防设施使用操作规程；二是消防设施检查与维护制度。

抢险救援用指挥备品至少应包括手持对讲机、防毒面具、呼吸器、强光手电、手持扩音机、指挥车等。抢险备品至少应包括呼吸器、战斗服、灭火器、应急灯、电锯、电钻、机械压钳、万用表、测电笔、螺丝刀、榔头、扳手、斧子等常用工具。抢险救援用救护备品至少应包括担架、轮椅、防毒面具、急救药箱、应急灯、安全警戒绳、警示标志等。

（七）消防宣传教育、培训及消防档案

城市轨道交通运营单位应通过公益广告、广播、闭路电视和疏散指示牌等向乘客宣传城市轨道交通防火、灭火及安全疏散方法。在重大节日和活动期间应开展有针对性的消防宣传、教育活动。新员工上岗前应接受一次消防安全教育、培训。城市轨道交通运营单位每半年至少应组织一次全员培训，将培训纳入城市轨道交通运营单位职业学校教学课程，对宣传教育、培训情况应做记录，明确宣传教育、培训内容，以及哪些人员每年应接受一次消防安全专门培训。

城市轨道交通运营单位应建立健全消防档案。消防档案应翔实、准确，并附有必要的图表，不应漏填、涂改，并根据情况变化及时更新。

思考与练习

1. 我国的安全生产方针是什么？
2. 查阅《安全生产法》，结合城市轨道交通运营，指出《安全生产法》哪些条款对应从业人员义务和权利。
3. 查阅各地《城市轨道交通管理条例》，指出相同点和不同点。

模块三

城市轨道交通危险源辨识与控制管理

模块导入

某年某月某日13：00，64岁的男子刘某带着一名小孩乘坐武汉地铁4号线，来到汉阳火车站准备进站乘车，因手上拿着一个氢气球，安检处安检员迅速上前将其拦下并告知氢气球属于易燃易爆危险品，不能带进站。就在此时，男子不耐烦之下，做出了冲动之举：掏出火机，在站厅内将氢气球绑绳点燃，并将氢气球抛出，氢气球在上升时被绑绳的火苗引燃，他看到窜出好大的火苗，又迅速将氢气球抓了下来，并用脚猛力踩踏。站务人员看到后，迅速冲到男子跟前，与男子合力将氢气球的火苗扑灭，并及时报警。武汉市公安局轨道交通管理分局汉阳火车站警务室民警及时赶到，将男子带走调查。

男子刘某交代，当时，他携带氢气球进站被安检人员拒绝后，心里很不爽，随手点燃氢气球，不想火越烧越大。目前，刘某以涉嫌危险方法危害公共安全罪被依法刑事拘留。

办案民警介绍，由于充气气球使用氢气充灌，属于易燃易爆品，地铁车厢狭窄且人员集中，如出现爆炸，极易造成乘客惊慌；此外，地铁站内的轨道架空接触网多属高压电缆，用氢气填充的金属薄膜涂层的气球容易漂浮，如果不小心碰到触网，就会立刻引起短路，危害到地铁运营安全及乘客安全。

随着城市化进程的逐步加速，城市轨道交通建设迎来黄金发展期。城市轨道交通系统在规划建设、运营过程中都会不同程度存在发生各类事故的危险。这些事故一般由多种危险源导致，既有物理性危险源、化学性危险源、生物性危险源，又有心理或生理性危险源、行为性危险源和其他危险源。做好城市轨道交通运营服务工作，确保运营安全是城市轨道交通运营的职责，建立城市轨道交通运营危险源查找、识别、分析、评价、管控体系，消除影响地铁运营安全的各危险源可能带来的不安全性，为城市轨道交通运营安全提供有力保障。

X证书考点

在本模块中，1+X城市轨道交通站务职业技能等级证书考评要求掌握轨道线路各种标志。

教学目标

1. 掌握危险源、危险源识别的概念。
2. 了解危险源的类别。
3. 熟悉危险源识别的方法。
4. 了解危险源识别范围及事故类型。
5. 掌握城市轨道交通危险源控制。
6. 了解安全标志及安全色。

建议学时

8 学时。

单元一　危险源识别

单元导入

员工被角铁砸伤导致骨折

【事件经过】

某日，当班房建检修工甲接到某站门体故障的报告，与房建检修工乙前往处理。在维修门体过程中，甲把门推开，此时门后一条长约 4m 的 50mm×50mm 的角铁倒下，甲躲闪不及，左脚大拇指被角铁砸伤，无法走路，乙立即送甲去医院检查，照 X 光片发现甲左足第一趾骨骨折。

【事件分析】

此案例中，由于物料乱堆放，存在安全隐患。维修人员将废弃的角铁放在门后，当甲在维修门体过程中推开门时，角铁倒下，砸中其左脚大拇指。据调查，甲所在的班组已按规定给甲发放了护趾工作鞋，并要求员工在上班时按规定佩戴劳动防护用品，但甲安全意识不强，贪图方便，没有穿护趾工作鞋上岗作业，导致被砸伤了脚趾。

【定性定责】

员工甲未按规定穿戴防护用品，未及时发现工作中存在的安全隐患，负事故主要责任；当班工区维修人员安全意识淡薄，未及时排除安全隐患，安全责任人对员工安全培训不到位，负事故次要责任。

【案例启示】

乱放的角铁是一种危险源，具有潜在的危险性，由于人员接近时未能及时识别，导致事故的发生。可见，及时发现并消除危险源对保护从业人员身心健康和对城市轨道交通正常运营都有着非常重要的作用。

> 任务要求
>
> 1. 掌握危险源概念和危险源分类。
> 2. 掌握危险源辨识方法。
> 3. 掌握城市轨道交通车站运营管理存在的危险源。

一 危险源的概念

（一）危险源

城市轨道交通运营系统的危险源是指可造成人员伤害、职业病、财产损失、作业环境破坏或这些情况组合的根源或状况，是危险因素和有害因素的总称。危险源也可以这样理解，在一个系统中具有潜在能量和物质释放危险，可造成人员伤害、财产损失或环境破坏，在一定的触发因素作用下可转化为事故的部位、区域、场所、空间、岗位、设备及其位置。具有潜在危险的源头或部位是爆发事故的源头，也是能量和危险物质集中的核心。危险源存在于确定的系统中，系统范围不同，危险源的区域也不同。

一般情况下危险源具备潜在危险性、危险源存在条件和危险源触发因素三个基本要素（图3-1）。

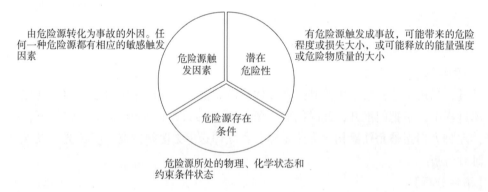

图3-1 危险源的三个基本要素

危险源存在于确定的系统中，不同的系统范围，危险源的区域也不同。从全国范围来说，对于危险行业（如石油、化工等）具体的一个企业（如炼油厂）就是一个危险源。而从一个企业系统来说，可能是某个车间、仓库就是危险源，一个车间系统可能是某台设备是危险源。具体到城市轨道交通系统，一个城市的轨道交通系统、轨道交通运营企业、轨道交通线路直至某一车站、某一设备等，均可能是危险源。因此，分析危险源应按系统的不同层次来进行，并且要正确使用辨识方法及时辨识危险源，采取针对性的措施整治事故隐患。

危险源是事故发生的前提，是事故发生过程中能量与物质释放的主体。因此，危险源的有效管理对于确保生产经营的顺利进行以及员工的安全健康具有重要的意义。

（二）重大危险源

《危险化学品重大危险源辨识》（GB 18218—2018）中定义为：长期地或临时地生产、

加工、使用或储存危险化学品,且危险化学品的数量等于或超过临界量的单元。

知识拓展

单元是指一个(套)生产装置、设施或场所,或同属于一个工厂的且边缘距离小于 500m 的几个(套)生产装置、设施或场所。

《安全生产法》中定义为:长期地或者临时地生产、搬运、使用或者储存危险物品,且危险物品的数量等于或者超过临界量的单元(包括场所和设施)。

有了上述危险源的概念,我们也可以将重大危险源(Major Hazards)理解为超过一定量的危险源。

(三)重大危险源辨识

根据危险物质的特性及其数量,若等于或超过了临界量即为重大危险源。其中,单元内存在危险物质的数量,根据物质种类的多少分 2 种情况:若存在的危险物质为单一品种,则其数量等于或超过《危险化学品重大危险源辨识》(GB 18218—2018)标准中规定的临界量即为重大危险源;若存在的危险物质为多种,则按下式计算,满足该公式即为重大危险源。

$$q_1/Q_1 + q_2/Q_2 + q_3/Q_3 + \cdots + q_n/Q_n \geq 1$$

式中:q_1,q_2,q_3,…,q_n——各种危险物质实际存在量;

Q_1,Q_2,Q_3,…,Q_n——与各种危险物质相对应的生产场所或储存区的临界量。

二 危险源的分类

系统安全的观点认为:系统中存在的危险源是事故发生的根本原因,系统中不可避免地会存在某些种类的危险源。系统安全的基本内容就是辨识系统中的危险源,采取措施消除或控制系统中的危险源,实现系统安全。根据危险源在事故发生、发展过程中的作用,把危险源划分为第一类危险源和第二类危险源。

(一)第一类危险源

根据能量意外释放理论,能量或危险物质的意外释放是伤亡事故发生的物理本质。于是,把生产过程中存在的、可能发生意外释放的能量(能源或能量载体)或危险物质称作第一类危险源,如生产中涉及的生产、储存危险物质的设备、容器或场所等。常见的危险源类别如表 3-1 所示。

常见的危险源类别　　　　表 3-1

序号	危险源类别	举例
1	产生、供给能量的装置、设备	锅炉、变电所
2	使人体或物体具有较高势能的装置、设备、场所	起重、提升机械
3	能量载体	运动的部件或机械,带电的导体
4	一旦失控可能产生巨大能量的装置、设备、场所	强烈放热反应的化工装置、充满爆炸性气体的空间

续上表

序号	危险源类别	举例
5	一旦失控可能发生能量突然释放的装置、设备、场所	各种压力容器
6	危险物质	易燃、易爆、有毒的物质
7	生产、加工、储存危险物质的装置、设备、场所	石油、化工生产装置，炸药生产、存储设备设施
8	人体一旦与之接触将导致人受伤的物体	工件的毛刺、刀具的刃

第一类危险源的危险性主要表现为导致事故而造成后果的严重程度方面，第一类危险源具有的能量越多，一旦发生事故其后果越严重。相反，第一类危险源处于低能量状态时比较安全。同样，第一类危险源包含的危险物质的量越多，对人的危害性越大。表3-2列举了导致各种伤害事故典型的第一类危险源。

伤害事故类型与第一类危险源　　　　　　表3-2

事故类型	能量源或危险物的产生、存储	能量载体或危险物
物体打击	物体的落下、抛出、破裂，飞散的设备	落下、抛出、破裂、飞散的物体
车辆伤害	车辆，使车辆移动的牵引设备、坡道	运动的车辆
机械伤害	机械的驱动装置	机械的运动部分
起重伤害	起重、提升机械	被吊起的重物
触电	电源装置	带电体、高跨步电压区域
灼烫	热源设备、加热设备、炉、灶、发热体	高温物体、高温物质
火灾	可燃物	火焰、烟气
高处坠落	高度差大的场所，人员借以升降的设备、装置	人体
坍塌	土石方工程的边坡、料堆、料仓、建筑物、构筑物	边坡土（岩）体、物料、建筑物、构筑物、荷载
冒顶片帮	矿山采掘空间的围岩体	顶板、两帮围岩
放炮、火药爆炸	炸药	碎石、冲击波、高温气体、火焰
瓦斯爆炸	可燃性气体、可燃性粉尘	碎石、冲击波、高温气体、火焰
锅炉爆炸	锅炉	蒸汽
压力容器爆炸	压力容器	内部容纳物
淹溺	江、河、湖、海、池塘、洪水、储水容器	水
中毒窒息	产生、储存、聚积有毒有害物质的装置、容器、场所	有毒有害物质

（二）第二类危险源

导致能量或危险物质约束、限制措施破坏或失效的各种因素称作第二类危险源。第二类危险源往往是一些围绕第一类危险源随机发生的现象，它们出现的情况决定事故发生的可能性，第二类危险源出现得越频繁，发生事故的可能性越大。人的不安全行为和物的不安全状态是造成能量或危险物质意外释放的直接原因，从系统安全的观点而言，包括人、物、环境3个方面的问题，即第二类危险源主要包括以下3种：

（1）人的失误。人的失误指人的行为结果偏离了被要求的标准，即没有完成规定功能的现象。人的失误会造成能量或危险物质控制系统故障，使屏蔽破坏或失效，从而导致事故发生。人的不安全行为也属于人的失误，人的不安全行为一般是指违反安全操作规程、违章指挥、违反劳动规律的行为，这些行为往往会直接导致事故发生，如带电修理受电弓而发生触电等。

（2）物的故障。物的故障是指机械设备、装置、元部件等由于性能低下而不能实现预定的功能的现象。从安全功能的角度，物的不安全状态是指机械设备、物质等明显不符合安全要求的状态，也是物的故障，如没有防护装置的传动齿轮等。

物的故障和物的不安全状态可能直接使约束、限制能量或危险物质的措施失效而发生事故。有时一种物的故障可能导致另一种物的故障，最终造成能量或危险物质的意外释放；物的故障有时又会诱发人失误，人失误会造成物的故障，实际情况比较复杂。物的故障可能是固有的，由于设计、制造缺陷造成的，也可能由于维修、使用不当或磨损、腐蚀、老化等原因造成的。

（3）环境因素。环境因素主要是指系统运行的环境，包括温度、湿度、照明、粉尘、通风换气、噪声和振动等物理环境以及企业和社会的软环境。不良的物理环境会引起物的故障或人的失误，企业的管理制度、人际关系或社会环境影响人的心理进而可能引起人失误。

一起事故的发生是两类危险源共同作用的结果。第一类危险源的存在是事故发生的前提，没有第一类危险源就谈不上能量或危险物质的意外释放，也就无所谓事故；另一方面，如果没有第二类危险源破坏对第一类危险源的控制，也不会发生能量或危险物质的意外释放。第二类危险源的出现是第一类危险源导致事故的必要条件。

在事故的发生、发展过程中，两类危险源相互依存、相辅相成。第一类危险源在发生事故时释放出的能量是导致人员伤害或财物损坏的能量主体，决定事故后果的严重程度；第二类危险源出现的难易决定事故发生的可能性的大小。两类危险源共同决定危险源的危险性。

第二类危险源的控制应该在第一类危险源控制的基础上进行。与第一类危险源的控制相比，第二类危险源是一些围绕第一类危险源随机发生的现象，对它们的控制更困难。

想一想

某年3月5日14:30，某市城市轨道交通9号线某站1号风亭南侧基坑内，工人甲、工人乙在坑底（距地面3.1m）对地连墙体进行植筋钻孔作业。由于地连墙上部至路面的填土层主要由黏性土、砂土、碎石和少量建筑垃圾组成，且预留通信线管设后，回填土成分中有石粉，导致该土层的黏结性差，透水性强，易松散。同时，邻近道路车辆经过时的振动及作业人员植筋钻孔时的振动进一步影响了土体的稳定性，最终导致地下连续墙上方预埋聚氯乙烯（PVC）通信管线群及回填土坍塌（总质量为2000kg左右），两人受伤。事发后施工单位将两名伤者送往武警医院救治。工人甲小腿骨折，术后病情稳定出院；工人乙于当日手术后因病情不稳，转院至市二医院救治，于3月8日10：00许经救治无效死亡。

请你思考：①此次事故发生前，第一类危险源是什么？②此次事故发生前，第二类危险源是什么？

三 危险源的辨识方法及要求

危险源辨识是指发现、识别系统中的危险源，是有针对性地采取措施控制危险源的重要基础。以前，人们主要根据以往的事故经验进行危险源辨识。例如，海因里希建议通过与操作人员交谈或到现场安全检查、查阅以往的事故记录等方式发现危险源；日本中央劳动灾害防止协会推广危险预知活动进行危险源辨识。目前，常用的危险、危害因素辨识方法大致可分为直观经验法和系统安全分析方法两大类，选用哪种方法要根据分析对象的性质、特点、寿命的不同阶段和分析人员的知识、经验和习惯来确定。

（一）危险源辨识方法

1. 直观经验法

（1）对照、经验法。对照、经验法是对照有关标准、法规、检查表或依靠分析人员的观察分析能力，借助于经验和判断能力对评价对象的危险、有害因素进行分析的方法。20世纪60年代以后，国外开始根据法规、标准和安全检查表进行危险源辨识。安全检查表是集合以往的事故分析、找出的问题形成的，其优点是简单易行；其缺点是重点不突出，又难免挂一漏万，这类方法的最大缺点是过去没有经验的问题无法列入其中。

（2）类比方法。类比方法是利用相同或相似工程系统或作业条件的经验和劳动安全卫生的统计资料来类推、分析评价对象的危险、有害因素。

2. 系统安全分析法

随着系统安全工程的兴起，系统安全分析方法逐渐成为危险源辨识的主要方法。系统安全分析是从安全的角度进行的系统分析，它通过揭示系统中可能导致系统故障或事故的各种因素及其相互关联来辨识系统中的危险源。它既可以用来辨识可能带来严重后果的危险源，也可以用来辨识没有事故先例的系统的危险源。系统越复杂，越需要利用系统安全分析方法辨识危险源。

目前常用的系统安全分析方法有预先危害分析（PHA）、故障类型和影响分析（FMEA）、危险性和可操作性研究（HAZP）、事件树分析（ETA）、故障树分析（FTA）、管理疏忽和危险树（MRT）、系统可靠性分析（SRA）、因果分析（CCA）等。

（二）危险源辨识要求

危险源识别时要考虑三种状态、三种时态、六种类型和地铁运营事故类型。

1. 危险源三种状态

危险源三种状态包括常规状态、非常规状态、潜在的紧急情况，如表3-3所示。

危险源三种状态 表3-3

常规状态 （一种情况）	非常规状态 （三种情况）			潜在的紧急情况 （两种情况）	
正常生产过程中的危险源的存在方式	易于常规、周期性的或临时性的作业、活动	偶尔出现、频率不固定，但可预计出现的状态	由于外部的原因（如天气）导致的非常规状态，如启动、关闭、试车、停车、清洗、维修、保养等	往往不可预见其后果的情况	后果是灾难性的，不可控制的情况，如火灾、爆炸、严重的泄漏、碰撞及事故

2. 危险源三种时态

（1）过去：在本企业过去的某些活动中，或在类似企业的某些活动中存在的危险源或发生过事故。

（2）现在：目前正在从事的有危险源的活动。

（3）将来：在可以预见的将来还会存在危险源的活动。

3. 危险源六种类型

物理性危险源、化学性危险源、生物性危险源、心理、生理性危险源、行为性危险源和其他危险源（表3-4）。

危险源分类表 表3-4

危险源	主要内容
物理性危险源	设备、设施缺陷（强度不够、刚度不够、稳定性差、密封不良、外露运动件等）
	防护缺陷（无防护、防护装置和设施缺陷、防护不当、防护距离不够等）
	电危害（带电部位裸露、漏电、雷电、静电、电火花等）
	噪声危害（机械性噪声、电磁性噪声、流体动力性噪声等）
	震动危害（机械性震动、电磁性震动、流体动力性震动等）
	电磁辐射（电离辐射：X射线、γ射线、α粒子、β粒子、质子、中子、高能电子束等；非电离辐射：紫外线、激光、射频辐射、超高压电场等）
	运动物危害（固体抛射物、液体飞溅物、反弹物、岩土滑动、气流卷动、冲击地压等）
	明火
	能造成灼伤的高温物质（高温气体、高温固体、高温液体等）
	能造成冻伤的低温物质（低温气体、低温固体、低温液体等）
	粉尘与气溶胶（不包括爆炸性、有毒性粉尘与气溶胶）
	作业环境不良（基础下沉、安全过道缺陷、有害光照、通风不良、缺氧、空气质量不高、给排水不良、气温过高、气温过低、自然灾害等）
	信号缺陷（无信号设施、信号选用不当、信号不清、信号显示不准等）
	标志缺陷（无标志、标志不清、标志不规范、标志位置缺陷等）
	其他物理性危险源

续上表

危 险 源	主 要 内 容
化学性危险源	易燃易爆性物质（易燃易爆性气体、易燃易爆性液体、易燃易爆性固体、易燃易爆性粉尘与气溶胶等）
	自燃性物质
	有毒物质（有毒气体、有毒液体、有毒固体、有毒粉尘与气溶胶等）
	腐蚀性物质（腐蚀性气体、腐蚀性液体、腐蚀性固体等）
	其他化学性危险源
生物性危险源	致病微生物（细菌、病毒、其他致病微生物）
	传染病媒介物
	致害动物
	致害植物
	其他生物性危险源
心理、生理性危险源	负荷超限（体力负荷超限、听力负荷超限、视力负荷超限等）
	健康状况异常
	从事禁忌作业
	心理异常（情绪异常、冒险心理、过度紧张等）
	辨识功能缺陷（感知延迟、辨识错误、其他辨识功能缺陷等）
	其他心理、生理性危险源
行为性危险源	指挥错误（指挥失误、违章指挥等）
	操作失误（误操作、违章作业等）
	监护失误
	其他错误
	其他行为性危险源
其他危险源	

> 💡 **想一想**
>
> 这六种类型危险源，哪些属于第一类危险源？哪些属于第二类危险源？

四 危险源辨识的程序与内容

危险源辨识的程序如图 3-2 所示。

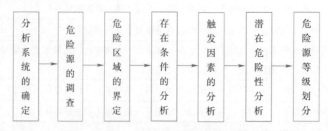

图 3-2　危险源辨识的程序

1. 分析系统的确定

在危险源调查之前，首先确定所要分析的系统。例如，是对整个地域、企业，还是某个车间，或是某个车间的其中一个工艺过程。

2. 危险源的调查

要从危险因素（强调突发性和瞬间性）和危害因素（强调在一定时间范围内的积累作用）两个方面着手，对所分析的系统进行调查。危险源调查的主要内容包括：

（1）区域平面图。它包括功能分区（生产、管理、辅助生产、生活区）布置，有害、危险物品（或物质）分布，建筑物、构筑物分布，安全距离、卫生防护距离，运输路线等。

（2）区域的环境条件。它包括周围环境、气象条件、抢险救灾的支持条件等。

（3）区域的危险源分布。它包括危险源的种类数量、危险程度、危险源的所属者或管理者等。

（4）生产工艺过程。它包括物料的毒性、腐蚀性、燃爆性，工艺过程的温度、压力、速度、作业及控制条件，事故及失控状态。

（5）生产工艺设备及材料情况。它包括工艺布置，设备名称、容积、温度、压力，设备性能，设备本质安全化水平，工艺设备的固有缺陷，所使用的材料种类、性质、危害，使用的能量类型及强度、特殊单体设备、装置（锅炉房、乙炔站、氧气站、油库、危险品库）等。

（6）作业环境情况。它包括安全通道情况，生产系统的结构、布局，作业空间布置等。

（7）操作情况。它包括操作过程中的危险、工人接触危险的频度等。

（8）事故情况。它包括曾经发生的事故及危害状况，事故处理应急方法，故障处理措施。

（9）安全防护。它包括危险场所安全防护措施，安全标志，燃气、物料使用等劳动组织、管理措施。

3. 危险区域的界定

危险区域的界定，即划分危险源点的范围。首先应对系统进行划分，可按设备、生产装置及设施来划分子系统，也可按作业单元划分系统。然后分析每个子系统中所存在的危险源点，一般将具有能量、物质、操作人员作业空间、生产聚集危险物质的设备、容器作为危险源点。然后以源点为核心加上防护范围即为危险区域，这个危险区域就是危险源的区域。

4. 存在条件及触发因素分析

存在条件及触发因素的分析是危险源辨识的重要环节，因为一定数量的危险物质或一定强度的能量，由于存在条件不同，所显现的危险性也不同，被触发转换为事故的可能性大小也不同。存在条件分析包括：储存条件（如堆放方式、其他物品情况、通风等），物理状态参数（如温度、压力等），设备状况（如设备完好程度、设备缺陷、维修保养情况等），防护条件（如防护措施、故障处理措施、安全标志等）、操作条件（如操作技术水平、操作失误率等）、管理条件等。触发因素可分为人为因素和自然因素，人为因素包括个人因素（如操作失误、不正确操作、心理因素等）和管理因素（如不正确的训练、指挥失误、错误安排等）；自然因素是指引起危险源转化的各种自然条件及其变化，如气候条件参数变化、雷电、振动、地震等。

5. 潜在危险性分析

潜在危险性分析可以根据使用的危险物质量来描述危险源的危险性。危险源转化为事故，其表现是能量和危险物质的释放，因此危险源的潜在危险性可用能量的强度和危险物质的量来衡量。

6. 危险源等级划分

危险源分级实质上是对危险源的评价，危险源等级一般按危险源在触发因素作用下转化为事故的可能性大小和发生事故的后果严重程度来划分。危险源等级，按事故出现可能性大小可分为非常容易发生、容易发生、较容易发生、不容易发生、难以发生、极难发生；根据危害程度可分为可忽略的、临界的、危险的、破坏性的级别。从控制管理角度，通常根据危险源的潜在危险性大小、控制难易程度、事故可能造成损失的情况进行综合分级。

做一做

根据书中介绍的程序，让我们来找找实训楼的危险源。

五 城市轨道交通车站运营管理存在的危险源分析

城市轨道交通由于涉及类型多、数量大的各类机电设备，同时，每天运输乘客几百万人次，甚至上千万人次，在其运营过程中暗藏诸多的危险源，若不对其进行充分了解和识别，既会威胁到人员及设备的安全，也会给轨道交通运营单位造成巨大的经济损失，因此城市轨道交通运营单位要经常有针对性地查找各类危险源，采取合理措施，规避危险源带来的风险。

城市轨道交通车站常见危险源见表3-5。

城市轨道交通车站常见危险源　　　　　　　　表3-5

分析系统	危 险 源	潜在危险性分析
车站设备设施相关	车站出入口台阶	下雨时，湿滑或清洁卫生时，地面湿滑，导致乘客摔伤
	地面材料	不防滑或防滑效果不明显，导致乘客及工作人员滑倒
	安全指示、疏散标志、安全出口标志	设置不完善，突发事件下不能及时诱导人员疏散，引发人员伤害事故发生
	售票问讯处	设有凹槽，乘客伸手取票或款，导致刮伤手背
	闸机	夹伤人员
	站厅栏杆玻璃	站厅栏杆玻璃边缘锋利，导致划伤人员手指
	广告灯箱	脱落砸人，或框边缘锋利有刺，导致划伤人员手指

续上表

分析系统	危 险 源	潜在危险性分析
车站设备设施相关	供电插座	没有加保护罩，乘客使用可能引发触电事故
	PIS（Passenger Information System）系统（乘客信息系统）	若不能发布灾害信息，不能及时诱导人员疏散
	CCTV（Closed Circuit Television）系统（闭路电视系统）	监控不完善，导致突发事件情况下不能尽快处置
	自动扶梯	运行中，可能会发生反转、梯级下陷、驱动链断裂、梯级下滑、扶手带断裂等故障，导致乘客（特别是老人、小孩）受到伤害
	电梯	因故障打不开，乘客被困在电梯里，导致人员窒息
	电气设备	引发火灾
	火灾探测报警	不能及时报警有效启动防灾设施，或消防栓设置不完善，不能及时扑救灭火，将导致火灾扩大，造成财产损失或人员伤害
屏蔽门系统相关	屏蔽门的安全标志	安全标志不清，可能造成人员伤害。此外，在发生火灾等突发事故时，不利于事故救援，人员疏散
	屏蔽门操作	活动门与列车门不能一一对应，阻碍乘客和列车驾驶员的上下车，导致意外事故，造成人员伤害
	屏蔽门与列车门之间的间隙	乘客在上下车时存在卡在屏蔽门与列车门之间的危险，导致人员伤害
	屏蔽门机械故障或电气故障	导致开关动作失灵或屏蔽门与信号、车门无法联动，影响列车正常运营安全，紧急情况下容易发生门打不开、关不上、门夹人等情况，导致乘客恐慌、混乱、挤压等
	屏蔽门紧急按钮	失效，导致紧急情况下门打不开，妨碍人员疏散
	屏蔽门接地断线或接错、接地电阻失效	导致屏蔽门带电，造成触电事故
	屏蔽门故障	导致列车晚点
人员管理相关	客流或换乘车站高峰、突发大客流	导致人员踩踏事故
	疏散标志、指示不清	在突发事件下，大量客流聚集导致发生踩踏事故
	自动扶梯运行	发生反转，导致乘客踩踏事故
	乘客拥挤、嬉戏、打闹	导致人员摔伤，影响正常运营
	乘客无故打开屏蔽门进入轨行区	导致人员伤害
	屏蔽门（车门）即将关闭时，人员抢上、抢下	导致夹伤人员
	人员无故按压电扶梯紧急停车按钮	导致人员摔伤
	人员乘坐电扶梯时拥挤、站立不稳	导致人员摔伤

续上表

分析系统	危险源	潜在危险性分析
人员管理相关	电梯即将关闭时，乘客抢上被夹	导致人员被夹伤
	乘客乘坐自动扶梯时将头、手或胳膊伸出扶手以外	导致被扶梯周围建筑碰伤或挤伤
	乘客倚靠、扶摸车门或站在车辆连接处或踏进站台与列车之间空隙内	导致人员伤害
	乘客无故按压列车PECU（乘客紧急通信装置）按钮或无故打开列车车门	导致列车晚点
	工作人员违章操作、用火不慎或乘客携带易燃易爆物品乘车、人为纵火等因素	导致火灾或爆炸
建筑防淹相关	排水设施存在缺陷	遇暴雨、洪水等恶劣自然天气，可能造成车站内设备设施被淹，严重时可能影响地铁正常运营
	排水设备故障	暴雨天气中，积水进入站台站厅造成地面湿滑，影响乘客安全
	严重结构渗水	渗水进入重要电气设备房如高低压室、信号设备室等，可能会对电气设备造成危害，进而影响运营安全

单元二　危险源评价与控制管理

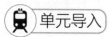 单元导入

接地线未拆除事故

【事件经过】

某日，某地铁1005次（2728车）列车在进站时，司机突然发现尾端墙轨道中心有一个铁架模样的东西，立即按压了紧急停车按钮。站台岗护卫也看见尾端墙处一小推车被活塞风刮下轨道，也按下了站台紧急停车按钮并报告站控室。列车越过碰撞物体处约3节车后停了下来，停车后司机报告行车调度员"在××站尾端墙附近轨道中间好像有一铁架且高出轨面，已按压紧急停车按钮，但列车已越过侵限物"；行调同时接到××站站控室的报告，说站台上丢了一个小锤到下行线，护卫已经按了紧急停车按钮。行车调度员在得到车站报告线路出清后，马上指示司机以RM模式动车对标。司机向行车调度员报告列车压的是小推车，不能动车，行调仍然命令司机立即动车。随后司机动车离开车站，在后续1105次、0307次、0407次三列车通过之后，车站派员工下轨道出清线路。

【事件分析】

该事件后经调查，系保洁部员工把手推车放置在尾端墙栏杆处，并未做好安全防护措施，导致手推车被列车活塞风刮落轨道。而站台护卫队员巡视不到位，未能及时发现事故隐患。值班站长在没有认真确认现场的情况下，误听为小锤，报告线路出清，臆测行车，向行车调度员报告错误信息。行车调度员在司机及车站双方的报告有重大差异时，主观臆断，偏信车站的报告，也没有要求车站认真确认，在匆忙之下强行命令司机开车。

【定性定责】

根据《行车事故管理规则》规定，本次事件定性为设备、设施超限开车，一般事故。车站由于未及时发现安全隐患，对职工安全教育不到位，未按要求执行复诵制度，未认真确认相关信息，对负有直接责任的值班站长、当班行车调度员严肃处理。

【案例启示】

影响城市轨道交通运营安全的因素有很多，其中人的因素是最主要的。上述案例，由于保洁部员工、站台护卫队员、值班站长、行车调度员都未能严格按照相关标准和章程作业，且主观臆断，安全意识不强，最终导致事故发生。

小推车本来是一件很普通的货物运输工具，但在本案例中，它就是一个危险源。案例中，小推车由于侵入机车车辆限界而成为危险源，由于这个危险源没有得到及时有效控制和清除，最终导致列车与其发生碰撞，致使车辆受损。在城市轨道交通运营系统中，如果不注意对危险源进行管理，将可能导致重大行车事故的发生。

任务要求

1. 掌握危险性评价概念及评价危险控制的影响因素。
2. 掌握危险源控制管理的方法。
3. 了解城市轨道交通运营安全风险与隐患管理。

危险源辨识出来后，其影响后果如何？发生事故的概率多大？造成的损失多大？如何有效进行防范？这就需要对危险源进行评估与控制。作为危险源管理的基础，评估是组织确定安全需求的一个重要途径，属于组织安全管理体系策划的过程。持续对全管理处范围内所有危险源进行辨识、风险评价和风险控制的策划，为消除事故隐患奠定基础。

一 危险性评价

危险性评价是对系统中危险源危险性的综合评价，是评价危险源导致事故、造成人员伤亡和财产损失的危险程度的工作。一般而言，危险性评价涉及危险源导致事故的可能性和一旦发生事故造成人员伤亡、财产损失的严重程度两方面的问题，即包括对危险源控制措施效果的评价和对危险源自身危险性的评价。危险性评价方法有相对评价法和概率评价法两大类。

风险评估

系统中危险源的存在是绝对的，任何工业生产系统中都存在许多危险源。受实际人力、物力等方面因素的限制，不可能彻底消除或完全控制危险源，只能集中有限的人力、物力消除或控制危险性较大的危险源。当危险源

风险控制

的危险性很小可以被忽略时，不必采取控制措施。在危险性评价的基础上，按其危险性的大小把危险源排序，为确定采取控制措施的优先次序提供依据。

评价第一类危险源的危险性时，主要考察以下4个方面的情况。

（一）能量或危险物质的量

第一类危险源导致事故的后果严重程度，主要取决于事故时意外释放的能量或危险物质的多少。一般而言，第一类危险源拥有的能量或危险物质越多，则发生事故时可能意外释放的量也多。因此第一类危险源拥有的能量或危险物质的量是危险性评价中的最主要指标。当然，有时也会有例外的情况，有些第一类危险源拥有的能量或危险物质只能部分地意外释放。

（二）能量或危险物质意外释放的强度

能量或危险物质意外释放的强度是指事故发生时单位时间内释放的能量。在意外释放的能量或危险物质的总量相同的情况下，释放强度越大，能量或危险物质对人员或物体的作用越强烈，造成的后果越严重。

（三）能量的种类和危险物质的危险性质

不同种类的能量造成人员伤害、财物破坏的机理不同，其后果也很不相同。危险物质的危险性主要取决于自身的物理、化学性质，燃烧爆炸性物质的物理、化学性质决定其导致火灾、爆炸事故的难易程度及事故后果的严重程度；工业毒物的危险性主要取决于其自身的毒性大小，在引起急性中毒的场合，常用半数致死剂量评价其自身的毒性。

💡 想一想

为何用半数致死量进行毒性测试，而不用全部致死量？

（四）意外释放的能量或危险物质的影响范围

事故发生时意外释放的能量或危险物质的影响范围越大，可能遭受其作用的人或物越多，事故造成的损失越大。例如，有毒有害气体泄漏时可能影响到下风侧的很大范围。

评价第一类危险源的危险性的主要方法有后果分析和划分危险等级两种方法。后果分析通过详细地分析、计算意外释放的能量、危险物质造成的人员伤害和财物损失，定量评价危险源的危险性。后果分析需要的数学模型准确度较高、需要的数据较多、计算复杂，一般仅用于危险性特别大的重大危险源的危险性评价。划分危险等级是一种相对的评价方法，它通过比较危险源的危险性，人为划分出一些危险等级来区分不同危险源的危险性，为采取危险源控制措施或进行更详细的危险性评价提供依据。划分危险等级的方法是一种简单易行、得到广泛应用的方法。一般而言，危险等级越高，危险性越高。

采取了危险源控制措施后的危险性评价，可以查明危险源控制措施的效果是否达到了预定的要求。如果采取了控制措施后危险性仍然很高，则需要进一步研究对策，采取更有效的措施，降低危险性。

二 评价危险源控制的影响因素

评价危险源控制情况，可以从以下 6 个方面来考虑，如表 3-6 所示。

危险源控制的影响因素　　　　　　表 3-6

序号	危险源控制的影响因素	说　明	举　例
1	防止人失误的能力	必须能够防止在装配、安装、检修或操作过程中发生可能导致严重后果的人为失误	单向阀门应不易安反、三线电源插头不能插错
2	对失误后果的控制能力	一旦人失误可能引起事故时，应能控制或限制对象部件或元件的运行，以及与其他部件或元件的相互作用	若按 A 钮起动之前按 B 钮可能引起事故，则应实行联锁，使之先按 B 钮也没有危险
3	防止故障传递能力	应能防止一个部件或元件的故障引起其他部件或元件的故障，从而避免事故	电动机电路短路时熔丝熔断，防止烧毁电动机
4	失误或故障导致事故的难易	发生一次失误或故障，则直接导致事故的设计、设备或工艺过程是不安全的，应保证至少有两次相互独立的失误（或故障，或一次失误与一次故障）同时发生才能引起事故	开水出水按钮设计为连续按压两次以上才出水，防止儿童贪玩烫伤
5	承受能量释放的能力	运行过程中偶尔可能产生高于正常水平的能量释放，系统应能承受这种高能量释放	在压力罐上装有减压阀，以把罐内压力降低到安全压力。如果减压阀故障，则超过正常值的压力将强加于管路，为使管路能承受高压，增加管路的强度或在管路上增设减压阀
6	防止能量蓄积的能力	能量蓄积的结果将导致意外的能量释放。因此，应有防止能量蓄积的措施	安全阀、破裂膜、可熔（断、滑动）连接

三 危险源的控制管理

危险源的控制管理可从组织管理、技术两方面着手，一般从以下几个方面进行。

（一）消除危险源

消除危险源可以从根本上防止事故发生，通过改变有高危险性能量的生产工艺、技术、设备，重新设计选择新的结构形式或合适的原材料来彻底消除某种危险源，例如：

（1）用气压或液压系统代替电力系统，防止发生电气事故——电击、电烧伤。

（2）用液压代替气压系统，避免压力容器、压气管路破裂造成冲击波。

（3）用阻燃性材料代替可燃性材料，防止火灾。

（4）道路立体交叉，防止撞车。

(5) 消除物品的尖角、毛刺、粗糙或破裂的表面,防止刺、割、擦伤手脚皮肤。

(二) 限制能量或减少危险物质数量

(1) 减少能量或减少危险物质的数量。例如:采用低电压系统,防止触电;限制可燃性气体浓度,使其达不到爆炸界限;控制液位,防止液位过高或过低;控制化学反应速度,防止过热或超压。

(2) 防止能量蓄积,避免能量意外突然释放。例如:利用金属喷层或导电涂层防止静电蓄积;控制工艺参数,防止高温、超压、大流量。

(3) 安全地释放能量。例如:人为开辟能量泄放渠道,如在压力容器上安装安全阀、破裂片,有爆炸危险的建筑物上设置泄压窗;电气设备、电力系统设置保护接地;设施及建筑物安装避雷保护装置。

(4) 禁止共同储存的物质分开储存,如把相互接触或混合后可能发生燃烧、爆炸的物质分开储存。

(5) 局限、约束能量或危险物质在某一范围,防止其意外释放。例如:在带电体外部加上绝缘物;用坚固的密闭容器盛放危险物质;在放射线设备上安装防护屏,抑制射线辐射。

(6) 使用安全防护装置防止人员接触危险源。例如:利用防护罩、防护栅等把设备的转动部件、高温热源或危险区域屏蔽起来;道路两侧设置隔离带,防止人员进入机动车道。

(7) 为了确保隔离措施发挥作用,有时采用联锁方式。但是,联锁本身并非隔离措施,联锁主要用于下面两种情况:一是安全防护装置与设备之间的联锁。如果不利用安全装置,则设备不能运转而处于最低能量状态,防止事故发生。例如,矿井井口的安全栅、摇台与卷扬机启动电路联锁,可以防止误启动卷扬机。二是防止由于操作错误或设备故障而发生事故。例如,防止操作顺序错误而设置联锁;利用限位开关防止设备运转超出规定的范围;当人体或人体的一部分进入危险区域时,联锁装置使设备停止运转。

在电气设备上最容易实现联锁,因而电气联锁最为常见。

(三) 避免或减少事故损失的安全技术

避免或减少事故损失的安全技术的基本出发点是防止意外释放的能量危及人或物,或者减轻其对人和物的作用。事故后如果不能迅速控制局面,则事故规模有可能进一步扩大,甚至引起二次事故而释放出更多的能量或危险物质。在事故发生前就应该考虑到采取避免或减少事故损失的技术措施。

常用的避免或减少事故损失的安全技术有隔离、个体防护、设置薄弱环节、避难与援救等。

1. 隔离

作为避免或减少事故损失的隔离,其作用在于把被保护的人或物与意外释放的能量或危险物质隔开,隔离措施有远离、封闭和缓冲三种。

(1) 远离。远离是把可能发生事故而释放出大量能量或危险物质的工艺、设备或工厂等布置在远离人群或被保护物的地方。例如,把爆破材料的加工制造、储存设施安排在远离居民区和建筑物的地方,危险性高的化工企业远离市区等。

（2）封闭。主要有四种情况，一是利用封闭措施可以控制事故造成的危险局面，限制事故的影响。例如，森林火灾时利用防火带封闭火区，防止火势扩大；二是限制事故影响，避免伤害和破坏。例如，防火密闭可以防止有毒、有害气体蔓延，高速公路两侧的围栏防止失控的汽车冲到两侧的沟里去；三是为人员提供保护。把某一区域封闭起来作为安全区保护人员。例如，矿井里设置的避难硐室；四是为物质、设备提供保护。例如在桥墩安装防撞装置。

（3）缓冲。缓冲可以吸收能量，减轻能量的破坏作用。例如，安全帽可以吸收冲击能量，防止人员头部受伤。

想一想

日常生活中，还有哪些用于缓冲的装置？

2. 个体防护

实际上个体防护用品也是一种隔离措施，它把人体与意外释放的能量或危险物质隔开。个体防护用品主要用于下述三种场合：

（1）有危险的作业。在危险源不能消除、一旦发生事故就会危及人身安全的情况下，必须使用个体防护用品，但是应该避免用个体防护用品代替消除或控制危险源的其他措施。

（2）为调查和消除危险而进入危险区域。

（3）事故发生的应急救援。

3. 设置薄弱环节

利用事先设置好的薄弱环节使事故能量按人们的意图释放，防止能量作用于被保护的人或物。一般而言，设置的薄弱部分即使破坏了，却以较小的损失避免了大的损失。因此，这种安全技术又称为接受微小损失。常见的设置薄弱环节的例子有：汽车发动机冷却系统的防冻塞，当气缸水套中出现冻冰时体积膨胀，把防冻塞顶开而保护气缸；锅炉上的易熔塞，当锅炉里的水降低到一定水平时，易熔塞温度升高并熔化，锅炉内的蒸汽泄放而防止锅炉爆炸；在有爆炸危险的厂房上设置泄压窗，当厂房内发生意外爆炸时，泄压窗泄压而保护厂房不被破坏；电路中的熔断器、驱动设备中的安全连接棒等。

4. 避难与援救

事故发生后应该努力采取措施控制事态的发展，但是当判明事态已经发展到不可控制的地步时则应迅速避难，撤离危险区。按事故发生与伤害发生之间的时间关系，伤亡事故可分为两种情况：

（1）事故发生的瞬间人员即受到了伤害，甚至受伤害者尚不知发生了什么就遭受了伤害。例如，在爆炸事故发生瞬间处于事故现场的人员受到伤害的情况，在这种情况下人员没有时间采取措施避免伤害。为了防止伤害，必须全力以赴地控制能量或危险物质，防止事故发生。

（2）事故发生后意外释放的能量或危险物质经过一段相对长的时间间隔才达及人体，人员有时间躲避能量或危险物质的作用。例如，发生火灾、有毒有害物质泄漏事故的场合，远离事故现场的人们可以恰当地采取避难、撤退等行动，避免遭受伤害。在这种情况下人们的行为正确与否往往决定他们的生死存亡。

对于后一种情况，避难与救援具有非常重要的意义。为了满足事故发生时的应急需要，在轨道交通车站布置、建筑物设计和客流引导设施的设计中，要充分考虑一旦发生事故时的人员避难和救援问题。具体来说，要考虑如下问题：采取隔离措施保护人员，如设置避难空间等；使人员能迅速撤离危险区域，如规定撤退路线、设置安全出口和应急输送等；如果危险区域里的人员无法逃脱的话，能够被援救人员搭救。

为了在一旦发生事故时人员能够迅速地脱离危险区域，事前应该做好应急计划，并且平时应该进行避难、援救演习。

（四）组织管理控制

组织管理控制是指加强安全管理，落实安全生产责任制度，开展系统安全工作，使生产运营单位全方位预防事故发生。其主要包括以下几个方面的内容。

1. 人行为控制

即控制人为失误，减少人不正确行为、不安全行为对危险源的触发作用，可以通过加强教育培训，提高人的安全素质，做到操作安全化。

危险源控制的各项措施能否得到贯彻执行，执行的程度如何，很大程度上取决于各级领导和工作人员的安全意识、对危险源控制的认识程度，以及有关的安全知识和操作技能的掌握程度。因此，应选拔认真负责、技术高、能力强的工作人员来从事危险源点的作业，并严格培训考核，加强法制教育和职业道德教育，对涉及危险源控制的有关领导和人员进行专门的安全教育和培训。

2. 管理控制

可以采取以下管理措施，对危险源实行控制。

（1）建立健全危险源管理的规章制度。危险源确定后，在对危险源进行系统危险性分析的基础上建立健全各项规章制度。

（2）明确责任、定期检查。应根据各危险源的等级，分别确定各级的负责人，并明确各自应负的责任，特别是要明确各级危险源的定期检查责任。

（3）加强危险源的日常管理。作业人员要贯彻执行有关危险源日常管理的规章制度，搞好安全值班、交接班，按安全操作规程进行操作；按安全检查表进行日常安全检查；危险作业经过审批等。所有活动均要按要求认真做好记录。

（4）抓好信息反馈，及时整改隐患。要建立健全危险源信息反馈系统，制定信息反馈制度并严格贯彻实施。

（5）搞好危险源控制管理的基础建设工作。危险源控制管理的基础工作，除建立健全各项规章制度外，还应建立健全危险源的安全档案和设置安全标志牌。

（6）搞好危险源控制管理的考核评价和奖惩。应对危险源控制管理的各方面工作制定考核标准，并力求量化，划分等级。定期严格考核评价，给予奖惩，并与班组升级和评先进结合起来。

四 危险源辨识、评价与控制的实施

一般情况下，应该在危险源辨识的基础上进行危险源评价，再根据危险源危险性评价结果有针对性地采取危险源控制措施。但在很多情况下，这三项工作并没有严格地分阶段独立进行，而是交叉重叠进行的。

城市轨道交通系统中存在大量的不安全因素，受人、财、物等因素的制约，实际上只能把其中一部分危险性达到一定程度的不安全因素当作危险源来处理，而忽略危险性较小的不安全因素。因此，在辨识危险源的过程中也需要进行危险性评价，以判别被考察对象是否是危险源（不可忽略的、必须控制的）。

在选择控制措施时，需要对措施的控制效果进行评价，通过评价选择最有效的控制措施。这种评价通常是通过对比控制前和控制后危险源的危险性进行的。而危险源控制措施本身又可能带来新的危险源和危险性。因此，在进行危险源控制时，仍然需要进行危险源辨识和评价工作。

五 城市轨道交通运营安全风险与隐患管理

城市轨道交通企业在制度建设上一般都会有明确的危险源识别、风险评价及控制的方法和程序，如《危险源识别、风险评价及控制程序》《安全隐患管理办法》等，为危险源控制和隐患排查、治理提供管理依据。

风险辨识

（一）安全风险辨识与控制

城市轨道交通企业在运营安全风险辨识与控制管理中，一般以风险管理为核心，对运营全过程的风险进行识别、衡量、分析，并在此基础上有效处置风险。城市轨道交通运营安全风险辨识与控制管理流程如图3-3所示。

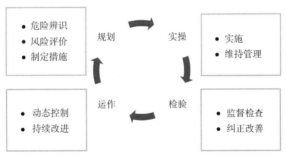

图3-3 城市轨道交通运营安全风险辨识与控制管理流程

根据风险评价的依据和准则，综合"可能性"及"后果"的评价结果，结合地铁公司生产实际和地铁运营经验，判定每一项危险源的风险程度，并将风险分为高风险（R_1）、较高风险（R_2）、一般风险（R_3）、可接受风险（R_4）四个等级。根据风险评价的结果，确定优先控制的顺序，通过实施硬件设备设施的安全技术项目，或制订少投入或基本不投入的软性目标（如演练、培训、完善安全标志等），消除或降低安全风险。控制措施的制定依次按"消除-替代-工程控制-标示、警告和（或）管理控制措施-个体防护"顺序考虑。其中，消除就是直接消除危险源；替代就是用危险性小的危险品替代危险性大的危险品，使危险性减小；工程控制措施就是通过工程、工艺设计，使得危险源的量减少、诱发因子减少；标示、警告和（或）管理控制措施是通过有效的管控措施，人为降低事故发生的概率；个体防护是发生危险时，努力降低事故对人、物、环境造成的损失。城市轨道交通运营安全危险源控制管理的具体措施见表3-7。

城市轨道交通运营安全危险源控制管理具体措施　　　　　表3-7

类　　别	具　体　措　施
制度、规章方面	（1）建立健全安全生产隐患排查治理体系，定期组织安全检查，开展事故隐患自查自纠。 （2）根据生产安全事故隐患行业自查指导标准，编制与岗位、工艺、设备相适应的事故隐患排查标准，明确事故隐患排查的主要范围和具体内容。 （3）建立健全企业安全生产责任制、安全操作规程、特种设备管理、安全生产培训、安全生产检查和突发事件处理等规章制度。 （4）制定车站火灾、车站闸机夹人、水浸出入口、车站大客流、车站乘客受伤、爆炸等应急处理程序及规章制度，加强对车站、列车的安全巡查，做到早发现、早处置，及时排除安全隐患
教育培训方面	（1）按照有关规定对从业人员进行安全生产教育、培训并建立档案，保证教育、培训费用和时间。 （2）加强对地铁人员的岗前安全教育和培训，并将运营安全和应急应变能力作为重点考核项目。 （3）加强行车调度人员、列车驾驶员、车站行车值班员在信号系统故障情况下的行车组织和应急处置能力培训。 （4）广泛开展安全宣传教育，提高地铁乘坐人员及工作人员的安全防范意识。地铁运营单位加强安全知识的宣传力度，编制安全知识宣传材料，进行广泛的社会宣传，普及安全乘车和自救知识，规范乘客乘车行为
设备设施配置方面	（1）按照有关规定免费为从业人员配备符合强制性标准的劳动防护用品；所配备的特种防护用品应当具有特种防护用品安全标志。 （2）特种设备应当取得许可证并经检验合格方可使用。 （3）地铁车站应配备经过专门训练的专、兼职抢险救援人员以及空气呼吸器、无线通话器材、避火服、简易破拆工具、强光手电、应急电源、疏散扶梯担架、湿毛巾、手帕、防汛工具等抢险救援设备。 （4）要保持车站、车厢内、疏散通道、平交道口等处的安全警示标志和疏散标志明显、清晰，使广大乘客能够熟悉和掌握紧急状态下的疏散方法和自我救援知识，提高乘客的安全意识和自我防范能力
应急处置方面	（1）针对近远期客流较大的车站，应提前制定大客流人员疏散应急救援预案，确保运营安全。 （2）制订特殊气象条件，如台风、暴雨、大雾、雨雪冰冻天气下的行车组织方案。 （3）建立地铁灾害应急指挥机构和抢险救援体系，完善应急处置和突发事件救援工作预案，详细量化预案反应时间，明确分工，落实责任。 （4）建立专职或者兼职安全生产应急救援队伍，配备必要的应急救援器材、设备。 （5）定期针对突发事件的各种不同情况进行演习，重点演练救援和协助乘客逃生，提高地铁运营管理人员紧急应变和处置初起灾害的能力

（二）安全隐患管理

根据危险源清单开展隐患排查，按照隐患排查对隐患进行分类分级和治理。

（1）分级管理：较大隐患由轨道交通运营企业下的各客运分公司、专业中心负责落实整改；一般隐患由各责任单位车间、班组自行组织整改。

（2）分类方法：分为人的隐患、设备设施类、环境类、管理类 4 类。

（3）隐患整改流程：一是发现隐患后报告和确认；二是隐患整改责任单位分类分级后进行登记；三是对隐患整改进行跟踪并最后销项。深圳市地铁公司运营总部隐患管理流程，如图 3-4 所示。

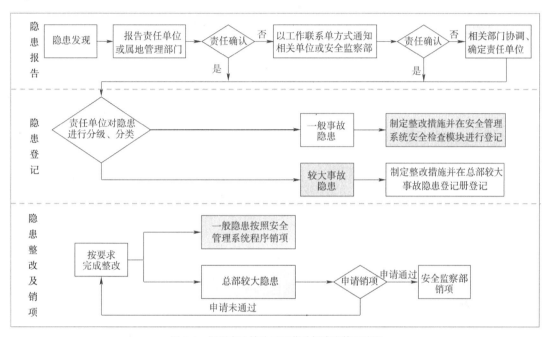

图 3-4 深圳市地铁公司运营总部隐患管理流程

单元三 安全色与安全标志

 单元导入

乘客赶车跌落站台致残

【事件经过】

某日，吴某在××地铁××站急于乘车时，失足掉下地铁站台，被行驶中的地铁列车轧断了双腿。吴某状告××地铁公司，提出了150万余元的人身赔偿。××地铁公司发表辩护意见称，公司在地铁内已经标注了黄色安全线，并在面对乘客的墙壁上，有明显的"禁止跳下"的警示标志。最后这起事故经公安部门认定是一起由于吴某进站赶车速度快，不慎掉下站台的意外事故，吴某本身有过错，是意外事故。吴某不服，提出上诉。

【定性定责】

本案例中的吴某被轧断双腿,构成重伤,依据《××市地铁运营事故处理规则》中"造成1~10人重伤(含急性中毒)",该事故定性为一般事故;同时针对吴某的诉讼请求,法院认为地铁无过错,从情义上地铁对吴某给予一定数额的经济赔偿。

【案例启示】

为了使人们对不安全因素引起注意,预防发生意外事故,国家有关部门以标准或其他形式规定生产经营场所统一使用各类不同颜色及不同图形的安全色和安全标识。安全色和安全标志以形象而醒目的信息语言向人们传达了禁止、警告、指令、提示等信息。了解它们表达的安全信息对于在工作和生活中趋利避害、预防事故发生有重要作用。

上述案例中,地铁公司为了防止乘客进入轨道,设置有"禁止跳下"的安全标志,提醒乘客注意不要接近站台边缘,同时不要有因捡拾东西跳下站台的行为。设置此类安全标志的意义就是在存在危险源的区域,提醒人员要加强注意,防止意外事件发生。

任务要求

1. 掌握安全色与对比色的定义。
2. 熟知四类安全标志。
3. 了解其他安全色标志。
4. 掌握城市轨道交通常用标志。

一 安全色与对比色

(一)安全色和对比色的定义

安全色是被赋予安全意义而具有特殊属性的颜色,用于表示禁止、警告、指令、指示等。其作用是使人们能够迅速注意到影响安全、健康的对象或场所,提醒人们注意,以防发生事故。本节所说的安全色不适用于灯光信号、荧光颜色和航空、航海、内河航运以及为其他目的而使用的颜色。

对比色是使安全色更加醒目的反衬色。

(二)安全色和对比色的种类与用途

根据《图形符号 安全色和安全标志 第1部分:安全标志和安全标记的设计原则》(GB/T 2893.1—2013)的规定,安全色有红色、蓝色、黄色、绿色四种。其含义和用途见表3-8。

安全色的含义和用途　　　　　　　　表3-8

颜色	含义	用途举例
红色	禁止	如城市轨道交通列车受电弓的支架带电部分涂红色表示高压危险、禁止触摸,停止信号机、车辆上的紧急停止按钮或手柄,以及禁止人们触动的部位
	消防设施	如灭火器、消防梯、火警电话
蓝色	指令	如必须佩戴个人防护用具、道路上指引车辆和行人行驶方向的指令

续上表

颜色	含义	用途举例
黄色	警告	如厂内危险机器和坑沟周边的警戒线、行车道中线、安全帽、城市轨道交通站台安全线
绿色	安全状况	如提示标志、车间内的安全通道、车辆和行人通过标志、消防设备和其他安全防护设备的位置、"在此工作"标志牌

注：1. 蓝色只有与几何图形同时使用时才表示指令。
2. 道路上的提示标志采用蓝色，不采用绿色，以免与道路两旁的绿色树木相混淆。

对比色规定为黑色、白色两种颜色。黑色用于安全标志的文字、图形符号和警告标志的几何边框。白色既可用于安全标志红色、蓝色、绿色的背景色，也可用于文字和图形符号。安全色与对比色同时使用时的搭配应符合表 3-9 的规定。

安全色与对比色的搭配　　　　　　　　　　　　　　　　　　　表 3-9

安 全 色	对 比 色	安 全 色	对 比 色
红色	白色	黄色	黑色
蓝色	白色	绿色	白色

注：黑色与白色互为对比色。

此外，通常使用的相间条纹有红色与白色相间、黄色与黑色相间、蓝色与白色相间、绿色与白色相间 4 种，其含义和用途见表 3-10。

相间条纹表示的含义和用途　　　　　　　　　　　　　　　　　表 3-10

颜　色	含　义	用 途 举 例
红白相间	禁止越入	道路上使用的防护栏杆和隔离墩
黄黑相间	警告注意	当心滑跌标志
蓝白相间	必须遵守	交通导向标志
绿白相间	使标志牌更醒目	安全标志杆

动物的对比色和生产活动的对比色，如图 3-5 所示。

图 3-5　动物的对比色和生产活动的对比色

二 安全标志

(一) 安全标志的定义

安全标志由安全标志的主体和补充标志构成,安全标志的主体由安全色、几何图形、图形符号或文字构成,用以表达特定的安全信息;补充标志是用来表明安全标志的文字说明,必须与安全标志同时使用。补充标志的文字可以横写,也可以竖写(图3-6),其规定见表3-11。

图 3-6 补充标志

补充标志的规定 表 3-11

补充标志项目	补充标志横写法	补充标志竖写法
背景颜色	禁止标志为红色,警告标志为白色,指令标志为蓝色	白色
文字颜色	禁止标志为白色,警告标志为黑色,指令标志为白色	黑体
字体	粗等线体	粗等线体
书写部位	在标志下方,可与标志相连,也可分开	在标志杆的上部

(二) 安全标志的作用

安全标志的作用是引起人们对不安全因素的注意,以达到预防事故发生的目的,但不能代替安全操作规程和安全防护措施。

(三) 安全标志的类型

根据《安全标志及其使用导则》(GB 2894—2008)的规定,安全标志分为禁止标志、警告标志、指令标志和提示标志四类,这四类标志用四个不同的几何图形来表示。

1. 禁止标志

禁止标志是禁止人们不安全行为的图形标志。禁止标志的几何图形是带斜杠的圆环,图形符号为黑色,几何图形为红色,背景色为白色,共40种,其部分图形和含义见表3-12。

2. 警告标志

警告标志是提醒人们注意周围环境,避免可能发生的危险的图形标志。警告标志的几何图形是正三角形边框,图形符号、几何图形为黑色,背景色、衬边为黄色,共39种,其部分图形和含义见表3-13。

禁 止 标 志　　　　　　　　　　　　　　　　　　表 3-12

图形标志	名　称	图形标志	名　称
	禁止吸烟 No smoking		禁止倚靠 No leaning
	禁止烟火 No burning		禁止坐卧 No sitting
	禁止带火种 No kindling		禁止蹬踏 No steeping on surface
	禁止用水灭火 No extinguishing with water		禁止触摸 No touching
	禁止放置易燃物 No laying inflammable thing		禁止伸入 No reaching in
	禁止堆放 No stocking		禁止饮用 No drinking
	禁止启动 No starting		禁止抛物 No tossing
	禁止合闸 No switching on		禁止戴手套 No putting on gloves

续上表

图形标志	名　称	图形标志	名　称
	禁止转动 No turning		禁止穿化纤服装 No putting on chemical fibre clothing
	禁止叉车和厂内机动车辆通行 No access for fork lift trucks and other industrial vehicles		禁止穿戴钉鞋 No putting on spikes
	禁止乘人 No riding		禁止开启无线移动通信设备 No activated mobile phones
	禁止靠近 No nearing		禁止携带金属物或手表 No metallic articles or watches
	禁止入内 No entering		禁止佩戴心脏起搏器者靠近 No access for persons with pacemakers
	禁止推动 No pushing		禁止植入金属材料者靠近 No access for persons with metallic implants
	禁止停留 No stopping		禁止游泳 No swimming
	禁止通行 No throughfare		禁止滑冰 No skating

续上表

图形标志	名　　称	图形标志	名　　称
	禁止跨越 No striding		禁止携带武器及仿真武器 No carrying weapons and emulating weapons
	禁止攀登 No climbing		禁止携带托运易燃及易爆物品 No carrying flammable and explosive materials
	禁止跳下 No jumping down		禁止携带托运有毒物品及有害液体 No carrying poisonous materials and harmful liquid
	禁止伸出窗外 No stretching out of the window		禁止携带托运放射性及磁性物品 No carrying radioactive and magnetic materials

警告标志　　　　　　　　　　　　　　　　　　　　　　　　　　　表 3-13

图形标志	名　　称	图形标志	名　　称
	注意安全 Warning danger		当心扎脚 Warning splinter
	当心火灾 Warning fire		当心有犬 Warning guard dog
	当心爆炸 Warning explosion		当心弧光 Warning arc
	当心腐蚀 Warning corrosion		当心高温表面 Warning hot surface

续上表

图形标志	名　称	图形标志	名　称
	当心中毒 Warning poisoning		当心低温 Warning low temperature/ freezing conditions
	当心感染 Warning infection		当心磁场 Warning magnetic field
	当心触电 Warning electric shock		当心电离辐射 Warning ionizing radiation
	当心电缆 Warning cable		当心裂变物质 Warning fission matter
	当心自动启动 Warning automatic start-up		当心激光 Warning laser
	当心机械伤人 Warning mechanical injury		当心微波 Warning microwave
	当心塌方 Warning collapse		当心叉车 Warning fork lift trucks
	当心冒顶 Warning roof fall		当心车辆 Warning vehicle

续上表

图形标志	名　称	图形标志	名　称
	当心坑洞 Warning hole		当心火车 Warning train
	当心落物 Warning falling objects		当心坠落 Warning drop down
	当心吊物 Warning overhead load		当心障碍物 Warning obstacles
	当心碰头 Warning overhead obstacles		当心跌落 Warning drop（fall）
	当心挤压 Warning crushing		当心滑倒 Warning slippery surface
	当心烫伤 Warning scald		当心落水 Warning falling into water
	当心伤手 Warning injure hand		当心缝隙 Warning gap
	当心夹手 Warning hands pinching		

3. 指令标志

指令标志是告诉人们必须遵守指令标志规定的图形标志。指令标志的几何图形是圆形边框，图形符号、衬边为白色，背景色为蓝色，共 16 种，其部分图形和含义见表 3-14。

指 令 标 志　　　　　　　　　　　　　　　　表 3-14

图形标志	名　　称	图形标志	名　　称
	必须佩戴防护眼镜 Must wear protective goggles		必须穿救生衣 Must wear life jacket
	必须戴遮光护目镜 Must wear opaque eye protection		必须穿防护服 Must wear protective clothes
	必须戴防尘口罩 Must wear dustproof mask		必须戴防护手套 Must wear protective gloves
	必须戴防毒面具 Must wear gas defence mask		必须穿防护鞋 Must wear protective shoes
	必须戴护耳器 Must wear ear protector		必须洗手 Must wash your hands
	必须戴安全帽 Must wear safety helmet		必须加锁 Must be locked
	必须戴防护帽 Must wear protective cap		必须接地 Must connect an earth terminal to the ground
	必须系安全带 Must fastened safety belt		必须拔出插头 Must disconnect mains plug from electrical outlet

4. 提示标志

提示标志是向人们提示某种信息（如标明安全设施或场所等）的图形标志。提示标志的几何图形是矩形，图形符号、衬边是白色，背景色是绿色，共 8 种，其部分图形和含义见表 3-15。

指 示 标 志　　　　　　　　　　　　　　　　表 3-15

图形标志	名　　称	图形标志	名　　称
	紧急出口 Emergent exit		击碎板面 Break to obtain access
	避险处 Haven		应急电话 Emergency telephone
	应急避难场所 Evacuation assembly point		紧急医疗站 Doctor
	可动火区 Flare up region		急救点 First aid

三　其他安全色标志

除了上述规定的安全色和安全标志外，还有一些色标与安全有关，常见的有气瓶、气体管道和电气设备等方面的漆色。这些漆色代表一定的含义，能使人们一眼就识别出它提供的信息，这对预防事故、保证安全是有好处的。

（一）气瓶色标

气瓶色标是指气瓶外表面涂覆的字样内容、色环数目和颜色按充装气体的特性作规定的组合，是识别充装气体的标志，如图 3-7 所示。其目的主要是从颜色上迅速辨别出盛装某种气体的气瓶和瓶内气体的性质（可燃性、毒性），避免错装和错用，同时也可防止气瓶外表面生锈。

a)　　　　　　　　　　　　b)　　　　　　　　　　　　c)

图 3-7　气瓶色标

《气瓶颜色标志》（GB/T 7144—2016）规定了气瓶外表面的涂敷颜色、字样、字色、色环、色带和检验色标等要求，是识别气瓶所充装气体和定期检验年限的主要标志之一。充装常用气体的气瓶颜色标志见表 3-16。

充装常用气体的气瓶颜色标志　　　　　　表 3-16

序号	充装气体	体　色	字　样	字　色
1	空气	黑	空气	白
2	乙炔	白	乙炔不可近火	大红
3	氢	淡绿	氢	大红
4	氧	淡（酞）蓝	氧	黑
5	氮	黑	氮	白
6	氟	白	氟	黑
7	二氧化碳	铝白	液化二氧化碳	黑
8	天然气	棕	天然气	白
9	乙烷	棕	液化乙烷	白
10	液化石油气	棕（工业用）	液化石油气	白
		银灰（民用）	液化石油气	大红
11	乙烯	棕	液化乙烯	淡黄
12	氩	银灰	氩	深绿
13	氖	银灰	氖	深绿
14	六氟化硫	银灰	液化六氟化硫	黑
15	七氟丙烷	铝白	液化七氟丙烷	黑

（二）管道色标

管道色标的习惯用法是：蒸气管道为白色，自来水管道为黑色，压力管道为黄色，消防管道为红色。

管道颜色如图 3-8 所示。

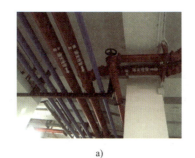 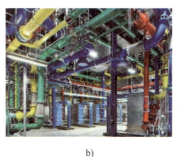

a) b)

图 3-8　管道颜色

（三）电气设备相别的色标

变电所设备（母线和进出线）和车间配电装置用色标相别，主要用法是：A 相为黄色，B 相为绿色，C 相为红色，接地线为黑色，直流正极为红色，直流负极为蓝色（图 3-9）。

图 3-9　不同相别的电线颜色

四　城市轨道交通常用安全标志

城市轨道交通常用标志有公里标、百米标、站名标、坡度标、制动标、圆曲线和缓和曲线始点及终点标、曲线标、竖曲线始点及终点标、水准基点标、警冲标、联锁分界标、预告标、驾驶员鸣笛标、减速地点标、限速标、停车位置标、接触网终点标、降下受电弓标、升起受电弓标等。

隧道内百米标、限速标、停车位置标应设在行车方向的右侧；警冲标应设在两汇合线间，其位置应根据设备限界及安全确定，隧道外的标志可按国家现行规定设置。轨道交通行车常见标志如图 3-10 ~ 图 3-17 所示。

图 3-10　预告标　　　　　　　图 3-11　限速标　　　　　　　图 3-12　警冲标

图 3-13　一度停车牌　　　　图 3-14　曲线相关标志　　　　图 3-15　鸣笛标

图 3-16　接触网终点标　　　　　　图 3-17　公里标和半公里标

任务工单一　危险源识别

【任务说明】

危险源的实质是具有潜在危险的源点或部位，是引发事故的源头，是能量、危险物质集中的核心，是能量从那里传出来或爆发的地方。危险源可能存在于生产生活各个场所，本次实训任务的内容是寻找身边的危险源，即通过填写危险源检查表的方法查找校园内的危险源，包括宿舍楼、教学楼、实训室等处的危险源。

根据本单元内容，以小组为单位开展校园危险源检查，将各类危险源记录在检查表中，并对危险源进行简单分析。

本次实训任务的实训工具要求：危险源检查表。

【任务目标】

1. 能识别校园内的第一类危险源。
2. 能分析第二类危险源。
3. 能采取适当措施消除或减弱危险源可能带来的后果。

【任务要求】

1. 以小组为单位开展现场实训演练。
2. 演练角色中，将各类危险源记录在检查表中。

演练角色设置：建议每小组学员 2 人。其中一名学员负责识别，一名学员负责记录，相互补充、完善。检查结束后，两名学员共同分析危险源相关情况，完成记录表内容。教师负责对每组学员的检查表进行评分。

3. 演练过程围绕下列主题开展：

（1）选择宿舍、教学楼、操场、实训室等区域查找第一类、第二类危险源。

（2）完成危险源检查表填写。

（3）对各类危险源进行初步分析。

【任务实施与考核】

实训任务		危险源识别	
任务说明		查找校园内主要活动场所危险源，记录在检查表中	
班级		姓名	
学习小组		考核时间	
考核目标			
1. 能识别校园内的第一类危险源。 2. 能分析第二类危险源。 3. 能采取适当措施消除或减弱危险源可能带来的后果			
考核内容			
考核项目	评分标准	分值	得分
检查表完成情况	按范例填写"危险源检查表"，要求填写 20 项，少填写一项扣 5 分		
总评成绩			
任务完成人签字： 日期　　年　　月　　日			
指导教师签字： 日期　　年　　月　　日			

危 险 源 检 查 表

序号	危险源	危害因素	时态	状态	应急处理办法	防范措施	一类/二类危险源
1	插座	移动时导致插头松出，从而引发触电	现在	异常	发生触电时，及时挑开带电设备	在安全位置固定插座	一类
2							
3							

续上表

序号	危险源	危害因素	时态	状态	应急处理办法	防范措施	一类/二类危险源
4							
5							
6							
7							
8							
9							
10							
11							
12							
13							
14							
15							
16							
17							
18							
19							
20							

思考与练习

1. 简述什么是危险源，并举例说明。
2. 简述危险源识别的方法步骤。
3. 简述安全分析的基本步骤，列出 5 种安全分析的方法。
4. 叙述城市轨道交通危险源控制程序。
5. 安全色与对比色有什么区别？
6. 安全标志的类型有哪些？
7. 城市轨道交通有哪些安全标志？

模块四

城市轨道交通行车与客运安全管理

模块导入

某年某月某日 5：50，上海地铁 1 号线突发供电触网跳闸故障，造成 1 号线停运。地铁运营管理部门立即启动应急预案，一方面派出抢修队伍，至现场排除故障；另一方面启动地面公交配套预案，调集 80 辆公交车辆到该区间短驳乘客。经初步检查，发现该区间隧道顶部的碳纤维脱落造成短路，并立即组织抢修更换。为确保运营不中断，采取 1 号线非故障段（富锦路至火车站，徐家汇至莘庄分段运营）两头小交路运行。在运营调整恢复过程中，7：00 左右，由中山北路至火车站下行的 1 号线 150 号车，运行至上海火车站折返站时，由于该车冒进信号，与正在折返的 117 号车侧面碰撞，所幸当时两车速度较慢，且 150 号车司机已立即采取紧急制动措施，被撞的 117 号车为空车，两车均无乘客受伤，并立即疏散客流。整个事件造成全线停止运营 4h 以上。

上述案例中，线路出现供电故障，列车采取小交路运行。由于司机没注意信号机的显示状态，冒进信号，造成与其他线路行驶的列车侧面冲突。在行车工作中，工作人员要牢固树立并认真贯彻"高度集中、统一指挥"的原则，信号机就是统一指挥的指令；列车运行中要养成确认信号机和道岔状态的自觉性；贯彻标准化作业，加强行车各环节的跟踪和检查，用制度规范作业。

X证书考点

在本模块中，1 + X 城市轨道交通站务职业技能等级证书考评要求掌握列车安全驾驶的基本要求，同时要求掌握发生运营突发事件、自然灾害及社会安全事件时的行车组织方法。

教学目标

1. 掌握行车安全、行车事故的含义及行车事故的分类。
2. 掌握行车事故的报告程序和处理方法。
3. 掌握行车调度安全的基本任务和要求。
4. 掌握车站作业安全的基本任务和要求。

5. 掌握列车驾驶安全的基本规定和作业安全准则。
6. 掌握接发列车、调车作业安全基本要求。
7. 了解接发列车安全的基本知识、惯性事故的种类。
8. 了解行车安全的意义、影响列车驾驶安全的主要因素。
9. 了解施工计划的种类、申报程序及编制原则。
10. 掌握各种施工作业的安全措施及施工防护。
11. 掌握施工前教育的主要内容。
12. 掌握工程车开行和作业时的注意事项。
13. 了解运营时间内特殊情况的施工规定、施工时间安排及其他相关规定。

建议学时

16 课时。

单元一　行车安全管理

行车安全无小事

单元导入

厦滘车厂挤岔事件

【事件经过】

某年某月某日，厦滘车辆段车厂调度员没有检查出检修调度出厂计划表上的 1501 次（车底：4950）的 L-19 道错打成 L-20 道，便在电脑上将车底号、车次、发车股道输入《厦滘车厂发车时刻表（Z3124）》后邮件发给信号楼。信号楼收到后，前台值班员、后台值班员分别对照电脑核对股道及车底号，也没有检查出 1501 次（4950 车）股道 L-19 道错打成 L-20 道。随后 1501 次司机到车厂调度室办理借用钥匙手续，并领取状态卡，状态卡上记录 1501 次（4950 车）在 L-20 道停放（实际停放 L-19 道）。司机到达车库，没有确认股道是否与状态卡一致，就上了 L-19 道 4950 车开始整备作业并报信号楼"1501 次（4950 车）在 L-20 道整备作业。"信号楼后台乘务值班员通知前台值班员排列 L-20 道往转换轨Ⅱ道列车进路并通知司机"L-20 道往 SZC 出厂信号黄灯好，1501 次司机可以动车。"1501 次司机没有确认 S19 信号机状态，就以 RM25 模式限速从 19 道以 3km/h 出库，运行中未确认 L67 道岔位置，经过 L67 号道岔时，听到车底有异响，于是稍微减速。此时信号楼两名值班员同时发现 L67 号道岔黄闪，紧接着微机挤岔报警。后台值班员马上连续呼叫司机原地停车待令。1501 次司机回复："列车已越过 L67 号道岔，道岔在正确位置，没有异常。"此时，挤岔报警铃声音消失，于是信号楼通知司机动车继续出厂。

【事件分析】

①值乘司机在 L-19 道整备作业时，没有认真核对车底号、股道与状态卡上内容是否一致就开始整备作业，误把 L-19 道当作是 L-20 道；动车前，没有认真确认行车凭证就盲

目动车；运行中，未认真确认进路上的道岔是否正确。②车厂调度员在收到检修调度出车计划后，未认真确认列车停放位置与模拟屏实际股道位置是否一致，未发现1501次停放股道错误就把错误的出厂计划发给信号楼，直接导致信号楼排列股道与实际出厂的股道不一致。③乘务值班员接到车厂调度出车计划后，未认真确认微机上的车底号、股道与出厂计划是否一致，在与司机联系整备作业、整备完毕、排列列车进路、通知司机动车环节中都没有发现列车的停放位置与实际不符，导致开放的股道信号与实际动车的股道不一致。④乘务值班员在列车经过L67号道岔时发生黄闪和挤岔报警后，仅凭司机反映道岔没有异常和挤岔报警铃消失就认为道岔状态正常，通知司机继续动车出厂，导致挤岔后的4950车出厂，存在一定的安全风险。

【定性定责】

根据《广州地铁有限公司生产安全事故（事件）调查处理规则》的规定，本次事件定性为一般事件。

【案例启示】

行车工作是城市轨道交通系统中的工作重心，容不得半点马虎。该案例中，车厂调度员没有现场核对所有列车的实际停放位置与模拟屏上列车标志牌位置是否一致，也没有与司机共同确认《客车状态记录卡》上的车次、车底号、停放股道是否准确，同时司机到达列车停放股道时，没有核对《客车状态记录卡》上的内容是否与实际相符，没有确认满足"五要素"（道岔、进路、信号、制动、车门）动车，显然违反了行车组织的相关规定，最终导致事故的发生。

任务要求

1. 掌握行车安全基本概念。
2. 掌握行车事故的分类。
3. 了解行车事故的报告及调查处理。

城市轨道交通运输的产品是乘客的位移，实现位移的必要手段为列车运行，通常把列车的组织和运行工作统称为行车工作。行车工作是城市轨道交通运营系统的主要工作，也是最容易产生不安全因素的工作环节，城市轨道交通运营过程中的大部分不安全现象出现在行车工作中。因此，从某种程度上说，保证行车工作安全也就是保证城市轨道交通运营的安全。行车安全是城市轨道交通运营安全的核心部分。对于城市轨道交通运营本身而言，行车安全不仅是运营生产的基本要求，而且它的质量指标也成为衡量城市轨道交通管理水平的重要方面。由于城市轨道交通行车安全涉及人民生命财产和国家财产的安危，并涉及社会稳定和企业形象，因此，确保行车安全成为城市轨道交通运营安全工作的重中之重。城市轨道交通行车组织是指综合运用城市轨道交通的技术装备，如轨道交通机车车辆（包括各类动车组）、轨道线路、通信信号、列车（动车组）的折返站点、车站、牵引供电等，组织旅客乘降，把旅客安全、准时送达目的地。

一 基本概念

（一）行车安全

行车安全一般是指城市轨道交通列车在运送乘客的过程中对行车人员、行车设备以及乘客产生作用和影响的安全。行车安全工作包括行车调度安全、列车驾驶安全、车站作业安全、接发列车作业安全、调车作业安全等。

行车安全

行车安全是城市轨道交通运营安全的核心部分。对于城市轨道交通运营本身而言，行车安全不仅是运营生产的基本要求，而且它的质量指标也成为衡量城市轨道交通管理水平的重要方面。由于城市轨道交通行车安全涉及人民生命财产和国家财产的安危，涉及社会稳定和企业的形象，因此，确保行车安全成为城市轨道交通运营安全工作的重中之重。

（二）行车事故

凡在行车工作中，因违反规章制度、违反劳动纪律或因技术设备不良及其他原因造成人员伤亡、设备损坏、影响正常行车或危及行车安全的，均构成行车事故。

二 行车事故分类

不同的城市轨道交通系统可根据各自的运营实际制定不同的事故等级标准。以某市轨道交通为例，行车事故按照事故的损失及对运营造成的影响和危害程度，分为特别重大事故、重大事故、较大事故和一般事故四级。

（一）特别重大事故

符合下列情况之一的，为特别重大轨道交通运营事故：

（1）事件突然发生、事态非常复杂、事件后果涉及全市范围，对公共安全、政治稳定和社会经济秩序造成特别严重的危害或威胁；

（2）导致30人以上死亡（含失踪）或者危及50人以上生命安全；

（3）造成100人以上重伤（含急性中毒）；

（4）事故直接经济损失1亿元以上；

（5）造成1条已（试）运营区段单向中断运营36h以上，或者双向中断运营24h以上；

（6）造成2条以上已（试）运营线路同时中断24h以上；

（7）超出本市应急处置能力的、需要国家有关部门处置的突发事件。

（二）重大事故

符合下列情况之一的，为重大轨道交通运营事故：

（1）事件突然发生、事态复杂、事件后果涉及数个区县，对公共安全、政治稳定和社会经济秩序造成重大危害或威胁；

（2）导致10～29人死亡（含失踪）或者危及30～49人生命安全；

（3）造成50～99人重伤（含急性中毒）；

（4）事故直接经济损失5000万元以上，1亿元以下；

(5) 造成 1 条已（试）运营区段单向中断运营 16h 以上，或者双向中断运营 12h 以上；

(6) 造成 2 条以上已（试）运营线路同时中断 12h 以上。

（三）较大事故

符合下列情况之一的，为较大轨道交通运营事故：

(1) 事件突然发生、事态较为复杂、事件后果在较大区域范围内对公共安全、政治稳定和社会经济秩序造成较大危害或威胁；

(2) 导致 3~9 人死亡（含失踪）或者危及 10~29 人生命安全；

(3) 造成 10~49 人重伤（含急性中毒）；

(4) 事故直接经济损失 1000 万元以上，5000 万元以下；

(5) 造成 1 条已（试）运营区段单向中断运营 10h 以上，或者双向中断运营 6h 以上；

(6) 造成 2 条以上已（试）运营线路同时中断运营 6h 以上。

（四）一般事故

符合下列情况之一的，为一般轨道交通运营事故：

(1) 事件突然发生、事态相对简单、事件后果仅在一定范围内对公共安全、政治稳定和社会经济秩序造成较大危害或威胁；

(2) 导致 1~2 人死亡（含失踪）或者危及 10 人以下生命安全；

(3) 造成 1~10 人重伤（含急性中毒）；

(4) 事故直接经济损失 5 万元以上，1000 万元以下。

根据运营过程中发生人员伤亡、财产损失、影响正常行车情况的不同，一般事故具体分为一般 A 类事故、一般 B 类事故、一般 C 类事故，同时根据轨道交通运营实际，设列一般 D 类事故、一般 E 类事故，部分城市将 C 类、D 类、E 类事故划分为显性事故、一般事件。一般事故等级如表 4-1 所示。

一般事故等级　　表 4-1

一般事故等级		事故情况
A 类事故	A1	造成 2 人死亡，或者 3 人以上 10 人以下重伤
	A2	造成 500 万元以上 1000 万元以下直接经济损失
	A3	造成 1 条已（试运营）区段单向中断运营 5h 以上，或者双向中断运营 3h 以上
B 类事故	B1	造成 1 人死亡，或者 2 人重伤
	B2	造成 300 万元以上 500 万元以下直接经济损失
	B3	造成 1 条已（试）运营区段单向中断运营 3h 以上 5h 以下，或者 1 条已（试）运营区段双向中断运营 2h 以上 3h 以下
C 类事故	C1	造成 1 人重伤
	C2	造成 5 万元以上 300 万元以下直接经济损失
	C3	造成已（试）运营线路严重晚点 2h 以上

续上表

一般事故等级		事 故 情 况
D类事故	D1	运营时段正线列车冲突
	D2	运营时段正线列车脱轨
	D3	运营时段正线列车挤岔
	D4	运营时段正线列车分离
	D5	运营时段正线列车撞轧侵限物
	D6	运营时段正线接触网断线、倒杆或塌网
	D7	运营时段正线钢轨断裂
	D8	电客列车带电进入停电区
	D9	运营时段正线列车制动失效
	D10	接触网错送、漏停电
	D11	运营列车夹人动车
	D12	运营时段正线车辆断轴、车轮崩裂、走行部零部件脱落
	D13	列车信号（包括车载信号）错误升级显示
	D14	因设备故障、操作不当等直接导致运营列车最大晚点60min以上
	D15	未准备好进路接发列车
	D16	运营时段正线列车冒进信号或越过警冲标
	D17	向占用线接入列车
	D18	未办或错办电话闭塞发出列车
	D19	载客列车开错图定运行方向
	D20	向占用区间发出列车
	D21	运营时段正线擅自切除列车自动保护装置
	D22	载客列车停站错开车门、未关闭车门，且未采取相应的防护措施动车、运行中开启车门
	D23	无调度命令施工、超范围施工、超范围维修作业
	D24	电客列车错误进入无接触网线路
E类事故	E1	车场线路及非运营时段正线列车车辆冲突
	E2	车场线路及非运营时段正线列车车辆脱轨
	E3	车场线路及非运营时段正线列车车辆挤岔
	E4	车场线路及非运营时段正线列车车辆分离
	E5	列车车辆碰擦侵限物
	E6	擅自发车、开车、停车、退行、错办通过、错误通过或漏办全列车乘降
	E7	运营列车夹物动车，造成运营后果的
	E8	运营时段正线列车抱闸运行并造成运营后果的
	E9	列车车辆未撤除防溜装置动车
	E10	车场线路及非运营时段正线列车冒进信号
	E11	错挂、漏挂、错撤、漏撤接地保护装置

续上表

一般事故等级		事 故 情 况
E类事故	E12	司机操作不当或设备故障，造成自动开车司机漏乘
	E13	施工、检修、清扫设备耽误列车
	E14	漏发、错发、漏传、错传调度命令耽误列车
	E15	错误操纵、使用行车设备耽误列车
	E16	错办或未及时办理信号耽误列车
	E17	错办行车凭证发车
	E18	调车作业冒进调车信号或越过警冲标
	E19	作业人员违反作业纪律、劳动纪律耽误列车
	E20	因设备故障、操作不当等，直接导致运营列车最大晚点30min以上

其他危及运营安全的，公司安全生产委员会认为有必要时可定为事故，同时安全生产委员会也有权对事故重新认定。因事故死亡、重伤人数7日内发生变化，导致事故等级变化的，相应改变事故等级。一起事故同时符合两个以上事故等级时，以最高事故等级进行定性并统计。

知识拓展

脱轨是指车辆在正线、配线、车场线等线路运行时，车轮落下轨面（包括脱轨后又自行复轨）或车轮轮缘顶部高于轨面（因作业需要的除外）而脱离轨道。

冲突是指在正线、配线、车场线等线路，列车、机车车辆相互间或与工程车、设备设施（如车库、站台、车档等）发生冲撞。

撞击是指在正线、配线、车场线等线路，列车或机车车辆在运行过程中与行人、机动车、非机动车及其他障碍物发生碰、撞、轧。其他障碍是指声屏障、防火门、人防门、防淹门等构筑物及射流风机、电缆、管线等吊挂构件或其他设备脱落侵入限界。

三 行车事故管理原则

为减少行车事故的发生，做到防患于未然，应加强安全生产管理。通常来说，行车事故管理要遵循以下原则：

（1）以"安全第一，预防为主"为安全生产方针，各级领导要把安全工作当作首要任务去抓，加强安全管理和安全思想教育，强化员工安全意识；严肃劳动纪律和作业纪律，教育员工自觉执行各项规章制度。

（2）做好员工技术培训，提高技术业务水平，加强安全检查，及时消除各类隐患。搞好设备维修保养，提高设备质量；深入开展增产节约运动和安全正点、优质服务的竞赛活动，确保地铁安全运营。

（3）发生行车事故时，要积极采取措施，迅速抢救，尽量减少损失，尽快恢复运营。

（4）事故发生后，要按照"四不放过"的原则处理事故，找出原因，分清责任，吸取教训，制定措施，防止同类事故再次发生。

(5) 对事故责任者,应根据事故性质和情节给予批评教育、经济处罚,甚至纪律处分、法律制裁。对事故性质严重的,要逐级追究领导责任。

(6) 对事故分析处理拖延、推脱责任、姑息纵容、隐瞒不报或不如实反映事故情况的,应予以严肃批评教育和纪律处分。

四 行车事故报告及调查处理

(一)行车事故报告

1. 报告原则

报告的原则包括:事故在区间发生时,由司机立即报告行调;事故在车站内或车辆段发生时,由车站值班站长或车辆段调度员报告行调。发生人员伤亡、火灾、爆炸、毒气袭击等事故,需要报告119火警、120急救中心或公安分局时,由值班站长、事故现场人员或目击者在第一时间内报告;如果没有电话直接报告(如列车司机),则立即报告控制中心,由控制中心报告119火警、120急救中心或公安分局。

2. 报告事项

报告事项具体包括:

(1) 时间(月、日、时、分)。

(2) 地点(区间、百米标和上、下行正线)。

(3) 列车车次、车组号、相关人员姓名、职务。

(4) 事故概况及原因。

(5) 人员伤亡情况及车辆、线路等地铁设备损坏情况。

(6) 是否需要救援。

(7) 是否影响邻线运行。

(8) 其他必须说明的内容及要求。

3. 行调接到事故报告后应做的工作

(1) 积极设法防止事故扩大,积极组织救援,同时维持最大限度的运营。

(2) 立即报告控制中心值班主任。

(3) 按照"先通后复"的原则组织指挥事故处理。

(4) 行调应将每件行车事故及时填写"行车事故概况",报相关部门。

(二)调查处理方式

1. 特别重大事故、重大事故调查和处理程序

(1) 重大、大事故发生后,事故调查处理小组到达事故现场前,若事故发生在区间,由司机负责,当就近车站值班站长(或行车值班员)到达现场后,由该值班站长负责。若事故发生在车站或车辆段,由值班站长(或行车值班员)或车辆段调度员负责,其任务是负责指挥抢救伤员,做好救援准备工作,尽快开通线路,并查看现场,保存可疑物证,查找事故见证人,做好记

调查目的和意义

录，待事故调查处理小组到达后如实汇报。

（2）接到重大、大事故报告后，立即组成事故调查处理小组迅速赶赴现场，组织指挥有关人员积极抢救伤员，采取一切措施，迅速恢复运营。同时，做好以下工作：

第一，保护、勘查现场，详细检查车辆、线路及其他设备，做好调查记录。绘制现场示意图，摄影录像，如技术设备破损故障时，应保存其实物。

第二，若事故地点的线路破坏严重，无法检查线路质量，则应对事故地点前后不少于50m的线路进行测量，以作为衡量事故地点线路质量的参考依据。

第三，对事故关系人员分别调查，由本人写出书面材料。

第四，检查有关技术文件的编制、填写情况，必要时将抄件附在调查记录内。

第五，必要时召开事故调查会。

第六，根据调查结果，初步判定事故原因及责任，及时向安全部门汇报。

（3）发生重大、大事故的责任单位，应于事故后及时写出"行车事故报告"。

（4）事故调查处理小组接到责任单位事故报告后，由事故调查处理小组组长主持召开事故分析会议，分析事故原因，判明事故责任，制定防范措施。

（5）重大、大事故若初步判明是地铁外部单位责任时，事故调查处理小组应立即发出电传，通知地铁外部责任单位，说明情况和原因，要求责任单位迅速派员参加事故调查分析会议。若双方意见不一致时，可提请司法部门裁决处理。

2. 较大事故、一般事故调查和处理程序

（1）较大、一般事故发生后，事故处理人员到达事故现场前，若事故发生在区间，由司机负责，当就近车站值班站长到达现场后，由该值班站长负责。若事故发生在车站或车辆段，由值班站长或车辆段调度员负责。接到运营控制中心（或车辆段控制中心）报告赶赴现场后，主要设备部门负责指挥抢险，相关部门配合。

（2）发生较大、一般事故，由安全监察室负责人立即组织有关人员进行调查，召开事故分析会，查明原因及责任者，作出处理建议，制定防范措施。

任务工单二　隧道疏散应急处理

【任务说明】

城市轨道交通线路和车站大多属于封闭的场所，如遇火灾、停电、列车故障等突发情况，需要将乘客疏散至地面。特别是隧道，由于通道狭窄、障碍物多、岔路多、照明不足，乘客疏散相对困难，在紧急情况下，乘客由于慌乱，极易造成人身伤害。

根据本单元内容，以小组为单位开展隧道疏散的实训演练，即当列车在隧道内运行时，由于接触网停电，列车短时间内无法运行，需要组织乘客疏散到地面。

本次实训任务的实训工具要求：车辆、电话、对讲机、模拟隧道等。

【任务目标】

1. 遇到列车在隧道内被迫停车，能按照流程汇报信息。
2. 能安抚乘客，向乘客给予恰当解释。
3. 掌握各工作岗位职责。
4. 能紧密协作，组织乘客有序疏散。

【任务要求】

1. 以小组为单位开展现场实训演练。
2. 演练过程中，演练活动的考核主要围绕考核表中的要点进行。

演练角色设置：建议每小组学员10人左右。每个小组设置一名观察兼监督员，负责记录学员演练情况。各工作岗位各设一名工作人员；设置两名乘客。

教师负责演练实施过程的指挥控制，提醒学员按照流程演练，并对每位学员的演练过程进行评估；实训学员扮演不同的角色，完成现场演练要求的各项任务，相互监督、相互提出改进意见。学员自己负责对演练流程的组织和相关信息的组织。

3. 演练过程围绕下列主题开展：

（1）现场信息汇报。

（2）人员安排。

（3）组织乘客疏散。

【任务实施与考核】

实训任务		隧道疏散应急处理		
任务说明		由于区间停电，短时无法恢复，组织乘客疏散至地面		
班级			姓名	
学习小组			考核时间	
考核目标				
1. 遇到列车在隧道内被迫停车，能按照流程汇报信息。 2. 能安抚乘客，向乘客给予恰当解释。 3. 掌握各工作岗位职责。 4. 能紧密协作，组织乘客有序疏散				
考核内容				
考核项目	评分标准		分值	得分
行调职责	报告值班主任，接到值班主任的通知后，通知司机执行疏散程序		3	
	根据司机停车位置，通知环调做好隧道通风		3	
	扣停相关列车，通知车站派人到现场协助疏散，如有需要，停止邻线区段运行		3	
	视情况拨打110、120，请求支援，并通知车站派人接应		2	
	调整列车运行，通知线上司机和其他相关车站停止服务，做好乘客广播		3	

续上表

考核内容				
考核项目	评分标准		分值	得分
司机职责	列车在区间被逼停车后,立即报告行调,并做好防溜措施		3	
	广播安抚乘客		3	
	接行调的疏散命令后,应立即打开紧急疏散门,打开驾驶室通道门,疏散乘客;保持列车正常电、空调、照明,组织乘客从司机疏散门疏散		3	
	安排车站员工或自愿协助的乘客陪同行动不便的乘客		2	
	疏散完毕后,在做好自身安全保护情况下检查是否还有乘客滞留,报行调,等行调的指示。如危及自身安全,应报告行调,迅速撤离现场		4	
值班主任职责	下令执行列车隧道疏散程序		2	
	按有关程序进行通报		3	
	如因列车故障需要疏散,按照故障原因决定是否通知相关救援队出动救援,需要时请求外部支援		3	
	制订列车调整方案并布置实施		3	
	启动公交接驳预案(需要时)		4	
环调职责	开启相应隧道环控模式		3	
	检查、监视照明和通风情况		3	
电调职责	按照行调的供电安排,尽可能维持接触网供电		3	
值班站长职责	接到行调有关列车需要隧道疏散的信息后,按行调指令指定一名站务人员负责组织指挥疏散车站乘客		3	
	带领车站人员、穿好装备,到疏散现场负责引导乘客往车站疏散		3	
	安排人员在站台与轨道之同的楼梯处引导乘客上站台,如疏散线路上乘客可能进入邻线,则还应安排人员到该处做引导		4	
	疏散完毕后,沿途检查线路是否有滞留乘客或遗留物品,人员出清后,报告行调		4	
行车值班员职责	开启隧道事故照明及工作照明		4	
	做好广播安抚乘客,通知地铁公安到场维持秩序		3	
	按动紧急停车按钮,防护有关区域		3	
	执行《车站疏散程序》		3	
	监控乘客疏散情况		3	
	根据行调的指示,安排支援人员进入隧道救援,并及时向站长、行调通报有关情况		4	
站务人员职责	引导乘客		2	
	协助有困难乘客		2	

续上表

考核内容			
考核项目	评分标准	分值	得分
站务人员职责	如疏散线路上乘客可能进入邻线，则到该处做引导	2	
	确认列车乘客疏散完毕，沿途检查线路是否有滞留乘客或遗留物品	4	
	组织乘客乘坐接驳车（如启动公交接驳）	3	
总评成绩			

任务完成人签字：

日期： 年 月 日

指导教师签字：

日期： 年 月 日

单元二　行车调度安全

单元导入

行调未执行复诵规定导致列车挤岔

【事件经过】

某年某月某日8：47，广州地铁3号线行调通知32118次列车在广州东站和林和西站各多停1min，并要求司机到达林和西站后与行调联系。8：48，行调在车辆控制中心系统操作终端（CCOT）上排列机场线至林和西下行线的进路完毕后，允许32216次列车司机越过X308信号机到林和西下行线。8：53，32118次列车在林和西上行站台停稳后，司机报告行调32118次在林和西站停稳，行调误以为是下行32217次列车司机在呼叫，于是通知32118次列车司机复位车载控制器（VOBC），允许越过林和西X202信号机蓝灯到广州东站。司机没有听清楚行调命令复诵为：复位VOBC，允许越过林和西到体育西路所有信号机蓝灯，行调也没有发现司机复诵命令时的错误。32118次列车司机转换驾驶模式为RM60，复位VOBC。8：56，32118次列车从林和西上行站台开出，越过S201和S302信号蓝灯后，以约35km/h的速度接近W304道岔，距离W304道岔约30m左右时，司机发现道岔位置不正确，先拉快制后拍下紧急停车按钮。但列车凭惯性越过W304道岔，造成了挤岔。受事件影响，约100名乘客在区间隧道进行了疏散。

【事件分析】

导致本次事故的主要原因，一是行调接到32118次列车司机在林和西站停稳的报告，误以为该车是下行的32217次列车，误向32118次司机发布了"复位VOBC，允许越过X202信号机蓝灯到广州东"的命令，发布命令时也没有呼叫车次和地点。司机复诵为

"复位 VOBC，允许越过林和西至体育西区间蓝灯"时，行调也没发现司机复诵命令错误。二是 32118 次列车司机接听"复位 VOBC，允许越过 X202 信号机蓝灯到广州东"命令时，没有听清调度命令的内容，没有发现行调命令中的错误，并主观臆测错误将命令复诵为"复位 VOBC，允许越过林和西至体育西信号机蓝灯"，也是导致本次事故的次要原因。三是值班主任安全监控不到位，没有及时发现行调发布命令错误，没有发现上行林和西站台列车显示的错误信息，也是导致本次事故的一个原因。

【定性定责】

根据《行车事故管理规则》规定，本次事件定性为未准备好进路发车，为险性事故。

【案例启示】

在行车组织工作中，调度员是一个非常重要的角色。行车调度员在发布调度命令时要严格执行调度标准用语，优先使用有调度录音的通信设备。发布命令时，要确认受令的对象及内容，并通过复诵来确认调度命令发布对象正确、内容一致。同时司机、车站等接听命令时，必须确认命令的内容，有不清楚的地方或发现命令中存在错误，及时与行调确认并纠正，做到"听不清就问，看不清就停"，严禁臆测行车。

任务要求

1. 了解行车调度员安全指挥工作的基本任务及要求。
2. 了解行车调度员在行车安全工作中的作用。

行车调度工作是城市轨道交通系统的核心，担负着指挥列车运行、贯彻安全生产、实现列车运行图、完成运输计划的重要任务。行车调度员是列车运行的统一指挥者，负责监控或操纵列车运行控制设备，掌握列车运行、到发情况，发布调度命令，检查各站、段执行和完成行车计划情况等工作，在保证行车安全的大系统中具有重要的地位和作用。城市轨道交通的行车调度工作由调度控制中心实施，实行高度统一指挥，以使各环节紧密配合，协调工作，保证列车安全、正点运行。

一　行车调度安全指挥工作的基本任务及要求

调度指挥必须坚持安全生产，正确及时地指挥列车运行，防止因指挥不当造成事故隐患，遇突发紧急事件时，要冷静、正确、及时处理。行车调度员必须不断提高业务水平，提高应变能力。

（一）行车调度工作的基本任务

行车调度工作的基本任务如下：

(1) 严格按列车运行图组织行车，遇列车偏离运行图时，应积极采取措施，恢复正点；
(2) 随时掌握客流变化，及时调整列车运行；
(3) 及时、正确地处理临时发生的问题；
(4) 检查各站执行列车运行图的情况，及时发布有关调度命令和口头指示；
(5) 合理组织各种施工作业；
(6) 正确填写各种报表。

（二）行车调度员的岗位职责

（1）负责组织列车运行图的实施，遇列车偏离运行图时，及时调整列车运行，尽快恢复正点；

（2）及时发布有关行车命令及各种控制命令；

（3）监视列车在站到发、区间运行情况及设备运转状态；

（4）及时、妥善地处置运营线路上发生的突发事件；

（5）随时掌握客流变化，及时调整列车运行间隔；

（6）及时向有关部门反馈信息；

（7）做好与其他运营线间的工作联系；

（8）负责安排施工列车的开行及施工命令的下达工作；

（9）正确填写各种报表。

（三）行车调度工作的基本要求

1. 严格执行单一指挥的原则

一般地，城市轨道交通企业规定：凡指挥列车运行的命令和口头指示，只能由行车调度发布。行车各有关部门必须服从所在区段行车调度的集中统一指挥。各级领导对列车运行的指示必须通过行车调度下达，坚决禁止令出多口或多头指挥，维护调度命令的严肃性和权威性。有关行车人员必须执行调度员的命令和指示，不得违反。

2. 具备较高的业务水平和紧急处理能力

熟练掌握调度工作技术是做好安全指挥工作的基础。行车调度员必须熟悉主要行车人员情况，掌握车辆、线路、设备等方面的知识，熟知各项规章制度和各种行车作业的程序，掌握与其他调度的工作衔接，掌握处理各种行车意外情况和行车事故的方法，概括起来为人、车、天、地、电、设备、规章几大要素。

第一要素——人：了解各站行车值班员及司机的基本情况，包括业务能力、工作习惯、家庭情况、个性特点等，便于更好地组织工作。

第二要素——车：了解车辆结构、动车组的基本工作原理，车辆制动系统、转向架系统等车辆主要系统常见故障处理，便于在列车运行时出现车辆故障时能胸有成竹、沉着冷静地进行合理调度，使故障的影响降到最小。

第三要素——天：了解天气变化，在雨、雪天防止因雨具导致站厅、站台地面潮湿而发生旅客伤亡事故；对于露天线路，须随时了解和掌握天气变化可能给行车工作带来的影响，以便根据不同情况采取有效的调整措施，取得计划指挥的主动权。

第四要素——地：指轨道交通线路的平面、纵断面，信号机的布置、桥隧及建筑物限界等。行车调度员应熟悉列车运行过程中途经线路的曲线、坡度、信号机布置、桥隧及建筑物限界等情况。

第五要素——电：掌握所辖线路的牵引供电区域的划分。

第六要素——设备：主要指信号设备及环控设备、防灾报警设备、车站监控设备、售检票设备、电扶梯系统、动力照明系统、屏蔽门等设备。城市轨道交通正线一般采用计算机联锁，并装设列车自动控制系统（Automatic Train Control，ATC）。行调必须掌握计算机联锁的功能及操作，掌握列车自动控制系统的三大子系统，即 ATP、ATO、ATS 的功能及操作。

第七要素——规章：行调应全面了解并掌握《技术管理规程》《行车组织规则》《行车调度规则》《行车事故处理规则》《行车设备维修施工管理规则》《突发事件应急处理办法》等规章。

3. 发布调度命令要正确、完整、清晰

调度命令是城市轨道交通运输工作实行集中领导、统一指挥的具体内容之一。具体要求如下：

（1）凡是指挥列车运行的命令和口头指示，经调度发布，有关行车人员必须坚决执行，不得违反；

（2）发布调度命令应详细了解现场情况，听取有关人员意见，发布调度命令时应严格按行车相关规章办理，必须先拟后发，不得边拟边发；

（3）发布调度命令应按"一拟、二签、三发布、四复诵核对、五下达命令号码和时间"的程序办理；

（4）制定对常用的行车调度命令格式和用语的统一规定，使调度命令发布规范化、用语标准化，调度更加准确、简练、清晰、完整；

（5）发布调度命令时为确保命令的传达准确无误，行车调度应指定其中一人复诵其口头命令内容，其他人核对，确保无误，书面命令须填写记录。

想一想

口头调度命令和书面调度命令各有什么特点？分别适用哪种情形？

二 行车调度员在行车安全工作中的作用

行车调度员贯彻集中领导、统一指挥的原则，组织协调行车有关各部门、各单位、各工种的工作，指挥和监督行车工作的全过程，保证行车工作均衡协调、安全准确地运行。在日常运输工作中，行车调度员负责编制日常运输工作计划，发布各种有关行车的调度命令，组织行车各部门协同动作，保证列车按列车运行图运行，实现日（班）计划规定的各项任务；负责监督和检查行车各部门执行运输工作日常计划和规章制度的情况以及列车运行情况，及时组织处理和排除各种危及或有可能危及行车安全的意外情况；遇发生行车事故而中断行车时，采取积极有效的措施，组织事故救援，迅速恢复行车，保证运输畅通。概括来说，行车调度员在安全工作中的作用有以下几个方面：

（1）指挥行车人员完成各项行车作业，保证列车安全正点运行。

（2）组织、协调、监督、检查行车各有关部门的安全生产，纠正各种违章现象，及时处理行车中发生的问题，消除事故隐患，防止发生行车事故。

（3）在发生事故后，积极组织救援，减少事故损失。

单元三 车站作业安全

单元导入

车站维修未执行作业程序导致乘客挤伤

【事件经过】

某年某月某日 11：55，某站带班值班站长在站台巡视时发现该站站台 3 号电梯故障，有异响，立即停梯，关闭电梯上下围栏，并挂故障牌。12：20，机电第二项目部电梯维修中心主任唐某、维修员南某到达该站。机电维修人员到达现场后，根据车站工作人员的描述，对地铁故障情况进行检查，发现在电梯头部疏齿板处有 3 个小螺钉，遂进行了清除处理，开启扶梯试运转，看到扶梯运转正常，便向车站工作人员报告修复完成。此时机电工作人员在未打开该电梯上方护栏门的情况下，打开了该电梯下方的护栏门，且该电梯处于运行状态。恰好有列车进站，乘客乘坐 3 号扶梯，由于该扶梯上头部护栏门未完全打开，形成拥堵，发生乘客挤伤。

【事件分析】

电梯上头部护栏门没有打开是造成乘客拥堵、挤伤的直接原因。间接原因：机电维修人员对扶梯故障处理后，没有按照电梯维修规定进行全面运转检查，也没有按照电梯运行规定与客运人员进行交接；同时也反映出机电公司在人员管理、安全教育方面的缺失，以及维修规章制度执行不到位等问题。

【整改措施】

（1）进一步加强全体员工教育培训力度，尤其对相关规章制度的掌握和执行落实。

（2）加强运营分公司与设备分公司故障处理应急演练，优化并做好应急处置工作，提高现场应急处置水平。

（3）立即对各线扶梯进出口护栏进行全面检查，统计汇总单向门位置数量，制定双向开启方案后，全面进行整改。

（4）将所有运行扶梯护栏门置于开启状态，进行临时绑固。

（5）以此次事件为案例，对全员进行一次教育，在全公司范围开展"举一反三查隐患"活动。

【案例启示】

城市轨道交通车站是乘客上下车的主要场所，在城市轨道交通系统中处于核心位置，是城市轨道交通系统的对外窗口。城市轨道交通车站安全管理不容忽视，一定要做好城市轨道交通车站的安全管理工作。

任务要求

1. 了解车站行车安全工作的基本要求。

2. 掌握接发列车作业的基本知识。

车站的行车组织工作是指在行调的统一指挥下，合理运用车站的各项技术设备，负责行车控制指挥、施工及其他作业。车站安全工作的基本任务是建立健全各类行车作业、管理的规章制度。这些制度包括车站行车控制室的管理、交接班制度、行车值班员岗位责任制等。车站安全工作的具体内容包括：对车站的行车组织工作进行规范管理，确保行车安全；进行车站各项安全检查，检查车站安全隐患并落实整改；建立各类事故预案，开展演练，以提高车站员工的应急处理能力，有效处理车站突发事件；明确职责、落实责任、加强安全管理，确保车站、施工、治安、消防等工作的顺利进行，以及员工、乘客人身安全和车站所辖设备运行安全。

一　车站行车作业安全的基本要求

车站作业包括列车运行控制、车站施工组织、接发列车作业等，如图 4-1 所示。

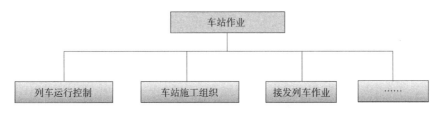

图 4-1　车站作业的主要内容

其中，各项作业均涉及行车安全，行车安全的具体要求如下：

（1）车站的列车运行控制根据整个系统列车运行控制方式的变化而变化。在调度集中控制方式下，车站行车组织的主要工作是监护行车运营状态；在自动控制方式下，车站对列车的运营状态进行监护，例如，中控因故放权而由车站进行控制，则在有集中控制设备的车站应负责对列车的折返、进路排列等人工作业；在半自动控制方式下，车站负责列车运行控制的工作，人工操作信号设备进行接发车、调车等行车作业，并根据行车调度指令对列车运行进行调整；在非正常情况下，车站根据调度指令，按规定的作业办法要求负责列车在车站的接车、发车、调车等作业。

（2）在车站管辖范围内的任何施工均应在车站行车控制室登记，在得到行车值班员的签字确认后方可进行；对影响运营的施工检修作业，如信号设备检修、道岔检修等作业，必须得到行调的同意后方可进行。

（3）接发列车是城市轨道交通行车工作中最重要的环节之一，接发列车的作业安全直接关系城市轨道交通的行车安全。因此，所有参与接发列车的作业人员，均应以高度的工作责任感认真履行岗位职责，严格执行规章规范，保证接发列车作业安全。

二　接发列车作业安全

车站在办理接发列车作业时，要清楚列车车次、列车运行方向及运行指挥系统，因为这些都是行车安全保证体系中的重要条件。

（一）列车车次、运行方向及运行指挥与行车安全的关系

1. 列车车次与行车安全

列车车次具有区别列车种类、作业性质及其运行方向的重要作用，同时与行车安全密切相关。接发列车作业中，列车车次的误听、误传、误抄、误填，往往是造成行车事故的直接原因。为此，办理接发列车时，列车车次必须传准听清，复诵无误，防止误听误传；抄写或填记行车簿册、命令及行车凭证时，要认真核对，防止误抄、误填，车次不清楚时，必须立即询问，严禁臆测行车。

2. 列车运行方向与行车安全

列车运行方向也是保证接发列车及行车安全的重要条件之一，尤其是一端有两个及其以上列车运行方向的车站更须引起注意，在办理列车闭塞及下达接发车进路命令等作业事项时，均应冠以邻站方向或线路名称，以防止列车开错方向。车站值班员在指挥及办理接发列车作业时，须认真遵守行车有关规章要求，严格执行接发列车作业规定。正确下达接发车的有关命令，确保列车运行安全。

3. 列车运行指挥与行车安全

行车工作必须坚持集中统一领导、统一指挥、逐级负责的原则。为了安全顺利地组织列车运行，列车运行的指挥工作应注意两点，即正确指挥和服从指挥。列车运行的指挥工作首先应强调其安全正确性。日常行车作业中，行调错发、漏发调度命令，盲目指挥列车运行，或车站值班员错发、漏发接发列车命令，盲目指挥及错误操纵控制台等，往往都是造成列车事故的重要因素。因此，在指挥列车运行工作时，行调在发布命令之前，应详细了解现场情况，并听取有关人员的意见，以便正确下达指挥列车运行的调度命令和口头指示。

（二）接发列车惯性事故的种类及主要原因

车站在办理接车、发车和列车通过作业程序中发生的一切行车事故称为接发列车惯性事故。接发列车惯性事故主要有：向占用区间发出列车、向占用线路接入列车、未准备好进路就接发列车、未办或错办闭塞就发出列车、列车冒进信号或越过警冲标、错误办理行车凭证发车或耽误列车。以上惯性事故发生的主要原因有：当班人员离岗、打盹或做与接发列车作业无关的事情；办理闭塞时没有确认区间处于空闲状态；不按规定检查确认接发列车进路；不认真核对行车凭证；错办或未及时办理信号；取消、变更接发列车进路时联络不彻底。

（三）接发列车作业安全要求

接发列车作业，从办理闭塞、准备进路到开放信号、交递凭证，直至列车由车站发出或通过，任何一个环节的漏洞都可能埋下事故隐患，任何一项作业的差错都往往危及列车安全。因此，日常办理每一趟列车，均须高度重视，认真作业。目前，国内外城市轨道交通均采用信号系统控制列车运行，监控列车运行安全。列车正常行车时，由信号系统自动控制，信号正常时车站不需要接发列车，只需由车站值班员、站台人员完成站台安全监控

和乘客乘降的服务工作。只有在遇到信号系统出现故障，需人工排列进路组织列车运行或列车退回车站等特殊情况须接发列车时，应注意以下安全要求。

1. 办理闭塞作业的安全要求

办理列车闭塞是接发列车的首要作业环节，是列车取得区间占用权的重要环节，也是较易发生列车事故的关键环节。

（1）办理闭塞前，必须认真确认区间已空闲。车站值班员在办理闭塞时，为防止占用区同时发出列车，在确认区间空闲时必须认真进行相关工作，如图4-2所示。

（2）办理闭塞时，车次必须准确、清晰。

（3）办理闭塞时，用语必须准确、完整。

现场作业中，有的车站值班员承认闭塞时，仅简化回答"同意"两字而未复诵，未起到与相邻站互控、联控的作用，极易发生错办车次。为此，办理闭塞及承认闭塞时，均须完整按照行车标准用语执行。

2. 准备进路作业的安全要求

准备进路，泛指将列车经由车站所运行的线路安全开通，准备进路是接发列车工作中一项极为重要的作业环节，应引起注意的方面主要如下：

（1）确认接车线路空闲。车站在准备列车的接车进路或通过进路时，首先必须确认接车（通过）的线路空闲，以防止线路上存有机车、车辆及其他危及列车运行安全的障碍物等。为此，车站值班员和现场作业人员必须对接车（通过）进路线路是否空闲进行检查和确认；轨道电路及控制台上设有股道占用标志的，通过控制台对股道是否被占用进行确认。

（2）确认接发车进路正确无误。接发列车进路的正确与否，直接关系列车运行安全。因此，在接发列车作业中，对列车进路的确认极为重要，切不可疏忽，联锁设备正常时车站可通过信号设备的显示来确认接发车进路；遇有联锁设备停用时，对列车进路的现场检查则更须严密细致，对进路上的道岔逐个确认，确认道岔位置正确及按要求加锁后，方可报告接发车进路准备妥当。

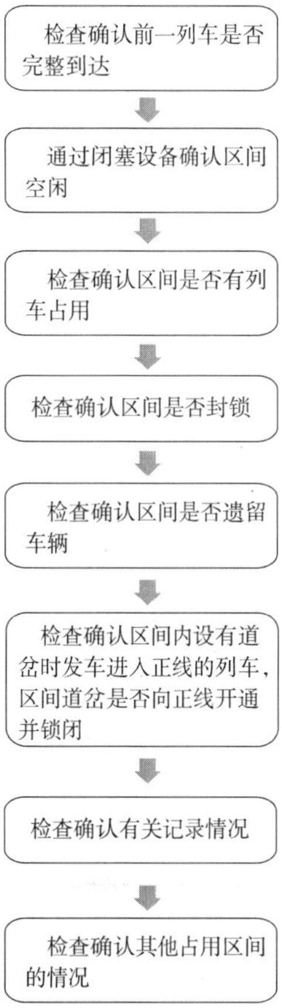

（3）确认影响进路的其他作业已经停止。

图 4-2　确认区间空闲步骤

3. 办理及交付行车凭证的安全要求

行车凭证是列车占用区间的依据，包括信号机显示、路票、调度命令等。有关作业人员办理行车凭证时，必须认真严谨，注意防止因差错而造成行车事故。

（1）防误操作信号设备。信号是指示列车运行的命令。信号正常时，信号机显示的准许列车运行的各种信号均为列车行车凭证。信号的开放和关闭至关重要。因此，车站值班员、信号员在操作信号设备时，必须全神贯注，精力集中，遵章守纪，严格坚持"眼看、手指、口呼"一致的确认操作制度,确保信号指示准确无误。

(2) 防误填写行车凭证。使用路票、调度命令等书面凭证办理行车时,应注意其使用的日期、区间车次、地点电话记录号码或调度命令号码等。书面凭证填写后,必须逐字逐项复诵,认真进行核对,经确认无误后,方可交付使用,以防止因填写错误而导致行车事故。

4. 接发列车作业程序及用语要求

接发列车及指示发车直接关系接发列车作业安全。在信号正常的情况下,车站原则上不办理接发列车作业,遇特殊情况(如信号联锁故障需要人工排列进路组织列车运行时或列车开到区间故障要退回车站等情况)需接发列车时,车站接发列车人员应严格执行接发列车作业程序,并使用规定用语。随意简化,甚至颠倒或遗漏作业程序及用语,将危及行车安全。

接发列车作业要求如下:

(1) 确认列车整列到达。

(2) 严密监视列车运行安全状态。站台岗人员随时注意站台乘客动态,当列车进站时应于站台扶梯口靠近紧急停车按钮附近站岗,防止乘客在关门时冲上车被夹伤,维护站台秩序,监督司机按规范动作关门。发车时,站台岗(或司机)若发现站台或屏蔽门异常,应立即用对讲机通知司机(或站台岗)并及时处理。

(3) 确认列车发车条件无误后,方可指示发车。

单元四 列车驾驶安全

司机注意力不集中导致调车冲突

【事件经过】

某年某月某日晚22:03,309号车司机在石龙路停车库内运行时收发短消息,当司机发现列车距离止档还有3m左右时,采取紧急制动措施,但此时列车安全制动距离不足,并以5km/h速度冲撞止档,造成列车骑上止档,构成调车冲突事故。司机发现后没有立即汇报运转值班员,擅自后退列车,造成列车下止档时脱轨,车体落在钢轨上,构成二次事故。

【事件分析】

造成此次事故的原因,一是司机在驾驶列车过程中没有认真瞭望前方线路,注意力分散,等回过神后虽然采取制动措施,但列车已经失去制动距离,最终撞上止档,因此司机对调车冲突事故应负全部责任。二是列车在冲撞止档后,车轮爬上止档轮缘悬空。此时列车司机失去冷静,急于掩盖事实,盲目倒车,使爬上止档的车轮轮缘落下时随着列车向后移动而偏离线路中心线,最终造成列车脱轨,产生二次事故。因此司机对二次事故应负全部责任。

【定性定责】

依据《××市地铁运营事故处理规则》中"车场线路及非运营时段正线列车车辆脱轨",该起事故定性为一般事故。

【案例启示】

司机应遵守列车驾驶的相关规定,在驾驶列车过程中应集中注意力,认真瞭望前方线路,不得做与行车无关的事。案例中,列车在接近线路终端时,应严格控制速度为3km/h;司机在发生行车事故后应立即停车,停车后不得擅自动车,保持冷静并迅速上报事故,等专业人员确认后,听从专业人员指挥动车,切忌失去冷静,急于掩盖事故而私自处理造成事故后果扩大或发生二次事故。

任务要求

1. 掌握列车运行安全的影响因素。
2. 掌握列车安全驾驶的基本规定。
3. 掌握列车驾驶作业安全准则。

列车驾驶安全是整个城市轨道交通行车安全工作的关键环节之一,是把好行车安全的最后一道关口。影响列车驾驶安全的主要因素有:行车纪律松弛、制度执行不严;司机疲劳行车、带情绪开车、业务素质不高,安全意识不强;行车技术、设备不完善;风、雪、雷、电等恶劣气候及环境的影响;安全管理及制度、规章的适用性存在缺陷等。有效控制列车驾驶不安全因素,是保障行车安全的重要工作。

一、列车运行安全的影响因素

列车运行过程中,影响其安全的因素主要有:人员影响因素、设备影响因素、环境影响因素、管理方法影响因素(表4-2)。

列车运行安全的影响因素分析 表4-2

影响因素	细则
人员影响因素	1. 司机技术业务素质:业务知识、文化素质、安全法规知识以及处理意外情况的知识和能力。 2. 司机心理素质:人的心理过程和个性心理特征(情绪、态度等)。 3. 司机思想素质:劳动纪律、职业道德、安全观念等。 4. 其他人员综合素质:乘客安全乘车、车站附近居民安全态度、安全常识等
设备影响因素	1. 车辆因素:车辆在运营线路上发生故障,可能导致列车中断运行,也可能导致列车颠覆、脱轨,对乘客的人身安全造成影响。 2. 线路因素:线路是行车的基础,只有其坚固稳定,并具有正确的几何形状,线路的平面和纵断面符合规范,才能确保车辆安全、平稳、不间断运行。

续上表

影响因素	细则
设备影响因素	3. 供电因素：城市轨道交通供电系统是保障运营的动力来源。若断电，列车将不能运行。停电本身不会导致乘客的人身安全问题，但疏导不利，也会造成乘客的拥挤踩踏。 4. 通信信号因素：通信信号系统是列车安全运行的重要辅助设备。若信号系统发生故障，列车运行的发车密度将会下降，会带来拥堵踩踏的可能
环境影响因素	1. 恶劣天气因素：风、雪、雷、电等恶劣天气对安全运行的影响是不可低估的。 2. 社会大环境因素：乘客文明上下车、乘客文明乘车等社会大环境对列车安全运行也有一定的影响
管理方法影响因素	1. 制度因素：管理制度建立不够完善，易造成安全运营管理的真空，易产生一些措手不及的事故。 2. 纪律因素：行车纪律不够严明，各岗位工作人员玩忽职守，极易导致事故的发生。 3. 与时俱进因素：随着所在城市的发展，城市轨道交通行业也在突飞猛进，而行业的管理方法如不与时俱进就易发生一些意料外的事故

二、列车驾驶不安全因素的控制

从安全运行管理的角度分析，行车事故是各种不安全因素相互作用的结果。因此，对行车不安全因素的控制是行车安全的重要环节，而对列车驾驶不安全因素的控制是行车安全的关键。具体控制方法如下：

（1）加强对司机违章行为的管理与控制。许多行车事故案例表明，人的不安全行为是造成行车不安全及行车事故的直接原因，因此，通过对列车司机的教育培训、考核、惩戒等，可使列车司机对安全行车采取正确的态度。

（2）做好对列车司机的技术业务培训。司机的技术知识不足，特别是安全行车知识、经验的缺乏是造成行车不安全及行车事故的重要原因，通过加强安全行车知识和业务技术知识的学习，可使司机在技术和经验上得到提高，成为合格的操作者。

（3）强化和改善对行车设备的管理。许多行车事故的发生都留下了行车设备技术状态不良的痕迹，因而应不断进行相关行车设备的技术改造，使行车设备功能符合运营要求。

（4）提高司机适应环境变化与处置突发事件的应变能力。由于运行环境的变化和行车中产生的突发事件难以预测，因而提高司机在发生意外事件时的应变能力是防止与减少行车事故的重要因素。司机应在不断学习的基础上，以各类预案和规定为依据，开展定期和不定期的培训、实操、演练，以提高应变能力。

三、列车安全驾驶的基本规定

（一）驾驶列车时做到"三严格"

列车司机必须牢记"安全第一"的宗旨，驾驶列车时做到"三严格"：一是严格遵守各项规章制度，正确执行各种作业程序，确保列车运行安全；二是严格按照运营时刻表及信号显示行车，工作时严守岗位，不得擅自离岗；三是严格遵守动车前认真确认"行车三要素"（进路、信号、道岔）。

（二）列车司机必须掌握设备设施情况

列车司机必须掌握列车（车辆）的基本构造、性能，熟悉城市轨道交通线路和站场等基本设施情况，包括必须明确驾驶区段、站场线路纵断面等情况。

（三）列车司机必须掌握其他相关的业务知识并具有一定的应变能力

在列车的运行过程中，一般情况下只有司机一人值乘，而运行中的突发事件有不可预测性。在事件的初期往往只有司机能够最早发现，所以一名职业素质较好的司机必须掌握有关事件初期的处理方法，使事件能够在初期阶段得到控制和处置，减小损失，稳定现场局面。

（四）列车司机必须持证上岗

鉴于列车司机在整个列车运行过程中的重要作用，城市轨道交通管理部门规定列车司机上岗值乘的必要条件：一方面，司机必须经过考试合格，并取得列车驾驶证后方准独立驾驶列车；另一方面，脱离驾驶岗位 6 个月以上，如需再驾驶列车必须对业务知识和安全运行知识等进行再培训，并且考核合格，同时对其身体状况和心理状况由相关管理部门及有关领导作出鉴定。

四 列车驾驶作业安全准则

列车司机的操作应在正常情况下确保"准确"，在非正常情况下确保"安全"，所有操作均动作紧凑，快速正确。列车驾驶作业包括站台作业、整备作业、折返作业、调车作业等，具体的作业安全准则有以下内容。

（一）列车运行安全准则

列车司机在运行时必须严格按运营时刻表动车，动车前必须确认行车凭证。列车退行或推进运行时，运行前端必须有人引导；班前注意休息，班中集中精力，保持不间断瞭望。严禁在列车运行中打盹、看书或做与工作无关的事；接受调度命令或行车指示时，司机必须认真逐句复诵并领会命令内容。

（二）站台作业安全准则

列车司机在开关屏蔽门、车门时，必须严格执行开关门作业程序；列车到站停稳后，应先确认列车停在规定的范围内；跨出站台开关屏蔽门、车门时，应注意列车与站台间的空隙，避免摔伤；关屏蔽门、车门前应先确认车载信号或进路防护信号开放或者具有行车凭证；动车前，司机应确认屏蔽门、车门关好，同时确认屏蔽门与车门间空隙无人无物，方可进驾驶室。

（三）整备作业安全准则

列车司机在整备作业前必须了解列车停放位置及列车状态；检查列车走行部时，必须确认列车已降下受电弓；严禁跨越地沟，进行车底检查时戴好安全帽，应注意空间位置，避免碰伤；受电弓升起后，严禁触摸电气设备带电部分、检查地沟及攀登车顶；检查列车时必须佩戴检查灯、一字旋具，并严格按要求整备列车，列车没有经过整备严禁动车；车库内动车前，必须确认地沟无人和两侧无侵限物后方可动车。

（四）折返作业安全准则

列车司机在折返作业时必须严格遵守交接班制度；关门前必须确认行车凭证、道岔、进路正确；动车前确认所有人员均在安全区域。

（五）调车作业安全准则

列车司机在调车作业时应遵守的安全准则包括：设置铁鞋防溜时，不拿出铁鞋不动车；凭自身动力动车时，没有制动不动车；车辆制动没有缓解不动车；调车作业目的不清不动车；调车作业没有联控不动车；没有信号或信号不清不动车；道岔开通不正确不动车；侵限、侵物不动车。

（六）人身安全准则

列车司机还应遵守以下有关人身安全的准则：升受电弓前，必须确认所有人员均在安全区域；严禁擅自带无关人员进入驾驶室，因工作需要有人登乘驾驶室时必须确认其相关准乘证件；在正线或出入厂线，禁止未经行车调度员同意擅自进入线路。

单元五　客运安全管理

单元导入

车站施工监管不善导致乘客受伤

【事件经过】

某年某月某日5：55，广州地铁车陂站站厅A端1号扶梯故障不能开启。车站对故障扶梯做好防护，在扶梯上下位置各放置一个铁马及暂停服务牌，并向环调报故障，随后一名扶梯维修人员到站维修1号扶梯，但并没有到车控室请点，只是口头告诉站务员A要进行维修。站务员A将此信息报告车控室。行车值班员没有要求站务员立即制止施工。

待站台工作交接时，站务员A只交代1号扶梯正在维修，让站务员B关注一下，没有强调其事件的重要性。两分钟后，另外一名扶梯维修人员到达车站，两名施工人员均在打开的盖板内作业，没有人进行施工安全监控。在维修过程中，其中一名维修人员离开现场到车控室借手电筒。同时上行站台有列车进站，站台岗站务员B进行接车，没有继续监控1号扶梯维修情况。

当接完车回到1号扶梯位置时，见到有乘客挪开防护用的铁马，并已经从站台到扶梯上面。于是站务员B立即上前大喊"上面有坑，小心"，但并没有上前制止还在扶梯下方的乘客继续使用故障扶梯，票亭岗这时听到1号扶梯方向有异响（"砰"的一声），并见

到有乘客经 1 号扶梯上来，于是赶到现场，并问维修人员发生什么事。此时还有乘客从 1 号扶梯上来，但票亭岗没有采取相应紧急措施。事件最终导致一名乘客不慎掉入扶梯开盖位置的洞中，造成客伤事故。

随后值班站长、客值站务员马上赶到现场，发现乘客是一位 70 岁左右的女乘客，已被扶梯维修人员扶到扶梯盖板上。该女乘客头部有明显的伤痕，流血，且其本人反映头很晕，腰也很疼。于是车站马上拨打 120，并将乘客扶到会议室，先用纱布将伤口做了简单的包扎，并进行安抚及留下乘客家属电话。

该事件发生以后，扶梯维修人员才到车控室，在《当班情况登记表》补填了请点记录。

120 到达车站后，车站员工在车站带了 4000 元应急基金陪同受伤乘客一起到医院，随后部门客伤负责人和站长赶到天河区红十字会医院处理。该名受伤的女乘客 72 岁，头部受伤流血，缝了 4 针，肋骨骨折 2 根，需住院治疗 4 周，医生初步估计需要医疗费用一万多元。后来乘客的儿子和女儿赶到医院，要求车站工作人员给联系方式，车站工作人员留下部门客伤处理电话给乘客。

当日，该乘客在天河区红十字会医院确诊后，乘客家属提出转院要求。车务三部客伤负责人与电梯公司员工一起，为该乘客联系并办理了转院手续，乘客转至越秀区正骨医院。然后车务三部联系电梯公司，补交了相应住院费。

【事件分析】

（1）本次事件中，由于乘客擅自将扶梯下方的防护栏杆移开，致使该女乘客也跟随上到扶梯，最终导致摔倒在扶梯盖板洞内。

（2）该施工过程中，施工人员设置的防护没有起到有效防护作用，且在维修过程中，维修人员也没有做好现场安全监控。

（3）车陂站行车值班员在施工人员未办理请点手续进行扶梯维修时，没有及时安排人员制止施工，而是在本事件发生后，才由施工人员补办了请点手续，违反了施工管理相关规定。

（4）扶梯发生故障时，车陂站没有及时根据客流情况将并排的另外一台扶梯开启为合适（向上）方向，导致乘客下车后找不到可以及时通行的通道，一定程度上造成乘客自行挪动设在故障扶梯前的栏杆通行。

（5）根据录像截图，当乘客自行移开防护准备使用故障扶梯时，车站站台岗就在扶梯附近，但并没有及时制止乘客使用故障扶梯。站台岗在发现乘客已经踏入故障扶梯梯级时，也没有及时阻拦。

【案例启示】

城市轨道交通车站站厅、站台、通道、列车上都是人员密集的场所，如果不采取适当的客流引导措施，将有可能因为拥挤、堵塞导致客伤。车门、屏蔽门、闸机、扶梯、垂直电梯是乘客直接接触的机电设备，乘客如果使用不当，也有可能造成人身伤害。案例中，维修人员没有严格执行施工管理规定，没有办理施工请销点手续，导致缺乏人员互控。维修现场无人监控，没有提醒乘客注意安全，最终导致事故的发生。安全把乘客运输到目的地，是城市轨道交通企业应履行的基本义务，只有科学合理地组织客流，指引乘客正确使用相关的机电设备，才能保障地铁正常运营。

任务要求

1. 了解乘客伤亡因素种类。
2. 掌握保障客运安全的基本措施。

城市轨道交通运输企业的生产产品就是乘客产生的位移，而城市轨道交通运输安全尤其是客运安全则是保证运输服务质量的根本。对于行车安全、设备安全、消防安全等方面工作，各个城市轨道交通企业都有了相对成熟的管理模式和技术标准，而对于客运安全的管理，尤其是对于客运量不断激增的城市轨道交通企业而言，是一个不断更新并逐步拓宽的管理领域。

我国的轨道交通企业以"是否发生轨道交通人员伤亡事故事件"以及"运营过程中乘客受伤比例"作为城市轨道交通客运安全质量的评价指标。轨道交通人员伤亡事故事件是指在轨道交通运营服务场所，由于在运营过程中发生列车撞轧人员、与其他车辆碰撞等情况或由于其他原因导致人员伤残死亡的事故事件。运营过程中乘客受伤比例是指一定时间内在轨道交通运营服务场所，发生的人员受伤人数与轨道交通客运总量的比值，统计单位为"件/百万人次"。

城市轨道交通客运安全管理不仅与运输企业的设备管理、设备功能、客运组织、行车组织等有关，同时也与乘客自身的素质、安全意识等因素相关。因此城市轨道交通企业要提升客运安全管理质量不仅要从自身设备和客运组织水平入手，同时要加强对服务对象的管理，加强对乘客乘车安全意识的灌输，加强对乘客安全乘车习惯的培养。

一 城市轨道交通客运安全管理情况

（一）城市轨道交通发生乘客伤亡事件的因素分析

城市轨道交通是城市运输庞大体系中的一种运输方式，承担着干线运输的作用。一般一条城市轨道交通的设计运量都在40万人次/d以上，一旦形成了城市轨道交通网络，则其承担的客运量会超过百万人次。在这样庞大的客运压力下，乘客受伤的问题则成为各运营企业不可避免的运营挑战。

影响城市轨道交通发生乘客伤亡事件的原因是多方面的。其中，乘客因设备设施造成受伤及乘客个人原因受伤的情况较为突出，且乘客因使用设备受到伤害的比例占绝大多数，这也是加强客运安全管理的关键点。

受伤人群中乘客的年龄分布也显现一些特征。以国内某地铁2011年发生乘客受伤的数据为例，在2011年发生的1236件乘客受伤事件中，有410人为60岁以上，202人为7岁以下，老人和儿童的伤害事件占48%。女性受伤的情况也比较常见，在上述数据中，女性乘客受伤为827人，占65%。

对城市轨道交通乘客受伤数据的特征分析可以看出，乘客身体素质、协调反应能力等也是影响乘客受伤事件发生的因素之一。

(二) 设备因素对客运安全的影响

现代城市轨道交通的建设，通常使用大量的自助、半自助和自动化设备设施，以保证其达到大容量、大运量、高效运输的目的。同时由于轨道交通车站多在地下或者高架区域，乘客完成进出车站、通过站厅与站台间的通道、换乘不同线路、上下车等都需要使用大量的自助设备。常见城市轨道交通乘客出行使用的自助设备有自动扶梯、自动牵引机、升降电梯、扇门闸机、转杆闸机、屏蔽门、车门。自动设备在使用过程中会发生设备和部件的移动，受乘客使用情况和现场服务环境的影响，会有一定比例的乘客在使用过程中由于各种因素受伤。根据某地铁2011年乘客受伤数据统计，全年发生的1236件乘客伤害事件中，由于扶梯、车门、屏蔽门夹伤，以及站内摔伤的事件共1000件，占总量的83.1%。从这组数据中可以看到，除了设备因素外，乘客在车站地面摔倒受伤也占了一定比例。表4-3为乘客受伤风险因素分类。

乘客受伤风险因素　　　　　　　　　　　　　　　表4-3

风险因素	类别	件数	百分比（%）
与设备相关的乘客伤害	搭乘扶梯引发的乘客伤害	700	56.6
	车门、屏蔽门开关引发的乘客伤害	187	15.1
	站内地面或台阶摔伤	113	9.1
	闸机夹伤（刮伤）	59	4.8
	电梯困人或受伤	38	3
	受到列车或列车内设备伤害	23	1.8
非设备原因的乘客伤害	第三方侵权纠纷	116	9.6
	治安事件影响		

乘客由于搭乘电扶梯造成身体伤害的事件占总的乘客伤害事件的一半以上，因此在设备因素导致乘客受伤的事件中，对于扶梯设备的管理是控制乘客车站内受伤的重点。

(三) 客运组织对客运安全的影响

城市轨道交通客运组织是指城市轨道交通车站根据本站的客流特点及设备和设施的设置情况，制定相应的客流组织方案，充分利用车站设备和设施，尽量使进出站客流不交叉，确保客流顺畅。客运组织对于客运安全的影响主要与客运强度和客运量有关，在客运量较大、人流密集的情况下，客运组织是否顺畅合理是影响客运安全的关键。

由于城市轨道交通车站使用的客运设备的运输能力不同，或者由于现场客运设备的设计导致客流在某一区域有瓶颈或者拐点，这些情况将会导致客流冲突或者运输能力的不匹配，容易引发乘客受伤。例如，在换乘平台或者换乘通道位置，进入通道设备的输送能力与离开通道设备的输送能力不匹配，在大客流运输的情况下，很可能造成大量的乘客聚集在换乘通道或者平台内。如果现场没有及时控制或者管理，则容易发生人员拥挤甚至踩踏的严重事件。在客运组织的过程中要尽量避免出现客流的交叉和冲突。在大客流运输的情况下，如果没有组织者对客流进行有效管理，出现乘客逆行交叉的情况，也容易导致乘客受伤的情形出现。

（四）乘客行为对客运安全的影响

除了设备影响和客运组织的影响，城市轨道交通乘客的自身行为也是引发乘客安全出行事故事件的一个主要原因。除了乘客进站携带危险物品可能造成的不安全因素外，乘客的一些不安全行为也是城市轨道交通客运安全管理的一个重点。

城市轨道交通提供大运量的运输服务，乘客的组成较为复杂。老弱病残乘客及对轨道交通乘坐要求不熟悉的乘客，其自身安全防护能力或者保护意识不强，可能出现运输过程中受伤的情况较多。在使用城市轨道交通运输设备出现影响乘客安全的事件中，不能安全使用扶梯和冲撞车门屏蔽门是两种典型的不安全行为。

扶梯是车站常见的一种运输设备，使用时需要乘客站稳扶好，并且站在规定的区域内。但是，在实际运营的过程中有部分乘客不遵守规定，在扶梯上奔跑、追逐，或者逆向行走，还有乘客使用扶梯运送超长超重的物品或者利用扶梯运送推车等物品，从而导致本人或者周边乘客受伤的情况。而在站台抢上抢下、冲撞车门屏蔽门则是另一种较多发生的由于乘客个人行为导致受伤的情况。还有一些情况是乘客个体对公共乘车秩序产生的不良影响而导致乘车群体骚动而受伤的情况。这些行为都是影响乘车安全的行为，有些是因为乘客个人素质和乘车习惯的影响，有些是乘客安全意识不强造成的，因此提高乘客安全意识、培养安全乘车习惯也是提高客运安全的一项措施。

二 城市轨道交通客运安全管理措施

（一）客运设备管理

客运设备对于客运安全的影响主要可以通过设备设计和设备维修管理两个方面来实现。城市轨道交通客运设备在选型上要与自身的客运特点相匹配，并且设备功能能够满足大客流运输需要。以自动扶梯为例，自动扶梯主要分为普通型扶梯、普通公交型扶梯以及公共交通重载型扶梯，这三种扶梯主要根据扶梯的运行强度、机械性能、荷载要求和安全防护等方面的要素不同而划分。城市轨道交通自动扶梯应当选用公共交通重载类型，即在3h内持续重载不少于1h，其荷载应达到100%制动荷载，其余2h负荷为60%制动荷载。

客运设备的设计布局也会对客运安全造成一定的影响，例如扶梯倾角过大、梯级与顶部的距离不足、扶梯上下空间无预留缓冲区等，都会严重影响客运安全。客运设备的运行参数也对客运安全产生影响，如扶梯运行速度过快或者功率不稳定也会造成乘客受伤。

客运设备在现场使用的过程中会出现故障老化等现象，使用人员和维修人员都要及时对设备进行巡视管理。车站运营人员要保证至少每2h巡视一次设备，设备运营中出现异响、异味、抖动、突然停止服务等情况时，要及时停用，报故障进行维修。在车站出现大客流高强度运输时，对于一些重点客运设备要安排专人进行安全防护，引导客流。设备维修人员要定时对设备进行维修保养，做好设备功能及质量的检查和养护。

（二）客运组织

很多客运组织和乘客乘车安全的问题都是在城市轨道交通车站设计、设备选型安装已经完成后才逐步暴露的。一条线路和车站的客运情况在建设时期都是预估的，而实际的客运量可能超出预计的数量，或者受到周边客运环境、地方政策等多方面因素影响，也会使得轨道交通实际的客运量大大超出预计客流。在这种情况下，合理进行客运组织，减少或者避免因设备及设计问题带来的客运安全隐患显得尤为重要。

在空间狭窄、客流密集的区域，一般采用分流栏杆将不同流向的客流分开，避免交叉，这是最常见的一种客流组织方式。在容易出现上下车乘客冲撞站台区域，也增加了一些分流的栏杆，将上车和下车的乘客分开，避免出现冲突。

在出现车站大客流的情况下，客运设备的运输能力已经不能满足客运需求时，需要将客流拦截控制，以减少客运设备的压力，避免出现乘客伤害。如果是单个设备的故障引发的客流交叉或者拥堵，只需要在局部故障区域进行客流组织，把乘客引导到其他区域或者通道出行。但如果是整个车站空间出现大客流的情况导致客流交叉或者拥堵，则需要根据情况，逐级采用客流控制。

城市轨道交通车站受车站结构、设备布局的影响，其客流控制可以分为几个层级来完成，将客流在站厅站台连接处、付费区与非付费区连接处及车站出入口这几个位置进行控制，组织乘客分批有序进站。一级客流控制主要采取通过在站厅与站台的楼梯扶梯连接处设置控制点、改变扶梯走向、引导乘客走楼梯、在付费区设置回形线路等措施，减缓乘客到达站台速度和减少站台乘客数量。二级客流控制主要采取通过关闭部分进站闸机限流、在进机口设置铁马等分批进闸机、在非付费区设置回形线路等措施，减缓乘客进入付费区速度和减少付费区乘客数量。三级客流控制主要采取通过在出入口用铁马等备品限制乘客进站、在出入口处设置回形线路等措施，减缓乘客进入车站速度和减少车站乘客数量。对于换乘站而言，在出现大客流的情况下，换乘站的两边车站都要进行客流控制，以减少客运压力，保证乘客出行安全。

同时城市轨道交通车站除了需要应对大客流的客运压力外，还要考虑故障情况下、应急疏散情况下的客运组织，因此要制定相应的预案和操作指引，分不同情景做好车站客运组织的准备，逐步完善应急处置流程。城市轨道交通运营管理部门，要不断优化客运安全管理，提升客运安全管理水平，保证客运组织安全，常见的具体措施如下：

（1）车站工作人员应在每日运营前，对车站客运设施设备进行检查，应在首班车到站前完成准备工作，开启所有出入口、换乘通道和自动扶梯、电梯。末班车前一列车驶离车站后，应通过广播等方式告知乘客末班车信息。换乘站应根据列车运行计划、乘客换乘所需时间，及时关闭换乘通道，防止乘客误入。列车退出运营前，应对车内进行巡视，确认无乘客滞留后退出运营。车站关闭前，应对车站进行巡视，播放关站广播，确认无乘客滞留与物品遗留后关闭车站。

（2）车站工作人员应对车站出入口、站厅、站台、通道等公共区域进行巡视，检查应急设施、乘客信息系统、自动售检票设备、标志标识、照明设施、电扶梯、站台门、站台候车椅状态，巡视频率不应低于每 3h 一次，发现异常情况及时进行处理；遇客流高峰、恶劣天气、重大活动等情况，应根据需要增加巡视次数。

（3）车站站台服务人员应维护站台候车及上下车秩序，查看车门和站台门的开闭状态，防止夹人夹物动车。遇紧急关闭按钮触发或消防报警装置启动，要立即查明原因，妥善处置。发生信号故障等突发情况时,车站站台服务人员应按规定协助行车人员做好接发列车引导。

(4) 发生突发大客流时,客运人员应当协调行车调度人员及时增加运力进行疏导。预判站台客流聚集超过预警值、可能危及安全时,应当实施单站级客流控制。无法缓解客流压力的,应当在本线多个车站实施单线级客流控制;预判断面客流满载率超过预警值时,应当在本线及与之换乘的线路车站实施线网级客流控制。预警值由运营单位客运人员根据站台设计容纳能力、设施设备配置、客流规律等确定。

客流控制措施包括关停部分自动检票机、关闭自动扶梯、关闭换乘通道、单向开放或关闭出入口等。临时采取客流控制措施的,车站应通过乘客信息系统、广播等形式及时告知乘客。常态化采取客流控制措施的,车站应公布采取客流控制措施的日期、时段等信息,并对客流控制措施的实施效果持续进行评估,可以取消的,应及时取消。

(5) 出现雨雪等恶劣天气时,运营单位应采取铺设防滑垫、设置防滑防拥堵提示等必要措施,加强广播提示和现场疏导;站内或出入口乘客聚集可能造成客流对冲等情况时,可调整自动扶梯运行方向或暂时关闭自动扶梯,危及乘客安全时,可暂时关闭出入口。

(6) 车站发生火灾、淹水倒灌、公共安全、公共卫生等突发事件时,车站工作人员应当报告行车调度部门,按照应急预案进行现场处置,必要时采取关闭出入口、疏散站内乘客、封站等措施。

(7) 自动扶梯和电梯运行时间应当与车站运营时间同步。自动扶梯发生故障时,应立即停止使用,在自动扶梯出入口放置安全护栏、警示标志等,引导乘客使用其他自动扶梯或者楼梯。电梯发生故障时,应立即停止使用,在电梯口放置安全护栏、警示标志等。有乘客被困时,应安抚乘客并及时采取救援措施。

(8) 站台门发生故障无法关闭时,应安排专人值守,做好安全防护;站台门无法打开时,应通过列车广播、标识或其他方式告知乘客,引导乘客从其他车门下车。站台门发生大面积故障的,司机应及时报告行车调度人员采取越站等应急措施,车站服务人员通过广播及时告知乘客,维护候车秩序。车站客运人员应将站台门故障情况及时报告设施设备维保人员进行处理。

(9) 列车临时清客时,应通过广播或者其他方式告知车内和站内乘客,车站工作人员应上车引导乘客下车,清客完毕后报告司机关闭车门。

列车区间疏散时,应通过车内广播准确、清晰告知乘客疏散方向,车站工作人员应进入轨行区引导客流快速疏散;车站可采取暂停进入车站等措施防止乘客进站,并及时告知乘客。

(三) 警示标志及提醒设备设施的设置

作为城市轨道交通运营企业,要考虑对存在安全隐患或者乘客受伤事件多发的区域进行改造或者调整,其包括设计结构优化、设备更换、客运组织引导等多种方式;除此之外,还可以通过增加人员引导、安全警示标志和安全提醒设备设施实现安全保障。图 4-3 为安全警示标志。

图 4-3　安全警示标志

安全警示标志是向人们警示工作场所或周围环境的危险状况，指导人们采取合理行为的标志和提醒。城市轨道交通通常使用的警示标志除了消防要求的标志外，大多属于一些温馨提示的内容。国内各城市轨道交通企业对于此类安全提示都是根据自身的设备情况来设计的，没有统一的规范，但最终目的都是提醒乘客注意安全。车站应在醒目位置张贴本站首末班车时间、周边公交换乘信息、无障碍设施指引、车站疏散示意图，以及禁止、限制携带物品目录等。出入口、站内指示和导向标志应清晰、醒目、连续、规范。车站控制室、设备房、轨行区等区域应设置醒目的禁行标志，应急装置应设置醒目的警示标志。

除了安全警示标志外，还有一些辅助设备设施可以起到安全警示作用。车站经常使用的有公共区广播、扶梯安全广播、屏蔽门车门开关提示音、屏蔽门车门开关提示灯等，通过声音和闪灯的方式达到提示的目的。

三　乘客宣传和交流对客运安全的影响

城市轨道交通车站客运安全管理是一个长期持久的工作，安全质量的提升要以良好的设备质量、有序的客运组织、安全文明的乘车习惯为保证。安全乘车习惯的培养是一个长期的过程，不仅要通过在乘车过程中的警示提醒来培养安全乘车习惯，还可以通过电视、报纸等媒体传播安全乘车的信息，各轨道交通企业都有自身运营管理的宣传手册，也是一个很好的宣传安全乘车的途径。同时还可以利用一些公益活动，或者与学校、社区、企业的共建活动，加大对安全乘车的宣传，培养乘客群体良好的乘车习惯。

任务工单三　列车上发现可疑物品处理

【任务说明】

城市轨道交通客流大、客流集中，尽管大部分城市已实现进站安检，但仍有可能出现乘客携带违禁品进站乘车的情况。由于车站内、列车上乘客多，一旦发生燃烧、爆炸等事故，将会造成极大的人身伤害和财产损失，严重影响行车安全。即便违禁品处于可控状态下，也极易造成乘客恐慌，甚至造成踩踏事件。因此，城市轨道交通应采取完善的措施杜绝违禁品进站，同时，也应针对可疑物品处理进行有效的应急演练。

根据本单元内容，以小组为单位开展处置列车上可疑物品的实训演练，即当在列车上发现可疑物品后，采取应急预案，疏散乘客，联系公安部门处置可疑物品，尽快恢复城市轨道交通正常运营。

本次实训任务的实训工具要求：电话、对讲机、模拟车站、模拟列车等。

【任务目标】

1. 发现列车上有可疑物品后，能按照流程汇报信息。
2. 能安抚乘客，组织乘客疏散。
3. 掌握各工作岗位职责。
4. 能与公安等部门协作，共同处置可疑物品。

【任务要求】

1. 以小组为单位开展现场实训演练。
2. 演练过程中，演练活动的考核主要围绕考核表中的要点进行。

演练角色设置：建议每小组学员12人左右。每个小组设置一名观察兼监督员，负责记录学员演练情况。各工作岗位各设一名工作人员；设置两名乘客。

教师负责演练实施过程的指挥控制，提醒学员按照流程演练，并对每位学员的演练过程进行评估；实训学员扮演不同的角色，完成现场演练要求的各项任务，相互监督、相互提出改进意见。学员自己负责对演练流程的组织和相关信息的组织。

3. 演练过程围绕下列主题开展：

（1）现场信息汇报。
（2）人员安排。
（3）组织乘客疏散。

【任务实施与考核】

实训任务	列车上发现可疑物品处理			
任务说明	列车上发现可疑物品，汇报信息，联系公安，疏散乘客			
班级		姓名		
学习小组		考核时间		
考核目标				
1. 发现列车上有可疑物品后，能按照流程汇报信息。 2. 能安抚乘客，组织乘客疏散。 3. 掌握各工作岗位职责。 4. 能与公安等部门协作，共同处置可疑物品				
考核内容				
考核项目	评分标准		分值	得分
司机职责	收到车厢的乘客报警按钮（DAB）报警后，通过司机对讲向现场乘客了解情况		5	
	将相关情况报告行调		4	
	运行到前方到站后，通知车站派人到现场确认		4	
	确认列车上有可疑物品后，报行调，协助车站处理		4	

续上表

考核项目	考核内容		
	评分标准	分值	得分
司机职责	播放清客广播,协助车站清客	4	
	确认清客完毕后,报行调,配合值班站长的处理	4	
行车值班员职责	接到行调或司机通知列车上乘客报警的信息后,通知巡视岗赶到站台列车上确认	5	
	初步确认为可疑物后,报行调、公安,通知邻站	5	
	接到值班站长对站台进行清客的通知后,播放清客广播清客	4	
	接到值班站长进行封站的通知时,疏散站内乘客,疏散完后报行调	4	
	接到恢复正常运营的通知时,报行调,通知各岗位	4	
值班站长职责	持对讲机赶到现场,确认为可疑物后,组织人员隔离现场,疏散车厢内的乘客,通知车控室和司机,组织对站台清客	6	
	公安到场后,配合公安处理,与行调、车控室进行信息反馈,控制进站的客流	5	
	关闭民用通信信号(如现场公安要求),报行调后立即执行,并将执行结果报行调	4	
	清客封站,安排在出入口张贴服务告示,配合公安处理	4	
	公安处理完毕后,与司机、公安共同确认可恢复正常运营时,组织恢复,并报行调	6	
客运值班员职责	接到信息后,马上到现场协助值班站长处理	6	
	将巡视岗挽留的证人移交公安	4	
巡视岗职责	接到列车上乘客报警的信息后,赶到站台列车上进行确认	4	
	确认为可疑物后,报车控室,并通知司机,疏散现场人员,并挽留现场目击乘客	6	
	接到值班站长清客的通知后,协助清客	4	
	协助值班站长现场处理	4	
总评成绩			

任务完成人签字:

日期: 年 月 日

指导教师签字:

日期: 年 月 日

单元六　调车作业安全

单元导入

司机违规动车导致挤岔

【事件经过】

某日，一列车在洗车线洗车完毕后，司机和副司机未与车厂信号楼值班员联系，未确认进厂信号机，亦未确认道岔，擅自动车（当时速度为15km/h），将车厂4号交分道岔挤坏。信号楼值班员听到挤岔警示后，立即用电台呼叫司机停车，司机紧急停车，列车在越过4号岔尖轨28~30m时停稳，造成了挤岔。

【事件分析】

司机、副司机安全意识不强，动车前未确认信号、进路、道岔，又未与车厂信号楼的信号值班员联系，是造成这起事故的主要原因；当值司机、副司机简化作业程序，未认真执行呼唤应答制度。

防范措施：强调"安全第一"的指导思想，各工种密切配合，加强联系。如列车进、出车厂前，司机须与信号值班员联系，确认信号、进路、道岔后方可动车；司机驾驶中及动车前的呼唤应答不能流于形式，要落到实处；各级人员认真检查、监督规章制度落实情况，保证规章制度得到不折不扣认真执行；车厂派班员向司机安排作业计划时，同时布置安全注意事项。

【定性定责】

根据《行车事故管理规则》中"调车冒进信号"，该事故定性为一般事故。

【案例启示】

调车作业是城市轨道交通行车工作的基本内容之一，调车作业应严格按照调车作业计划进行。调车作业中，要时刻注意确认信号，认真执行呼唤应答制，正确及时地执行信号显示的要求，以保障调车作业安全。调车作业是司机的重点作业内容之一，之所以是重点，是因为这些作业过程中存在更大的安全风险，轻者造成列车晚点、设备故障，重者则有可能造成设备损坏和人身伤亡。

任务要求

1. 了解调车作业事故的常见原因。
2. 掌握调车作业安全的基本要求。

调车作业是指除列车在正线运行，车站（车厂）到发以外的一切机车、车辆或列车的有目的地移动，在调车作业中发生的事故称为调车作业事故。一般来说，调车作业事故分为撞、脱、挤、溜4种类型，即冲突、脱轨、挤岔、机车车辆溜逸。

一 调车作业事故的常见原因

（一）调车作业计划不清或传达不彻底

调车作业计划是信号员、调车组等调车作业相关人员统一的行动计划，如果调车作业计划本身不清，造成调车进路排错，机车车辆进入线路，或调车作业计划传达不彻底，造成信号员及调车司机行动不一致，极易发生事故。

（二）作业前检查不彻底，准备不充分

调车作业前，必须按规定提前排风，摘解风管，核对计划，确认进路，检查线路、道岔和停留车辆情况，手闸制动时要选闸、试闸，铁鞋制动时要准备数量足够、性能良好的铁鞋。

（三）误排进路或未扳、错扳、临时扳动道岔或错误转动道岔

信号员误排进路或未扳、错扳、临时扳动或错误转动道岔，调车员和司机未认真确认信号及道岔位置，极易造成冲突、脱轨和挤岔事故。

（四）调车手信号显示不标准

调车手信号显示不标准有 3 种情况：一是未按规定要求显示信号；二是错过了显示信号的时机；三是错误显示信号。上述情况都有可能导致事故的发生。

（五）前端无引导推进运行或推进车辆不试拉

推进作业时，两端无人引导，由于调车司机无法确认线路和停留车情况，极易造成撞车和挤岔事故。推进车辆不试拉，一旦车辆中有假连接，制动或停车时车辆脱钩发生溜逸，也容易发生撞车、脱轨、挤岔和溜逸等事故。

（六）未按规定采取防溜措施

调车作业在线路上停放车辆时，如不按规定采取防溜措施，极易发生车辆溜逸事故，一旦车辆溜逸入区间，后果不堪设想。

二 调车作业安全的基本要求

（一）编制和布置调车作业计划的基本要求

编制调车作业计划必须在确保安全的前提下，充分考虑调车效率，做到有调车机车名称，有编解或摘挂车次，有作业起止时间，有编制人员姓名、日期。一批作业超过 3 钩或变更计划超过 3 钩，应使用调车作业通知单。

布置调车作业计划要正确及时。调车领导人要将调车作业计划亲自传达给调车员，调车员亲自传达给参加调车作业的司机。调车员必须确认有关人员均已了解调车作业计划后，方可开始作业。

变更调车作业计划时，调车领导人必须停止调车作业，将变更内容重新传达给每一名作业人员，确认无误后方可作业。

知识拓展

调车钩是指调车机车完成一次摘车或挂车等作业的行程，它是衡量调车工作量的一种基本单位，主要有牵出钩、摘车钩、挂车钩、转线钩、溜放钩。由于地铁工作性质，一般没有牵出钩和溜放钩。

（二）调车作业前准备工作的基本要求

认真检查线路、道岔、停留车情况，具体如图 4-4 所示。

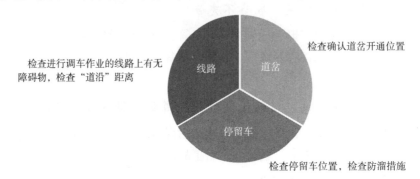

图 4-4　调车作业前准备工作

（三）调车作业指挥及各岗位作业要求

车厂调车工作由车厂调度员集中领导、统一指挥。车厂值班员负责办理接发列车、排列列车进路和调车作业进路控制，调车作业人员应按相关标准和调车作业计划单执行。

车厂调度员岗位作业要求：车厂调度员应根据机车车辆（包括客车，下同）、线路、设备检修计划和现场作业情况，科学、合理地编制调车作业计划，组织调车人员安全、及时地完成调车任务。

调车员岗位作业要求：调车作业由调车员单一指挥，根据调车作业计划单，正确、准时地显示信号，指挥调车司机，并注意行车安全。调车司机岗位作业要求：调车司机应根据调车员的准确信号平稳地操作机车，时刻注意确认信号，不间断进行瞭望，正确、及时地执行信号显示要求，负责调车作业安全。

车厂值班员岗位作业要求：车厂值班员根据调车作业计划单和现场作业情况、机车车辆停放股道，正确、及时地排列调车进路、开放调车信号，做到随时监控机车车辆运行。

（四）调车作业显示信号的基本要求

部分城市轨道交通企业在车厂内调车作业和正线工程车推进运行时已采用无线调车电台进行现场指挥。正常情况下，使用无线调车电台指挥调车作业及进行调车作业人员相互间的联系，在该设备发生故障时，则改用手信号指挥调车作业。因此，调车作业人员不但要熟悉信号显示内容，还必须熟练掌握显示方法。显示信号时，应严肃认真，做到位置适当、正确及时、横平竖直、灯正圈圆、角度准确、段落清晰。一是，正确选择显示信号的位置。调车员应站在既易于瞭望、能确认前方进路，又能使司机看见信号的位置上显示信号。二是，正确显示连挂信号。在推进车辆连挂作业时，为了使司机及时了解调车车辆与停留车之间的距离，调车员应显示连挂信号和距离信号，以做到平稳连挂。没有显示连挂信号和距离信号不准挂车。调车员显示信号后，没有听到司机鸣笛回示信号时，要立即显示停车信号。机车、车组接近被连挂车辆不少于1m时一度停车，确认车钩位置正确后再连挂，确认连挂好后，推动车辆前应指挥司机进行试拉。

（五）调车运行安全的基本要求

车场值班员正确、及时地排列调车进路，开放调车信号，做到随时监控机车车辆运行。调车作业中，司机与车厂值班员保持联系，严格执行呼唤制度。在调车作业中司机要准确掌握速度，在瞭望条件差、天气不良等非常情况下应适当降低速度。在尽头线上调车时，距线路终端应有10m安全距离，遇特殊情况需小于10m时，应与司机联系，严格控制速度并采取防溜措施。在机车、车辆移动中，作业人员禁止有下列行为：在平板车的侧板或端板、支架上坐立；站在车梯上探身过远；在装载易于窜动货物的车辆间和货物空隙间站立或坐卧；骑坐车帮，跨越车辆；进入线路内摘挡或调整钩位；在机车前后端坐立。

调车作业要做到四禁止：设备或障碍物侵入线路设备限界时，禁止调车作业；禁止提活钩溜放调车作业；客车转向架液压减振器被拆除且空气弹簧无气时，禁止调车作业；禁止两组车组或列车同时在同一条股道上相对移动。

想一想

什么是提活钩调车？减震弹簧装置不能正常工作时为何禁止调车？

（六）车辆停留、防溜及止轮器存放的规定

连接线、牵出线、洗车线、走行线（接发列车时除外）、试车线、咽喉道岔区禁止停放机车车辆。在其他线路存放车辆时，应经车厂调度员同意方可占用。机车车辆应停在线路两端信号机内一侧。工程机车、轨道车停放在带电区时，应在上车顶扶梯处悬挂"高压电禁止攀爬"标志牌。调车作业，应做到摘车时先做好防溜（电客车应恢复气制动和停车制动，工程车拧紧手闸，必要时放置铁鞋）后再摘车；挂车前应首先检查防溜措施状况，确认无误后才能挂车，挂妥后再撤除防溜措施。铁鞋应统一放置于机车车辆一侧的车轮下，撤除防溜措施后，铁鞋应及时放归原位。

单元七 试验试车安全

单元导入

司机试车线操作不规范导致车厢脱轨

【事件经过】

某日，一列车在试车线进行了三次调试，在制动工况下车组偶尔出现"空转滑行"现象，其他均无异常。司机接到车厂调度的通知回库。（以上行车中司机均未按要求在"一度停车"标前停车再动车）。司机以人工模式动车，没有按要求在"一度停车"标前停车。

车辆进入最后一个轨道区段时,由于速度过高,虽然采取了紧急制动措施,车辆仍然撞击到北端摩擦式车挡,撞毁尽头的混凝土车挡,列车第一节车厢脱轨。司机立即报告车厂调度及信号楼。

【事件分析】

司机严重违反了调试、试验有关安全规定,是造成本次事故的直接原因。间接原因:主办部门没有明确调试的内容和要求,没有安排人员跟车指挥调试,对试车工作预想不足;司机在本次调试过程中没有按要求在"一度停车"标前停车;列车在试车线运行过程中多次出现"空转滑行"现象,由于司机经验不足,未能给予高度的警觉,未及时采取相应措施。

该案例中,试车线使用人工模式驾驶调试时要加派一名监控员进行监控,试车线两端停车标前要预留70m的停车距离,应对所有车挡的技术状态进行检查,确保车挡的功能良好。

【定性定责】

根据《行车事故管理规则》中"非运营列车脱轨",该事故定性为一般事故。

【案例启示】

城市轨道交通系统运营过程中,会引进部分新设备、新技术、新科技,如果新设备、新技术运用得好,整个系统的安全运营工作将提高一个台阶;反之,则会给城市轨道交通系统的安全运营带来隐患,甚至会导致事故的发生。

需要投入使用的设备,都需要进行一定的安全调试、检查,再进行规范的安装使用。设备从购进到投入使用这一过程中安全管理的重点是,保证设备安装符合有关的安全技术规范,检查、审核设备及生产工作,要求整个安装、调试过程都在受控状态下进行,对每项施工工序进行安全验收并签署验收凭证,认定安全合格、手续完备后,方可投入正式使用。

任务要求

1. 了解设备安装及调试、试验注意事项。
2. 掌握调试、试验实施过程中的要求。
3. 掌握调试、试验车辆行车安全要求。

调试、试验安全管理的内容是规范城市轨道交通范围内的新线、新系统、新设备和科研技改设备在安装、软硬件更换与调试、试验的安全管理,确保不因设备安装、软硬件更换与调试、试验而影响正常运营的安全、效率等。设备安装、软硬件更换与调试、试验项目的责任部门负责项目协调、计划、组织、技术、安全工作,负责对外的联络,贯彻统一指挥、逐级负责的原则。凡进行设备安装、软硬件更换与相应调试、试验的项目,应严格执行工作流程,工作流程包括编写与确定方案、学习方案、现场组织与实施及结果确认等。

一 设备安装及调试、试验注意事项

所有参加设备安装、软硬件更换与调试、试验的人员必须符合城市轨道交通安全规定的要求,并熟悉方案的要求,严禁无证操作。在调试期间如发现有危及行车安全的情况,任何人都有权中断调试。发生雷雨或暴风时,禁止在电线杆上作业。打雷时,禁止对避雷器、接地线等进行调试。因为调试、试验需要挖坑、沟时,应与有关部门联系,了解地下

设备情况，土质松软处应设防护和加固措施，以防坍塌，坑、沟一般不过夜，不得已时须采取防护措施。

凡进行危险性较大、影响行车和人身安全的调试、试验时，必须事先拟定安全措施，并由调试负责人组织，派专人进行防护。在设备安装、软硬件更换与调试、试验过程中须使用易燃、易爆或有毒材料的，应设专人负责，隔离存放，妥善保管。调试、试验作业中需下地沟作业时应佩戴安全帽，上车顶作业时应采取安全防护措施（戴安全帽、穿工作鞋、戴好安全带）并确认状态良好。禁止穿拖鞋、高跟鞋、硬底鞋进行作业。任何人未经允许和接地线未挂好不得进入车顶检修平台，任何时候不得翻越车顶检修平台，未经允许不得使用移动扶梯上车顶。

调试人员因调试需要进出屏蔽门端门时，必须关好端门，以免因活塞风影响将端门吹动撞坏。调试期间，任何参与调试的人员原则上不能下调试区域的轨行区，如确有需要下去时必须征得调试现场指挥的同意，并确认在车上已采取了相关的安全措施后，方可进入轨行区。外单位调试人员进入设备房、列车及轨行区作业，必须执行本单位相关规定；操作运营设备时，必须有本单位人员在场。在调试过程中，主办部门必须督促供货商做好充分的备件准备，以应对突发的事件。

二、调试、试验实施过程

机械设备的安装和调试属于一项涵盖多工种、多工序的工作，看似简单，实则复杂。要保证设备的安装质量，就要求人员技术过硬，施工组织严密，严格按照方案和流程施工。设备安装调试实施过程应满足以下要求。

（一）开箱验收

新设备到货后，由设备管理部门，会同购置单位，使用单位（或接收单位）进行开箱验收，检查设备在运输过程中有无损坏、丢失，附件、随机备件、专用工具、技术资料等是否与合同、装箱单相符，并填写设备开箱验收单，存入设备档案。若有缺损及不合格现象，应立即向有关单位交涉处理。

（二）设备安装施工

按照工艺技术部门绘制的设备工艺平面布置图及安装施工图、基础图、设备轮廓尺寸以及相互间距等要求划线定位，组织基础施工及设备搬运就位。在设计设备工艺平面布置图时，对设备定位要考虑以下因素：

(1) 应适应工艺流程的需要；
(2) 应便于工件的存放、运输和现场的清理；
(3) 设备及其附属装置的外尺寸、运动部件的极限位置及安全距离；
(4) 应保证设备安装、维修、操作安全的要求。

安装过程中，对基础的制作，装配连接、电气线路等项目的施工，要严格按照施工规范执行。安装工序中如果有恒温、防震、防尘、防潮、防火等特殊要求时，应采取措施，条件具备后方能进行该项工程的施工。

(三) 设备试运转

设备试运转一般可分为空转试验、负荷试验、精度试验 3 种。

1. 设备的空转试验

为了考核设备安装精度的保持性、设备的稳固性等有关参数和性能，在无压力运转状态下进行空转试验。一定时间的空负荷运转是新设备投入使用前必须进行磨合的一个不可缺少的步骤。

2. 设备的负荷试验

试验设备在数个标准负荷工况下进行试验。不同负荷状态下的试运转，也是新设备进行磨合所必须进行的工作。磨合试验质量，对于设备使用寿命影响极大。

3. 设备的精度试验

一般应在负荷试验后按说明书的规定进行，既要检查设备本身的几何精度，也要检查工作（加工产品）的精度。这项试验一般在设备投入使用两个月后进行。

(四) 设备试运行后的工作

首先断开设备的总电路和动力源，然后做好下列设备检查、记录工作：

（1）做好磨合后对设备的清洗、润滑、紧固，检修或更换故障零部件并进行调试，使设备进入最佳使用状态。

（2）做好并整理设备几何精度、加工精度的检查记录和其他机能的试验记录。

（3）整理设备试运转中的情况（包括故障排除）记录。

（4）对于无法调整的问题，分析原因，从设备设计、制造、运输、保管、安装等方面进行归纳。

（5）对设备运转作出评定结论，处理意见，办理移交的手续，并注明参加试运转的人员和日期。

(五) 设备安装工程的验收与移交使用

（1）设备基础的施工验收由质量检查员会同施工员进行验收，填写验收单。

（2）设备安装工程的最后验收，在设备调试合格后进行。

（3）设备验收合格后办理移交手续。

（4）设备移交完毕，由设备管理部门签署设备投产通知书，并将副本分别交设备管理部门、使用单位、财务部门、生产管理部门，作为存档、通知开始使用、固定资产管理凭证、考核工程计划的依据。

设备安装、试验实施过程如图 4-5 所示。

图 4-5　设备安装、试验实施过程

三　调试、试验计划申报与实施管理

正线范围内的调试、试验过程中，行车调度员与调试、试验负责人必须加强联系，行车调度员有权向调试、试验负责人了解调试、试验进行情况，调试、试验负责人有责任向行车调度通报调试、试验进行情况。

对车厂范围内的调试、试验：在调试、试验过程中，车厂调度员与调试、试验负责人必须加强联系，车厂调度员有权向调试、试验负责人了解调试、试验进行情况，调试、试验负责人有责任向车厂调度员通报调试、试验进行情况。

在调试过程中，无论调试区段是否封锁，在调试区段原则上不能进行其他施工作业。若确需进入调试区段抢修设备时，由抢修施工负责人与调试、试验负责人联系，在得到调试负责人许可后，行车调度员可在保证运营安全的原则下，安排进入调试区段抢修。

凡在城市轨道交通范围内进行的调试、试验工作，控制中心负责跟踪调试、试验过程。

调试、试验作业现场的请点与销点流程及作业安全防护措施，应按施工管理规定执行。

调试、试验作业结束后，调试、试验工作人员应清扫、整理现场。调试、试验负责人应进行周密检查，确认无误后方可离开。

四　调试、试验车辆行车安全

（一）调试、试验作业的基本要求

列车调试、试验作业的行车工作由司机负责。在调试、试验列车运行过程中，禁止调试、试验人员擅自动用与行车安全有关的设备设施。列车进行任何调试、试验，须由调试、试验负责人统一指挥，司机必须根据调试、试验负责人的要求操纵客车。需要动车时，必须与车厂值班员或行车调度员联系，落实运行进路的安全，得到其同意并确认行车"三要素"（进路、信号、凭证）符合行车条件后方可动车。

严禁爬上列车车顶，运行中严禁探身车外、飞乘飞降上下车，任何人不得扶着手扶杆站在车厢外面。进行动态试车前，必须确保列车的制动系统功能良好。静态试验前，必须对车辆施加停车制动。

列车司机应按列车操作条款及检车流程对调试、试验列车进行全面检查、试验，确保列车状态符合行车要求。列车有异常或故障，要严格按照相关要求及时汇报、处理。在列车动车出厂前，司机必须正确理解调度命令内容，明确调试指挥负责人，确认调试内容及安全注意事项，清楚并明确调试程序。司机须检查确认客车制动试验、线路限界、进路信号的显示、调试人员及设备到位等情况是否具备行车安全条件，如有异常及时报告车厂调度员。严禁列车实习学员操纵列车进行调试、试验作业。司机应严格执行规章制度并控制速度，加强瞭望和呼唤应答，认真操作，密切注意观察设备、仪表的状态，遇信号异常或危及行车安全时，应立即采取紧急停车措施，并及时报告调试、试验负责人及行车调度或车厂调度员，听从其指示，确保调试列车安全。作业途中停止时，没有调试、试验负责人的指示，严禁擅自动车。

在调试、试验作业过程中出现车辆故障时，列车司机应及时向调试负责人汇报，由其进行处理，视其需要给予协助。禁止未经调试负责人同意擅自动用车载设备或进行任何试验操作。

在列车调试、试验期间，司机需要服从调试、试验负责人的指挥，但调试、试验负责人提出的调试要求超出计划内容时，司机应及时向行车调度员（在车厂则报车厂调度员）汇报并得到其同意后方可执行。下列情况司机应给予坚决制止，不予动车，并将情况报告行车调度员（在车厂则报车厂调度员）处理。如调试人员不听劝阻时，司机可停止作业。

（1）调试、试验指令违反相关安全规定或规章时。

（2）危及行车安全（如有物品侵入限界、道岔位置不对等情况）时。

（3）不具备动车条件（如列车上的设备未恢复正常位置、未进行制动试验等情况）时。

（4）无调试、试验负责人在场时。

（5）作业计划不清或计划与实际有出入时。

（二）调试、试验的安全措施

1. 试车线调试、试验的安全措施

严格执行施工管理规定中有关在车厂内调试、试验作业组织流程，车厂调度员在接到调试、试验任务时，将调试、试验计划有关内容向司机布置清楚；在试车线进行客车调试、试验时要严格遵守试车线的限制速度，按照试车线行车信号、标志要求，严格控制速度运行；雨天、大雾天时严禁在试车线进行列车的高速调试、试验，制动时做到早拉少拉，并按规定停车，夜间严禁进行人工模式下的高速调试、试验；进行调试时，必须安排两名司机上岗，一人操作一人监控。司机要按试验大纲要求操作，严格控制好两端速度。

2. 正线调试、试验的安全措施

司机应严格执行相关规定，整备列车，确保列车状态符合正线运行要求；列车出厂前，司机必须检查调试、试验人员的到位情况，确认调试期间具体线路，明确调试项目、程序及其安全事项；列车在始发站动车前，司机要与行车调度员共同确认调试、试验进路的开通情况。司机要密切注意列车运行前方的线路状态，严格执行行车调度命令，听从调试、试验负责人指挥；列车调试、试验原则上按信号显示行车，如行车调度员要求列车在封锁线路进行调试、试验时，司机必须认真确认进路上的每副道岔位置，在通过进路防护信号机、道岔时要适当降低速度；每次动车前，司机要认真确认信号、进路、道岔情况。运行时要集中精力，严格按照规定的速度或按行车调度的限速命令运行，严禁超速驾驶；遇较难确认信号的车站或区间，司机应适当降低速度，直至能清楚确认信号显示后按规定的速度运行；列车在两端终点站或在运行中途站折返换端后，司机应确认进路信号机的显示、道岔位置正确并与行车调度员落实运行进路后方可开主控钥匙，凭调试、试验负责人的指令动车。

单元八 城市轨道交通施工作业安全

施工作业操作不慎,导致3人死亡

【事件经过】

施工安全
不可忽视

某年6月22日,青岛地铁土建十三标项目部按照轨行区调度命令安排,计划于当日19:00至次日7:00实施青青区间(青岛二中站—青岛科大站)的混凝土施工。当班轨道车司机为邱××(持有铁路自轮运转车辆驾驶证,准驾类型E2,准驾工务施工用轨道车)。6月22日20:00,环网一队会计郭××找到邱××,请求其班组完成工作量后将轨道车停放于青岛二中站南侧,让出路轨以便环网一队进入青青区间施工,并支付了500元钱作为报酬。6月23日3:16和4:06,邱××两次与郭××联系,通知其做好施工准备。

6月23日3:00,环网一队队长王××安排汽车起重机将改装电缆运输车放置在U形槽(本工程桥隧过渡段,位于青岛科大站北侧,张村站南侧)处。4:30,王××组织工人用租用的汽车起重机将3盘35kV电缆吊放至轨道上的改装电缆运输车上。几分钟后,邱××驾驶轨道车从隧道内开出,行至U形槽处,将轨道平车上的混凝土料斗吊出,混凝土施工完成,施工人员退场。此时,项目部派驻现场值班员陈××看到施工结束,轨道车归位,未通知下一班值班员,也未向调度报告,离开其值班岗位。随后,邱××在与王××进行沟通后告知随车车长蒋××,要将轨道车推进至青岛二中站给环网一队让道,蒋××同意了邱××的要求。

5:00,邱××驾驶轨道车驶入隧道右线,轨道车车速在8~9km/h。5:10,在没有取得轨行区作业令的情况下,环网一队施工队长王××带领16名施工人员进入隧道右线,安排无机动车驾驶证的黎××驾驶三轮车,随队技术员赵××坐在副驾驶位置,王××等4名作业人员坐在三轮车后斗内,其余11名工人站在三辆平板车上,黎××驾车进入隧道后,一开始开得很慢,到达青岛科大站后进入长下坡,车速开始越来越快,黎××开始制动车辆。虽然青岛二中站—青岛科大站区间内照明灯不亮,但是在黑暗中施工队长王××及随车人员都感觉到了车速在不断加快,遂询问黎××为何车速在变快,黎××将制动踏板踩到底,仍未能将三轮车制动,并答道:"车刹不住了"。

当电缆运输车辆行驶至右线YK14+900的下坡转弯段时,突然发现前方行驶的轨道车,三轮车后斗内的王××及黎××跳车躲避,三轮车与轨道车随即发生追尾,碰撞后,三轮车及平板车脱出轨道,电缆线盘因强大的惯性从平板车上甩出向前滚落至行进方向右侧排水沟内,挤压住跳车人员,平板车上站立的工人也因惯性甩落至地面和两侧排水沟内。轨道车司机邱××在感觉到碰撞后,立即采取了制动措施,轨道车滑行了1m左右停住。被惯性甩落的环网一队工人从地上爬起,观察周围情况,发现有工友被电缆线盘挤压住，有两人试图挪动线盘，但线盘重量太大无法移动。

因隧道内无手机信号，两人随即与轨道车司机邱××、车长蒋××跑向前方青岛二中站求救，于5：40向环网一队负责人王××、会计郭××电话求救，并拨打了120急救电话，现场其他受伤人员也积极开展自救。

事故造成现场施工人员1人当场死亡，2人经抢救无效死亡。

【事件分析】

劳务公司违规使用未经正规设计、自行改装、制动装置存在严重缺陷的电缆运输车，违反轨行区作业管理规定，在未取得轨行区作业令的情况下违规进入轨行区作业，与前方违规运行的轨道车发生追尾碰撞，是造成事故的直接原因。环网一队在运输电缆时电缆线盘捆绑不牢，且人货混装混运，导致事故损失扩大。

同时，劳务公司未根据实际施工情况提报施工作业计划，也未根据施工区间申请作业令，是本次事故的间接原因。

【定性定责】

依据《地铁运营事故处理规则》中"其他列车发生冲突、脱轨、火灾或爆炸，造成下列后果之一时：其一，人员死亡3人或死亡、重伤5人及其以上者"，该事故定为行车重大事故。

【案例启示】

从上述案例可以看出，城市轨道交通在施工期间，如果组织不当，极易引发事故。由于施工涉及部门众多，作业种类繁多，因此必须掌握每一施工环节的作业要求，了解可能出现的安全隐患，做到"自控、互控、他控"，加强监督和联系，防范事故发生。生产活动中要牢固树立安全发展理念，健全安全责任体系，严格落实每个单位的具体责任，加强分工管理。

任务要求

1. 掌握施工计划的分类。
2. 了解施工计划编制原则及申报程序。
3. 掌握施工组织管理方法。
4. 了解施工作业时的行车安全措施。
5. 掌握工程车开行规定。

城市轨道交通系统是一个大联动机。通过员工、设备、制度、物料等方面的紧密配合，提供给乘客安全、迅速、准确、便利、文明的客运服务。在运营服务过程中，需定期对系统中的设备、物料进行更新、维护、维修、更换等施工作业。施工作业的效率、效果直接影响到城市轨道交通系统的运营。做好施工组织工作，确保施工安全，才能保证城市轨道交通系统设备、物料等符合技术标准，才能保证城市轨道交通系统的正常运营。

目前，我国拥有轨道交通的城市都是国际化程度较高、社会经济发展较快、人口密度较大、城市交通出行存在一定困难的城市。这些城市一旦轨道交通出现较大问题，势必影响城市交通，给乘客出行带来不便，给人民生命财产造成损害，进而降低国家在国际社会的声誉。而维修施工作业一旦发生事故，势必影响城市轨道交通系统的运行，进而可能引发上述的一系列问题。

因此，要高度重视维修施工作业安全管理，为城市轨道交通安全运营提供良好的基础和保证。

一　施工计划的确定

施工是轨道交通系统生产活动的重要组成部分，行车调度部门既要按照批准的施工计划，保证设备维修更换、线路扩建工程等夜间施工任务的顺利完成，又要保证次日运输生产能正常运行。为科学有效的组织施工，提高维修、施工的效率，保证设备维修质量，确保维修和施工的安全，必须加强施工的计划性，要成立有效的施工管理组织，加强对维修、施工作业的管理。主要内容有：组织对工程施工方案进行审核；协调各单位的作业计划，处理作业计划变更事宜，跟进作业计划实施情况；编制、发布施工行车计划；组织对工程质量进行检查和验收；组织对外单位人员进行轨道施工安全培训；定期对施工工作的开展情况进行分析、总结，并有针对性地改进工作。

（一）施工计划的分类

以国内部分城市轨道交通系统为例，施工计划可以按时间分类，也可按施工作业地点和性质不同分类。

1. 按时间分类

（1）月计划

属正常修程内应提报月计划，主要有以下几种情况：客车在正线调试工作；开行工程车（含轨道车）的检查、维修、施工、运输作业；影响行车的设备检修施工作业；需要进入正线及辅助线的检查、维修施工作业；屏蔽门的检修作业；需要接触网停电的检查、维修施工作业；车辆段内的行车设备检修作业（含限界内）；不进入轨行区，但需要有关部门配合的作业等。

（2）周计划

凡不属于按规定列入月计划，因设备检修需要，对在月计划里未列入的或月计划中需调整变更的施工计划，称为周计划。

（3）日补充计划

不属于按规定列入月计划、周计划的，但对行车有一定影响的检查、维修计划或月计划、周计划内日作业项目的变更计划，称为日补充计划。

（4）临时补修计划

运营时间内对设备进行临时抢修后，须在停运后继续设备维修作业为临时补修计划。

2. 按施工作业地点和性质不同分类

按施工作业地点和性质不同可分为影响正线、辅助线行车的施工，在车辆段内的施工和在车站内不影响行车的施工 3 种。

影响正线、辅助线行车的施工又可细分为开行工程车的施工、不开行工程车的施工和在车站范围内影响行车设备设施的施工。

在车辆段内的施工可分为开行电客车、工程列车的施工（不含车辆段内部），不开行工程车但在车辆段线路限界及影响接触网停电的施工和不开行工程列车也不在车辆段线路限界的施工。

在车站内不影响行车的施工作业可分为车站内大面积影响客运及需动火的作业和其他局部影响客运，但经采取措施影响不大且动用简单设备的施工作业。

按作业地点和性质划分的具体施工计划见表4-4。

按作业地点和性质划分的具体施工计划　　　　　表4-4

施工分类	代码	说　明
A类：影响正线、辅助线行车的施工	A1	在正线、辅助线，需要开行工程车、电客车的施工
	A2	在正线、辅助线，不需要开行工程车、电客车的施工
	A3	在车站、主变电所、控制中心范围内，影响正线行车设备运行的施工
B类：车厂（车辆段、停车场）范围内的施工	B1	开行电客车、工程车的施工（不含车辆部电客车、工程车检修）
	B2	不开行电客车、工程列车但在车厂范围内影响行车、影响接触网、车厂变电所停送电或需要动火的施工
	B3	车厂内除B1/B2以外不影响车厂行车的施工
C类：非正线、辅助线范围内不影响行车的施工	C1	大范围影响客运、影响消防设备正常使用、需要动火、设备设施维护检修或外单位（不含长期委外单位）需进入设备用房等施工
	C2	局部影响或不影响客运、不影响设备系统运行的巡视检查、清扫、测试；动用简单设备（如动用220V及以下的电力、钻孔等，不违反安全规定）等施工

想一想

表4-4中，从A1到C2，有什么样的规律？

（二）施工计划编制原则及申报程序

1. 施工计划编制原则

（1）施工作业计划的安排应在确保安全的前提下，考虑均衡安排，避免集中作业；

（2）处理好列车的开行时间和密度、施工封锁等几方面的关系，避免抢时、争点现象；

（3）为方便施工单位作业，施工作业计划内各项作业应注明作业部门、施工日期、作业起止时间、作业内容、作业区域、安全事项及其他应说明的问题（列车编组、行车计划、配合部门及详细配合要求、联系电话等）；

（4）经济、合理地使用机车车辆，避免浪费资源。

2. 施工计划申报程序

施工计划申报流程如图4-6所示。

图4-6　施工计划申报流程

(1) 签订安全协议

外单位施工负责人须接受培训后才能够申请在城市轨道施工作业中担任负责人,施工作业编制部门与外单位施工负责人签订安全协议。

(2) 提报、执行计划

施工单位、内部相关部门应按规定时间向施工计划编制部门提报计划,施工计划编制部门平衡协调后发相关部门执行。

(3) 填报施工计划

施工单位、内部相关部门应填写施工计划申报单,其中包括作业日期、作业部门、作业时间、作业区域、作业内容、供电安排、申报人、防护措施、备注(列车编组、配合部门及详细配合要求、联系电话等)。

3. 施工进场作业令

凡进行计划施工,都必须领取施工进场作业令,以此作为施工的凭证。施工计划编制部门负责施工进场作业令的管理工作。

二 施工组织管理

由于城市轨道交通施工作业牵涉面广,外单位人员参与作业的较多,对行车作业存在安全隐患,故必须加强施工组织管理。

施工组织管理包括设立施工领导小组、施工组织实施、运营时间内特殊情况的施工规定及施工前教育等方面。

(一) 设立施工领导小组

为加强对维修、施工作业的管理,城市轨道交通运营公司须成立施工计划领导小组,对施工进行协调、管理,小组成员主要包括行车、设备、车辆、安全监察等部门的人员。施工领导小组的职责是负责审批、发布施工计划,组织召开施工协调会,协调解决施工、运输及安全问题,并负责施工现场的组织协调工作。

(二) 施工组织实施

施工组织实施主要涉及确定施工责任人、施工批准权限、具体施工时间点的登记及注销(施工请销点)、施工过程中的安全防护和施工时间的安排等。

1. 施工相关人员职责

(1) 施工负责人/施工责任人职责

一般城市轨道交通企业施工项目必须确定施工负责人,同时施工队伍必须具有相关资质认证,有一定的专业技能。每项施工作业须设立一名施工负责人,若同一施工在多个作业点进行,则该项目除配备施工负责人外,各点(辅站)需配备施工责任人,两者须经过培训后取得安全资格证书,并实行持证上岗制度。由于轨道交通行业的特殊性,所有劳务工上岗前必须经过安全教育,并对所从事的工序进行培训,经施工负责人签字认可,方可上岗作业。

施工负责人负责在请点站办理进场作业登记和该项作业的组织、安全和管理;施工责任人在辅站办理进场作业登记和负责该作业点施工的组织、安全和管理。具体如下：

①负责作业人员/设备的管理；

②办理请/销点手续；

③作业过程的组织指挥；

④及时与车站、车厂联系作业有关事项；

⑤组织设置/撤销作业安全防护设施；

⑥出清作业区域/设备状态恢复正常。

（2）施工作业中车站人员职责

①负责查验施工作业人员和施工负责人的相关证件；

②负责办理施工作业登记请点和销点手续；

③负责监督检查施工负责人设置和撤销作业的施工防护；

④负责监督车站施工作业安全；

⑤负责与施工负责人/联络人、配合人员确认施工区域线路出清。

（3）配合部门人员职责

①协助外单位办理施工请销点手续，检查外单位人员施工防护、劳动保护情况；

②负责清点外单位进出作业区域的施工作业人员；

③负责监督外单位的施工作业安全；

④负责检查外单位人员、物品（工器具、材料、施工垃圾等）出清线路情况，并向车站反馈；

⑤检查、确认施工所动用的运营设备恢复到正常使用状态且已加固，不会侵入行车限界，并向车站反馈；

⑥检查监督所配合作业的外单位人员的保卫综治问题（盗窃、抽烟等）；

⑦配合分公司内部作业时，向施工负责人提供相关的技术支持，负责操作所管辖范围内的设备（如配合挂拆接地线等）。

长期委外单位施工及不影响行车和现运营设备的工程遗留问题整改及尾工，可不安排配合人员，由该作业的施工负责人承担上述职责。

2. 施工批准权限

根据施工作业地点和作业性质，城市轨道交通施工前必须办理相应批准手续才能动工。影响正线、辅助线行车的施工作业，需经行车调度批准；在车辆段内的施工作业须经车辆段调度批准，如影响正线行车须报行车调度批准；在车站内不影响行车的施工作业，运营内部的施工项目须经车站批准，外部单位施工作业按外单位施工作业管理，须经车站批准。

3. 施工请点及销点规定

施工作业必须向行车调度（或车辆段调度）请点生效后方可开始施工，施工完毕后线路出清必须向行车调度（或车辆段调度）销点。

（1）请点规定

施工负责人须持施工作业令原件（非作业请点登记可用施工作业令复印件）到车站或

车辆调度处填写"施工登记表"请点,经行车调度(或车辆段调度)同意,请点生效后方可施工。

(2)销点规定

与请点过程相反,施工负责人负责施工区域的出清后销点。须异地销点的施工作业,施工负责人(责任人)应在"车站施工登记表"备注栏中注明异地销点的地点和人数。登记进入施工的车站要及时通知异地销点的车站值班员。当施工结束后,施工负责人向登记的销点站登记销点,销点站经与施工负责人核对销点的施工内容、施工人数、地点,并向请点站核对无误后,准予销点。请点站负责向行车调度报告。

4. 施工防护

施工作业的一个重要内容是对施工区域进行安全防护,确保施工作业人员的人身安全。施工作业防护执行"谁设置,谁撤除"的原则。

(1)一般要求

轨道交通施工事故有很大一部分是施工防护疏漏造成的,因此,对于在施工作业过程中由谁具体负责施工防护应有明确的规定。施工防护的一般要求如下:

①作业人员包括所持的机具、材料、零部件等与接触网之间必须保证1m以上的安全距离,否则接触网必须停电防护;接触网停电检修或须接触网停电配合挂接地线时,由供电操作人员负责在该作业地段两端挂接地线。

②站内或站间线路施工时,由施工负责人在施工区域两端轨道上设置红闪灯防护。

③在折返线、存车线、联络线上施工时,须在作业区域的可能来车方向处设置红闪灯防护。

④车站值班人员到站台检查红闪灯是否按规定摆放,并监督红闪灯状态是否良好。

⑤施工作业时除严格执行以上规定外,还要执行施工部门的有关施工操作程序的防护规定。

⑥凡在运营时间内进行作业的,必须做好防护措施,确保城市轨道交通乘客的安全,最大限度地减少对乘客的影响。

(2)具体要求

施工作业时,由于施工作业人员和工程车都在轨道上,安全因素比较复杂。人(施工作业人员)、车(工程车)在同一区域作业时,轨道交通企业均有严格规定,以确保人员安全。具体要求如下:

①人、车在同一区域作业时,由施工负责人与车长根据现场情况协调。

一是,按施工前进方向,列车在前,人员在后,原则上不得颠倒或列车运行前后皆有作业。

二是,非随车施工人员与列车应有50m以上的安全间隔距离,原则上列车不得随便后退,如需要动车时,须施工负责人和车长协商后才能动车,以确保人身安全。

三是,作业人员应在现场作业区的来车方向设置红闪灯防护。

②组织工程车运行时,在工程车到达站前方必须保证至少有一个站间区间空闲。

③在开行工程车进行作业的封锁作业区前后方必须保证至少有一个站台区或站间区间

空闲。

④在开行高速调试列车的作业区前后方必须保证至少有一个站间区间空闲。

⑤凡进入线路施工作业人员必须按要求穿荧光衣,并根据作业性质及作业要求使用其他安全防护用品。

⑥施工作业过程中如要进行动火作业,必须事前办理有关动火手续,严禁在未办理动火手续的情况下进行动火作业。

⑦外单位施工由主办部门或主配合部门负责安全管理、安全监督。

⑧各施工单位、部门在申报施工计划时应严格按照相关规定,结合施工作业过程中的实际情况,提出安全防护要求和配合要求。在施工作业过程中,施工单位、有关部门应严格遵守安全规定和施工进场作业令中的要求。

5. 施工时间的安排及其他相关规定

(1) 施工时间的安排

①如有工程车运行时,须等工程车通过后才能开始施工。

②严格按照施工计划按时完成施工作业。

③每日尾班车离开起点站后,可由车站根据施工登记表向行车调度预请点。

车厂内施工(作业)时间安排严格按照施工计划的要求执行,车厂调度、维修调度、派班员应根据当日施工计划提前做好线路空闲、车辆和司机配合准备工作。

(2) 施工人员进出站规定

①施工负责人持作业令在作业令规定的施工开始时间前到达主站;施工负责人及维修人员在作业令规定的施工开始时间前到达辅站和相关车站,按规定程序办理施工作业手续。

②向内部相关部门配发车站紧急出入口的钥匙。施工人员遇特殊情况需在收车后到达车站的,施工负责人到内部相关部门申请领取车站出入口钥匙,经各站指定的紧急出入口进出车站,及时将出入口上锁。

③外单位的施工人员进出车站须提前与车站当值人员联系,并于关站前进站。特殊情况确需关站后进入的,应事先与车站预约,车站根据预约的地点、时间,查验手续后开门放行。

(3) 施工组织规定

①每日运营结束后,维修部门按计划对各设备系统进行检修作业,并应于规定时间内完成运行线路巡道和施工线路出清程序。

②在正线及辅助线施工开始前,施工负责人应进行施工登记,经行车调度员批准,发布封锁命令。车站签认后,通知施工负责人设置防护信号,并送维修施工人员到站台端墙,确保施工人员进入正确的施工区域。

③对维修、调试、施工等作业按性质、地点分别组织:涉及正线的施工作业须经行车调度员批准方可进行;涉及车厂内的施工作业须经车厂调度员同意方可进行,若影响正线行车,须报行车调度员批准;涉及车站的施工作业须经车站批准方可施工。

④在两站之间作业需要开行工程车时,由行车调度员指定的车站值班员负责掌握施工

情况，监督施工安全。

⑤施工结束后，施工负责人负责线路出清、人员撤离现场，经检查确认撤除防护后，办理注销施工登记手续，车站报告行车调度员取消封锁线路的命令。

⑥需由多个车站进入施工的作业项目，施工负责人除到主站办理外，还需核实辅站情况。辅站施工责任人在作业令规定的施工开始时间前到达辅站办理登记手续，辅站值班员向主站值班员核实施工事项并请点。主站接到行车调度员允许施工的命令后，传达给施工负责人及辅站，辅站值班员允许施工责任人开始该作业点的施工。

⑦当多站销点时，辅站施工责任人负责本段线路出清并报施工负责人后，在辅站销点，辅站值班员向主站值班员销点；施工负责人负责该项作业区域全部出清后，方可报主站值班员销点，主站值班员向行车调度员销点。

⑧有外单位作业时，由指定的施工主办部门或主配合部门人员协助办理请点后，方可开始作业。

(三) 运营时间内特殊情况的施工规定

城市轨道交通系统的施工作业一般均利用末班车通过后的非运营时间进行，并必须于运营前规定时间全部结束。特殊情况下，当正线、辅助线运营时间内发生各类设备故障或事故需封锁区间抢修时，由行车调度员负责组织故障情况下的行车，并根据维修调度要求组织相关问题的处理。具体规定如下：

（1）行车调度员向有关部站发布封锁线路的命令，需要时通知电网调度停电。

（2）维修调度员得到行车调度员的封锁命令号码、范围和时间后，控制封锁区间，此时维修调度员负责组织封锁区间内的设备抢修工作，并指定一名施工负责人现场指挥。

（3）抢修完毕，现场指挥确认线路出清后报维修调度员，维修调度员在相应报表（如"值班主任事故处理记录表"）上签认恢复行车时间，将该封锁区间交回行车调度员解封，组织列车运行。

（4）遇车辆在线上的起复救援工作涉及系统设备，由分管的电网调度员、环控调度员或维修调度员向值班主任提供技术支援，包括影响范围、预计处理（开通）所需时间、变更的运行模式（指系统设备，如越区、单边供电、借用相邻设备等）、处理进展情况、达到开通条件（轨道、供电）时的报告。

（5）维修人员进入隧道前，须先到车控室办理有关手续，行车调度员批准并落实安全防护措施后，方可进入隧道。

当进入站台或靠近站台的第一个轨道电路区段线路进行施工时，施工负责人按规定放置红闪灯进行防护；车站使用紧急停车按钮对相关轨道区段进行施工防护，同时行车调度员把列车扣停在前方站，以保证进入轨道人员的安全。

当运营时间内到区间隧道抢修行车设备时，若须搭乘客车，经控制中心值班主任批准，由维修调度员组织抢修人员按行车调度员指定的车次上车，司机在故障点前停车，抢修人员从司机室门下车进入隧道，严禁侵入行车限界，以免影响行车及人身安全；须从区间内返回车站时，维修人员使用无线电话通过维修调度员向行车调度员申请，由行车调度员安排列车接应。

值得注意的是,轨道交通企业必不可少的一项工作是在夜间巡道。巡道主要检查轨道各组成部分(钢轨、道岔、扣件及鱼尾板等)及线路状况,发现情况进行相应处理,确保线路次日保持良好的运行状态。如有工程车开行时,必须确保施工和巡道工作的安全。

(四) 施工前教育

每天施工前,施工负责人应针对当天的作业项目进行安全预想,组织施工前教育,使全体作业人员达到6个明确:作业内容明确、作业地点明确、质量要求明确、携带料具明确、人员分工明确、安全措施明确。生产过程中的安全工作,要积极推行5W1H管理。

1. 5W 的含义

5W 的含义如图 4-7 所示。

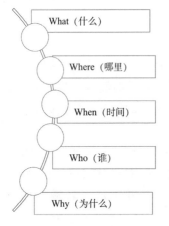

图 4-7　5W 安全工作

2. 1H 的含义

How(怎样),具体是指:应该怎样完成这项工作;怎样干才能保证既安全又优质;如果不这样干,会产生怎样的后果;发生事故或不良事件,应汲取怎样的教训,今后怎样整改。

如果所有的现场指挥者都能严肃认真地按照5W1H的思维去组织生产,对生产流程中的每一个程序,甚至每一个细小的环节,都进行周密的策划,并在运作过程中通过一定的手段进行有效控制,而不是流于形式,那么事故的发生率必然会降到最低限度。

三　工务施工作业时的行车安全措施

工务部门负责线路设备大修、中修及维修,使线路设备经常处于完好状态,保证行车安全。作为基层生产单位的工务段、大修段,必须组织全体职工,严守劳动纪律和作业纪律,开展作业标准化,保证设备质量,以设备质量保证行车安全。同时,还应针对线长点多、工作分散及露天作业等特点,做好人身安全工作。

必须贯彻"安全第一,预防为主,从严务实,综合治理"的方针,根据事故发生规律,结合实际情况,以消灭惯性事故为突破口,依靠各级组织和工务调度的作用,实施预防与控制措施,确保行车与人身安全。具体来说,有以下几点:

(1) 加强设备检修,对设备严重损害要实行动态控制,对轨道几何尺寸严重超限、重伤钢轨、重伤辙叉等要跟踪控制,督促现场及时消灭。

(2) 预防惯性事故,根据季节变化和作业特点,要把防断轨(接头夹板、辙叉心)、防胀轨、防撞机、防灾害及防人身伤害作为重点,开展预防与控制工作,落实责任制,加强防范。

(3) 控制施工作业,把施工违章、路料装载和卸车作为重点,严格控制封锁和慢行施工,做到准备工作不过头,放行列车不冒险;经常组织防护人员、轨道车及小车驾驶员学习规章制度,考核技术业务水平,不合格、不称职的坚决撤换。

(4) 依靠科学进步,围绕安全开展攻关,并积极采用各种自动监测、控制的安全设施,如道口自动信号和报警装置、塌方落石自动报警装置、施工防护自动报警装置、自动测速仪等。

(一) 影响行车安全的工务设备故障

工务设备是轨道交通运营的基础,车轮在两根钢轨上行驶,只有具备良好的轨道设备,才能保证列车行驶过程中的安全、平稳及舒适。因此,工务设备是行车安全最重要的设备之一,工务设备常发生如下故障:

(1) 轨向不良。轨向不良包括直线地段不直顺、曲线地段不圆顺,导致列车在水平面上产生左右摇摆式的蛇形运动,严重的则会发生脱轨。

(2) 水平不良。如果左右股钢轨顶面水平不良,也就是说,直线地段不是同一水平,曲线地段不符合超高规定,会导致列车在垂直面上摇晃,严重的则会发生倾覆。

(3) 轨距不良。轨距小于规定值,加剧轮轨磨耗;大于规定值到一定程度,则会发生列车轮缘掉道。

(4) 高低不良。轨道前后高低不良,使列车在运行过程中,前后颠簸,严重的则会发生脱轨。

(5) 成段扣件松动。扣件是保证轨道几何形态的重要零部件,要始终保持规定的扭力矩,防止发生松动。当发生零星的即不连续的松动或脱离时,暂不对行车安全构成威胁,但成段的松动或脱落则会使钢轨不能固定,安全的几何形位便不能得到保证。

(6) 接头螺栓松动。接头螺栓松动,降低接头阻力,使钢轨纵向位移而产生连续窄缝,同样造成轨道内力不均匀。

(7) 道床松动。碎石道床由于在作业过程中压密捣实不足,或由于附近其他施工影响,使轨道路基和道床发生扰动,道床阻力严重降低,不能抵抗轨道内力而使轨道上部结构发生纵向爬行,这也是高温季节胀轨的原因之一。

(8) 钢轨磨耗超限。曲线地段,受客观条件的影响,发生钢轨磨耗,其中有垂直磨耗和侧面磨耗。垂直磨耗降低轨面,侧面磨耗加大轨距,两者的组合可导致钢轨断面发生异常变化。当超过一定量时,严重影响行车安全,或者车轮掉道,或者轮缘爬上轨面。

(9) 钢轨损伤。钢轨损伤有多种形式,其发展结果有三个方面:横向断裂、内侧作用边纵向断裂掉块、轨头揭盖。这三个方面都能构成行车事故。

(10) 路基塌方。路基排水不畅,受雨水浸泡的影响,路基强度严重降低而发生沉降或塌方;或者由于其他施工影响,受外力作用而发生塌方。发生路基塌方后,轨道上部结构无以依附,必须中断行车。

(11) 道岔不良。道岔是列车转线的重要设备,也是关系行车安全的关键设备和事故多发的险要地段。同时,道岔还是多专业使用和维护的结合部。道岔设备故障或道岔发生事故有供电系统方面的原因,有信号系统方面的原因,有行车误认信号、冒进信号方面的原因,有错误扳动道岔的原因,还有工务设备方面的原因。

道岔不良表现在以下几个方面:尖轨不密贴;尖轨、基本轨磨耗超限;滑床板断裂,影响尖轨滑移。咽喉区查照间隔不符;轮缘槽尺寸不符;方向、轨距、水平不好;紧固件螺栓松动、脱落;叉心损伤或磨耗超限;碎石道床松动,轨枕空吊。

(二) 轨道施工机械施工安全措施

1. 轨道施工机械施工安全一般规定

(1) 严禁酒后操作,严禁疲劳和在患病期间驾驶和操作。

(2) 施工作业前,操作人员首先应听取施工技术人员现场交底和有关安全注意事项。

(3) 作业前,应对机械进行仔细的检查,严禁机械带病作业。

(4) 在操作机械前,要确认机械周围和作业场地没有闲杂人员和障碍物,方可作业。

(5) 严禁机械超荷载作业,不得随意扩大机械使用范围。

(6) 夜间作业,应装有足够的照明设备,工作场地应有辅助照明设备,工作视线不良时,不得作业。

(7) 危险地段必须设有醒目标志,并有专人指挥。操作人员只能接受一个指挥人员发出的规定手势信号,确认信号后方可作业。

(8) 应保证机械的喇叭、刮水器、转向指示灯、倒车警报器及其他装置都能正常工作。

2. 轨道施工机械施工作业安全措施

(1) 在埋有电缆或其他管道的地点作业时,应事先设立安全警示标志,并制定相应的施工安全措施。

(2) 履带式机械通过铁路平交道口前,应与工务部门联系,按规定设置防护,并于轨面铺垫木板后方可通行,机械通过后应立即恢复线路。

(3) 机械在轨道两旁作业时,应有专人防护。

(4) 机械下坡时严禁空挡滑行,在陡坡上严禁换挡掉头。

(5) 在对机械进行检修保养时,应停车制动,关闭发动机。如在发动机运转中检修时,应由两人进行,一人检修,一人防护。

(6) 机械添加燃油时,严禁烟火。

(7) 机械操作人员必须熟悉机械上配备的灭火器的性能和使用方法,并保持灭火器始终有效。

(8) 不应在坡道上停放机械或检修机械,如不得已时,应拉好制动,并于车轮的下坡方向垫上三角木。

(9) 拉钢丝绳时必须戴好眼镜和手套；穿钢丝绳时，手与滑轮应保持一定的距离；使用钢丝绳时，应防备钢丝绳突然崩断。

(10) 液压系统发生故障，需停止作业进行检修时，必须释放压力。

(11) 在道路边坡、坑道边缘或沟边作业时，机械应与边缘保持一定的安全距离，车轮应压在坚实的地面上。

3. 轨道施工机械遇到不良作业条件时的规定

凡遇到下列情况应立即停工：

(1) 土体不稳，有发生塌方危险时。
(2) 气候突变，发生暴雨、雷雨或水位暴涨时。
(3) 工作场地发生交通堵塞或严重干扰时。
(4) 场地陷车或道路打滑时。
(5) 防护装置毁坏或失效时。
(6) 工作面净空不足以保证安全作业和运行时。

(三) 轨料装、运、卸安全措施

轨料装、运、卸安全措施包括以下内容：

(1) 轨料装车不得超限、超载和偏载。应将装载物捆绑牢固。
(2) 料车运行中发现装载不良，必须停车处理，未经处理，严禁继续运行。
(3) 夜间卸料应有照明，卸料现场应清除障碍物，不得影响轨旁一切运营设备。
(4) 随车装卸人员应乘坐有栏杆的平板车或轨道车，车未停稳时，严禁上下。
(5) 装卸料人员应按规定穿戴劳动防护用品，装卸作业时应有专人统一指挥。
(6) 车辆运行时，严禁边走边卸。
(7) 卸料结束后，应安排人员清道，确认不侵入限界后方可撤离。

(四) 工地搬运轨料安全措施

工地搬运轨料安全措施包括：

(1) 工地搬运轨料，可根据具体情况采用撬棍拨轨、翻轨、拉运或抬运等方法。
(2) 使用撬棍拨、翻钢轨应由熟练的施工人员操作。
(3) 抬运时应使用牢固的杠棒和绳索，每人担负的质量不得超过60kg，并有专人指挥，动作一致。
(4) 对运卸料地段的轨旁设施，应做好保护工作，运卸过程不得抛掷。
(5) 作业人员要眼明手快，动作敏捷，服从统一指挥，防止砸伤手脚。

(五) 工务施工防护

1. 正线施工

由于列车运行密度大，所以一般情况下，均不得利用列车运行间隔进行养护维修作业，必须在列车停运后，按批准的封锁计划组织施工。每天作业前办理登记手续，作业后办理注销手续。

2. 车场线施工

对于车场线路，由于调车作业的行车密度小，运行速度低，可以安排白天施工。凡进行调整轨道几何尺寸的作业，都要办理封锁轨道或道岔的申请手续，并要按规定设置施工防护。

对于车场内线路上施工，将施工线路两端道岔扳向不能通往施工地点的位置，并加锁或钉固，可不设置移动停车信号牌；如不能加锁或钉固道岔时，在施工地点两端各50m处线路中心，设置移动停车信号牌防护，如图4-8所示。

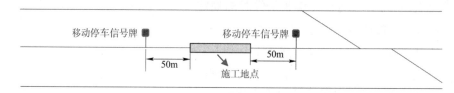

图4-8　移动停车信号牌设置示意图

对不需要设置停车防护的，应在施工地点两端设置作业标，如图4-9所示。

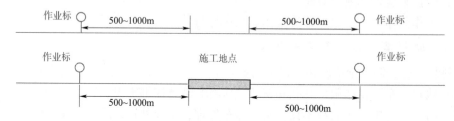

图4-9　作业标设置示意图（双线线路施工）

在站内道岔上施工，一端距离施工地点50m，另一端两条线路距离施工地点50m，分别在线路中心，设置移动停车信号牌，如图4-10所示。

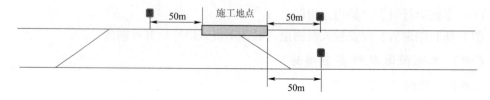

图4-10　道岔施工移动停车信号牌设置示意图

如一端距离外方道岔少于50m时，将道岔扳向不能通往施工地点的位置，并加锁或钉固。

3. 发生故障时的防护

线路发生故障时的防护办法如下：

（1）立即通知行调及附近车站，并在故障地点设置停车信号。

（2）当确知一端来车时，应先向该端设置停车防护，然后返回故障地点。

（3）如不知来车方向，应在故障地点注意瞭望，发现来车，应急速奔向列车，用手信号旗或徒手显示停车信号，使列车在故障地点前停车。

（4）站内线路、道岔发生故障时，应立即通知车站值班员，采取措施，使车辆不能通往该故障地点，并设置停车信号。

（5）工务人员发现线路设备故障危及行车安全时，除立即连续发出警报信号和以停车手信号防护外，还应采取紧急措施设法修复；如不能立即修复时，应封锁区间或限速运行。

知识拓展

主站是指施工负责人持作业令到某个车站登记请点施工的车站，如果同一施工项目多站进行，其作业区含联锁站时，主站原则上在联锁站；同一线路同一施工项目多站进行时，施工责任人到其作业区域包含的各站（除主站外）登记请点的车站称为辅站，同一施工作业辅站数量一般有限制，如青岛地铁原则上不超过5个，广州为6个。

四　工程车开行安全的基本要求

夜间施工时，工程车的开行对城市轨道交通的行车安全有较大的影响，因此对工程车的开行有相关规定。一般而言，由行车调度员统一指挥工程车的开行。

工程车按正常列车办理，尾部必须挂有标志灯。在工程车中所有车辆的制动机应全部加入列车的制动系统，编入工程车的车辆不准有关门车。工程车挂有高度超过轨面一定高度（如3800mm）的货物时，接触网必须停电。

工程车在正线运行时凭地面信号行车，一个联锁区内只准有一列工程车运行；在区间或非联锁站作业后折返时凭调度员命令行车。

工程车进路排列由行车调度员负责。行车调度员在指挥工程车运行时要在"线路施工作业登记表"上严格确认工程车运行前后有无施工作业，并在ATS的人机接口（Man-Machine Interface，MMI）上确认工程车的前方进路。

工程车到达指定施工作业区域后，行车调度员应及时封锁该作业区。

想一想

工程车和电客车有哪些不同点？

（一）工程车开行注意事项

安排工程车作业时应注意以下事项：

（1）在工程车出车厂前，车辆检修工作人员要对机车及连挂车辆的技术状态做必要的检查，保证技术状态及制动作用良好。

（2）工程车司机要与行车调度员试验无线电台的性能；工程车在运行中，司机和车长要加强与行车调度员的联系（如联系不上时，通过车站转达），掌握列车运行计划，确认进路。工程车在进站、出站，运行至曲线前、站内或区间动车前，按规定鸣笛示警。

（3）安排工程车作业时，必须严格按照划分的区域安排作业，工程车必须按照规定的时间离开作业区，特殊情况按照行车调度员命令执行。

（4）工程车离开作业区返回牵引运行时，车长、司机负责观察，确保工程车返回车厂途中的前方线路出清，并保证车上物品及部件不掉落，工程车在回库前汇报行车调度员。

（5）工程车进路排列由行车调度员负责，封锁区域工程车运行由施工负责人负责指挥。

（6）工程车在车站装卸物料时，物料必须整齐稳固地堆放在距站台边缘安全限界以外的地方，车站要负责监控，查看是否有物品侵限。

(7) 涉及接触网停电挂接地线且需工程车配合的作业时,工程车到达作业区后,行车调度员同意后才可挂接地线;作业完毕,拆除接地线,得到行车调度员命令后,司机方可动车回厂。

(二) 工程车、救援列车进出封锁区间的组织

正线发生各类设备故障或事故时,工程车、救援列车进出封锁区间的组织基本程序如图 4-11 所示。

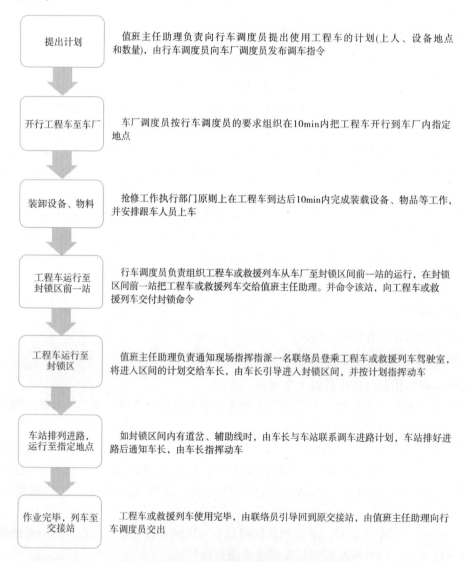

图 4-11 工程车、救援列车进出封锁区间组织流程

(三) 工程车装卸物品规定

(1) 施工负责人对连挂车辆装载的货物进行检查,确保装载牢固,并不得超出规定的车辆限界,经驾驶员检查确认后,方准运行;

(2) 工程车进行装卸或铺设电缆时,车速不得超过 5km/h;

（3）工程车不可在有接触轨的轨道上装卸物品，除非已切断接触轨供电且将设备接地；

（4）工程车停定进行装卸时，驾驶员不得开动工程车；

（5）物品装卸完毕后，驾驶员需鸣笛表示列车即将开动。

轨道工程车如图4-12所示。

图4-12　轨道工程车

思考与练习

1. 行车事故有哪四类？
2. 行车调度的基本要求是什么？
3. 车站什么情况下需要人工接发列车？程序是什么？
4. 调车作业有哪些注意事项？
5. 驾驶员有什么作业准则？
6. 试车线试车有哪些注意事项？
7. 施工计划有哪些？
8. 开行工程车需要注意什么？

模块五

城市轨道交通运营安全技术管理

模块导入

某年某月某日5：35，2023次S424车在苹果园上行进站过程中发现有拉弧现象。司机对列车进行检查发现S424车1号车右2位受流器损坏，进行处理后联系行车调度员退回苹果园北库线进行处理。

5：39，调度员将控制权下放至车站，苹果园站综控员办理进路，S424车进入苹果园北库线，作业完毕后综控员联系行车调度员将控制权收回。苹果园站综控员将故障情况报告生产调度室。古城检修中心抢险队及时到达苹果园北库线，对S424车故障原因进行分析。乘务中心提示乘务员注意观察线路，并派人跟车入库折返，进一步查找故障原因，未发现线路存在异常。

6：55，2048次G454车在苹果园上行进站过程中，再次出现拉弧现象，现场人员立刻进行查看，发现上行站台尾端帽石下方线缆异常，立刻联系行车调度员扣车，但此时S410车已经出库运行，行车调度员将后续2050次G445车扣在苹果园折返线南库线内。

6：57，2049次S410车在进站过程中出现拉弧现象，现场人员经勘查后初步判断故障原因为：站台下方电缆与车辆受流器集电靴剐蹭，致使车辆受流器产生拉弧现象。此事故造成部分列车停运、晚点，52号站、53号站ATS脱机、调度电话不通。

6：58，通号分公司接总调度相关通知后，立即启动抢险预案，相关人员立即赶赴现场。经检查确认：通信传输光缆被剐断，有线缆部分突起、下坠，车站人员已经对下坠线缆进行了临时绑扎、固定处置，运营已恢复正常。

事故影响：停运9列，晚到5min以上12列，调整清人回段3列，中途折返2列，调表58个；5组列车受流器受损；3根通信传输光缆被剐断，52号站、53号站ATS脱机，调度电话、自动电话不通。

事故发生直接原因是4月7日晚，在1号线信号系统改造电缆敷设施工中，施工单位未按施工标准施工，安装了超出设备限界的线缆卡具。间接原因：一是通号分公司在改造工程的实施过程中，对1号线不停运改造风险认识不足，主观重视程度不够，在管理上未抓住关键环节、存在着管理不到位现象。二是施工单位针对复杂现场环境的施工技术方案准备不充分，对安全风险评估报告中指明的超限界防控风险现场管控不到位，且无专用的限界测量工具,在现场使用钢卷尺对限界进行测量,测量尺寸不准确。三是设计单位对现场实际勘察不充分,施工图纸只标注了线缆敷设径路和施工原则,缺乏针对线路改造困难地段的专门设计。

城市轨道交通运营过程中采用了大量的设备,既有电气设备,也有一般的机械设备,大都具有智能化、自动化、集约化的特点。在日常运输生产活动中,要正确掌握这些设备的使用方法、使用环境,了解其工作时可能出现的安全隐患,使这些设备能正常稳定地工作,为城市轨道交通运营提供基础保障。

X证书考点

在本模块中,1＋X城市轨道交通站务职业技能等级证书考评要求掌握车站消防安全知识、电器安全知识和机械伤害处理技能等。

教学目标

1. 了解城市轨道交通建筑物的特点及原因。
2. 掌握灭火防火基本知识。
3. 掌握消防设备设施使用方法。
4. 掌握火灾自救与逃生方法。
5. 掌握触电事故防护方法。
6. 掌握雷电、静电危害及安全防护。
7. 掌握城市轨道交通电气化线路电气安全要求。
8. 了解预防机械伤害的主要途径。
9. 了解特种设备相关安全管理制度。
10. 熟知城市轨道交通主要特种设备安全管理制度。

建议学时

12学时。

单元一 消防安全

单元导入

乘客车厢纵火引发火灾
【事件经过】
某年1月10日22:00,广州地铁5号线发生车厢起火事件。事故发生时,乘客黄女士距离失火点仅约4m。起火前,黄女士先是听到"哧、哧"的声响,时间持续了约5s,接着又闻到一股淡淡的煤气味,还没等她反应过来,车厢即传来"砰"的一声爆响。

"火球很大,都烧到车厢顶了!"黄女士惊恐回头,发现第四节和第五节车厢过道位置冒起大火,距她只有大约4m远,能够明显感觉到高温炙烤。乘客见到车厢起火,纷纷往车头车尾方向躲避。"车厢很乱,大家都吓得要死。"黄女士说,乘客拼命往车厢两头挤,挤在一起不敢回头看。"当时车厢里还有小孩,还好没被推倒踩伤。"

列车抵达广州火车站前开始广播,安慰乘客不要惊慌。广播两遍后,列车员提着灭火器,从车头冲出来灭火。列车停靠在广州火车站时,车厢里已看不见明火,但仍浓烟密布。乘客经过广播安抚,显得较为平静,走出地铁时没有相互推挤。大约9min后,列车逐步恢复正常运营,无乘客受伤。地铁工作人员和警方在现场发现一个装在包裹里的小型煤气罐,但涉嫌纵火者已逃逸。11日5:00,广州市公安部门在广州市白云区将犯罪嫌疑人吴某缉拿归案。11日早上,广州地铁5号线已完全恢复正常运营。

【事件分析】

被告人吴某自认为在工作中受到不公正待遇,为了引起社会公众关注,于1月10日17:00携带一个5kg重的小型液化石油气瓶搭乘广州地铁,伺机在地铁内放火。当晚22:00,当地铁行至小北站与广州火车站之间的路段时,被告人吴某在地铁车厢内乘客众多的情况下,不顾公众安全,打开其随身携带的液化石油气瓶的阀门,用打火机点燃了从瓶内喷出的液化石油气,在车厢内猛烈燃烧起来,致该节车厢着火严重受损,并造成乘客极大恐慌和混乱。吴某供述,他是事发当天下午才突然萌发在地铁纵火的念头,于是带着十天前买的石油气瓶,17:00从滘口站上车。17:00—22:00,吴某坐着地铁来来回回,内心非常矛盾。22:00,他用打火机点燃了石油气瓶。

【定性定责】

事故造成包括其本人在内的4人轻微伤,地铁公司损失20多万元。吴某被控放火罪,公诉人建议对其判处十年以上有期徒刑。

【案例启示】

据不完全统计,我国地铁自1969年相继投入运行以来,因变电所、地铁车辆内的电气设备和线路出现故障,以及违章电焊和电气设备误操作等,共发生火灾156起,其中重大火灾3起,特大火灾1起。由于城市轨道交通具有运营线路长、站点多、客流量大、地下车站空间封闭、隧道区间狭窄等特点,且发生火灾时人员疏散逃生和灭火应急救援难度大,极易造成群死群伤的重特大火灾事故。因此,地铁消防安全不容忽视。

任务要求

1. 了解城市轨道交通建筑物的特点。
2. 掌握城市轨道交通引发火灾的原因。
3. 掌握灭火防火基本知识。
4. 掌握消防设备设施使用方法。
5. 掌握火灾自救与逃生方法。

一 城市轨道交通消防安全概述

从世界城市轨道交通 100 多年来的事故教训来看,其灾害中发生频率最高和造成危害损失最大的就是火灾,约占灾害比例的 30%,是所有灾害事故中比例最高的。历史上几次大的火灾案例包括 1991 年德国柏林地铁火灾(18 人送医院急救)、2003 年 1 月英国伦敦地铁列车撞上月台引起大火事故(造成至少 32 人受伤)、2003 年 2 月 18 日韩国大邱地铁人为纵火事故(造成 135 人死亡,137 人受伤,318 人失踪)。可见,城市轨道交通一旦发生火灾,与在地面建筑发生同样事故相比,将更加难以控制,具有极大的危害性。在我国政府大力推进城市轨道交通建设的今天,火灾事故的预防和应对已经引起全社会的高度关注。

(一) 城市轨道交通建筑物的特点

城市轨道交通建筑工程与地面建筑工程有所不同,其主要特点为:

(1) 空间连续性强。站台、站厅、控制室等空间都直接连接,这给防火造成了很大困难。

(2) 出入口较少。地铁的出入口较少,一旦发生火灾,出入口需要完成排烟、散热、人员疏散、救援队伍进入等任务,较少的出入口给以上任务的顺利完成造成很大困难。

(3) 电气设备多。城市轨道交通系统所需用电设备繁多,用电量很大,且大部分位于地下,电气设备引发的火灾的概率不能小视。

(4) 空间湿度大。地铁空间湿度大,易造成电气设备受潮而引发火灾。

(二) 城市轨道交通火灾的特点

1. 疏散困难

城市轨道交通系统发生火灾时,易产生浓烟和热气浪,同时产生大量的有毒气体,这给人员疏散造成很大困难。

(1) 烟气对人的眼睛、喉咙、气管有刺激,影响人员疏散;

(2) 高温气浪使得人员疏散困难;

(3) 浓烟使得应急照明系统效果大打折扣,乘客因看不清疏散通道而难以疏散;

(4) 烟气与新鲜空气在出入口碰撞,使得从出入口流入车站的新鲜空气的速度变慢,给人员疏散造成影响。

2. 救援难度大

(1) 浓烟或停电使得救援人员无法迅速确定起火点;

(2) 地铁的地下空间较大,而救援人员的呼吸器一般使用时间有限,不能长时间在地下进行救援工作;

(3) 地下空间相对封闭,给救援人员开展救援战术配合造成困难。

3. 通信系统容易瘫痪

地铁火灾时,由于水流和高温对通信器材的影响,使消防员携带的普通无线电对讲机不能正常工作,甚至容易造成整个通信系统瘫痪。

二 引发火灾的原因

（一）人的因素

人指地铁乘客、操作人员、管理人员及其他在场人员。人的因素是造成事故的主要因素，主要表现在以下方面：

（1）隧道维修施工过程中进行焊接、切割工作；或者机械碰撞、摩擦引起的火花都有可能引燃易燃材料而造成火灾。

（2）乘客吸烟时产生火星或随便乱丢烟头、携带易燃、易爆物品。虽然地铁运营安全乘车规定禁止旅客携带易燃、易爆等危险品，但还是经常会有此类事故发生。

（3）人为故意纵火或恐怖袭击等其他原因。

（二）物的因素

物指发生事故时所涉及的实物。物的因素要比人的因素复杂许多，但物在很大程度上属于可控制的因素，可从一些具体措施和可量化的指标上去实施控制。

（1）地铁内存在违禁和易燃物品，这些物品多由乘客携带进入，若能在进站前查出，则可以防止火灾事故的发生。

（2）地铁工程及车辆材料选用不当，如车站建筑装修材料没有采用阻燃无烟材料，地铁列车车身和座椅材料没有进行防火处理，电缆电线没有采用耐火阻燃低烟无卤材料等。

（3）消防设施设置不当，如没有设置火灾探测器和报警器，缺乏足够的消防设备，导致对火情反应不灵敏而造成火势发展。

（4）附属设施及装备没有重视安全化处理。为了给乘客在乘车过程中提供便利，地铁内布置了很多附属设施，包括车站内的垃圾箱、公共厕所等，极易成为蓄意制造火灾和爆炸的渠道。

（5）地铁电气设备存在隐患。这多是由于设计存在缺陷、设备老化或没有定期检修所造成。

（三）环境的因素

环境通常指存在于系统外的物质的、经济的、信息的和人际的相关因素的总称，一般分为社会环境、自然环境和系统状态环境。

（1）社会局势的影响。社会环境不安定或社会局势发生动荡，有可能造成人员的不稳定因素急剧上升，诱发地铁突发事件。

（2）没有建立起良好的法治体系环境。缺乏有效、专门的防火法律条款和规定，将使得地铁防火处于无法可依的状态，同时也不利于营造一个安定的社会环境。

（3）学校和家庭教育不力。这两者的教育对人的影响是深远的，倘若没有接受良好的教育，人员素质不高，则有可能诱发地铁火灾和其他突发事件。

（4）自然环境变化。比如雷击、地震等不可抗拒的自然环境因素的影响，造成地铁系统设备受损发生事故。

（5）地铁运营环境不舒适。地铁系统中较暗的照明光线、不佳的通风条件、迷失的方向感、信息的闭塞和阻断、空间的压迫感、噪声等因素都将可能诱发人的不安全行为。

（四）管理的因素

事故的发生除与人、物、环境的不安全条件有关外，与管理上的缺陷也是密不可分的。

（1）技术上存在缺陷。多体现在因设备设计不合理、检修不够而存在安全隐患的硬件设施管理上。

（2）劳动组织不合理。地铁运营部门没有制定完善的安全管理和操作规范，或者操作流程存在安全隐患等。

三 灭火防火基础知识

（一）火的相关概念

1. 燃烧与火灾

（1）燃烧的定义

火是物质燃烧过程中散发出光和热的现象，是一种化学反应，是能量释放的一种方式。火焰分为焰心、中焰和外焰，温度由内向外依次增高。燃烧根据表现形式不同可分为扩散燃烧、蒸发燃烧、分解燃烧、表面燃烧、预混燃烧和阴燃（表5-1）。

燃烧的几种表现形式　　　　　表5-1

序号	形式	原理	举例
1	扩散燃烧	可燃气体分子与空气分子互相扩散、混合，混合浓度达到爆炸极限范围内的可燃气体遇到火源即着火，并能形成稳定火焰的燃烧	天然气井口发生的井喷燃烧；打火机点火燃烧
2	蒸发燃烧	可燃性固体受热升华或熔化后蒸发，产生可燃气体，与空气边混合边着火的有焰燃烧，是一个熔化、汽化、扩散、燃烧的连续过程	磷、硫、钾、钠、沥青、松香燃烧
3	分解燃烧	在燃烧过程中可燃物首先遇热分解，分解产物和氧反应产生燃烧	木材、煤、纸等固体可燃物的燃烧
4	表面燃烧	有些固体可燃物的蒸气压非常小，或难于发生热分解，不能发生蒸发燃烧或分解燃烧，当氧气包围物质的表层时，呈炽热状态，发生无火焰燃烧	铁、焦炭、木炭、铜在氧气中燃烧
5	预混燃烧	可燃气体与氧在燃烧前混合，并形成一定浓度的可燃混合气体，被火源点燃所引起的燃烧，也叫作动力燃烧	气体爆炸
6	阴燃	一些固体可燃物在空气不流通，加热温度低或可燃物含水多等条件下发生的只冒烟无火焰的燃烧	蚊香燃烧

（2）火灾的定义

燃烧被人们控制利用，可以造福人类，一旦失去控制，将会造成极大危害。火灾是指在时间和空间上失去控制的燃烧所造成的灾害。火灾具有极大的危害性,主要表现在两个方面,一是人员伤亡,二是财物损失。

(3) 燃烧和火灾发生的必要条件

燃烧的发生必须同时具备三个条件:一是可燃物,如汽油、液化石油气、木材、纸张等;二是助燃物,如空气中的氧气;三是着火源,如明火(未熄灭的烟头等)、电火花、雷击等。

只有三个条件同时具备,燃烧才会发生,即火的三要素(图5-1),简称火三角。这三个要素中缺少任何一个,燃烧都不能发生和维持,因此火的三要素是燃烧的必要条件。在火灾防治中,如果能够阻断火三角的任何一个要素就可以扑灭火灾。

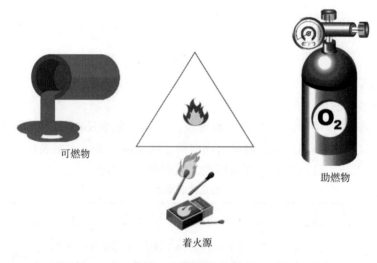

图5-1 火的三要素

2. 火灾的种类

《火灾分类》(GB/T 4968—2008)根据可燃物的类型和燃烧特性不同,将火灾分为A、B、C、D、E、F六类。

(1) A类火灾

是指含碳固体可燃物体,如木材、棉、毛、麻、纸张等燃烧引起的火灾(水是最佳灭火剂)。

(2) B类火灾

是指甲、乙、丙类液体,如汽油、煤油、柴油、甲醇、乙醚、丙酮等燃烧引起的火灾(灭火剂:干粉、二氧化碳)。

(3) C类火灾

是指可燃气体,如煤气、天然气、氢气、甲烷、乙炔、丙烷等燃烧引起的火灾(灭火剂:二氧化碳)。

(4) D类火灾

是指可燃金属,如钾、钠、镁、钛、锆、锂、铝镁合金等燃烧引起的火灾(灭火剂:

专用的轻金属灭火器)。

(5) 带电火灾

带电物体燃烧的火灾 (灭火剂：干粉、二氧化碳，勿用水)。

(6) F类火灾

是指烹饪器具内的烹饪物 (如动植物油脂) 燃烧引起的火灾。

(二) 灭火的基本方法

火灾通常都有一个从小到大、由弱到强、逐步发展、直到熄灭的过程。火灾燃烧过程一般可以分为初起、发展、猛烈、下降和熄灭五个阶段 (图5-2)。

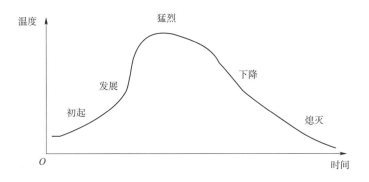

图5-2　火灾发展过程温度变化

在火灾初起阶段 (一般固体物质火灾为着火后 10~15min 内)，燃烧面积不大，火焰不高，辐射热不强，是扑救的最好时机，只要发现及时，用较少的人力和应急消防器材就能将火控制或扑灭。

灭火的基本方法是根据起火物质的燃烧状态，为破坏燃烧必须具备的基本条件而采取的一些措施。灭火的基本方法如表5-2所示。

灭火的基本方法　　　　　　　　　　　　　　　　　　　　　　表5-2

序号	方　法	原　理	举　例
1	冷却灭火法	将灭火剂直接喷射到燃烧的物体上，以降低燃烧的温度在燃点之下，使燃烧停止。或者将灭火剂喷洒在火源附近的物资上，使其不因火焰热辐射作用而形成新的火点	(1) 居民楼着火，消防员用水管喷水灭火； (2) 二氧化碳从储存容器中喷出时，液体迅速气化，从周围吸走部分热量，起到冷却的作用
2	隔离灭火法	将正在燃烧的物资和周围未燃烧的可燃物资隔离或移开，中断可燃物资的供给，使燃烧因缺少可燃物而停止	(1) 把火源附近的可燃、易燃、易爆等物品搬走； (2) 关闭可燃气体、液体管道的阀门； (3) 设法阻拦流散可燃、易燃物品； (4) 拆除与火源相毗邻的易燃建筑物，形成防止火势蔓延的空间地带

续上表

序号	方法	原理	举例
3	窒息灭火法	阻止空气流入燃烧区域或用不燃物质降低空气中的氧气含量,使燃烧得不到足够的氧气而停止	(1) 用沙土、水泥、湿麻袋、湿棉被等覆盖燃烧物; (2) 喷洒雾状水、干粉、泡沫等灭火剂覆盖燃烧物; (3) 用水蒸气、二氧化碳、惰性气体灌注发生火灾的容器、设备
4	化学抑制灭火	由于有焰燃烧是通过链式反应进行的,如果能有效地抑制自由基的产生或降低火焰中的自由基浓度,即可使燃烧中止	用干粉灭火剂和七氟丙烷灭火剂灭火

💡 **想一想**

生活中,如果炒菜锅里着火,该怎么灭火呢?

(三) 防火的基本方法

为了防止燃烧基本条件的产生,避免燃烧基本条件的相互作用,防火的基本方法归纳起来主要有4种:控制可燃物、隔绝空气、消除着火源和阻止火灾蔓延。其可采取的防火措施见表5-3。

防火的基本方法和措施举例　　　　　　　　　　　表5-3

方 法	原 理	措施举例
控制可燃物	破坏燃烧爆炸的基础	(1) 限制可燃物储运量; (2) 用难燃或阻燃材料代替可燃材料; (3) 加强通风,降低可燃气体或粉尘在空间的浓度; (4) 及时清除撒漏地面的易燃、可燃物质等
隔绝空气	破坏助燃条件	(1) 生产、储运有爆炸危险物品的容器、设备充装惰性气体; (2) 密闭有可燃介质的容器、设备
消除着火源	破坏燃烧的激发能源	(1) 具有火灾、爆炸的场所禁止一切烟火; (2) 经常润滑机械轴承,防止摩擦生热; (3) 安装避雷、接地装置,防止雷击、静电; (4) 铁制工具套上胶皮
阻止火势蔓延	不使新的燃烧条件形成	(1) 在建筑之间留有足够的防火距离、构筑防火墙等; (2) 在气体管道上安装阻火器、安全水封等

四 消防设备设施使用方法

由于城市轨道交通运营线路的封闭性和独立性,车站和列车聚集了大量乘客,一旦发生火灾,可能威胁大量乘客的生命安全。因此,必须正确、及时地处理火灾事故,从而使事故损失降到最小。

(一) 灭火器的使用

1. 二氧化碳灭火器的使用方法

灭火时将灭火器提到或扛到火场,在距燃烧物 5m 左右,放下灭火器拔出保险销,一手握住喇叭筒根部的手柄,另一只手紧握启闭阀的压把。对没有喷射软管的二氧化碳灭火器,应把喇叭筒往上扳 70°~90°。使用时,不能直接用手抓住喇叭筒外壁或金属连线管,防止手被冻伤。灭火时,当可燃液体呈流淌状燃烧时,使用者将二氧化碳灭火剂的喷流由近而远向火焰喷射。如果可燃液体在容器内燃烧时,使用者应将喇叭筒提起。从容器的一侧上部向燃烧的容器中喷射。但不能将二氧化碳射流直接冲击可燃液面,以防止将可燃液体冲出容器而扩大火势,造成灭火困难。

使用二氧化碳灭火器时,在室外使用时,应选择在上风方向喷射。在室内窄小空间使用时,灭火后操作者应迅速离开,以防窒息。

2. 干粉灭火器的使用方法

干粉灭火器内充装的是磷酸铵盐干粉灭火剂。干粉灭火剂是用于灭火的干燥且易于流动的微细粉末,由具有灭火效能的无机盐和少量的添加剂经干燥、粉碎、混合而成的微细固体粉末组成,它是一种在消防中得到广泛应用的灭火剂,且主要用于灭火器中。除扑救金属火灾的专用干粉化学灭火剂外,干粉灭火剂一般分为 BC 干粉灭火剂(碳酸氢钠等)和 ABC 干粉灭火剂(磷酸铵盐等)两大类。

手提式干粉灭火器、推车式干粉灭火器分别如图 5-3、图 5-4 所示。

图 5-3　手提式干粉灭火器　　　　图 5-4　推车式干粉灭火器

灭火时,可手提或肩扛灭火器快速奔赴火场,在距燃烧处 5m 左右,放下灭火器。如在室外,应选择站在上风方向喷射。

使用的干粉灭火器若是储气瓶式,操作者应一手紧握喷枪、另一手提起储气瓶上的开启提环。如果储气瓶的开启是手轮式的,则向逆时针方向旋开,并旋到最高位置,随即提起灭火器。当干粉喷出后,迅速对准火焰的根部扫射灭火。使用的干粉灭火器若是储压式,操作者应先将开启把上的保险销拔下,然后握住喷射软管前端喷嘴部,另一只手将开启压把压下,打开灭火器进行灭火。灭火器在使用时,一手应始终压下压把,不能放开,否则会中断喷射。

干粉灭火器扑救可燃、易燃液体火灾时，应对准火焰根部扫射；如果被扑救的液体火灾呈流淌燃烧时，应对准火焰根部由近而远，并左右扫射，直至把火焰全部扑灭。如果可燃液体在容器内燃烧，使用者应对准火焰根部左右晃动扫射，使喷射出的干粉流覆盖整个容器开口表面；当火焰被赶出容器时，使用者仍应继续喷射，直至将火焰全部扑灭。在扑救容器内可燃液体火灾时，应注意不能将喷嘴直接对准液面喷射，防止喷流的冲击力使可燃液体溅出而扩大火势，造成灭火困难。如果当可燃液体在金属容器中燃烧时间过长，容器的壁温已高于扑救可燃液体的自燃点，此时极易造成灭火后再复燃的现象，若与泡沫类灭火器联用，则灭火效果更佳。

使用磷酸铵盐干粉灭火器扑救固体可燃物火灾时，应对准燃烧最猛烈处喷射，并上下、左右扫射。如条件许可，使用者可提着灭火器沿着燃烧物的四周边走边喷，使干粉灭火剂均匀地喷在燃烧物的表面，直至将火焰全部扑灭。

干粉灭火器的使用方法如图 5-5 所示。

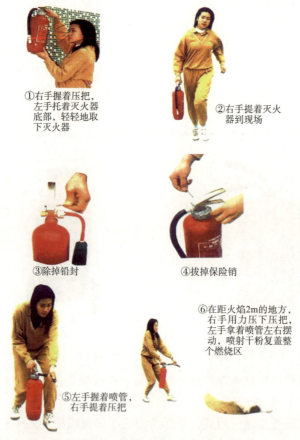

图 5-5　干粉灭火器的使用方法

初起火灾范围小、火势弱，是用灭火器灭火的最佳时机。因此，正确合理地配置灭火器显得非常重要。

(二) 消防栓的使用

城市轨道交通消火栓给水系统主要由消防水源（市政供水或消防水池）、消防水管、室内消火栓箱（包括水带、水枪、消防软管卷盘）和室外消火栓、消防水泵、消防水泵控制器等组成。

消防栓适用扑灭多种类型的火灾，水是分布最广泛、使用最方便、补给最容易的灭火剂，但不能用于补救与水能发生化学反应的物质引起的火灾，以及高压电气设备和档案、资料等引起的火灾。

使用方法：将存放消防栓的仓门打开，将水带取出，平放打开，将阀头接在水带上，水带另外一头接在消防栓接口上，对准火源，双手托起阀头，打开水阀，进行灭火（图5-6）。

①打开或击碎箱门，取出消防水带

②展开消防水带

③水带一头接到消防栓接口上

④另一头接上消防水枪

⑤另外一人打开消防栓上的水阀开关

⑥对准火源根部，进行灭火

图5-6 消火栓的使用步骤

(三) 火灾自动报警设备的使用

（1）火灾自动报警设备

火灾自动报警设备由火灾探测器、区域报警器和自动报警器组成。火灾发生时，探测器将火灾信号（烟雾、高温、光辐射）转换成电信号，传递给区域报警器，再由区域报警器将信号转输到集中报警器。

常用的火灾探测器,主要有感烟式火灾探测器、感温式火灾探测器(图5-7)、光辐射探测器、可燃气体探测器(图5-8)。

图5-7 感温式火灾探测器

图5-8 可燃气体探测器

(2)火灾自动报警设备的使用

火灾自动报警设备,是地铁车站安全管理中必不可少的重要消防设施。因此,火灾自动报警设备一旦投入使用,就要严格管理。

整个系统必须有专人负责,坚持昼夜值班制度。无关人员不得随意触动,切实保证全部系统处于正常运行状态。地铁中,火灾自动报警设备一般都安置在车站综控室内。

由于火灾自动报警系统(图5-9)连续不间断运行,加之误报原因比较复杂,因此报警装置发出少量误报在所难免,所以要求工作人员一旦接到报警,应先消音并立即赶往现场,待确认火灾后,方可采取灭火措施,启动外控其他灭火装置,并向消防部门和主管领导汇报。

(四)气体灭火系统

以气体作为灭火介质的灭火系统称为气体灭火系统。根据灭火介质的不同,气体灭火系统可分为卤代烷1301气体灭火系统、二氧化碳气体灭火系统、烟烙尽气体灭火系统等。

气体灭火系统主要用于保护车站内火灾危险性较高的或重要的设备房,如高低压室、整流变电室、环控电控室、信号设备室、通信设备室、屏蔽门控制室等,部分主变电站、集中冷站的重要设备房也设有气体灭火系统。

(1)气体灭火系统的组成

气体灭火系统由药剂储存和喷放设备、报警和控制设备组成。药剂储存和喷放设备主要包括气体钢瓶、钢瓶固定支架、瓶头阀电磁启动器、瓶头阀手动启动器等;报警和控制设备主要包括火灾探测器、控制盘、手拉开关、紧急停止开关、手动/自动选择开关、警铃、蜂鸣器和闪灯、气体释放指示灯等。

(2)气体灭火系统的控制方式

气体灭火系统一般具有自动控制、手动控制和应急操作3种操作方式。

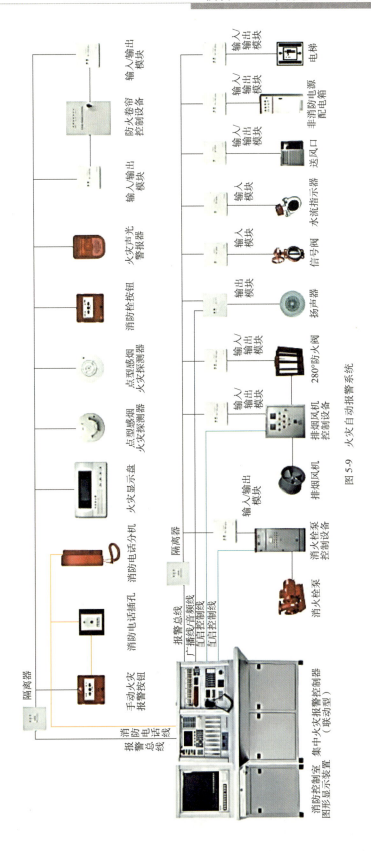

图 5-9 火灾自动报警系统

气体灭火系统控制盘具有两个独立的区域探测回路，在自动控制状态下，当保护区域内某一回路报火警时，控制盘启动联动设备（如关闭防火阀、关闭风机等），并同时启动警铃，发出一级火灾报警信号给 FAS。当另一探测回路也报火警时，控制盘内蜂鸣器鸣响，并发出二级火灾报警信号给 FAS，经过 30s 延时后，控制盘发出控制信号，启动对应区域的选择阀和对应驱动气瓶上的电磁阀，将灭火药剂释放到保护区进行灭火，同时灭火区域门外的气体释放指示灯闪亮。有人到现场确认时，若发现确有火灾发生，则应通知保护区内的人员疏散，并关好门窗。若系统仍没喷气，则手动操作按下"释放"按钮。若手动按钮失灵，则到气瓶间开启对应火灾区域电磁选择阀上的手动启动器，同时开启对应区域主动气瓶瓶头的手动启动器。事故处理完毕后应进行系统复位。若火警属于误报，则应在按住"止喷"按钮的同时，将开关打到手动状态，停止喷气，然后进行消音及系统复位、防火阀复位，使系统恢复正常状态。气体灭火系统还具有自我故障检测功能，将系统故障通过显示面板报告给维护人员，同时将故障信号发送到 FAS。

消防安全设备设施

气体灭火系统如图 5-10 所示。

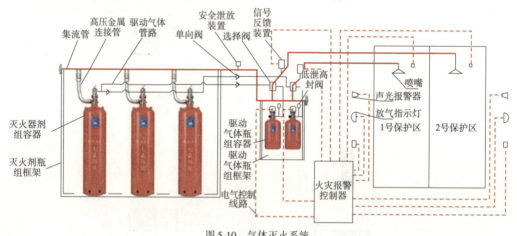

图 5-10　气体灭火系统

五　火灾自救与逃生方法

常见火灾为初起、发展、猛烈、下降和熄灭 5 个阶段。常见火灾多为固体物燃烧，固体可燃物在火灾初起阶段火源面积小，烟和气体对流的速度较缓慢，火焰不高，燃烧释放出来的辐射热能较低，火势向周围发展蔓延的速度较慢。根据研究表明，建筑物起火后 5~7min 内是扑救火灾最有利的时机。因此在火灾初期应想方设法利用就近消防器材将火灾消灭在萌芽状态之中。如超过此时间，火灾必进入猛烈阶段，就必须依靠消防队来灭火，而人员就只有设法逃离。因此，掌握一定的消防知识，增强自救意识，提高疏散技能，对每一个人来说都是非常必要的。

火灾扑救逃生

（一）城市轨道交通车站火灾自救与逃生

（1）贯彻"救人第一，救人与灭火同步进行"的原则，积极施救。

（2）火灾发生后，车站工作人员应首先做好乘客的疏散、救护工作。

(3) 把握起火初期的关键时间,在消防员到来前积极组织灭火自救。
(4) 车站工作人员开展灭火自救工作时应注意做好个人防护。
(5) 消防员到场后,灭火任务应交给消防员。
(6) 当火势不可控制,可能危及自身生命安全时,车站工作人员应主动撤离。
(7) 乘客在车站遇到火灾时,应服从工作人员指挥,听从事故广播指引,沿疏散标志指示方向出站逃生。
(8) 车站发生火灾时,不要使用垂直升降电梯。

想一想

安全出口标志贴在墙上的什么地方?为什么?

(二) 城市轨道交通列车火灾逃生

1. 列车在车站内发生火灾时的逃生

(1) 乘客应保持镇静。
(2) 按压车厢内的紧急情况按钮或紧急通话器,通知司机车厢内发生的情况。
(3) 在可能的情况下,使用车载灭火器灭火。
(4) 必要时可拉下列车车门紧急解锁手柄,向两侧用力推开车门。
(5) 向站外方向疏散。

地铁车厢火灾
应急逃生

2. 列车在隧道内发生火灾时的逃生

(1) 乘客应保持镇静。
(2) 按压车厢内的紧急情况按钮或紧急通话器,通知司机车厢内发生的情况。
(3) 在可能的情况下,使用车载灭火器灭火。
(4) 列车将会尽可能到车站进行人员疏散,因此,乘客应听从列车广播的指挥,千万不要惊慌失措,不要乱动车厢内其他设备。
(5) 在列车无法到达前方车站而又需要紧急疏散的情况下(因隧道内紧急疏散设计不同,各条线路的隧道内疏散方式是不同的),车厢内乘客应该听从列车广播的指挥。

任务工单四　灭火器结构认知及初起火灾处理

【任务说明】

灭火器是一种可携式灭火工具。灭火器内放置化学物品,用以扑灭火灾。灭火器是常见的防火设施之一,存放在公众场所或其他可能发生火灾的地方。灭火器的种类很多,按其移动方式可分为:手提式和推车式;按驱动灭火剂的动力来源可分为:储气瓶式、储压

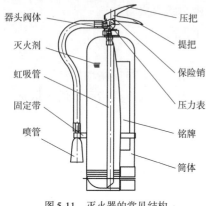

图 5-11 灭火器的常见结构

式、化学反应式；按所充装的灭火剂可分为：泡沫、干粉、卤代烷、二氧化碳、清水灭火器等。灭火器的常见结构如图 5-11 所示。

火灾能导致地铁严重的人员伤亡和财产损失，各岗位工作人员在面对突发的火灾时，应尽量将火灾控制在初起阶段，将后果降低到最低。根据本单元内容，以小组为单位开展车站站台实训演练，即用灭火器扑灭初起火灾。

本次实训任务的实训工具要求：灭火器、对讲机、模拟站台等。

【任务目标】

1. 能说出灭火器的主要结构。
2. 能说出各类灭火器适用的火灾类型。
3. 能合理布置灭火器，并检查灭火器是否有效。
4. 能使用灭火器灭火。
5. 掌握灭火器使用的注意事项。

【任务要求】

1. 以小组为单位开展现场实训演练。
2. 演练过程中，演练活动的考核主要围绕考核表中的要点进行。

演练角色设置：建议每小组学员 3~4 人为宜。其中一名为观察兼监督员，负责记录学员演练情况。教师负责演练实施过程的指挥控制，提醒学员按照流程演练，并对每位学员的演练过程进行评估；实训学员扮演不同的角色，完成现场演练要求的各项任务，相互监督、相互提出改进意见。

3. 演练过程围绕下列主题开展：
（1）干粉灭火器结构及使用方法。
（2）干粉灭火器使用注意事项。
（3）发生火灾报警及前期处置。
（4）组织乘客疏散。

【任务实施与考核】

实训任务	灭火器结构认知及初起火灾处理		
任务说明	用灭火器处置站台初起火灾		
班级		姓名	
学习小组		考核时间	
考核目标			

1. 能说出灭火器的主要结构。
2. 能说出各类灭火器适用的火灾类型。
3. 能合理布置灭火器，并检查灭火器是否有效。

续上表

考核目标
4. 能使用灭火器灭火。 5. 掌握灭火器使用的注意事项

考核内容			
考核项目	评分标准	分值	得分
干粉灭火器外部结构说明	说明主要外部结构及其功能	15	
干粉灭火器扑灭的火灾种类说明	说明干粉灭火器用于扑救石油、有机溶剂等易燃液体、可燃气体和电气设备的初起火灾	15	
用干粉灭火器灭火	取下灭火器，右手提到灭火现场	5	
	靠近火源5m左右位置，并站在上风位	5	
	先将灭火器颠倒数次，然后撕去灭火器头部的铅封，拔去保险销	10	
	左手托住罐底，将喷嘴对准火焰的根部，右手按下压把和提把，喷出干粉灭火	10	
	喷粉要由近而远向前平推，左右扫射，不使火焰窜向	10	
干粉灭火器使用注意事项	每隔半年检查一次干粉质量（如是否结块）	10	
	能识别压力指示状态	10	
	应放在明显易取的地方，且通风良好	10	
总评成绩			

任务完成人签字：

日期：　　年　　月　　日

指导教师签字：

日期：　　年　　月　　日

任务工单五　站台火灾应急处理

【任务说明】

地铁站台着火后，应立即使用灭火器进行灭火，如果火势无法控制，应立即组织乘客疏散，联系公安、消防部门救援，各岗位工作人员密切配合，确保信息畅通，严格按照火灾预案参与救援。

根据本单元内容，以小组为单位开展车站站台火灾应急处理实训演练，即在火势无法控制的情况下，组织乘客疏散，按照火灾预案参与事故救援。

本次实训任务的实训工具要求：对讲机、呼吸器、"暂停服务"指示牌、模拟站台等。

【任务目标】

1. 能安抚乘客、组织乘客进行疏散。
2. 能按照程序汇报相关信息。
3. 掌握火灾情况下各工作岗位的职责。

【任务要求】

1. 以小组为单位开展现场实训演练。
2. 演练过程中，演练活动的考核主要围绕考核表中的要点进行。

演练角色设置：建议每小组学员12人左右。每个小组设置一名观察兼监督员，负责记录学员演练情况。各工作岗位各设一名工作人员；设置两名乘客，相关部门联系人各设一名。

教师负责演练实施过程的指挥控制，提醒学员按照流程演练，并对每位学员的演练过程进行评估；实训学员扮演不同的角色，完成现场演练要求的各项任务，相互监督、相互提出改进意见。学员自己负责对演练流程的组织和相关信息的组织。

3. 演练过程围绕下列主题开展：

（1）乘客安抚、乘客疏散。

（2）现场信息汇报。

（3）各岗位配合，参与火灾救援。

【任务实施与考核】

实训任务	站台火灾应急处理		
任务说明	站台发生火灾后，组织乘客撤离，参与火灾救援		
班级		姓名	
学习小组		考核时间	
考核目标			
1. 能安抚乘客、组织乘客进行疏散。 2. 能按照程序汇报相关信息。 3. 掌握火灾情况下各工作岗位的职责			
考核内容			
考核项目	评分标准	分值	得分
值班站长职责	接到火灾通知后，立即到现场进行确认	2	
	确认发生火灾后，通知车站控制室宣布执行火灾应急处理程序，组织疏散乘客和开展灭火工作	3	
	通知公安、保安、驻站工班人员协助灭火，疏散乘客，并上报客运中心主任	2	
	组织员工使用灭火器进行灭火，控制火势蔓延，疏散乘客	3	
	组织并确认全部员工往站外撤离，到出入口处清点人数	3	
	火灾扑灭后，组织员工清理现场	2	
	具备开通条件后，按照行车调度员命令，恢复运营服务	2	

续上表

考核内容				
考核项目	评分标准		分值	得分
行车值班员职责	接到火警信息后，通知站台站务员到报警点确认火警，并将情况报告值班站长		2	
	接到值班站长下达的紧急疏散指令后，立即向全体员工进行火灾广播，宣布"紧急疏散指令"		3	
	报告行车调度、环控调度，并根据值班站长的指示，报告119、110		5	
	按压SC紧急按钮，执行火灾模式		2	
	关闭广告灯箱电源		2	
	向乘客广播车站发生火灾情况，暂停客车服务，请乘客尽快疏散出站		2	
	及时佩戴使用呼吸器		2	
	加强与行调联系，及时将火灾变化情况向行调报告		2	
	从安全方向撤离出站		2	
	扑灭后进行现场清理，清理完毕后报告行调，得到行车调度员恢复运营的指令后，对SC进行设置，恢复正常模式，通知恢复服务工作		5	
客运值班员职责	接到紧急疏散指令后，立即赶赴站台层，听从值班站长指挥，参加协助工作		2	
	组织引导站台乘客从未受火灾影响一端往站厅疏散		2	
	从安全方向撤离出站		2	
	火灾扑灭后，清理现场		2	
	根据值班站长指示，恢复运营服务		2	
站厅站务员职责	接到紧急疏散指令后，阻止站厅乘客下站台乘车，引导站厅乘客从未受火灾影响处疏散出站		3	
	检查确认站厅没有遗留乘客后报告车站控制室		2	
	从安全方向撤离到出入口		2	
	按值班站长指示清理现场，恢复服务		2	
站台站务员职责	根据行车值班员通知，确认并报告车站控制室火灾位置、大小、性质等，进行第一时间的灭火，控制火势蔓延		3	
	接到紧急疏散指令后，组织站台乘客从站台未失火的一端疏散到站厅		3	
	阻止站厅乘客下站台乘车		2	
	检查确认站台没有遗留乘客后报告车控室		2	
	从安全方向撤离到站外或乘车到下一站		2	
	火灾扑灭后，按值班站长指示清理现场，恢复服务		2	

续上表

考核内容			
考核项目	评分标准	分值	得分
客服中心服务员职责	接到紧急疏散指令后，停止售票，收好票、款	3	
	到出入口张贴暂停服务公告，阻止乘客进站乘车	2	
	引导公安、消防队人员及上级领导进站	2	
	火灾扑灭后，清理现场	2	
	得到值班站长恢复运营的指令后，撤除暂停服务公告，恢复服务	2	
公安/保安/驻站工班人员职责	接到紧急疏散指令后，到站台协助灭火	3	
	在站台、站厅层合理分布人员，组织引导乘客向站外疏散	3	
	从安全方向撤离出站	2	
	关闭紧急出入口以外的其他出入口	2	
	火灾扑灭后，保安人员按值班站长指示清理现场，恢复服务，公安人员组织调查火灾原因	2	
总评成绩			

任务完成人签字：

日期：　　年　　月　　日

指导教师签字：

日期：　　年　　月　　日

单元二　电气安全管理

 单元导入

设备检修错挂线路引发短路跳闸

【事件经过】

某地铁公司接触网某班组在车辆段配合机电检修作业，需在 B1 区两端挂接地线。甲接到电力调度命令后和乙去挂接地线，为节省时间，甲、乙各自单独挂一组接地线。甲用验电器验明无电后，立即挂上接地线；另一端的乙贪图方便，问知甲已验明无电后，便直接挂接地线，当乙将接地线的上端头靠近接触线时，立刻听见"砰"的一声响同时出现火光。经现场确认，乙越过分段绝缘器，将接地线错挂到带电的 A1 区接触网上，造成 A1 区短路跳闸。

【事件分析】

上述案例中，作业人员违反安全操作规程，简化作业流程。乙在得知甲验明无电的情况

下,自认为接触网已停电,可以节省验电环节,将接地线错挂到带电的接触网上,造成事故,严重违反了安全工作规程。作业人员未执行"一人操作,一人监护"制度。甲和乙两人为贪快省事,各自去挂一组。乙走错位置,越过分段绝缘器,将接地线挂到了带电的接触网上。

【案例启示】

城市轨道交通用电设备除运送乘客的电动车辆外,还有通风换气设施、空调设施、自动扶梯、自动售检票设备、屏蔽门、排水泵、排污泵、通信信号、消防设施和各种照明等电气设备、设施。由于城市轨道交通设备安全对城市轨道交通运营安全影响重大,因此应加强城市轨道交通电气设备的安全管理,以保障人员安全和财产安全。

任务要求

1. 熟知用电安全的基础要素。
2. 了解电气事故的类型。
3. 掌握触电事故防护。
4. 掌握雷电危害及安全防护。
5. 掌握静电危害及消除方法。
6. 掌握高压电气设备安全相关知识。
7. 掌握城市轨道交通电气化线路电气安全要求。

电力设施与设备已与现代人类的工作与生活密不可分,电力甚至成为现代各行各业发展的基础前提。随着城市轨道交通自动化程度的不断提高,电气设备、设施已经成为城市轨道交通系统中应用越来越广泛的重要设备、设施。在城市轨道交通运营过程中,由于设备使用不当、安全管理及安全防护措施不到位以及一些外在影响因素导致的电气事故,都会给城市轨道交通带来重大的人员伤亡和经济损失。因此,电气安全已经成为消除安全生产隐患、防止伤亡事故、保障职工健康及顺利完成各项任务的重要工作内容。

一 电气安全基础知识

(一)电气安全工作的任务

电气安全工作是一项综合性的工作,有工程技术的一面,也有组织管理的一面。工程技术和组织管理相辅相成,有着十分密切的联系。电气安全工作主要有两方面的任务:一方面是研究各种电气事故,研究电气事故的机理、原因、构成、特点、规律和防护措施;另一方面是研究用电气的方法解决各种安全问题,即研究运用电气监测、电气检查和电气控制的方法来评价系统的安全性或获得必要的安全条件。

(二)电气安全工作的内容

由于电气设备在未采取有效防护措施、操作失误、自身故障等情况下可能发生危险,因此必须研究相应的安全技术措施和制定操作规程,定期培训员工和检查维护,具体来说主要有以下方面。

(1)研究并采取各种有效的安全技术措施。

(2) 研究并推广先进的电气安全技术，提高电气安全水平。
(3) 制定并贯彻安全技术标准和安全技术规程。
(4) 建立并执行各种安全管理制度。
(5) 开展有关电气安全思想和电气安全知识的教育工作。
(6) 分析事故实例，从中找出事故原因和规律。

（三）保证用电安全的基础要素

1. 电气绝缘

保持配电线路和电气设备的绝缘良好，是保证人身安全和电气设备正常运行的最基本要素。电气绝缘的性能是否良好，可通过测量其绝缘电阻、耐压强度、泄漏电流和介质损耗等参数来衡量。

2. 安全距离

电气安全距离，是指人体、物体等接近带电体而不发生危险的安全可靠距离。如带电体与地面之间、带电体与带电体之间、带电体与人体之间、带电体与其他设施和设备之间，均应保持一定距离。通常，在配电线路和变电、配电装置附近工作时，应考虑线路安全距离，变电、配电装置安全距离，检修安全距离和操作安全距离等。

3. 安全载流量

导体的安全载流量，是指允许持续通过导体内部的电流量。持续通过导体的电流如果超过安全载流量，导体的发热将超过允许值，导致绝缘损坏，甚至引起漏电和发生火灾。因此，根据导体的安全载流量确定导体截面和选择设备是十分重要的。

4. 标志

明显、准确、统一的标志是保证用电安全的重要因素。标志一般有颜色标志、标示牌标志和型号标志等。颜色标示表示不同性质、不同用途的导线；标示牌标志一般作为危险场所的标志；型号标志作为设备特殊结构的标志。电气设备各类标志如图 5-12 所示。

图 5-12 电气设备各类标志

（四）安全技术方面对电气设备基本要求

电气事故统计资料表明，由于电气设备的结构有缺陷，安装质量不佳，不能满足安全要求而造成的事故所占比例很大。因此，为了确保人身和设备安全，在安全技术方面对电气设备有以下要求：

(1) 对裸露于地面和人身容易触及的带电设备，应采取可靠的防护措施。

(2) 设备的带电部分与地面及其他带电部分应保持一定的安全距离。

(3) 易产生过电压的电力系统，应有避雷针、避雷线、避雷器、保护间隙等过电压保护装置。

(4) 低压电力系统应有接地、接零保护装置。

(5) 对各种高压用电设备，应采取装设高压熔断器和断路器等不同类型的保护措施；对低压用电设备，应采用相应的低电器保护措施进行保护。

(6) 在电气设备的安装地点应设安全标志。

(7) 根据某些电气设备的特性和要求，应采取特殊的安全措施。

(五) 事故的类型

电气事故不仅可以对人身引起电击和电伤事故，危及人的生命和健康，而且影响生产，造成设备的损坏和财产损失。特别是城市轨道交通行业，电气自动化程度高，人机接触环节多，安全要求严格，电气伤害危险远高于其他行业。

电气安全

1. 触电事故

(1) 电击

电击是指电流通过人体，刺激机体组织，使肌肉非自主地发生痉挛性收缩而造成的伤害，严重时会破坏人的心脏、肺部、神经系统的正常工作，形成危及生命的伤害。按照人体触及带电体的方式，电击可分为以下几种情况。

①单相触电。是指人体接触到地面或其他接地导体的同时，人体另一部位触及某一相带电体所引起的电击。根据国内外的统计资料，单相触电事故占全部触电事故的70%以上。因此，防止触电事故的技术措施应将单相触电作为重点。

②两相触电。两相触电是指人体两处同时触及同一电源的两相带电体，以及在高压系统中，人体距离高压带电体小于规定的安全距离，造成电弧放电时，电流从一相导体流入另一相导体的触电方式。两相触电加在人体上的电压为线电压，其触电的危险性最大。

③跨步电压触电。当架空线路的一根带电导线断落在地上时，落地点与带电导线的电势相同，电流就会从导线的落地点向大地流散，于是地面上以导线落地点为中心，形成了一个电势分布区域，距离落地点越远，电流越分散，地面电势也越低。如果人在距离电线落地点 8~10m 以内，就可能发生触电事故，这种触电叫作跨步电压触电，属于间接接触电。人受到跨步电压时，电流虽然是沿着人的下身，从脚经腿、胯部又到脚与大地形成通路，没有经过人体的重要器官，好像比较安全，但是实际并非如此。因为人受到较高的跨步电压作用时，双脚会抽筋，使身体倒在地上。这不仅使作用于身体上的电流增加，而且使电流经过人体的路径改变，完全可能流经人体重要器官，如从头到手或脚。事故证明，人倒地后电流在体内持续作用 2s，这种触电就会致命。

各种形式电击事故如图5-13所示。

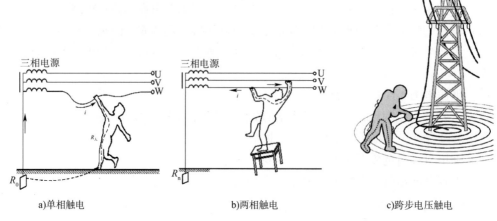

a) 单相触电　　　　b) 两相触电　　　　c) 跨步电压触电

图5-13　各种形式电击事故

知识拓展

触电时当电流量进入身体达到18~22mA时，会引起呼吸肌不能随意收缩，致使呼吸停止，产生严重窒息；如电流量超过22mA以上，可使心室发生纤颤，造成心泵排血困难，几分钟内即可停止心脏跳动。所以心室纤颤是触电死亡的主要原因。如一次超过10A的电流量就会把皮肉击穿。大脑和其他神经组织通过大量电流时，都会失去所有的正常兴奋性，而使伤者很快进入触电后昏迷状态。如受到过大电流的损害，人的中枢神经系统会立即产生强烈反应，这时触电者会发生面色苍白、呼吸急促、心跳加快、血压下降和神志不清等症状；如强大电流继续进入人体，将会麻痹其呼吸、心跳中枢，使呼吸、心跳停止，如救治不及则会很快死亡。

根据电能的不同作用形式，可将电气事故分为触电事故、静电危害事故、雷电灾害事故、射频电磁场危害和电气系统故障危害等。

(2) 电伤

这是电流的热效应、化学效应、机械效应等对人体所造成的伤害，它表现为局部伤害。触电伤亡事故中，纯电伤性质的及带有电伤性质的约占75%（电烧伤约占40%）。尽管大约85%以上的触电死亡事故是电击造成的，但其中大约70%的含有电伤成分。电伤包括电烧伤、电烙印、皮肤金属化、机械损伤、电光眼等多种伤害。

①电烧伤，一般有接触灼伤和电弧灼伤两种，接触灼伤多发生在高压触电事故时通过人体皮肤的进出口处，灼伤处呈黄色或褐黑色并又累及皮下组织、肌腱、肌肉、神经和血管，甚至使骨骼显碳化状态，一般治疗期较长，电弧灼伤多是由带负荷拉、合刀闸，带接地线合闸时产生的强烈电弧引起的，其情况与火焰烧伤相似，会使皮肤发红、起泡烧焦组织，并坏死。

知识拓展

电弧是一种气体放电现象，电流通过某些绝缘介质（例如空气）所产生的瞬间火花。

电弧会引发爆炸,通常持续时间不到1s,但能释放出巨大的辐射能量,能点燃可燃物。电弧温度非常高,核心温度最高可以达到20000℃,电弧可能引发许多次级危险,如高温气体、熔融的金属飞溅物、压力波等。还可以产生高分贝的噪声和点击危险。

②电烙印:它发生在人体与带电体有良好接触,但人体不被电击的情况下,在皮肤表面留下和接触带电体形状相似的肿块瘢痕,一般不发炎或化脓。瘢痕处皮肤失去原有弹性、色泽,表皮坏死,失去知觉。

③皮肤金属化:由于高温电弧使周围金属熔化、蒸发并飞溅渗透到皮肤表层所形成。皮肤金属化后,表面粗糙、坚硬。根据熔化的金属不同,呈现特殊颜色,一般铅呈现灰黄色,紫铜呈现绿色,黄铜呈现蓝绿色,金属化后的皮肤经过一段时间能自行脱离,不会有不良后果。此外,发生触电事故时,常常伴随高空摔跌,或由于其他原因所造成的纯机械性创伤,这虽然与触电有关,但不属于电流对人体的直接伤害。

④机械性损伤:是电流作用于人体时,由于中枢神经反射和肌肉强烈收缩等作用导致的机体组织断裂、骨折等伤害。

⑤电光眼:是发生弧光放电时,由红外线、可见光、紫外线对眼睛的伤害。

2. 静电危害事故

静电危害事故是由静电电荷或静电场能量引起的。由于静电能量不大,不会直接使人致命。但是,其电压可能高达数十千伏乃至数百千伏,发生放电,产生放电火花。静电危害事故主要有以下几个方面:

①在有爆炸和火灾危险的场所,静电放电火花会成为可燃性物质的点火源,造成爆炸和火灾事故。

②人体因受到静电电击的刺激,可能引发二次事故,如坠落、跌伤等。此外对静电电击的恐惧心理还对工作效率产生不利影响。

③某些生产过程中,静电的物理现象会对生产产生妨碍,导致产品质量不良,电子设备损坏,造成生产故障,乃至停工。

💡 想一想

生活中,你遇到过与静电有关的事情是什么?有危险吗?

3. 雷电灾害事故

雷电灾害,是一种气象灾害。因直接雷击而导致的人员或动物伤亡、火灾,因雷电波入侵、雷击电磁脉冲干扰而导致的电力系统、通信系统、雷达天线及其他电子信息系统故障或失效而产生直接经济损失或间接经济损失的现象统称为雷电灾害。

我国雷电灾害形成的原因有:

(1) 气候对雷电灾害的影响。我国地处温带和亚热带地区,受冷暖空气和海陆相互作用的共同影响,强对流天气频繁导致雷电与雷暴活动多发。

(2) 地形起伏对雷电灾害的影响。暖湿气流受到山地的抬升作用,容易形成对流不稳定,有利于雷暴云的形成,海拔高的地区比海拔低的地区更容易遭受雷电的侵袭。

(3) 承灾体的易损性。从灾害学的角度看,承灾体易损性指可能受到雷电灾害威胁的所有人员、物体和财产的伤害或损失程度，一个地区人口和财产越集中，易损性越高，雷电灾害风险就越大，可能遭受的潜在损失也越大。另外，相同强度的雷电流击在装有完善的防雷装置的建筑物和完全没有雷电防护设施的建筑物上会造成不同的后果。

4. 射频电磁场危害

射频电磁场，就是射频电流导体周围所产生的电磁场，而射频电流是指每秒钟振荡10万次以上的交流电。这种电磁场产生的辐射作用一般比较大，所以对人体的影响也比较大。射频伤害是由电磁场的能量造成的。射频电磁场的危害主要有：

（1）在射频电磁场作用下，人体因吸收辐射能量会受到不同程度的伤害。过量的辐射可引起中枢神经系统的机能障碍，出现神经衰弱综合征等临床症状；可造成植物神经紊乱，出现心率或血压异常；可引起眼睛损伤，造成晶体浑浊，严重时导致白内障；可造成皮肤表层灼伤或深度灼伤等。

（2）在高强度的射频电磁场作用下，可能产生感应放电，会造成电引爆器件发生意外引爆。

5. 电气系统故障危害

电气系统故障危害是由于电能在输送、分配、转换过程中失去控制而产生的。断线、短路、异常接地、漏电、误合闸、误掉闸、电气设备或电气元件损坏、电子设备受电磁干扰而发生误动作等都属于电路故障。电气系统故障危害主要体现在以下几方面：

（1）引起火灾和爆炸。线路、开关、熔断器、插座、照明器具、电热器具、电动机等均可能引起火灾和爆炸；电力变压器、多油断路器等电气设备不仅有较大的火灾危险，还有爆炸的危险。

（2）异常带电。电气系统中，原本不带电的部分因电路故障而异常带电，可导致触电事故发生。例如：电气设备因绝缘不良产生漏电，使其金属外壳带电；高压电路故障接地时，在接地处附近呈现出较高的跨步电压，形成触电的危险条件。

（3）异常停电。在某些特定场合，异常停电会造成设备损坏和人身伤亡。如正在浇注钢水的吊车，因骤然停电而失控，导致钢水洒出，引起人身伤亡事故；医院手术室可能因异常停电而被迫停止手术，无法正常施救而危及病人生命等。

（六）触电事故的分布规律

大量的统计资料表明，触电事故的分布是具有规律性的。根据国内外的触电事故统计资料分析，触电事故的分布具有如下规律。

1. 触电事故季节性明显

一年之中，二、三季度是事故多发期，尤其在6~9月份最为集中约占全年触电事故的75%以上。

💡 **想一想**

为何二、三季度的触电事故在一年中是最多的？

2. 低压设备触电事故多

由于低压设备远多于高压设备,而且,缺乏电气安全知识的人员多是与低压设备接触,低压触电事故远高于高压触电事故,因此,应当将低压方面作为防止触电事故的重点。

3. 携带式设备和移动式设备触电事故多

这主要是因为这些设备经常移动,工作条件较差,容易发生故障。另外,在使用时需用手紧握进行操作。

4. 电气连接部位触电事故多

在电气连接部位机械牢固性较差,电气可靠性也较低,是电气系统的薄弱环节,较易出现故障。

5. 农村触电事故多

这主要是因为农村用电条件较差,设备简陋,技术水平低,管理不严,电气安全知识缺乏等。

6. 青年、中年人以及非电工人员触电事故多

这些人员是设备操作人员的主体,他们直接接触电气设备,部分人还缺乏电气安全的知识。

7. 误操作事故多

人为失误造成的触电事故约占整个触电事故的70%以上。

触电事故的分布规律并不是一成不变的,在一定的条件下,也会发生变化。例如,对电气操作人员来说,高压触电事故反而比低压触电事故多。上述规律对于电气安全检查、电气安全工作计划、实施电气安全措施以及电气设备的设计、安装和管理等工作提供了重要的依据。

二、触电事故防护

电看不见、摸不着、闻不到;一旦触电,往往又难以自救,严重威胁人的生命安全。所以,触电防护成为用电者首先关注的重要问题。

为了有效防止触电事故,可采用绝缘、屏护、间距、保护接地或接零、漏电保护等技术或措施。

(一) 绝缘

绝缘是用绝缘物把带电体封闭起来。该绝缘物只有遭到破坏时才失效。电工绝缘材料的体积电阻率一般在 $1 \times 10^7 \Omega/m^3$ 以上。

高压如35kV的线路和设备,其绝缘电阻不应低于1000~2500MΩ。架空线路每个绝缘子的绝缘电阻不应低于300MΩ。运行中电缆的绝缘电阻应根据其额定电压设定在300~1500MΩ之间。电力变压器在投入运行前,其绝缘电阻不应低于出厂时的70%。

绝缘物由于击穿、损伤、老化会失去或降低绝缘性能。绝缘物在强电场等因素作用下

完全失去绝缘性能的现象称为击穿。气体击穿后能自己恢复绝缘性能；液体击穿后能基本上恢复或一定程度上恢复绝缘性能；固体击穿后不能恢复绝缘性能。损伤是指绝缘物由于腐蚀性气体、蒸汽、潮气、粉尘及机械等因素而受到损伤，降低甚至失去绝缘性能。老化是指绝缘物在电、热等因素作用下，电气性能和机械性能逐渐恶化。带电体的绝缘材料若被击穿、损伤或老化，就会有电流泄漏。

对于安全要求较高的设备或器具，如绝缘手套、绝缘靴、绝缘垫等电工安全用具，阀型避雷器、断路器、变压器、电力电缆等高压设施，某些日用电器和电动工具应定期进行泄漏电流试验，及时发现绝缘材料的硬伤、脆裂等内部缺陷。同时，还应定期对绝缘物进行介质损耗试验，采取有力措施，保证绝缘物的绝缘性能。

（二）屏护和间距

屏护是借助屏障物防止触及带电体。屏护装置包括护栏和障碍，可以防止触电，也可以防止电弧烧伤和弧光短路等事故。屏护装置所用材料应该有足够的机械强度和良好的耐火性能，可根据现场需要制成板状、网状或栅状。

护栏高度不应低于 1.7m，下部边缘离地面不应超 0.1m。金属屏护装置应采取接零或接地保护措施。护栏应具有永久性特征，必须使用钥匙或工具才能移开；障碍也必须牢固，不得随意移开。屏护装置上应悬挂"高压危险"的警告牌，并配置适当的信号装置和连锁装置。

间距是将带电体置于人和设备所及范围之外的安全措施。应该根据电压高低、设备类型、环境条件及安装方式等确定间距大小。

为了防止人体接近带电体，带电体安装时必须留有足够的检修间距。在低压操作中，人体及其所带工具与带电体的距离不应小于 0.1m；在高压无遮拦操作中，人体及其所带工具与带电体之间的最小距离根据工作电压，不应小于 0.7~1.0m。高压设备屏护和间距如图 5-14 所示。

图 5-14　高压设备屏护和间距

（三）保护接地或接零

保护接地或接零是防止间接接触电击的安全措施。保护接地适用于各种不接地电网。在这些电网中，由于绝缘损坏或其他原因可能使正常不带电的金属部分呈现危险电压。如变压器、电机、照明器具的外壳和底座，配电装置的金属构架，配线钢管或电缆的金属外皮等，除另有规定外，均应接地。

保护接零是把设备外壳与电网保护零线紧密连接起来。当设备带电部分碰连其外壳时，即形成相线对零线的单相回路，短路电流将使线路上的过流速断保护装置迅速启动，断开故障部分的电源，消除触电危险。保护接零适用于低压中性点直接接地的380V或220V的三相四线制电网。

（四）漏电保护

漏电保护装置除用于防止直接接触电击和间接电击以外，还可用于防止漏电火灾、监测一相接地、绝缘损坏等事故。依据启动原理和安装位置，漏电保护装置可分为电压型、零序电流型、中性点型、泄漏电流型等类型。

三 雷电危害及安全防护

雷电是大气中的一种放电现象。雷电放电具有电流大、电压高的特点。其能量释放出来可能形成极大的破坏力。其破坏作用主要有以下几个方面：

（1）直击雷放电、二次放电、雷电流的热量会引起火灾和爆炸。

（2）雷电的直接击中、金属导体的二次放电、跨步电压的作用及火灾与爆炸的间接作用，均会造成人员的伤亡。

（3）强大的雷电流、高电压可导致电气设备击穿或烧毁。发电机、变压器、电力线路等遭受雷击，可导致大规模停电事故。雷击可直接毁坏建筑物、构筑物。

1. 人身防雷

（1）发生雷暴时，应尽量减少在户外或野外逗留；在户外或野外最好穿塑料等不浸水的雨衣、胶鞋；如有条件，可进入有宽大金属构架或有防雷设施的建筑物。

（2）雷暴时，应尽量离开小山、小丘、隆起的小道、水面及水陆交界处，应尽量避开铁丝网、金属晒衣绳及旗杆、烟囱附近，不宜躲在大树底下，不宜进入没有防雷保护的低矮建筑物。

（3）若遇到突然雷雨，当头发变硬并竖起来时，应该蹲下，降低自己的高度，同时将双脚并拢，减少电压带来的危害。

（4）若在高架、地面线路上遇到打雷时，应尽量远离接触轨设备，双脚并拢蹲下，尽可能使人体高度低于周围设备设施，利用打雷的间隙，及时回到室内避雷、避雨。

（5）雷暴时，在户内应离开照明线、动力线、电话线、广播线、收音机和电视机电源线、收音机和电视机天线以及与其相连的各种金属设备。

（6）打雷时，应停止地面段及高架段接触轨区域的作业；禁止在露天段接触轨设备或与露天段接触轨设备有电气相连的设备上作业。

（7）雷雨天气要注意关闭门窗。

2. 设备和设施防雷

（1）直击雷的防护。直击雷的防护的主要措施有装设避雷针（图5-15）、避雷线、避雷网、避雷带等。一般来说，建筑物的易受雷击部位，遭受雷击后果比较严重的设施或堆料、高压架空电力线路、发电厂和变电站等，应采取防直击雷措施。

图 5-15　避雷针

（2）二次放电的防护。防雷装置遭受雷击时，其接闪器、引下线盒、接地装置都出现很高的冲击电压，可能击穿邻近的导体之间的绝缘，造成二次放电。为了防止二次放电，必须保证邻近导体与接闪器、引下线、接地装置之间有足够的安全距离。在任何情况下，防雷建筑物防止二次放电的最小距离要满足要求，不能满足间距要求时应予以跨接，带电体可加装避雷器或保护间隙。

（3）感应雷的防护。为了防止静电感应雷，应将建筑物内不带电的金属装备、金属管道、结构钢筋连成整体并予以接地。为了防止电磁感应雷，应将平行管道、相距不到100mm的管道用金属线跨接起来，管道接头、弯头等接触不可靠的地方，也应用金属线跨接。

（4）雷电冲击波的防护。为防护雷电冲击波侵入变配电装置，可在线路引入端安装避雷器。

四　静电危害及消除

（一）静电的危害

1. 固体静电危害

绝缘材料的带电会使生产不能顺利进行。更为严重的是，在有可燃气体的场合，静电放电可成为引燃或引爆的点火源。绝缘材料的表面放电一般是刷形放电，刷形放电能够引燃最小引燃能量在 4 mJ 以下的可燃混合气体。

绝缘材料在进行加工和各种生产时，极易带电。例如，薄膜往卷轴上卷绕时，绝缘材料管道内输送粉体、液体物料时，都会使绝缘材料带电。如果发生放电即可引燃可燃混合气体。此外，靠近带电绝缘材料的不接地的导体和不接地的人体，都会因感应而带电。带电的导体或人体发生火花放电时，将其储存的能量全部释放出来，也是十分危险的。

2. 液体静电危害

液体带电时，其内部和周围空间会有电场存在。当场强足够高时，就会发生放电。在一般情况下，液体内部的放电没有引燃的危险，但可以引起化学变化。这些变化能改变液体的性能或引起有关设备的腐蚀。液体在空气中的放电则有引燃的危险。油罐内液面与接地罐壁或其他金属构件之间的场强超过击穿强度时，即发生放电。放电能量的大小及引燃的可能性，很难估计。

对地电阻在 $1\times10^6\Omega$ 以上的导体或非导体，在带电液体作用下可以带电。一旦发生放电，危险性极大。例如，电阻率较大的液体流经绝缘导体时，绝缘导体会由于与液体摩擦，或由于带电液体电荷的传递等而产生电荷。带电液体倒入不接地的金属罐时，由于感应或电荷的转移而使绝缘的金属罐带电。浸在带电液体中的金属构件，其电位与其所处位置的液体电位相等。带电云雾向物体上喷射，会使物体带电。由上述可见，放置在带电液体周围的孤立物体可以带电，而且十分危险。

3. 粉体静电危害

当粉尘云中带电粒子产生的场强足够高时，就会发生粉尘云内部放电或粉尘云对大地的放电。粉尘云放电引燃危险较小。粉尘云放电可引燃非常敏感的混合物，如悬浮的微细粉尘或可燃混合气体。

粉体处理系统中的绝缘导体很容易通过接触而起电。如输送粉体流的绝缘金属管道，可以达到很高的电位，能够对地产生大能量的火花放电。将粉体倒入一个没有接地的容器，可导致容器的火花放电，放出的电量与容器内积累的电荷总量相当。

在有些粉体操作中，如取样等，人体与粉体需紧密接触。如果操作人员处于非接地状态，由于感应或电荷传递，人体能带上大量的电荷。

4. 气体静电危害

不论是大型工业吸尘器管嘴的带电，还是细小物品气动输运系统中管道带电，除非设备由金属制成并保持接地，否则可能会导致可燃气的引燃和人体的强电击。粉体的气动输送作为气体携带电荷的特例，还具有前述粉体静电的特点。

任何含有颗粒物质的压缩气体的逸出和排放都具有潜在危险。例如，从进出气口、阀门或法兰漏缝处喷出带有水珠或锈末的压缩气体时，均可产生危险的静电。所以，装放最小引燃能量很低的气体，如氢或乙炔与空气的混合气体时，只要这些气体含有颗粒物杂质，装放时就应格外谨慎。

液化二氧化碳的释放，会产生气体和二氧化碳干冰的混合物。这种混合物高度带电，在喷嘴上及气体撞击的绝缘金属导体上，曾测得高达几千伏的静电电压。因此，当把二氧化碳用作惰性气体时，如果不采取适当的防范措施，就可能产生灾害。

5. 人体静电危害

在现代工业中，不乏人体静电引发燃烧爆炸的事故案例。如某家具厂静电喷漆室，操作人员穿橡胶底运动鞋操作使人体带电，当操作者接触设备时发生静电放电，导致洗涤油槽发生火灾。对于最小引燃能量小于 100mJ 的可燃混合气体，对人体放电应采取防范措施。

在工业生产中，操作人员经常与带电材料接触会产生静电积累，当与接地设备接触时，会产生静电放电。人与金属间放电火花的能量可达 2.7～7.5mJ，这不仅可以引爆爆炸性混合物，而且会给放电人员带来痛苦的感觉。

在许多情况下，衣物能够带电。如果人体接地，衣物一般不会发生严重的火花放电。除了最小引燃能量很低的场合，例如氧气很充足或处理易爆物的场合，人体放电没有危险性。然而，若将一件衣服脱去，其上的电荷将容易保留且容易发生危险的火花放电。

（二）静电的预防与消除

1. 防静电基本原则

静电引发火灾或爆炸的五个必不可少的条件：
（1）要有产生静电荷的条件；
（2）具备产生火花放电的电压；

（3）有能引起火花放电的合适间隙；

（4）电火花要有足够的能量；

（5）在放电间隙及周围环境中有易燃易爆混合物。

只要消除上述五个条件之一，就可达到防止静电引发燃烧或爆炸危害的目的。由此可以确定消除静电危害的基本途径。

2. 静电的消除

（1）改进工艺控制静电产生

改进工艺是指从工艺过程、材料选择、设备结构、操作管理等诸方面采取措施，控制静电的产生，使其不致达到危险程度。

在原料配方和结构材质方面应该进行优选，尽量选取不易摩擦或接触起电的物质，减少静电的产生。

输送固体物料所用的皮带、托辊、料斗、倒运车辆和容器等，都应采用导电材料制造并接地。使用中要保持清洁，但不得用刷子清扫。输送中要平稳，速度应适中，不能使物料滑动或振动。输送液体物料，主要是通过控制流速限制静电的产生。当输油管线很长不适于限制流速时，可在油品进入贮罐前经过一段管径较大的缓冲区，以消除油品中的静电。输送气体物料，应先通过干燥器和过滤器把其中的水雾、尘粒除去。在液体喷出过程中，喷出量要小、压力要低，管路应经常清扫。

（2）静电的泄放消散

静电的泄放消散是在生产过程中，采用空气增湿、加抗静电添加剂、静电接地和保证静止时间的方法，将带电体上的电荷向大地泄放消散，以期达到静电安全的目的。一般认为，带电体任何一处对地电阻小于 $1\times10^6\Omega$ 时，则该带电体的静电接地是良好的。所以，降低带电体对地电阻，是排除静电的重要方法。

空气增湿可以降低静电非导体的绝缘性，湿空气可在物体表面覆盖一层导电的液膜，提高静电荷经物体表面泄放的能力，即降低物体的泄漏电阻，把所产生的静电导入大地。增湿的具体方法可采用通风调湿、地面洒水、喷放水蒸气等方法。空气增湿不仅有利于静电的导出，而且还能提高爆炸性混合物的最小引燃能量，有利于防爆。

在工艺条件允许的情况下，空气增湿取相对湿度70%为宜。增湿以表面可被水润湿的材料效果为好，如醋酸纤维素、硝酸纤维素、纸张和橡胶等。对于表面很难被水润湿的材料，如纯涤纶、聚四氟乙烯、聚氯乙烯等效果较差。

（3）静电接地连接

静电接地连接是为静电荷提供一条导入大地的通路。接地只能消除带电导体表面的自由电荷，对于非导体静电荷的消除是无效的。

输送能产生静电物料的绝缘管道，其金属屏蔽层应该接地。各种静电消除器的接地端、高绝缘物料的注料口、加油站台、油品车辆、浮动罐体等应连成导电通路并接地。在有火灾、爆炸危险的场所，以及静电对产品质量、人身安全有影响的地方，所使用的金属用具、门窗把手和插销、移动式金属车辆、金属梯子、家具、有金属丝的地毯等，都应该接地。

管道系统的末端、分叉、变径、主控阀门、过滤器，以及直线管道每隔 200～300m 处，均应设接地点。车间内管道系统的接地点应不少于两个，接地点、跨接点的具体位置可与管道固定托架位置一致。

（4）静电的中和和屏蔽

静电的中和是用极性相反的离子或电荷中和危险的静电，从而减少带电体上的静电量。静电屏蔽是把静电对外的影响局限在屏蔽层内，从而消除静电对外的危害。属于静电中和法的有静电消除器消电、物质匹配消电等。

静电消除器有自感应式、外接电源式、放射线式和离子流式四种。其中，自感应式静电消除器是用一根或多根接地金属针作为离子极，将针尖对准带电体并距其表面 1～2cm。由于带电体的静电感应，针尖会出现相反电荷，在附近形成强电场，并将气体电离。所产生的正、负离子在电场作用下，分别向带电体和针尖移动。与带电体电性相反的离子抵达带电体表面时，即与静电中和，而移到针尖的离子通过接地线把电荷导入大地。

利用摩擦起电的带电规律，把相应的物质匹配，使生产过程中产生极性相反的电荷，并互相中和，这就是所谓物质匹配消电的方法。如在橡胶制品生产中，辊轴用塑料、钢铁两种不同的材料制成，交叉安装，胶片先与钢辊接触分离得负电，然后胶片与塑料辊摩擦带正电，正、负电互相抵消保证了安全。

屏蔽是把带电体用接地的金属板、网包围或用接地导线匝缠绕，将电荷对外的影响局限于屏蔽层内，同时屏蔽层内的物质也不会受到外电场的影响。这种静电封闭方法可保证系统静电的安全。

（5）人体静电的消除

可以通过接地、穿防静电鞋、穿防静电工作服等具体措施，减少静电在人体上的积累。在静电产生严重的场所，不得穿化纤工作服，穿着以棉织品为宜。在人体必须接地的场所，应设金属接地棒，赤手接触即可导出人体静电。

产生静电的工作地面应是导电性的。其泄漏电阻既要小到防止人体静电积累，又要防止人体误触动力电而导致人体伤害。此外，用洒水的方法使混凝土地面、嵌木胶合板湿润，使橡皮、树脂、石板的黏合面或涂刷地面能够形成水膜，增加其导电性。

在工作中，尽量不做与人体带电有关的事情，如在工作场所不要穿、脱工作服。在有静电危险场所操作、检查、巡视，不得携带与工作无关的金属物品，如钥匙、硬币、手表、戒指等。

五 高压电气设备安全

（一）高压电气设备概述

电气设备根据设备所用电压等级的不同可以分为高压电气设备和低压电气设备。其中，电压等级在 1000V 及以上为高压电气设备，电压等级在 1000V 以下者为低压电气设备。

高压电气设备主要包括高压熔断器、高压隔离开关、高压负荷开关、高压断路器、高压开关柜和电力变压器等。

1. 高压熔断器

高压熔断器是指交流电力线路和电力设备短路保护的保护器件（图5-16）。

在高压熔断器中，户内广泛采用RN型管式熔断器，户外广泛采用RW型跌落式熔断器。

2. 高压隔离开关

高压隔离开关主要用来隔离高压电源，以保证其他电气设备的安全检修（图5-17）。由于它没有专门的灭弧装置，所以不能带负荷操作。但是可用来通断一定限度的小电流，如激磁电流不超过2A的空载变压器、电容电流不超过5A的空载线路及电压互感器和避雷器回路等。

图5-16 高压熔断器

图5-17 高压隔离开关

知识拓展

发电机能发出电来的基本条件是绕有线圈的转子必须在磁场中运动。而一般发电机的转子周围并没有磁铁。转子所需要的磁场是由绕在硅钢片的定子线圈通入一定电流而产生的，这个电就叫作励磁电流。发电机刚启动时，由于缠绕定子的硅钢片带有剩磁，所以磁场很弱，转子的发电能力也很弱，此时所发出的电能主要是给励磁绕组建立强大的磁场。随着磁场的增强，发电机的能力也逐渐增强，当磁场达到饱和时，磁场不再继续增强，发电机输出电压随之稳定。

3. 高压负荷开关

高压负荷开关（图5-18）是专门用在高压装置中通断负荷电流的开关。由于负荷开关在设计时只考虑通断负荷电流，断流能力不大，不能用它来切断短路电流。线路的短路故障只有借助与它串联的高压熔断器来进行保护。

高压负荷开关是和高压熔断器串联使用的，断电保护应按下述要求调整：当故障电流大于负荷开关的开断能力时，必须保证熔断器先熔断，然后负荷开关才能分闸；当故障电流小于负荷开关的开断能力时，则负荷开关开断，熔断器不动作。

4. 高压断路器

高压断路器（图5-19）又叫作高压开关，用在高压装置中通断负荷电流，并在严重过载和短路时自动跳闸，切断过载电流和短路电流。因此，高压断路器具有相当完善的灭弧结构和足够的断流能力，以适应其工作要求。

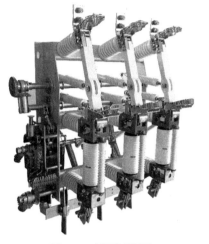

图5-18　高压负荷开关

图5-19　高压断路器

5. 高压开关柜

高压开关柜（图5-20）是按一定的线路方案将有关一、二次设备组装而成的一种高压成套配电装置。高压开关柜有固定式和手车式两大类型。

高压开关柜大多数按规定装设了防止电气误操作的闭锁装置，即所谓"五防"——防止误跳、误合断路器，防止带负荷拉、合隔离开关，防止带电挂接地线，防止带接地线合隔离开关，防止人员误入带电间隔。

6. 电力变压器

电力变压器（图5-21）是静止的电气设备，起升高或降低电压的作用。在企业中，通常是把6～10kV的高压电降低为0.4kV的低压电，供给电气设备使用，这种变压器称作配电变压器。

图5-20　高压开关柜

图5-21　电力变压器

如发现运行中变压器的温度过高，应及时处理。

（二）高压电气设备巡视

（1）值班人员巡视高压设备时，应与带电设备保持规定的安全距离。禁止越过护栏巡视。

（2）高压设备发生接地故障时，人体距离接地点的安全距离：室内应大于4m；室外应大于8m。进入上述范围的人员应穿绝缘靴。手接触设备外壳和架构时，应佩戴绝缘手套。

（3）雷雨天气需要巡视室外高压设备时，应穿绝缘靴，并不应接近避雷器、避雷针及其接地装置（对避雷针应保持5m以上的距离）。

（4）巡视高压设备，进出高压室时，应随时将门关好，防止小动物由门进入。

（5）巡视线路时，不论线路是否停电，均应视为带电，并应沿线路上风侧行走。当寻找接地故障时，应有防止跨步电压的措施。

想一想

巡视线路时，为何应沿线路上风侧行走？

（6）巡视线路，如发现高压线断落地面或悬挂空中，应设法让行人远离断线处8m以外，一方面派人看守，一方面迅速进行处理。

（三）高压电气设备安全使用规定

相对于普通电源来说，高压电有其特殊危害性。高压触电有两种特殊情形：一是高压电弧触电；二是跨步电压触电。由于电压很高，很容易让人触电死亡，所以要格外注意。城市轨道交通行业在电气运用上比较特殊，高、低压电气都有相应的系统和设备，除普通的动力照明电气有相应的规定外，针对高压电气安全有如下规定：

（1）变电所的所有电气设备自第一次受电开始即认定为带电设备之后，上述设备的一切作业必须按安全工作规程严格执行。

（2）若有停电的甚至是因事故停电的电气设备，在未断开有关断路和隔离开关并按规定做好安全措施前，不得进入相关的设备区，且不得触摸该设备，以防突然来电。

（3）任何人发现有违反规程的情况应立即制止，经纠正后才能恢复作业。各类作业人员有权拒绝违章指挥和强令冒险作业；在发现直接危及人身、电网和设备安全的紧急情况时，有权停止作业或在采取可能的紧急措施后撤离作业场所，并立即报告。

（4）在设备因事故停电时，若已派出人员到现场巡查，在未与现场人员取得联系前，不得对停电设备重新送电。

（5）当作业人员进入电容器室（柜）内或在电容器上工作时，要将电容器逐个放电，并进行接地和做好其他安全措施后方可作业。

（6）当电气设备着火时，要立即将该设备的电源切断，然后按规定采取有效措施灭火。

（7）在变电所内作业时，带电部分严禁用棉纱（或人造纤维）、汽油、酒精等易燃物擦拭，以防起火。

（8）在所有供电设备附近搬动梯子或长大工具、材料、部件时，要时刻注意与带电设备部分保持足够的安全距离，并防止碰伤六氟化硫封闭式组合电器（GIS等）设备的外壳。

(9) 在室内给设备充装六氟化硫（SF_6）气体时，周围环境的相对湿度应不大于 80%，同时必须开启通风系统，避免六氟化硫（SF_6）气体泄漏到工作区。工作区空气中六氟化硫（SF_6）气体含量不超过 $1000\mu L/L$。

（四）倒闸操作

电气设备分为运行、备用（冷备用及热备用）、检修三种状态。通过操作隔离开关、断路器以及挂拆接地线，将电气设备从一种状态转换为另一种状态，或使系统改变了运行方式，这种操作就叫作倒闸操作。倒闸操作必须执行操作票制和工作监护制。

（1）倒闸操作前，应根据操作票的顺序在模拟板上进行核对性操作。操作时，应先核对设备名称、编号，并检查开关或隔离开关的原来拉、合位置与工作票所写的是否相符。操作中，应认真执行监护制、复诵制。每操作完一步即应由监护人在操作项目前画"√"。

（2）操作中产生疑问时，必须立即向调度员或电气负责人报告，弄清楚后再进行操作。不准擅自更改操作票。

（3）操作人员与带电导体应保持规定的安全距离，同时应穿长袖衣及长裤。

（4）用绝缘杆拉、合隔离开关或经传动机构拉、合开关及隔离开关时，应戴绝缘手套。操作室外设备时，还应穿绝缘靴。

（5）带电装卸高压熔丝管时，应使用绝缘夹钳或绝缘杆，戴防护眼镜，并应站在绝缘垫（台）上或戴绝缘手套。

（6）雨天操作室外高压设备时，除按上述规定外，使用的绝缘杆应带有防雨罩。雷雨时，应停止室外的正常倒闸操作。

六 城市轨道交通电气安全管理要求

城市轨道交通的供电系统由变电所、接触网和回流网三部分组成。变电所通过接触网（图 5-22）由车辆受电器向电动客车馈送电能。回流网是牵引电流返回变电所的导体。接触网是指沿轨道线路架设，向电客车供给电能的特殊形式的输电线路，包括架空柔性接触网、架空刚性接触网和接触轨。

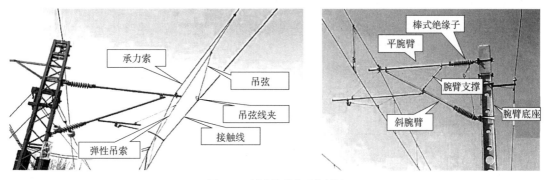

图 5-22 城市轨道交通接触网

电气化线路电气安全要求如下：

（1）接触网的各导线（如接触线、承力索、馈线、吊弦等）及其相连部件（如腕臂、定位器、定位管、拉杆、避雷器等）都带有高压电，禁止直接或间接接地（是指通过如棒条、导线、水流等物件与之接触）。

（2）当接触网的绝缘不良时，在其支柱、支撑结构及其金属结构上，在回流电缆与钢轨的连接点上，都可能出现高电压，因此，平常应避免与这些部件接触；当接触网绝缘损坏时，禁止与之接触。

（3）为保证人身安全，任何人员及其携带的物体（经检测合格的工具除外）应与带电接触网、受流器保持足够的安全距离，1500V直流电接触网的安全距离为700mm。

（4）进行在接触网上或接触网距离小于其安全距离的作业前，接触网必须停电，并做好安全措施后方可工作。一般来说，其安全措施是停电、验电、挂接地线和悬挂标志牌。

（5）接触网断线及其部件损坏或接触网上挂有异物时，不得与之接触，并对该处加以防护，任何人员均应与断线落下点保持8m以上距离，以防跨步电压触电。

（6）当行人持有木棒、竹竿、彩旗和皮鞭等高长物件，由道口走近接触网下时，不得高举挥动，须使物件保持水平状态走过道口。

（7）汽车过平交道口时，货物装载高度（从地面算起）不得超过4.5m；在装载高度超过2m的货物上，通过道口时严禁坐人。

（8）当区段内接触网停电接地时，不得向该区段接发电客车；当司机发现接触网异常或出现故障时，要立即停车并降下受电弓。

（9）在接触网没有停电并接地的情况下，禁止到电客车、内燃机车及工程车车顶上进行任何作业。检修库内，在接触网停电并接地以前，禁止登上车顶平台。

（10）凡可能进入接触轨区域的地方，必须张贴"当心触电"的警告标志。

（11）所有进入接触轨区的人员必须穿绝缘鞋和有高可见度的反光背心。

（12）除接触网专业人员按规定检修接触轨设备外，其他任何人员，即使在接触轨已经停电挂接地线的情况下，也不得擅自接触、碰摸接触轨及其附件。

（13）安装有接触轨的轨行区需疏散乘客时，原则上接触轨应停电，做好安全防护后再组织疏散。

（14）倒闸操作、验电、挂拆接地线、处理接触网（轨）上异物时，操作人员必须戴高压绝缘手套。

（15）带电更换低压熔断器时，操作人员要戴防护眼镜，站在绝缘垫上，并要使用绝缘柄钳或戴绝缘手套。

单元三 机械设备安全管理

单元导入

列车司机驾车探出头身，遭设备撞击引发身亡

【事件经过】

某年某月某日，北京地铁某司机驾车驶回车站，缓缓将列车开进洗车库房内，按相关

规定清洗列车。地铁列车的清洗工作与自动清洗汽车类似，将列车开至洗车机房内，由电脑系统控制自动清洗。列车司机拨动列车驾驶舱清洗开关按钮后，列车以5km/h的速度前行，按顺序洗刷列车外部。洗车过程中，列车司机将头和身体探出窗外，检查刷洗情况，随后，他的头部被机房内的钢铁设备击中，整个人甩出驾驶舱，落在铁轨上，失去意识。急救人员在事发后不久赶到现场，将其送至附近医院。经一个多小时的抢救，司机最终不幸死亡。

【事件分析】

上述案例中，列车司机违章操作，未执行洗车作业相关规定，未能对身边的危险源有充分的认识，在洗车时将头部伸出列车外是造成这次伤亡事故的主要原因。车辆是城市轨道交通系统中一种主要的机械设备，具有潜在的危险性，车辆在调车作业、调试作业、洗车作业、折返作业、信号或车辆故障时的作业是司机的重点作业内容，由于这类作业中车辆往往是依靠人工驾驶，自动化监控、控制系统缺失，司机如果注意力不集中，不能采取正确的操作方式，往往导致事故的发生。

【案例启示】

城市轨道交通系统作为一个庞大复杂的系统工程，设施设备系统在其运营整个过程中存在诸多安全隐患。根据相关数据统计，乘客原因、环境原因、工作人员失误和设备原因是造成运营事故的主要原因，其中设备原因所占的比例最大，达到72%。结合我国城市轨道交通运营实践，对于运营时间较长的线路来讲，由于客流压力比较大，由车辆引起的故障比较多；对于新开通的线路，由于各个系统处于相互磨合阶段，发生信号故障和车辆故障的概率比较大，容易对运营造成影响。

任务要求

1. 掌握预防机械伤害的主要途径。
2. 掌握城市轨道交通系统的行车机械设备安全防护知识。

机械安全是从人的需要出发，在使用机械的全过程的各种状态下，达到使人的身心免受外界因素危害的存在状态和保障条件。机械的安全性是指机器在按照预定使用条件下，执行预定功能，或在运输、安装、调整时不产生损伤或危害健康的能力。

一 通用机械安全基本知识

机械对人体的伤害是由于机械的动能和势能产生的。机械对人体造成的直接伤害主要有夹伤、撞伤、切、擦伤、轧伤、卷入伤害、飞出物伤害等。预防机械伤害的主要途径是通过设计实现本质安全和安装安全防护装置。

（一）在设计阶段采取措施消除危险

在设计控制装置及操作装置时，应遵守如下要求：位置正确，类型合适，避免无意启动，方向合理（部件的运动方向与机械整体的运动相协调），具有明显的识别特性（大小、颜色感觉等）。

预防机械
伤害的措施

1. 本质安全

本质安全是指机械的设计者，在设计阶段采取措施来消除机械危险的一种机械安全方法，包括在设计中消除危险的部件，减少或避免在危险区域内处理工作需求，提供自动反馈设备并使运动的部件处于密封状态之中等。

2. 失效安全

设计者应该保证当机器发生故障时不出危险。

这一类装置包括操作限制开关，限制不应该发生的冲击及运动的预设制动装置，设置把手和预防下落的装置，失效安全的限电开关等。

> **想一想**
>
> 日常生活中的设备，你知道有运用"失效安全"原理设计的吗？

3. 定位安全

把机器的部件安置到不可能触及的地点，通过定位达到安全。但设计者必须考虑到在正常情况下不会触及的危险部件，而在某些情况下可能会接触到，例如登着梯子对机器进行维修等情况。

4. 机器布置

车间合理的机器安全布局，可以使事故明显减少。安全布局时要考虑如下因素：

（1）空间：便于操作、管理、维护、调试和清洁。

（2）照明：包括工作场所的通用照明（自然光及人工照明，但要防止炫目）和为操作机器而特需的照明。

（3）管、线布置：不妨碍在机器附近的安全出入，避免磕绊，有足够的上部空间。

（4）维护时的出入安全。

（二）加装安全防护装置

在无法使用设计来做到本质安全时，为了消除危险，要使用安全装置。设置安全装置，要考虑四方面因素：

（1）强度、刚度、稳定性和耐久性。

（2）对机器可靠性的影响，例如固体的安全装置有可能使机器过热。

（3）可视性（从操作及安全的角度来看，有可能需要机器的危险部位有良好的可见性）。

（4）对其他危险的控制，例如选择特殊的材料来控制噪声的强度。

（三）机械安全防护装置的一般要求

在人和危险之间构成安全保护屏障，是安全防护装置的基本安全功能。为此，安全防护装置必须满足与其保护功能相适应的安全技术要求。基本要求如下：

（1）安全防护装置应结构简单、布局合理，不得有锐利的边缘和突缘。

（2）安全防护装置应具有足够的可靠性，在规定的寿命期限内有足够的强度、刚度、稳定性、耐腐蚀性、抗疲劳性,以确保安全。

(3)光电式、感应式等安全防护装置应设置自身出现故障的报警装置。

(4)紧急停车开关应保证瞬时动作时能终止设备的一切运动。对有惯性运动的设备,紧急停车开关应与制动器或离合器连锁,以保证迅速终止运行。紧急停车开关的形状应区别于一般开关,颜色为红色;紧急停车开关的布置应保证操作人员易于触及,且不发生危险;设备由紧急停车开关停止运行后,必须按启动顺序重新启动才能重新运转。

(四)对机械设备安全防护罩、网的技术要求

1. 对机械设备安全防护罩的技术要求

(1)只要操作工可能触及的活动部件,在防护罩未闭合前,活动部件就不能运转。

(2)采用固定防护罩时,操作工触及不到运转中的活动部件。

(3)防护罩与活动部件间有足够的间隙,避免防护罩和活动部件之间的任何接触。

(4)防护罩应牢固地固定在设备或基础上,拆卸、调节时必须使用工具。

(5)开启式防护罩打开时或部分失灵时,应使活动部件不能运转或运转中的部件停止运动。

(6)使用的防护罩不允许给生产场所带来新的危险。

(7)防护罩在设备正常操作或维护保养时不需拆卸。

(8)防护罩必须坚固可靠,以避免与活动部件接触造成损坏和工件飞脱造成伤害。

(9)一般防护罩不准脚踏和站立,必须作平台或阶梯时,应能承受1500N的垂直力,并采取防滑措施。

2. 对机械设备安全防护网的技术要求

防护罩应尽量采用封闭结构,当现场需要采用网状结构时,应满足不同网眼开口尺寸的安全距离(防护罩外缘与危险区域——人体进入后,可能引起致伤危险的空间区域)规定,见表5-4。

不同网眼开口尺寸的安全距离(mm)　　　　　　　　表5-4

防护人体通过部位	网眼开口宽度(直径及边长或椭圆形孔短轴尺寸)	安全距离
手指尖	<6.5	≥35
手指	<12.5	≥92
手掌(不含第一掌指关节)	<20	≥135
上肢	<47	≥460
足尖	<76(罩底部与所站面间隙)	150

三 城市轨道交通机械设备安全管理要求

城市轨道交通系统是人和机械联合工作的系统。城市轨道交通安全运营依靠机械设备的正常、安全工作。它们具有价格昂贵、现代化程度高、技术精良、工作场所特殊等特点。城市轨道交通系统的行车机械设备主要包括车辆、线路、机电、通信信号等。设备因设计、使用、自然老化等多方面的原因,可能产生缺陷,进而导致故障的发生,存在事故

隐患。在各类机械设备的安全技术措施方面，主要通过加强对设备的巡视来确保设备的安全运行。巡视过程中，工作人员可以对设备的故障、隐患进行排查，对于易发生故障的部分应做到多查、多记录、多留意、勤更换等。除了加强平时的巡查、巡视、巡检，还要不断加强设备使用安全的教育，完善设备应急救援预案，加大应急救援演练，完善维修、保养规程，确保机械设备处于良性运行状态。

（一）车辆

车辆是城市轨道交通系统的旅客载客工具，在保证运行准点、快速、舒适的运营服务时，更重要的是确保运营的安全。

车辆在运营线路上发生故障，可能导致列车中断运行，也可能导致列车颠簸、脱轨，对乘客的人身安全造成影响。它对城市轨道交通系统运营安全的影响最大。

根据车辆故障的统计分析，其常用的改进措施有：

（1）加强员工的设备安全意识教育，对重点零部件严密监控。针对设备老化，在没有更新车辆设备之前，检修部门应加强对车辆的监控，制定严格的维修保养措施；派出专人在运营线路上对车辆进行监控，及时向车间反馈故障信息。

（2）对老化车辆进行更换，提高车辆的安全性、可靠性、稳定性，降低车辆的故障率。

（3）车辆上加装安全监控设备，提高车辆自动化水平，防止在运营过程中驾驶员误操作导致行车事故。

（4）车辆零部件牢固、无松动、无裂纹，部分需闭合的设备锁闭功能良好。例如：制动装置功能完好，施加和缓解动作正常；牵引装置安装牢固，无变形与脱落的危险；空气压缩机安装密封，无空气和润滑油泄漏等。

（二）线路

线路是轨道交通行车的主要设备。如线路出现问题可能导致车辆脱轨等重大事故的发生，影响乘客的安全。

线路由钢轨、轨枕、道床、道岔、连接零件及防爬设备组成。线路必须坚固稳定，具有正确的几何形状，线路的平面和纵断面符合规范，才能确保车辆的安全、平稳、不间断运行。

知识拓展

线路防爬设备是指用以提高轨道纵向阻力，防止线路爬行的附属设备，由防爬器和防爬撑组成。线路爬行是破坏线路的最基本原因之一，因此，除使用防爬设备外，还应采用防爬型钢轨扣件以及切实有效的道床夯拍措施。目的是锁定线路，防止爬行，巩固和提高线路质量。适用于所有线路、道岔。

线路的安全技术措施有：

（1）制定列车限速标准，设置标识，保证线路满足列车安全运营标准；

（2）定期进行钢轨探伤，严格执行《工务维修规则》，保证及时发现线路的各种损伤，及时采取措施予以解决；

(3) 定期监测道床开裂、破损等问题，如发现及时修复。

(三) 环控系统安全管理

城市轨道交通地下环境封闭、湿度大、发热源多，其空气质量与地面其他场所的空气质量相差较大。环控系统是城市轨道交通系统中的一个重要组成部分，它对城市轨道交通环境具有重大的影响，其重要性引起了国内外许多研究者和设计者的关注。

1. 环控系统安全管理的原则

城市轨道交通环控系统安全管理的原则如下：

(1) 环控设备维修人员必须认真执行"三不动""三不离""三不放过""三级施工安全措施"等基本安全生产制度。

① "三不动"，即未登记联系好不动，对设备性能、状态不清楚不动，正在使用中的设备（即已办理好的进路或闭塞设备）不动。

② "三不离"，即工作结束后不彻底试验好不离，影响正常使用的设备缺点未修好前不离（对一时克服不了的缺点，应先停用后修复），发现设备有异状时未查清原因不离。

③ "三不放过"，即事故原因分析不清不放过，没有防范措施不放过，事故责任者和群众没有受到教育不放过。

④ "三级施工安全措施"，即列入运输综合作业方案中，设备停用且较复杂的施工，电务段长批准并派员参加；更换单项主要设备的施工，由领工员批准并参加；更换单项设备的主要部件，由工长批准并参加。

(2) 在安排维修作业时应有安全防范措施，并严格遵守有关技术作业安全规定。

(3) 各种特殊工种必须持证上岗，并进行必要的岗前培训，对上岗证应按规定进行年审。

(4) 各层级都应设专职或兼职安全员，负责安全工作及监控形成安全管理网络。

2. 环控系统故障的处理原则

城市轨道交通环控系统故障的处理原则如下：

(1) 对发生故障的设备及时进行判断分析，及时排除故障，先行运行。

(2) 对重要故障的设备进行测试、诊断，进而修复或暂时修复。

(3) 详细记录故障的现象及修复过程，以备在其他修程开展时对其做进一步的处理与修复。

(4) 保证故障设备能恢复使用功能，若无法达到，至少确保设备恢复运营所必须具备的功能。

(5) 及时向有关人员通报故障的测试、诊断及处理过程。

(四) 给水排水系统安全管理

城市轨道交通车站和车辆段给水排水系统由给水系统和排水系统两部分组成。其中，给水系统包括生活给水系统、生产给水系统和消防给水系统，其功能是满足生产、生活和消防用水要求；排水系统则包括污水系统、废水系统和雨水系统，其功能是保证车站和车辆段排水畅通，为城市轨道交通安全运营提供服务。车辆段排水系统采用分流制的排放方式。

给水排水系统是车站及车辆段机电设备的一部分，其故障处理应遵循城市轨道交通先通后复的规定，以尽可能减少事故对正常运营的影响。

给水排水系统发生事故往往会影响城市轨道交通的正常运营，其中绝大多数故障主要是由于水泵发生故障而引起的。因此，熟知水泵故障发生原因，对快速处理给水排水系统故障有重要意义。

(五) 消防系统安全管理

城市轨道交通消防安全管理总的要求：城市轨道交通的消防安全管理应在当地政府的统一组织协调下，建立由政府相关部门（包括公安、消防）与运营单位及供电、通信、供水和医疗等单位密切协作、高效运转、分工明确的报警接警、监控和抢险救援机制。处理城市轨道交通消防安全故障时应按以下程序和原则进行：

(1) 建立完善的故障受理制度，迅速进行消防系统设备故障的处理和管理。

(2) 消防系统检修人员从维修调度员处受理消防系统故障或在检修过程中发现系统故障时，要按要求填写故障受理表格。

(3) 消防系统设备发生故障时，有关维修人员应及时、准确地做出判断（故障位置、故障原因等），积极组织修复，缩短故障时间，把故障的影响控制在最小范围内；若无法维修，则应及时上报。

(4) 如果系统完全或部分丧失火灾监控能力，在抢修不能立即恢复的情况下，维修人员应立即向车站值班站长说明情况，车站值班站长安排人员加强车站的火灾巡视。

(5) 消防系统设备维修人员在故障处理完成后应对控制盘、模块箱等周围环境进行清理，并及时销点。

(6) 故障维修完毕，应及时填写故障处理台账，做好记录，归档备查。

(7) 由消防系统维修工班的工班长或专业工程师对维修情况及相关处理进行记录，对台账进行核查，确保维修质量。

(8) 在检修过程中，不能影响接口专业的运作，涉及接口的维修应先与其他专业协调，并预先告知对其可能造成的影响，必要时在其他专业的监护下进行检修。

(9) 对于消防系统监控对象（防火卷帘门、防火阀等设备）发生故障引起的消防系统功能障碍维修时，若需消防系统专业配合，则消防系统维修人员应积极予以配合协作。

(六) 环境与设备监控系统安全管理

环境与设备监控系统是城市轨道交通重要的安全设施，必须严格执行计划性维修维护制度，以保证系统的良好运行。由于城市轨道交通环境的特殊性和其他不可预测的因素，设备故障难免发生，而高效的故障抢修处理程序则是系统安全可靠运行的重要保障。

按照故障的严重程度，环境与设备监控系统故障可分为严重故障、一般故障和次要故障及障碍。

1. 严重故障

属于以下故障之一的，均为环境与设备监控系统的严重故障。

(1) 中央控制室与一个以上车站失去联系。
(2) 车站设备监控车站级计算机与模拟屏紧急按钮同时失效。
(3) 车站控制器网络发生故障,且不能重组。
(4) 环境与设备监控系统火灾工况无法执行。

2. 一般故障

属于以下情况之一的,均为环境与设备监控系统的一般故障。
(1) 车站设备监控控制器发生故障,但不影响火灾工况的执行。
(2) 车站设备监控车站级网络通信发生故障,但重组成功。
(3) 车站设备监控车站级计算机或模拟屏之一发生故障。
(4) 车站设备监控车站打印机及不间断电源发生故障。
(5) 车站设备外围发生故障,影响到正常环控模式的执行。
(6) 车站设备监控与火灾报警系统(FAS)、ATS 和冷水机组接口通信发生故障,无法正确接收相关系统信息。

3. 次要故障及障碍

不属于严重故障和一般故障规定的为车站环境与设备监控系统的次要故障及障碍,包括由环境与设备监控系统控制对象(非环境与设备监控系统设备)发生故障引起的环境与设备监控系统功能障碍。

(七) 通信信号

通信信号系统是列车运行安全的重要辅助设备。通信信号系统发生故障,本身不会导致发生乘客伤亡的事故。如果信号系统不能短时间排除,可以采用电话闭塞法行车,但会降低发车密度,降低运行效率。

信号系统由电气集中设备、列车自动监控系统、列车自动防护系统及列车自动运行系统组成。通信系统由光纤数字传输系统、数字电话交换系统、闭路电视监控系统、无线通信系统以及车站广播系统等组成。

通信信号系统中,信号设备、车载设备、电视系统、调度集中系统等较易发生故障,需要制定专门的规章制度,保证发生通信信号故障后快速解决。

单元四 特种设备和特种作业安全

 单元导入

违反起重作业相关规定导致人员伤亡

【事件经过】

某年某月某日,青岛地铁某项目部 2 号竖井按照工作流程进行正常施工。13:00,井下爆破完毕后,钢筋支护班组开始下井作业,班组长蔡××让支护工陈××上井通知司索

工（信号工）杨××捆绑事先放好的格栅钢架，由吊车司机徐××（持特种设备操作证）向井下吊送。

陈××发现司索工杨××不在，在未经过司索、起重机指挥等相关培训并取得资格证的情况下，擅自使用钢丝绳捆绑格栅钢架，并通知徐××向2号竖井底部吊送格栅钢架，现场无安全管理人员。

通知完毕后，陈××从地面返回竖井底部横通道内准备接应。格栅钢架在吊送过程中由于受作业环境空间限制以及风力作用发生摆动，并与竖井楼梯护栏发生碰撞，导致钢丝绳卡扣脱落，6个格栅钢架坠落至竖井底部后弹起，撞击正在准备接应的陈××头部（佩戴了安全帽），在场的工人发现后立即拨打了120，并将陈××抬到地面，120将伤者送到了青医附院东院进行救治，14：00，陈××经抢救无效死亡。

【事件分析】

上述案例中，钢筋支护工陈××违反了《安全生产法》第三十条的规定"生产经营单位的特种作业人员必须按照国家有关规定经专门的安全作业培训，取得相应资格，方可上岗作业"，在未经过专门的培训取得操作资格证的情况下违章进行司索作业，致使钢丝绳捆绑不牢靠；吊车司机徐××违反了《建筑施工起重吊装工程安全技术规范》（JGJ 276—2012）3.0.30条的规定，违章作业，未在信号工的指挥下擅自起吊，是导致此起事故发生的直接原因。该事故是一起由于从业人员违章操作和生产经营单位主体责任落实不到位造成的一般生产安全责任事故。

【案例启示】

起重设备是一种特种设备，从事特种设备作业的人员必须经过培训考核合格取得《特种设备作业人员证》，方可从事相应的作业。《中华人民共和国安全生产法》第三十四条规定："生产经营单位使用的危险物品的容器、运输工具，以及涉及人身安全、危险性较大的海洋石油开采特种设备和矿山井下特种设备，必须按照国家有关规定，由专业生产单位生产，并经具有专业资质的检测、检验机构检测、检验合格，取得安全使用证或者安全标志，方可投入使用。检测、检验机构对检测、检验结果负责。"

特种设备事故指在使用特种设备时突然发生的、造成或可能造成人员和财产损失的事故。城市轨道交通特种设备事故的类型主要有：电梯困人故障或由于剪切、坠落等原因造成的事故，扶梯伤人事故；起重设备造成的人身伤亡事故；锅炉、压力容器（含固定式、移动式）和压力管道泄漏、爆炸事故；厂内机动车造成的事故等。

任务要求

1. 了解特种设备相关安全管理制度。
2. 掌握城市轨道交通主要特种设备安全管理制度。
3. 掌握特种作业人员管理。

特种设备是城市轨道交通必不可少的设备。特种设备机构复杂、载荷多变、结构庞大、运行空间广、危险性大，由国家质量技术监督系统进行统一监管，以加强对特种设备的专业化管理，防止重大事故的发生。

一 特种设备的概念

特种设备是指涉及生命安全、危险性较大的锅炉、压力容器（含气瓶，下同）、压力管道、电梯、起重机械、客运索道、大型游乐设施和场（厂）内专用机动车辆。特种设备包括其附属的安全附件、安全保护装置和与安全保护装置相关的设施。其中，锅炉、压力容器（含气瓶）、压力管道为承压类特种设备；电梯、起重机械、客运索道、大型游乐设施为机电类特种设备。2013年6月29日，十二届全国人大常委会通过《中华人民共和国特种设备安全法》。2014年11月，国家质量监督检验检疫总局公布了新修订的《特种设备目录》，国家对特种设备实行目录管理。

二 特种设备相关安全管理制度

特种设备制造质量的优劣、使用安全技术状况的好坏直接关系到国家财产和群众的生命安全，为此，国务院第373号令颁布了《特种设备安全监察条例》，明确了对特种设备在设计、制造、安装、使用、检验、维修、改造等7个环节的安全监察管理。特种设备的安全使用是特种设备管理的核心和关键。

（一）制定并落实安全生产责任制

建立安全生产责任制、落实安全管理人员是特种设备安全运行的前提条件和重要保障。企业应成立以总经理为第一责任人的安全生产领导小组，建立安全生产管理网络，实行班组、分公司、公司机关三级管理，层层设置特种设备安全管理员。

（二）实行定期检验制度

按照《特种设备安全监察条例》的规定，特种设备使用单位应当定期进行强制性检验。

特种设备在投入使用前或者投入使用后30日内，特种设备使用单位应当向直辖市或者设区的市的特种设备安全监督管理部门登记。登记标志应当置于或者附着于该特种设备的显著位置。

特种设备使用单位应当对在用特种设备进行经常性日常维护保养，并定期自行检查。

特种设备使用单位应当按照安全技术规范的定期检验要求，在安全检验合格有效期届满前1个月向特种设备检验检测机构提出定期检验要求。

（三）坚持持证上岗制度

持证上岗制度包含：一是特种设备凭证使用。特种设备在投入使用前，使用单位应主动到当地特种设备安全监察部门办理使用登记手续，取得合格证后方可使用，而且合格证安置于特种设备醒目位置；二是特种设备作业人员和管理人员持证上岗。特种设备的作业人员和相关安全管理人员，按照国家有关规定，经安全监察部门考试合格后，取得特种设备作业人员资格证书，方可从事相应的作业或安全管理工作。

三 特种设备安全管理要点

在对基层的特种设备检查过程中发现，特种设备发生事故的原因绝大多数是管理不善。

《特种设备安全监察条例》规定，特种设备的设计、生产、安装、维修、操作都需要取得相应证书。特种设备安全管理主要有以下方面：

(1) 购置特种设备时，供应商应提供生产单位的特种设备生产许可证等证明文件。

(2) 设备安装完成后应请具有检验资质的单位进行检验。检验合格后凭检验合格证明及使用单位证明到属地质量技术监督局进行特种设备使用登记注册。

(3) 完成使用登记注册的特种设备使用到期后，应进行定期检验。

(4) 特种设备的操作、维修、管理人员应取得特种设备操作证书。

(5) 所有特种设备及所属安全附件的检验必须由具有检验资格的单位进行检验。经检验的设备及其附件必须在有效期内才能使用。因此，设备管理部门通常都会提前做好特种设备及其安全附件检验的安排，防止出现过期的情况。

四 城市轨道交通主要特种设备安全管理

（一）锅炉安全管理

锅炉指利用各种燃料、电或者其他能源，将所盛装的液体加热到一定的温度，并通过对外输出介质的形式提供热能的设备，其范围规定为设计正常水位容积大于或者等于30L，且额定蒸汽压力大于或等于0.1MPa（表压）的承压蒸汽锅炉；出口水压大于或者等于0.1MPa（表压），且额定功率大于或者等于0.1MW的承压热水锅炉；额定功率大于或者等于0.1MW的有机热载体锅炉。

特种设备认识及安全使用

1. 锅炉安全使用规定

(1) 锅炉出厂时应当附有"安全技术规范要求的设计文件、产品质量合格证明、安全及使用维修说明、监督检验证明（安全性能监督检验证书）"。

(2) 锅炉的安装、维修、改造。从事锅炉的安装、维修、改造的单位应当取得省级质量技术监督局颁发的特种设备安装维修资格证书，方可从事锅炉的安装、维修、改造。施工单位在施工前将拟进行安装、维修、改造情况，书面告知直辖市或者辖区的特种设备安全监督管理部门，并将开工告知送当地县级质量技术监督局备案，告知后方可施工。

(3) 锅炉安装、维修、改造的验收。施工完毕后施工单位要向质量技术监督局特种设备检验所申报锅炉的水压试验和安装监检。合格后由质量技术监督局、特种设备检验所、县质量技术监督局参与整体验收。

(4) 锅炉的注册登记。锅炉验收后，使用单位必须按照《特种设备注册登记与使用管理规则》的规定，填写《锅炉（普查）注册登记表》，到质量技术监督局注册，并申领《特种设备安全使用登记证》。

(5) 锅炉的运行。锅炉运行必须由经培训合格，取得《特种设备作业人员证》的持证人员操作，使用中必须严格遵守操作规程和八项制度、六项记录。

(6) 锅炉的检验。锅炉每年进行一次定期检验，未经安全定期检验的锅炉不得使用。

锅炉的安全附件安全阀每年定期检验一次，压力表每半年检定一次，未经定期检验的安全附件不得使用。

（7）严禁将常压锅炉安装为承压锅炉使用。严禁使用水位计、安全阀、压力表三大安全附件不全的锅炉。

2. 锅炉安全附件的管理规定

锅炉的管理还应重点注意锅炉安全附件的管理，锅炉附件主要有安全阀、压力表、水位计和高低水位报警装置等。

（1）安全阀。安全阀用于防止锅炉超压运行，压力超过就自动开启，压力正常后，安全阀自动关闭。安全阀须每年由具备相关资质的检验部门进行检验，每月由设备维保或使用部门进行一次手动试验。

（2）压力表。压力表用于显示锅炉工作压力，提示操作人员采取措施。压力表应每半年进行一次校验。

（3）水位计（水位表）。水位计（水位表）用于监视锅炉的水位。锅炉缺水或满水时都易引发事故，因此锅炉工需每班定时巡视水位计，掌握锅炉水位的状况。

（4）高低水位报警装置。高低水位报警装置是水位计的自动监控装置，高水位或低水位时自动报警，可以与锅炉的自动运行控制装置连接，实现报警时自动启动熄火保护等动作。在锅炉定期维护作业中应对高低水位报警装置进行报警试验。

除以上安全附件的管理以外，锅炉的水质控制也是十分重要的内容。水质不达标容易产生水垢，水垢传热不良，造成锅筒受热不均，是造成锅筒内部管道裂缝的重要原因。

（二）压力容器安全管理

压力容器（图5-23），是指盛装气体或者液体，承载一定压力的密闭设备，其范围规定为最高工作压力大于或等于0.1MPa（表压）的气体、液化气体和最高工作温度大于或等于标准沸点的液体、容积大于或等于30L且内直径（对于非圆形截面是指截面内边界最大几何尺寸）大于或等于150mm的固定式容器和移动式容器；盛装公称工作压力大于或等于0.2MPa（表压），且压力与容积的乘积大于或等于1.0MPa·L的气体、液化气体和标准沸点等于或者低于60℃液体的气瓶；氧舱。

承压锅炉（图5-24）的锅胆实质上就是压力容器，但其与压力容器的工作机理不同，因此压力容器的安全附件与锅炉的安全附件既有相同的部分也有不同的部分。

图5-23 压力容器

图5-24 承压锅炉

(1) 安全阀。安全阀用于防止压力容器超压运行,超压时自动开启进行卸压,压力正常后,安全阀自动关闭。安全阀一般每年定期校验,日常检查由压力容器操作人员手动进行。

(2) 压力表。压力表用于显示压力容器的实时工作压力,提示操作人员采取措施。压力表一般每年定期校验。

(3) 爆破片。爆破片是人为设置的压力容器上的最薄弱点,一旦压力容器超压,爆破片就会破裂,使压力下降。其与安全阀不同的是,不能自动关闭,只能更换。

通常轨道交通行业使用的压力容器绝大部分采用压缩空气储风缸,需要每天定时排污,去除压缩空气存留在储风缸底的积水,防止误将压缩空气中的积水带入使用压缩空气的设备,造成设备损坏。尤其是在冬季,需要加强排污,防止积水结冰,胀裂储风缸底部管道。

(三) 电梯安全管理

电梯是指采用动力驱动,利用沿刚性导轨运行的箱体或沿固定线路运行的梯级(踏步)进行升降或平行运送人、货物的机电设备,包括载人(货)电梯、自动扶梯、自动人行道等。

电梯安全保护装置是特种设备中最多的,自动扶梯的安全保护装置包括限速器安全钳、缓冲器、门锁、各种电气联锁和保护装置等。

1. 电梯安全使用规定

使用单位应配备持有效证件上岗的管理人员,并由该管理人员负责开梯、关梯及电梯运行过程中的管理。

开梯程序如图 5-25 所示。关梯程序如图 5-26 所示。

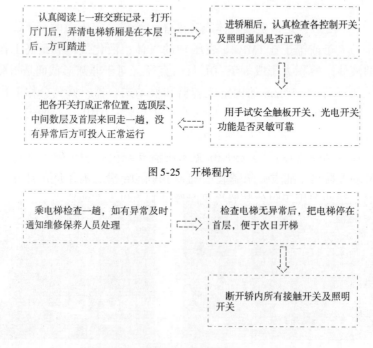

图 5-25　开梯程序

图 5-26　关梯程序

2. 电梯使用部门的安全职责

（1）应设置电梯安全管理机构或者配备专职电梯安全管理人员，对电梯进行日常安全管理。

（2）电梯安全管理人员和作业人员应当按照国家有关规定取得相应资格，方可从事相关工作。电梯安全管理人员和作业人员应当严格执行安全技术规范和管理制度，保证电梯安全。

（3）电梯在使用中应规定作业人员巡查，确定巡查间隔和巡查内容。

（4）将电梯使用的安全注意事项、警示标志、电梯使用标志、应急救援电话号码置于乘客容易注意的显著位置，并保持完好。

（5）电梯发生困人事件时，使用单位应及时采取措施，安抚乘客，组织电梯维修作业人员实施救援。

（四）起重机械安全管理

起重机械，是指用于垂直升降或者垂直升降并水平移动重物的机电设备，其范围规定为额定起重量大于或等于0.5t的升降机；额定起重量大于或等于1t，且提升高度大于或等于2m的起重机（图5-27）和承重形式固定的电动葫芦（图5-28）等。

图5-27 起重机

图5-28 电动葫芦

起重机械的安全保护装置主要包括以下几种：

（1）极限位置限制器（限位）。极限位置限制器（限位）用于限制吊钩升降超出允许范围，以免造成滚筒钢丝绳乱股；限制起重机大小车运行超出轨道允许范围。

（2）缓冲器。缓冲器用于限位装置失灵时缓冲起重机大车的撞击。

（3）防风防爬装置。防风防爬装置用于室外的门式起重机，防止大风吹移起重机。

（4）安全钩。安全钩是防止吊索（绳）脱离吊钩的装置，用于防止起吊重物过程中吊索（绳）脱离吊钩造成事故。

（5）超载保护装置，用于起重保护，防止起重超载造成起重电机损坏安全事故。

（五）场（厂）内机动车辆安全管理

场（厂）内机动车辆（图5-29）是指除道路交通、农用车辆以外仅在工厂厂区等特定区域使用的专用机动车辆，主要包括叉车、蓄电池运输车、蓄电池（驾驶）清洁车等。

图 5-29　场（厂）内机动车辆

由于场（厂）内机动车辆既可以在厂区的道路上行驶，也可以在作业场地行驶，操作灵活，尤其是在作业场地范围移动时，不容易引起其他人员的注意，相比较而言，容易造成意外事故。因此，其安全管理的重点是对驾驶人员的管理：一是驾驶人员必须取得特种设备操作证方可驾驶操作，二是严格执行场（厂）内的限速规定。此外，还要做到以下几点：

（1）严格执行场（厂）内机动车定期检验制度。

（2）所有场（厂）内机动车驾驶、操作人员必须持证上岗，并定期检验其操作证。

（3）严格按照场（厂）内机动车使用说明规定（装载重量、限高、限宽标准）使用，杜绝超高超宽超重使用设备。

（4）严格按照季节特点进行场（厂）内机动车的维修保养，按照说明书规定添加符合要求的燃料，确保机动车使用安全。

五　特种作业人员管理

（一）特种作业人员基本条件

特种作业人员是指直接从事特种作业的人员。特种作业人员必须具备以下基本条件：

（1）特种作业人员应年满 18 周岁，且不超过国家法定退休年龄。

（2）经社区或者县级以上医疗机构体检健康合格，并无妨碍从事相应特种作业的器质性心脏病、癫痫病、美尼尔氏症、眩晕症、癔症、帕金森病、精神病、痴呆症以及其他疾病和生理缺陷。

（3）具备初中及以上文化程度；危险化学品特种作业人员除符合上述有关条件外，还应当具备高中或者相当于高中及以上文化程度。已经取得职业高中、技工学校及中专以上学历的毕业生从事与其所学专业相应的特种作业，持学历证明经考核发证机关同意，可以免予相关专业的培训。

（4）具备必要的安全技术知识与技能，熟知本岗位及工种的安全技术操作规程，严格按照相关规程进行操作。

（5）符合相应工种作业特点需要的其他条件。

（二）特种作业人员的安全生产职责

（1）认真执行国家有关安全生产法律、法规和规章，严格遵守本单位的安全生产规章制度，保证安全作业；

（2）正确使用劳动防护用品和本工种作业的工具、设备，并认真进行维护保养；

（3）设备发生故障，影响安全生产时，应立即采取有效措施，并报告有关部门和负责人；

（4）努力学习、掌握本工种的安全技术知识和实际操作技能，不断提高自身的安全技术水平；

（5）有权拒绝管理人员违章指挥或者强令冒险作业，有权制止他人违章作业。

（三）*特种作业人员的特别安全管理*

（1）特种作业人员在独立上岗作业前，必须进行与本工种相适应的、专门的安全技术培训。有下列情形之一者，由发证部门收缴其《特种作业操作证》：

①未按规定接受复审或复审不合格者；

②违章操作造成严重后果或违章操作记录达3次以上者；

③弄虚作假，骗取《特种作业操作证》者；

④经确认健康状况已不适宜继续从事所规定的特种作业者。

（2）离开特种作业岗位6个月以上的特种作业人员，应当重新进行实际操作技能考核，经确认合格后方可上岗作业。

想一想

你还知道有哪些特种作业？你遇到过哪种特种作业？

思考与练习

1. 城市轨道交通火灾特点是什么？
2. 灭火的方法有哪些？
3. 触电事故有哪些？
4. 如何防治触电？
5. 如何避免机械伤害？
6. 城市轨道交通系统中有哪些特种设备？

模块六

城市轨道交通应急管理

🚆 模块导入

某年某月某日 19：00，广州地铁 4 号线车陂南站至大学城南站之间的列车忽然"停摆"，导致整条路线停运。事发后，地铁公司立即启动了应急预案，安排抢险队伍现场抢修，组织停在区间的列车疏散；及时通过地铁电视、车站、列车广播发布延误信息，同时通报交通电台，启动应急公交接驳。地铁线网控制中心组织黄村站—车陂南站以及大学城南站—金洲站两个小交路运行，车陂南站到大学城南站上行采用单线双向"拉风箱"运营。

19：44，地铁公司应急指挥中心请求正式启动应急接驳疏运，各派 10 台车前往新造站及黄村站做好接驳疏运工作。据统计，公交企业共派车辆达 80 多车次，共疏散乘客近 6000 人次。

正常运行中的列车在万胜围站下行一出站即发生故障。初步判断，有异物从站台带入行车区域，导致列车集电靴与供电轨支架碰撞，供电轨支架变形损坏，引起供电保护停电。据地铁公司有关人员介绍，此故障不属于设备技术问题，是一起行车意外事件。现场 100 多米范围内的供电轨支架变形损坏，需重新安装调整。

城市轨道交通系统作为一种大型载客交通系统，因设备故障或人为行为等因素，可能发生突发事件。在发生突发事件后，有效的应急处理可以避免事态进一步扩大并减少事件带来的损失。

📖 教学目标

1. 掌握突发事件的定义、分类。
2. 掌握城市轨道交通突发事件的分级标准、响应机制及信息报告原则。
3. 了解应急预案概念。
4. 熟知城市轨道交通应急预案的种类。
5. 掌握应急预案处理流程。
6. 掌握列车、车站应急设备使用方法。
7. 掌握城市轨道交通常见突发事件应急处理方法。

8. 掌握机械伤害急救处理方法。
9. 掌握触电伤害急救方法。
10. 掌握化学物品伤害急救、创伤急救、休克、中暑等其他伤害急救方法。

建议学时

8 学时。

单元一 城市轨道交通突发事件

单元导入

乘客闯入轨行区被挤压身亡

【事件经过】

某年某月某日下午,一名男子闯入深圳地铁 3 号线轨行区,被列车挤压后身亡。据警方通报,该男子翻越多道护栏,经火车东站与布吉站连接走廊顶棚进入轨行区后被列车挤压。事发后,地铁车站马上按压了紧急停车和紧急停电的按钮,同时马上联系 110、120 到现场处置,并第一时间启动了应急预案。该事件导致深圳地铁运行受到影响,布吉站开往华新站的列车出现延误,影响时间超过 10min。同时,受突发事件影响,地铁 3 号线红岭站—塘坑站区间暂停服务。3 号线红岭站—益田站、双龙站—塘坑站采取小交路有限度运行。布吉站 5 号线双方向列车不停站通过,地铁站内外滞留大量乘客。深圳地铁在通报消息中向乘客道歉,并提醒乘客可换乘其他交通工具出行。

【案例启示】

在城市轨道交通系统中,可能会发生因设施、设备发生故障或外来突发因素而造成或可能造成人身伤亡、财产损失和社会影响,危及公共安全的事故(件)。为了有效预防、及时处置在车站、列车、区间线路等处发生的突发事故(件),防止事故扩大,减少人员伤亡和财产损失,应规范城市轨道交通突发事故应急处置工作。

任务要求

1. 掌握突发事件概念。
2. 掌握突发事件的分类及分级。
3. 掌握突发事件应急救援的基本任务。
4. 了解城市轨道交通应急运行机制。
5. 掌握应急预案的概念。
6. 了解应急预案的编制方法。

从安全管理的时间进行分类,一切安全管理都可以分为事故前管理和事故后管理。事故前管理主要是指预防管理,在事故发生以前,尽可能消除隐患,使系统发生事故的可能性降至最低点。事故后管理是事故发生以后的应急救援管理与事故后总结教育管理，其中应急救援管理对于安全管理也非常重要。

一 突发事件的定义

狭义：在一定区域内突然发生的，规模较大，且对社会产生广泛负面影响的，对生命和财产构成严重威胁的事件和灾难。

广义：在组织或个人原定计划之外或在认识范围外突然发生的，对其利益具有损伤性或潜在危害性的一切事件。

二 突发事件的分类及分级

突发事件分为3类：运营生产类、消防治安类、自然灾害类。

突发事件分为2级：重大级、一般级。

（1）运营生产类重大级突发事件包括行车较大事故及以上事故；一般级突发事件包括行车一般事故或严重影响运营的设备设施故障。

（2）消防治安类重大级突发事件包括在地铁运营范围内发生爆炸、毒气、恐怖袭击，火势较大需公安消防队灭火，5人及以上聚众闹事严重影响地铁运营的事件；一般级突发事件包括在地铁运营范围内收到爆炸、毒气、恐怖袭击等恐吓信息，火势较小依靠自身力量可灭火，5人以下聚众闹事对地铁运营影响较小的事件。

（3）自然灾害类重大级突发事件包括发生地震、水灾及气象台发布的黑色气候信号等严重影响城市轨道交通运营事件；一般级突发事件包括气象台发布的白色、红色、黄色气候信号影响城市轨道交通运营事件。

三 突发事故应急处置工作原则

城市轨道交通企业处理突发事件须牢固树立"安全第一"的思想，遵循预防为主、常备不懈的方针，抢险组织工作要贯彻"高度集中，统一指挥，逐级负责，先通后复"的原则，确保抢险救援工作反应及时，措施果断、有序、可控、快速，减少事故影响，尽快恢复运营生产。

突发事故应急处置工作原则如图6-1所示。

四 突发事件应急救援的基本任务

车辆救援抢险队队员训练、演习、抢险联系手语

突发事件应急救援的总目标是通过有效的应急救援行动，尽可能降低事故的损失和后果，包括人员伤亡、财产损失和影响等。由于地下空间狭小，车站、列车上人多，设备设施有限，给抢险救援工作带来更大的难度。基本任务包括：

（1）立即组织疏散车内、站内乘客，抢救伤员。应急救援中确保乘客安全、快速、有序、有效地疏散乘客，安全转送伤员，是降低伤亡率、减少事故损失的关键。由于突发情况发生突然、扩散迅速，应及时指导和组织乘客采取各种措施进行自身防护，快速、有序

离开车内、车站，在疏散过程中，应积极组织乘客开展自救和互救工作。

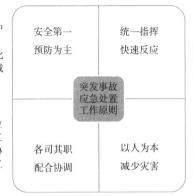

图 6-1　突发事故应急处置工作原则

（2）采取有效措施，迅速控制事态，并对现场进行监控。在进行乘客疏散的同时，要安排专人采取有效措施，控制现场事态，防止事态扩大，造成更大的损失；无法控制事态时，要及时向有关部门报告。

（3）救援结束后，做好现场恢复，准备运营。处理完突发事件后，本着"尽快恢复运营"的原则，做好现场的清理，特别是对涉及运营线上物品的清理，防止物品侵入限界，各岗位人员做好运营前的准备。

（4）查清事故原因，总结救援经验。发生突发事件后，要及时调查事故发生的原因和事故的性质，评估危险程度，做好事故原因调查，并总结救援工作中的经验和教训。

突发事件应急救援任务如图 6-2 所示。

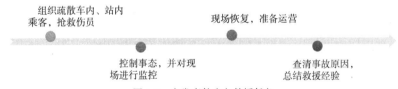

图 6-2　突发事件应急救援任务

五　突发事件信息通报

车站及运营线路上发生突发事件后的请示报告工作，是降低各类损失、减少事故影响、缩短救援时间的重要环节，全体员工必须对此高度重视。

（一）应急信息报告原则

（1）迅速准确、简单明了、逐级上报的原则。

（2）公司内部及协作单位并举的原则。

（3）控制中心负责信息的收集和传递。

在区间发生突发事件时，司机立即报告行车调度员。在车站或基地发生突发事件时，车站值班站长或信号楼调度员立即报告行车调度员。

（4）发生人员伤亡、火灾、爆炸、毒气袭击等事故，需要报告 119 火警、120 急救中心或地铁公安分局时,由现场负责人或目击者在第一时间内直接报告;如果无法直接报告,则应以尽快报告的原则,向就近的车站或控制中心(信号楼调度员)或上级报告,再报告119火警、120急救中心或地铁公安分局。事故报告流程如图6-3所示。

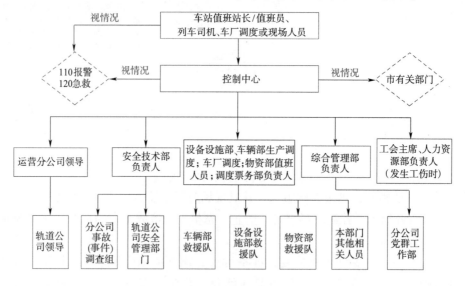

图6-3 事故报告程序流程

(二) 报告事项

(1) 发生时间(月、日、时、分);

(2) 发生地点(区间、百米标和上、下行正线);

(3) 列车车次、车组号、关系人员姓名、职务;

(4) 事故概况及原因;

(5) 人员伤亡情况及车辆、线路等城市轨道交通设备损坏情况;

(6) 是否需要救援;

(7) 是否影响邻线运行;

(8) 其他必须说明的内容及要求。

单元二 应急管理体系

 单元导入

苏州地铁加强疫情防控措施

【事件经过】

2020年1月23日上午,苏州地铁启动《国家或地方发生疫病传播紧急事件情况时应急预案》,采取多项措施积极应对新冠肺炎疫情。从1月21日起,苏州地铁各车站严格执行"日消毒"措施,每天1次使用中性消毒液对车站扶梯手带、候车椅、售检票设备等人

体易接触部位进行消毒，客流大站以及商业中心、景点、医院等附近车站每天 2 次消毒；同时每天 1 次使用全能清洗剂对卫生间清洗，客流大站以及商业中心、景点、医院等附近的车站的厕所台面、大小便池每天 2 次消毒。每天列车停运后，工作人员还使用二氧化氯对公共区、垃圾堆放点、卫生间等进行空气消毒。苏州地铁还订购了手持式体温计 324 个和 3 万只口罩，并于当天发放至各站点。

苏州地铁启动《国家或地方发生疫病传播紧急事件情况时应急预案》后，要求在车站发现疑似感染疫情乘客时，及时询问乘客是否来自武汉以及两周内是否有武汉旅行史，并协助驻站民警疏导周边乘客，对与该乘客密切接触的人员进行隔离休息，等待专业医护人员确认病情，同时组织保洁对相关区域进行消毒。在列车上出现疑似病毒感染者的，将安排列车运行至前方车站，对该乘客同一节车厢的乘客进行登记，组织列车退出运行，回场消毒。

【案例启示】

城市地铁系统存在种类繁多的风险，一旦发生后果不堪设想。面对不同类型的突发事故，地方政府、地铁运营公司、社会相关团体等应该根据突发事件的性质、严重程度、可控性和影响范围等因素，依据我国相关法律，制定严格的应急管理措施办法，明确各相关方的应急管理责任。

任务要求

1. 掌握应急管理概念。
2. 了解应急预案体系。
3. 了解应急运行机制。
4. 了解应急预案的主要内容。

一　应急管理的概念

应急管理是指针对突发事故的预防、治理、监督等体系，应急管理属于突发事件范畴的管理举措。城市轨道交通运营风险主要包括人为因素、设备因素、环境因素及管理因素。其中人为因素为关键因素，部分工作人员以及乘客都可能导致城市轨道交通设施被损坏，进而产生突发事故。而设备因素主要包括照明系统、供电系统等，设备运行状态不稳定等问题埋下安全隐患，进而影响生命财产安全。自然灾害以及社会环境均属于环境因素，例如地震等灾害导致隧道坍塌或者恐怖袭击等。管理因素涵盖解决方案的科学性及运营水平等，管理人员的失职可能造成可避免的安全事故无法得到有效排除，进而导致安全事故。

二　"一案三制"应急管理体系

城市轨道交通运营应急管理体系应满足企业以及政府的各方面要求，最大程度降低突发事故产生的危害。我国的城市轨道交通突发事件应急管理工作是围绕"一案三制"来开展的，"一案三制"是具有本国特色的应急管理体系。"非典"抗击结束后，在加强公共卫生建设问题研究会议上，国务院提出以"一案三制"为应急管理基本框架，全面强化应急管理体系建设,提升政府应急管理能力。

"一案三制"中的"一案"是指制定应急预案,"三制"是指建立应急管理体制、应急管理机制和应急管理法制。

(1)"一案"即应急管理预案,是开展应急管理工作的基础。应急预案内容涉及应急管理组织结构、相应职能职责、监测预警、应急管理保障措施等前期准备工作,还包括突发事件爆发时的应急响应、善后处置等流程。应急预案明确了采取行动的人员、行动方式和行动时间等问题,是应对突发事件时的行动指南,保障应急救援有序进行。

(2)"体制"即应急管理体制,决定了应急管理体系的静态结构。应急管理体制具体来说,指综合性应急管理机构、各部门应急管理机构间的组织形式、职权分配和隶属关系。

(3)"机制"即应急管理机制,是一组以各种制度为基础的应急管理工作流程。应急管理机制涵盖事前、事中、事后应急管理全过程,包括应急预防与监测、应急救援处置、善后恢复重建处置流程。应急管理机制主要明确了在突发事件防范、应急处置和恢复重建过程中,各部门如何调动应急物资和人员,组织救援有序进行。

(4)"法制"即应急管理法制。应急管理法制,可以从静态和动态两方面理解。从静态来看,应急管理法制是应急管理相关法律与制度的总称,涵盖法律、法规和规章。从动态来看,应急管理法制是应急管理相关法律活动的总称,涉及立法、执法和监督。应急管理法制化建设的最终目标是应急管理走向法制化轨道。在国家突发公共事件应急预案和国家交通安全事故应急预案的基础上,我国城市轨道交通突发事件应急预案逐步建立起来。

中央层面,编制了总体预案和城市轨道交通专项应急预案。国务院2006年1月8日颁布了《国家突发公共事件总体应急预案》,对各种类型突发事件的应急处置进行了纲领性的规定。2015年4月30日国务院出台了《国家城市轨道交通运营突发事件应急预案》,这是国家层面的城市轨道交通专项应急预案。该预案对城市轨道交通领域应急组织机构、预防机制、应急响应、灾后恢复、保障机制等作出了较为详细的规定;对地震、火灾、大面积停电、爆炸引发的轨道交通突发事件应急响应作出详尽指导。2018年3月27日,交通运输部发布了《交通运输综合应急预案》,对城市轨道交通突发事件的预防预警、新闻发布和相关保障做了明确规定。

地方层面,开通运营轨道交通的城市均编制了地方性应急预案。各地根据城市轨道交通的建设运营情况,依据国务院颁发的《应急预案管理办法》编制了地方城市轨道交通专项应急预案。北京市交通委员会编制了《北京市轨道交通运营突发事件应急预案》;上海市编制了《上海市处置轨道交通运营事故应急预案》;广州市编制了《广州市处置城市地铁事故灾难应急预案》。杭州、西安、成都、深圳、武汉等开通了城市轨道交通的城市,都编制了相关应急预案。

各地城市轨道交通运营公司研究制定了集团层面的综合预案和各项专项预案。各生产运营单位结合自身特点,依据国家、省级、市级城市轨道交通突发事件应急预案,研究制定了集团层面的综合预案和各项专项预案。如广州地铁公司编制了《广州市地下铁道总公司处置地铁事件灾难应急预案》,上海申通集团编制了《上海轨道交通网络运营处置突发事件总体预案》,根据可能出现的各类突发事件编制了《防汛防台处置预案》《道床伤亡事件处置预案》和《大客流处置工作预案》等多项专项应急预案。总体来看，我国已经建立起从中央政府到地方政府，再到生产运营单位的三级应急预案体系，如表6-1所示。

城市轨道交通应急预案体系一览表　　　　　　表6-1

级别	类型	名称
国家	总体	《国家突发公共事件总体应急预案》
	专项	《国家城市轨道交通运营突发事件应急预案》
部委	总体	《交通运输综合应急预案》
地方	总体	《上海市突发公共事件总体应急预案》
		《北京市突发公共事件总体应急预案》
	专项	《北京市轨道交通运营突发事件应急预案》
		《广州市城市轨道交通运营事故灾难应急预案》
		《上海市处置轨道交通运营事故应急预案》
		《天津市处置轨道交通突发事件应急预案》
生产运营单位	总体	《上海轨道交通网络运营处置突发事件总体预案》
		《广州市地下铁道总公司处置地铁事件灾难应急预案》
	专项	《广州地铁应急公交接驳预案》
		《地铁发现疫情的应急预案》
		《地铁爆炸应急预案》
		《地铁内发生火灾的应急预案》

三　城市轨道交通应急运行机制

我国已经建立起统一指挥、分级响应的城市轨道交通突发事件应急运行机制。城市轨道交通应急机制的建设原则是统一指挥、功能齐全、反应灵敏、运转高效。按照《国家城市轨道交通运营突发事件应急预案》的规定，城市轨道交通突发事件应急处置包括应急预防、应急准备、应急响应和灾后恢复。城市轨道交通突发事件应急管理机制依据应急处置流程，分为监测预警机制、信息处理机制、应急响应机制、联动协调机制、善后恢复机制。

1. 城市轨道交通运营突发事件的监测预警机制

监测预警机制包括各地运营单位和各级人民政府的监测措施。各地城市轨道交通运营企业，利用监控系统，对城市轨道交通运营状况实施日常实时监控；对列车运行设备、供电设备等定期进行安全检查。各级人民政府负责其他方面的监控，例如气象、地震、洪涝等。

2. 城市轨道交通运营突发事件的信息处理机制

城市轨道交通突发事件的相关信息，需要自下而上，逐级上报。如图6-4所示，发生城市轨道交通突发事件时，运营单位负责立即上报给运营主管部门。由其负责核实，将证实后的信息，通报给本级人民政府。本级人民政府根据接收的信息，作出应急决策，再逐级下达。发生突发事件后，信息报告原则如下：

（1）运营突发事件发生后，运营单位应当立即向当地城市轨道交通运营主管部门和相关部门报告，同时通告可能受到影响的单位和乘客。

（2）事发地城市轨道交通运营主管部门接到运营突发事件信息报告或者监测到相关信息后，应当立即进行核实，对运营突发事件的性质和类别作出初步认定，按照国家规定的时限、程序和要求向上级城市轨道交通运营主管部门和同级人民政府报告，并通报同级其他相关部门和单位。

（3）运营突发事件已经或者可能涉及相邻行政区域的，事发地城市轨道交通运营主管部门应当及时通报相邻行政区域城市轨道交通运营主管部门。

（4）事发地城市及以上地方各级人民政府、城市轨道交通运营主管部门应当按照有关规定逐级上报，必要时可越级上报。

（5）对初判为重大以上的运营突发事件，省级人民政府和交通运输部要立即向国务院报告。

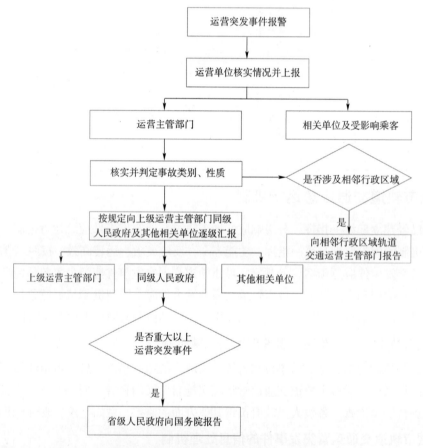

图 6-4 城市轨道交通突发事件信息报告流程

3. 城市轨道交通突发事件的应急响应机制

城市轨道交通应急响应机制的原则是"分级响应、分类处理"。应急响应程序分为：接警-级别确定-预案启动-应急救援-运营恢复。突发事件发生时，城市轨道交通运营单位负责先期处置，上报上级主管部门。城市轨道交通应急主管部门成立应急工作小组，进行应急决策。

城市轨道交通系统复杂，突发事件影响范围广泛，应急处置需要多方领域联动协调。不同级别不同职能的各部门，实现信息共享，统筹安排，有效应对突发事件。健全的善后恢复机制，能快速恢复正常运营，减少突发事件造成的负面影响。目前我国城市轨道交通应急相关的保险赔付制度、心理干预等基础建设还在进一步完善中。

为了对城市轨道交通突发事件进行快速响应，根据突发事件的级别，对突发事件进行应急响应。应急响应流程如图6-5所示。

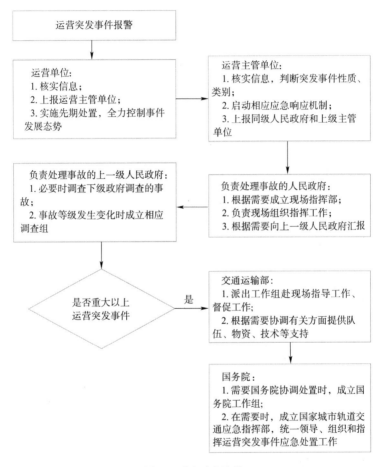

图6-5 应急响应流程

应急响应机制如下：

（1）运营单位是运营突发事件应对工作的责任主体。运营突发事件发生后，运营单位应立即实施先期处置，全力控制事件发展态势，同时向当地城市轨道交通运营主管部门和相关部门报告，并通告可能受到影响的单位和乘客。

（2）事发地城市轨道交通运营主管部门对接到运营突发事件信息进行核实，对运营突发事件的性质和类别作出初步认定。初判发生特别重大、重大运营突发事件时，分别启动Ⅰ级、Ⅱ级应急响应；初判发生较大、一般运营突发事件时，分别启动Ⅲ级、Ⅳ级应急响应。

(3) 负责运营突发事件处置的人民政府,接到运营突发事件报告后,应根据应急响应级别,按需要成立现场指挥部,负责现场组织指挥工作。参与现场处置的有关单位和人员应服从现场指挥部的统一指挥。

(4) 初判发生重大以上运营突发事件时,交通运输部立即派出工作组赴现场指导督促当地开展应急处置、原因调查、运营恢复等工作,并根据需要协调有关方面提供队伍、物资、技术等支持。

对于Ⅰ级、Ⅱ级应急响应,由事发地省级人民政府负责应对工作;对于Ⅲ级、Ⅳ级应急响应,由事发地城市人民政府负责应对工作;对跨城市运营的城市轨道交通线路,有关城市人民政府应建立跨区域运营突发事件应急合作机制,明确各级应急响应的责任主体。

(5) 当需要国家层面协调处置的运营突发事件,由有关省级人民政府向国务院或由有关级城市轨道交通运营主管部门向交通运输部提出请求。当需要国务院协调处置时,成立国务院工作组,主要开展如图6-6所示的工作。

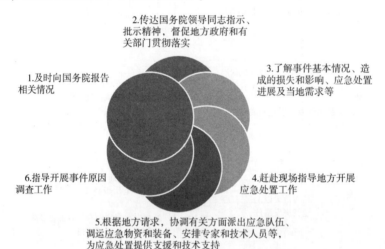

图6-6 国务院工作组工作内容

(6) 根据事件应对工作需要和国务院决策部署,在需要时,成立国家城市轨道交通应急指挥部,统一领导、组织和指挥运营突发事件应急处置工作,主要开展如图6-7所示的工作。

4. 城市轨道交通运营突发事件的联动协调机制

处置突发事件,除了需要一支轨道交通专业救援队以外,更需要建立全面轨道交通应急联动机制。按照国家突发事件处置属地管理原则,城市轨道交通公共安全应急管理联动机制的责任主体是属地政府,政府应急部门负责联合医疗、消防、公安等职能部门。除了政府应急部门调度的专业应急队伍以外,还有突发事件内部专业队伍、武警应急队伍和民间志愿者组织等多支应急队伍。由于这些应急队伍组织本身架构不一,组织之间关系复杂,所以由政府主管部门牵头,分清各方职责,在应急中心统一指挥下履行各自职责。与此同时,政府主管部门组织各支应急队伍进行联动演练,通过演练磨合队伍,并结合各应急队伍特点,进一步规范各自作业内容。建立统一指挥、分工协作、资源共享的轨道交通全面应急联动机制,协调各部门间的关系,快速联动应对城市轨道交通突发事件是当前提高城市轨道交通应急管理能力的重要措施和手段。

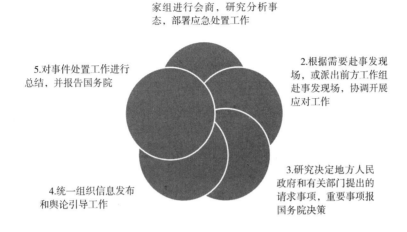

图 6-7　国家城市轨道交通应急指挥部工作内容

5. 城市轨道交通运营突发事件的善后恢复机制

善后恢复机制主要包括两方面的工作,即善后处置和调查评估。其中善后处置工作由属地政府负责,市政府及有关部门提供必要的支持。对运营突发事件造成的伤亡人员按照规定进行妥善安置。对紧急调集、征用的人力物力按照规定给予补偿。组织受伤人员救治、救济救助、心理危机干预。开展保险理赔及设施修复、衍生灾害监测工作。调查评估一般、较大运营突发事件,由市政府牵头组成调查组进行调查评估;重大、特别重大运营突发事件,由省政府、国务院或授权有关部门牵头组成调查组进行调查评估,市政府做好配合工作。调查评估的主要内容有事件原因、性质、人员伤亡、影响范围、经济损失等情况,提出防范、整改措施和处理建议。

四　应急预案

应急预案又称为应急计划,是针对可能发生的突发事件和重大事故,为保证迅速、有序、有效地开展应急与救援行动,降低突发事件(重大事故)损失而预先制订的计划或方案。它是在辨识和评估潜在的突发事件(重大事故)发生可能性、发生过程、发生后果及影响严重程度的基础上,对应急机构与职责、人员、技术、装备、设施(备)、物资、救援行动、指挥与协调等方面预先做出的具体安排。应急预案明确了在突发事件、重大事故发生之前、发生过程中及刚刚结束之后,谁负责做什么,何时做,以及相应的策略和资源准备等。

(一)应急预案的作用

应急预案在应急管理中的重要作用和地位主要体现在以下几个方面:
(1)明确应急救援的范围和体系,使应急准备和应急管理,尤其是培训和演习工作的开展有据可依、有章可循。

（2）有利于及时作出应急响应，降低事故危害程度。

（3）通过编制基本应急预案，可保证应急预案具有足够的灵活性；对那些事先无法预料到的突发事件或事故，也可以起到基本的应急指导作用。针对特定危害编制专项应急预案，有针对性地制定应急措施，进行专项应急准备和演习。

（4）当发生超过应急能力的重大事故时，便于与上级应急部门协调。

（5）有利于提高各级人员的风险防范意识。

（二）预案制订原则

（1）以"安全第一"为指导思想，确保事件处理有序、可控、快速、及时，尽量缩小事件影响范围，减少事件带来的损失，尽快恢复地铁运营。

（2）安全主管部门为预案编制一级责任部门，负责牵头编制分公司各预案编写计划，汇总审核分公司各相关预案；生产部门为预案编制二级责任部门，负责相关专业的预案具体编写工作，并报安全主管部门审核。

（3）各单位、各专业应根据本标准编制相关事件应急处理预案，并不断完善，提高分公司应急抢险能力。

（4）各专业应急预案应具有针对性、有效性、可操作性。

（三）应急预案的层次及文件体系

城市轨道交通事故千差万别，但其导致的后果和产生的影响却是大同小异的。这就意味着可以通过制订一个基本的应急模式，由一个综合的标准化应急体系有效应对不同类型危险所造成的共性影响。

城市轨道交通系统应急救援体系的总目标是控制事态发展、保障生命财产安全、恢复正常运营。可以针对不同事故的特点，如爆发速度、持续时间、范围和强度等，制订具有较强针对性的专项应急预案。为了保证各种类型预案之间的整体协调和层次清晰，实现共性与个性、通用性与专业性的结合，宜采用分层次的综合应急预案。

1. 应急预案的层次

从保证预案文件体系的层次清晰及开放性角度考虑，应急预案可划分为3个层次，即综合预案、专项预案和现场预案。其结构如图6-8所示。

（1）综合应急预案。综合应急预案是从总体上阐述事故的应急方针、政策，应急组织结构及相关应急职责，应急行动、措施和保障等基本要求和程序，是应对各类事故的综合性文件。

（2）专项应急预案。专项应急预案也称为特定危险类型的应急预案，它是针对具体的事故类别、危险源和应急保障而制订的计划或方案，明确了各类事故（如电梯、给排水、火灾、爆炸、毒气、停电、大客流、列车出轨、列车追尾、洪水、雷电等紧急情况）应急处置程序、处置原则和处置措施。

专项应急预案针对每一种类型的可能重大事故风险，明确其相应的主要负责部门、有关支持部门及其相应的职责，并对有关的应急功能根据其特殊性提出相应的要求和指导，或增加应急功能。专项应急预案是在基本应急预案的基础上充分考虑某特定危险的特点，对相应的应急功能的特殊要求和规定进行具体的补充，是综合应急预案的组成部分，应按照综合应急预案的程序和要求组织制订，并作为综合应急预案的附件。

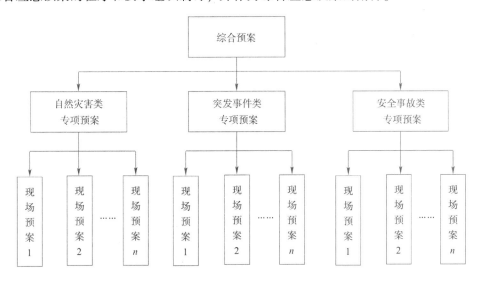

图 6-8　应急预案的层次结构图

（3）现场预案（现场处置方案）。现场处置方案是针对具体的装置、场所或设施、岗位所制订的应急处置措施。各生产单位在不能突破上两级预案原则的基础上，根据风险评估及危险性控制措施按各自管辖场所、专业、设备、岗位牵头编制现场处置方案，经相关使用单位会签通过后发布实施。现场处置方案包含应急处置流程，主要明确各岗位人员的分工和职责，是现场作业人员实施应急工作的基本依据。

有些轨道交通运营企业还编制了特殊时期、场所的应急处置方案，即四级应急预案，包括各类应急处理指引、应急抢修预案、故障处理指南、特殊场所及岗位应急处置方案、特殊时期方案，这些是现场作业人员应急处置的操作手册。例如，深圳地铁运营总部建立了"总体-专项-现场处置-特殊时期、场所方案"四级预案体系，分别编制了运营总部突发事件应急处置总体预案、应急处置专项预案、现场处置方案，以及特殊场所和岗位应急处置方案。

根据国内运营成熟的城市轨道交通运营公司建立的事故应急救援预案体系，城市轨道交通运营过程中涵盖的应急救援预案汇总如表 6-2 所示。

城市轨道交通运营过程中涵盖的应急救援预案汇总　　表 6-2

序号	文件名称	分类	序号	文件名称	分类
1	运营公司突发事件应急预案	综合预案	5	恐怖袭击应急预案	专项预案
2	恶劣天气应急处理程序	专项预案	6	线路积水（区间水淹）应急处理程序	专项预案
3	突发有毒气体应急处理程序	专项预案	7	车站水灾（水淹）应急处理程序	专项预案
4	接触网大面积停电应急处理程序	专项预案	8	正线、辅助线列车冲突应急处理程序	专项预案

续上表

序号	文件名称	分类	序号	文件名称	分类
9	工程车故障救援应急处理程序	专项预案	27	信号楼紧急情况处理方案	现场预案
10	区间隧道火灾应急处理程序	专项预案	28	挤岔现场处置方案	现场预案
11	地震应急处理程序	专项预案	29	断轨、胀轨、道床拱起现场处置方案	现场预案
12	正线、辅助线列车脱轨应急处理程序	专项预案	30	列车冲突现场处置方案	现场预案
13	车辆段综合楼火灾应急预案	专项预案	31	电客车火灾现场处置方案	现场预案
14	车站、列车上劫持人质应急处理程序	专项预案	32	列车脱轨现场处置方案	现场预案
15	车站火灾应急预案	专项预案	33	特种设备现场处置方案	现场预案
16	地铁公交接驳应急预案	专项预案	34	线路伤亡事故现场处置方案	现场预案
17	客运伤亡应急预案	专项预案	35	AFC设备抢修现场处置方案	现场预案
18	爆炸应急预案	专项预案	36	运营公司危险化学品事故应急处理预案	现场预案
19	突发治安事件应急预案	专项预案	37	SCADA系统应急抢修预案	现场预案
20	突发传染性疫病应急预案	专项预案	38	变电系统设备故障处理指南	现场预案
21	列车事故救援应急预案	专项预案	39	低压配电及照明系统应急处理预案	现场预案
22	特种设备应急处理预案（屏蔽门、电扶梯）	专项预案	40	给排水系统设备故障处理程序	现场预案
			41	接触网系统设备故障处理指南	现场预案
23	运行控制中心（OCC）应急处理程序	现场预案	42	隧道设施抢修现场处置方案	现场预案
24	通信系统抢修现场处置方案	现场预案	43	通风空调系统设备应急处理预案	现场预案
25	信号系统抢修现场处置方案	现场预案	44	线路专业现场处置方案	现场预案
26	列车自动化设备抢修现场处置方案	现场预案	45	消防系统设备应急处理预案	现场预案

2. 应急预案的文件体系

应急预案是一个由各级预案构成的文件体系。它不仅包括应急预案本身，也包括针对某个特定的应急任务或功能所制定的工作程序等。一个完整的应急预案的文件体系应包括预案、程序、指导书和应急行动记录四部分，是一个四级文件体系（图6-9）。

（四）应急预案编制步骤

应急预案的编制一般可以分为6个步骤，具体步骤如下：

（1）成立工作组：结合本单位部门职能分工，成立以单位主要负责人为领导的应急预案编制工作组，明确编制队伍、职责分工、制定工作计划。

（2）资料收集：收集应急预案编制所需的各种资料。

（3）危险源与风险分析：在危险因素分析及事故隐患排查、治理的基础上，确定本单位的危险源、可能发生事故的类型和后果，进行事故风险分析并指出事故可能产生的次生事故，形成分析报告，分析结果作为应急预案的编制依据。

（4）应急能力评估：对本单位应急装备、应急队伍等应急能力进行评估，并结合本单位实际，加强应急能力建设。

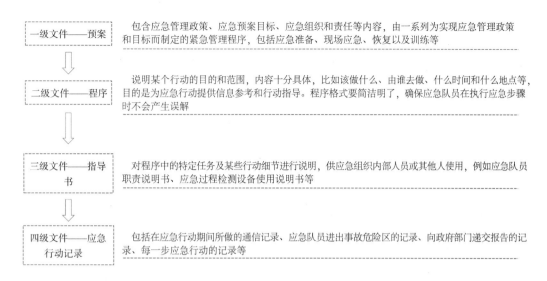

图6-9 四级文件体系

（5）应急预案编制：针对可能发生的事故，按照有关规定和要求编制应急预案。应急预案编制过程中，应注重全体人员的参与和培训，使所有与事故有关人员均掌握危险源的危险性、应急处置方案和技能。应急预案充分利用社会应急资源，与地方政府预案、上级主管单位以及相关部门的预案相衔接。

（6）应急预案的评审与发布：评审由本单位主要负责人组织有关部门和人员进行。外部评审由上级主管部门或地方政府负责安全管理的部门组织审查。评审后，按规定报有关部门备案，并由生产经营单位主要负责人签署发布。

应急预案通用编制步骤如图6-10所示。

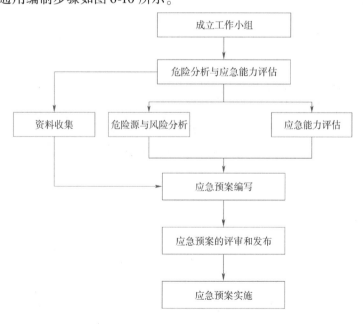

图6-10 应急预案通用编制步骤

(五) 应急预案的演练

应急预案的演练是检验、评价和保持应急能力的一个重要手段，其作用体现在：可在事故真正发生前发现预案存在的问题和缺陷，例如发现应急资源的不足，从而改善应急部门、机构和人员之间的协调，也可以增强相关人员应对突发事故救援的信心和应急意识，提高应急人员的熟练程度和应急能力，增强各级预案之间的协调性和整体的应急反应能力。

1. 应急演练分类

应急演练按组织形式可分为桌面演练和实战演练。桌面演练是指参演人员利用地图、沙盘、流程图、计算机模拟、视频会议等辅助手段，针对事先假定的演练情景，讨论和推演应急决策及现场处置的过程，从而促进相关人员掌握应急预案中所规定的职责和程序，提高指挥决策和协同配合能力。桌面演练通常在室内完成。实战演练是指参演人员利用应急处置涉及的设备和物资，针对事先设置的突发事故情景及其后续的发展情景，通过实际决策、行动和操作，完成真实应急响应的过程，从而检验和提高相关人员的临场组织指挥、队伍调动、应急处置技能和后勤保障等应急能力。实战演练通常要在特定场所完成。

应急演练按照演练内容可分为单项演练和综合演练。单项演练是指只涉及应急预案中特定应急响应功能或现场处置方案中一系列应急响应功能的演练活动。它注重针对一个或少数几个参与单位（岗位）的特定环节和功能进行检验。综合演练是指涉及应急预案中多项或全部应急响应功能的演练活动。它注重对多个环节和功能进行检验，特别是对不同单位（部门）之间应急机制和联合应对能力的检验。

应急演练按演练目的与作用分为检验性演练、示范性演练和研究性演练。检验性演练是指为检验应急预案的可行性、应急准备的充分性、应急机制的协调性及相关人员的应急处置能力而组织的演练；示范性演练是指为向观摩人员展示应急能力或提供示范教学，严格按照应急预案规定开展的表演性演练；研究性演练是指为研究和解决突发事故应急处置的重点、难点问题，试验新方案、新技术、新装备而组织的演练。

应急演练按级别分为 A 级、B 级、C 级、D 级、车站级，各级别演练按规定经审批后由不同层级机构负责组织实施，如表 6-3 所示。

应急演练各级别审批人及参与部门 表 6-3

演练级别	审 批 人	参 与 部 门	备 注
A级演练	总部领导	相关分公司、中心	总部领导担任指挥，由安全监察部组织协调
B级演练	分公司、中心领导	各分公司、中心	
C级演练	相应组织单位负责人	各分公司、中心下属的相应单位	
D级演练	车间（室）负责人	相应的车间（室）、班组（不含车站）	
车站级		车站	自行组织，站长或值班站长担任演练指挥

不同类型的演练相互结合，可以形成单项桌面演练、综合桌面演练、单项实战演练、综合实战演练、示范性单项演练、示范性综合演练等。

2. 演练效果评价

应急演练结束后应对演练的效果给出评价，并提交演练报告，形成评估报告。详细说明演练中存在的问题，按照对应急救援工作的影响程度，可以将演练中发现的问题分为改进项、不足项和整改项。针对暴露出的问题，从完善预案、修订制度、加强培训等方面制定整改措施，明确整改责任，限期全部整改，避免因预案不完善而导致事故的扩大化，从而确保预案的高效性。

演练报告总结还需要进行归档管理，如总部、二级单位、基层单位应建立预案演练档案，档案至少包含演练内容、存在的问题和整改完成情况。

A级演练台账由安全监察部建立，如A级演练由其他单位组织的，在完成档案整理后，原件移交安全监察部，组织单位保留复印件；B、C级演练台账由演练组织单位建立，并整理归档；D级演练由所在车间（室）整理归档；车站级演练由所在车站整理归档。

（六）应急预案编制的内容

预案编制应包括以下内容：
（1）抢险组织；
（2）主办单位职责；
（3）协办单位职责；
（4）抢险器具操作程序；
（5）配备工器具清单；
（6）培训及演练要求。

单元三　城市轨道交通应急设备及突发事件应急处理

乘客财物掉落轨行区，工作人员按压紧急停车按钮后帮忙捡回

【事件经过】

某年某月某日下午，罗女士在深圳地铁坪洲站准备乘坐罗宝线往机场东。16：13，罗女士在迈进车厢的那一刻意外发生了。罗女士描述："当时放回钱包的时候，可能是刚好夹在衣服口袋上，上车跨步时钱包掉到缝隙里，保安第一时间就说不要着急。"车站控制室接到保安汇报后，值班站长立即启动了应急预案。

坪洲站工作人员接到行车调度允许进入轨行区的通知以后，立即按压了紧急停车按钮。该按钮可以有效防止后续列车进入车站，也可以防止隧道风压过大，把乘客丢失的钱财吹到更远的地方。就在紧急停车按钮启动的同时，站台工作人员立即确定具体位置，然后手动打开了站台屏蔽门，两名工作人员架好落轨梯直接下到轨道。工作人员下到轨行区后，由于里面风速很大，钞票已被吹得四处飘散，足足花了两分多钟才把散落的钞票全部捡回来，3300元分文不差，此时离列车进站只剩一分钟。"我们当天下午的行车间隔是4分钟，拾取乘客的财物用了2分钟，打了个时间差，没有对行车间隔造成任何重大影响。"地铁站工作人员称。

【案例启示】

为了保障乘客的安全，地铁车站和列车上设置了许多用于突发事件的应急设备。通过上述事件可以看出，准确使用这些应急设备，不但可以保障乘客人身安全和财产安全，同时也能减轻突发事件对列车运行的影响。因此掌握应急设备使用的合理时机、使用方法十分重要。

任务要求

1. 掌握列车应急设备使用方法。
2. 掌握车站应急设备使用方法。
3. 掌握城市轨道交通常见突发事件应急处理方法。

安全是相对的，没有绝对安全。城市轨道交通运营安全也是相对的，并不存在绝对安全。为了应对可能突发的状况，保护乘客的安全，城市轨道交通运营企业一般在列车和车站内都安装一定的应急设备，当出现突发状况时，乘客可以通过应急设备进行报警或自救。

一 列车应急设备

现代地铁车辆无论是在乘客乘车车厢还是车辆驾驶室内都安装有一定的应急设备，主要包括应急疏散门、紧急报警装置、灭火器、紧急开门装置等。

（一）应急疏散门

应急疏散门安装在带驾驶室车辆（Tc车）的前端，在紧急情况下司机可打开紧急疏散门，将其向前放下到路基上，作为通向地面的踏板，以紧急疏散乘客。应急疏散门的两侧各有一组由数个铝合金杆和气弹簧相互铰接在一起，一头与车端相连、另一头与门板相连的拉杆；由于气弹簧的缓冲作用，紧急疏散门倒下的速度不会过大，可防止车门装置的损坏。门两侧的拉杆组成也是斜桥的栏杆和扶手。

拉下手柄或使用摇柄均可解锁打开紧急疏散门，一旦门锁开启，车门能自动倒向路基，门板成为连接车体地板与地面的斜梯。运行于地面或高架线路的列车可以不设应急疏散门，万一发生险情，司机可以打开列车两侧的车门。门板由铝合金板型材制成，表面涂有防滑漆，防止乘客滑倒。在车下也有开启紧急疏散门的门锁。

当在运营区间发生故障时，特别是列车运行在隧道中发生火灾需要疏散列车上的乘客时，司机可以通过前后的应急疏散门疏散乘客。通过该门，乘客可以快速、有序疏导到隧道，进而进行逃生。应急疏散门如图 6-11 所示。

（二）紧急报警装置

紧急报警装置安装于列车的车厢内。一般情况下，列车的每节车厢至少安装 2 个紧急报警装置（图 6-12），包括报警按钮和紧急对讲器。当车厢发生乘客冲突、有人昏厥、火灾等紧急状况时，乘客可以立即使用此装置通知司机，以便司机根据现场情况采取相应措施进行处理。

图 6-11　应急疏散门

图 6-12　紧急报警装置

（三）灭火器

城市轨道交通列车是运送乘客的封闭大型载客工具。其一旦发生火灾，后果不堪设想。因此，在每节车辆里面均配备有灭火器（图 6-13）。如广州地铁每列车配备有 14 个灭火器，每节车厢有两个，司机室各有 1 个，放置于座椅下方。在发生明火情况下，乘客可根据实际火势使用该灭火器。使用时，解开两个皮带（1 号线列车旋动两个黑色旋柄，取下盖板，拔出带托架的灭火器），拿出灭火器，拉开安全环，按下帽盖，对准火焰灭火。一般情况下，车辆内配备的灭火器型号均为 6kg。

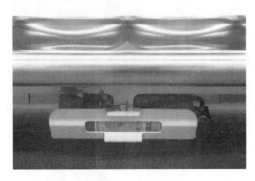 

图 6-13　灭火器

(四) 紧急开门装置

在列车的每列车门上均安装有紧急开门装置（图 6-14），其主要作用是列车在故障或紧急情况时，能够实现人工开门。

图 6-14　紧急开门装置

在紧急事件中手动开门，每节列车每扇门内部提供一套进入的紧急设备，每节列车提供两套从外部进入的紧急设备。

内部紧急设备是一个带锁的曲柄，可由乘客手动操作，也可由司机用方孔钥匙操作。司机可用方孔钥匙操作外部的紧急设备。

司机可在客室内使用方孔钥匙或手动使紧急设备复位。司机在客室外只能使用方孔钥匙复位外部紧急设备。

(1) 在速度 $v<2km/h$（大约）时操作紧急设备。此情况下，门页可以手动移动。
(2) 在速度 $v>2km/h$（大约）时操作紧急设备。此情况下，不能手动移动门页。

二　车站应急设备

车站应急设备分为车站机电设备应急装置和事故救援应急设备。

(一) 车站机电设备应急装置

车站机电设备应急装置主要有：火灾紧急报警器、自动扶梯"紧停"装置、紧急停车按钮、屏蔽门紧急开关等。其安装位置和数量均根据不同的城市轨道交通系统建设的要求而有所不同,各类应急设备都必须在发生危及列车行车安全或危及人身安全的紧急情况下使用。

1. 火灾手动报警器(图6-15)

每个车站的站厅、站台墙上安装有"火警手动报警器",发生火灾时使用此报警器向车站值班人员报警。

2. 自动扶梯"紧停"按钮(图6-16)

车站内所有自动扶梯两端都安装有"紧停"装置。当发生紧急情况时,按压"紧停"按钮,停止扶梯运行。

图6-15 火灾手动报警器

图6-16 自动扶梯"紧停"按钮

3. 紧急停车按钮(图6-17)

车站每侧站台墙上各设有两个"紧急停车按钮"。当发生危及安全的情况时,击碎玻璃,按压按钮3s以上,可实现紧急停车。

4. 屏蔽门手动解锁装置(图6-18)

每个车门对应的屏蔽门上均安装有手动解锁装置,当列车进站停稳后屏蔽门无法自动开启时使用。虽然不同线路有不同的屏蔽门解锁装置,但用法基本相同,都是先拉开手柄,再推开屏蔽门。

图6-17 紧急停车按钮

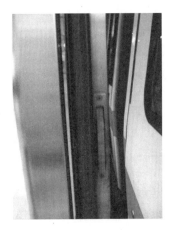

图6-18 屏蔽门手动解锁装置

(二) 事故救援应急设备

1. 呼吸器(图6-19)

车站应定期组织员工演练,掌握使用方法,定期进行检查,保证气瓶压力在规定允许使用的范围,压力不足时及时向安全保卫科通报,确保突发情况发生时能够正常使用(呼吸器正常使用范围为呼吸器压力表指针读数×2 – 10min,呼吸器压力表指针接近红色区域时,表明呼吸器只能维持10min的正常呼吸,佩戴人员应立即撤出危险地带)。每个自然站配备三具呼吸器,其中行车值班室两具,值班站长室一具。

图6-19 呼吸器

2. 逃生面具(图6-20)

车站所有员工必须掌握其使用方法。逃生面具保存期为3年,安全使用时间为15min,超过期限应立即上报安全保卫科以及更换。车站每一岗位一具逃生面具,随岗配发,随岗交接,各岗位主岗人员负责保管并定期检查逃生面具真空包装的完好情况。有不符合标准的,及时报安全保卫科。

3. 应急灯(图6-21)

应急灯存放于各岗位,车站要定期检查应急灯的性能,按使用说明及时进行充电,专人管理,建立充电登记制度,确保做到随取随用。

图6-20 逃生面具   图6-21 应急灯

4. 其他应急设备

担架每车站配备一副,统一放置于车站行车值班室,指定专人保管;便携式扶梯(图6-22)每车站配备4架,车站行车值班室和行车副室分别放置两架,指定专人保管;

湿毛巾每车站150条，当车站发生火灾、生化恐怖袭击时，用于分发给乘客使用。湿毛巾分别存放于车站两个售票室和行车值班室各50条；抢险锤每车站一个，统一放置于车站行车值班室，指定专人保管；防汛铁锹、挡水板、草垫、编织袋按照实际情况配备若干数量，统一放置于车站仓库，指定专人保管。

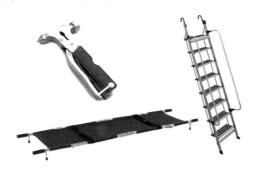

图6-22 抢险锤、担架、便携式扶梯

车站应急抢险器材要由专人保管，不得随意挪作他用，当出现故障、损坏或数量不足时应立即上报有关部门，如因人为因素导致器材出现故障、损坏或数量不足必须由肇事者照价赔偿。

三 常见突发事件应急处理

在城市轨道交通系统中，可能会发生因设施、设备发生故障或外来突发因素而造成或可能造成人身伤亡、财产损失和社会影响，危及公共安全的事故（件）。为了有效预防、及时处置在车站、电动列车、区间线路等处发生的突发事故（件），防止事故扩大，减少人员伤亡和财产损失，应规范城市轨道交通突发事故应急处置工作。下面选择一些发生概率相对较大的突发事件，介绍其应急处理方法。

（一）大客流应急处理

1. 大客流易出现的时间

大客流的出现是指因地铁周边环境影响或因设备故障导致设备能力不足等不可预见的情况，造成突发性进、出站客流增大，超过车站设备承受能力。

可能出现的时间主要有节假日、特别的事件（如演唱会或体育赛事等）、恶劣天气、运营服务中断、意外事件、紧急事件、事故等。

可能出现的地点主要有站台、站前广场、换乘通道、电动扶梯及步梯、楼梯、出入口、站台、其他公交接驳处，等等。

2. 大客流的应急处理

车站发生突发性大客流时，由值班站长负责现场客运组织，安排各岗位的职责，监督各岗位的职责实施情况。主要有：

（1）管理客流

在地铁公安协助的情况下，站务员、车站助理在入口处实行"分批放行"限制进站乘客；车站督导员关闭进站闸机及自动售票机；车站人员使用手提扬声器引导乘客；车站人员在重要的位置和入口设置单行走向。

（2）车站清人

值班站长请求行调安排空车接载乘客；车站督导员播放清站广播；车站人员转换电扶梯运行方向来疏导站台、站厅客流。

（3）阻止乘客进入车站

值班站长请求行车调度员安排列车不停站；车站督导员关闭车站入口，或指定该口为"仅供出站的出口"；车站人员摆放通告，在入口及进入大门的地方对关站和禁入原因加以解释；车站人员停止到站台方向的电扶梯。

（二）大面积停电应急处理

为贯彻"安全第一、预防为主、防救结合"的方针，确保大面积停电时地铁设备和乘客的安全，尽快恢复地铁正常供电和运营。一旦发生大面积停电，地铁员工在确保自身安全的情况下应坚守岗位，沉着冷静，自觉维持地铁运营秩序，稳定乘客情绪，积极疏散乘客，尽力保证乘客安全。大面积停电具体应急处理程序如图6-23所示。

车站停电
应急处理

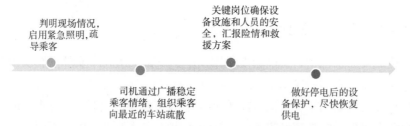

图6-23 大面积停电应急处理程序

（1）发生大面积停电时，车站工作人员应判明现场情况，启用紧急照明，在控制中心和站长的指挥下，积极开展疏导乘客工作；设备值班人员应关闭正在操作的设备，切断电源开关后，设法与外界取得联系，协助乘务人员共同开展疏导乘客工作。

正线大面积
停电故障

（2）发生接触网停电导致列车停运时，当班的客车司机是组织该列车所载乘客疏散的第一责任人，首先应通过广播稳定乘客情绪，在有通信条件时，听从控制中心值班调度员或邻站值班站长的指挥；若列车停在隧道中，又与控制中心失去联系时，司机必须指挥、引导乘客有步骤、有组织地向最近的车站疏散。一旦到达车站，依次服从车站值班员、值班站长、站长的组织指挥，直至将乘客安全引导至地面安全地带。

（3）行调、电调、环调、变电所等关键岗位值班人员，应坚守岗位，确保本部门设备、设施和人员的安全，并采取一切可能措施减少停电损失。同时着手调查，收集管辖范围内人员、设备、设施停电影响情况，速将险情及初步救援方案向有关领导汇报。

（4）各中心应做好停电后的设备保护，控制中心负责把各变电所高压侧、低压侧开关分开，断开各类负荷开关；来电后恢复按照主变电所、变电所、一类负荷、二类负荷、三类负荷的顺序，逐步恢复供电。

（三）火灾的应急处理

发生火灾后，若事故发生在区间及地铁列车，由司机负责，根据需要，行车调度员安排事故区间邻近车站值班站长（或站长）到达事故现场后，由该值班站长（或站长）负责。若事故发生在车站或车辆基地，由值班站长（或站长）、基地调度员负责。

火灾现场组织救援的原则为：采取各种措施，稳定乘客情绪、维持秩序，尽力保证乘客安全；现场责任人判明现场情况及时报告，做到"信息畅通，及时反馈"；以控制事态、减小影响为目的，动员和组织力量进行抢险。

1. 若火灾发生在车站时

（1）OCC 调度应急措施

行调安排已进入区间的列车采取跳站运行方式越过发生火灾的车站。在确定火灾严重情况之前，全线暂停运营，待确认情况后再决定是否恢复运行或继续采用跳站方式运行。未进入该车站范围的列车应在前方车站停车；根据具体情况，发布关闭部分车站的命令；随时了解和掌握灾情及疏散乘客情况，协助处理有关事宜。

电调立即将火灾区段线路接触网停电。

环调及时了解现场情况，根据相应火灾运行模式确定送排风模式；保持与火灾现场的联系，及时发布相关的环调命令。

立即通知当地急救中心、消防支队等相关单位，要求派出救援车辆前往事发地点。

（2）车站员工应急措施

带好灭火器具，扑救初起火灾。

立即停止售检票，禁止乘客进站。利用广播对站内乘客进行宣传，稳定乘客情绪。根据现场情况，及时组织乘客进行疏散。

协助救援人员，积极开展救援工作。

按实际情况关闭相应机电及空调设备，开启事故照明，启动相应的送风及排烟程序。

（3）客车司机应急措施

听从调度指挥命令，同时对乘客用标准用语进行广播宣传，稳定乘客情绪。如果此时正好列车停站上下客，应通过广播通知乘客停止下车，关闭车门和屏蔽门。

2. 若火灾发生在列车上

列车发生火灾时往往由乘客首先发现，然后通知给司机和控制中心。因此，当列车发生火灾时，首先应确认火灾的严重程度，决定列车是否继续运行到下一个车站或在区间紧急停车疏散乘客。

列车火灾紧急处理

当列车还可以继续运行到下一个车站时，火灾的处理按车站发生火灾处理方法进行。

3. 若火灾发生在地铁运营区间

（1）OCC 接到报告后，立即通知当地急救中心、消防支队等相关单位组织救援。发布全线列车将暂时停止运行的命令，待确认情况后再决定采用的运行方式。同时立即将火灾区段线路接触网停电，确定通风排烟模式，保证乘客安全撤离，并阻止火灾扩散。

（2）对于火灾区间两端的车站，应组织乘客进行疏散，以防隧道火灾蔓延到车站；其他车站在列车停运期间应停止售检票,禁止乘客进站。地铁隧道疏散平台如图 6-24 所示。

(3) 当列车已经进入火灾区域,无法在火灾区域前停车的情况下,司机应操纵列车冲过火灾区域,在前方车站停车;当列车停在火灾区域前,但已经离开车站时,列车应在控制中心的指挥下缓慢倒回车站。

图 6-24 地铁隧道疏散平台

隧道疏散各岗位行动指引见表 6-4。

隧道疏散各岗位行动指引　　　　　　表 6-4

负责人	行 动 要 求
行车调度员	(1) 报告值班主任,接到值班主任的通知后,通知司机执行疏散程序; (2) 根据司机停车位置,通知环调做好隧道通风; (3) 扣停相关列车,通知车站派人到现场协助疏散,如有需要,停止邻线区段运行; (4) 视情况致电 110、120,请求支援,并通知车站派人接应; (5) 调整列车运行,通知线上司机和其他相关车站停止服务,做好乘客广播
司机	(1) 列车在区间被逼停车后,立即报告行车调度员,并做好防溜措施; (2) 广播安抚乘客; (3) 接行车调度员的疏散命令后,应立即打开紧急疏散门再打开司机室通道门,疏散乘客,如列车火灾迫停在区间时,还应打开一侧车门进行排烟(开门前,要广播告知乘客不要靠近车门,不要从客室门跳车),保持列车正常供电、空调、照明,组织乘客从司机疏散门疏散; (4) 如有行动不便的乘客,应安排车站员工或自愿协助的乘客陪同; (5) 疏散完毕后,做好自身安全保护情况下检查是否还有乘客滞留,报行车调度员,等行车调度员的指示。如危及自身安全时,应报行车调度员,迅速撤离现场
值班主任	(1) 下令执行列车隧道疏散程序; (2) 按有关程序进行通报; (3) 如因列车故障原因需要疏散,按照故障原因决定是否通知相关救援队出动救援,需要时请求外部支援; (4) 制订列车调整方案并布置实施; (5) 需要时,启动公交接驳预案
环调	(1) 开启相应隧道环控模式; (2) 检查、监视照明和通风情况
电调	按照行车调度员的供电安排,尽可能维持接触网供电
值班站长	(1) 接到行车调度员有关列车需要隧道疏散后,按行调指令指定一名站务人员负责组织指挥疏散车站乘客; (2) 带领车站人员,穿好装备,到疏散现场负责引导乘客往车站疏散; (3) 安排人员在站台与轨道之间的楼梯处引导乘客上站台,如疏散线路上乘客可能进入邻线,则还应安排人员到该处进行引导; (4) 疏散完毕后,沿途检查线路是否有滞留乘客或遗留物品,人员出清后,报行车调度员

续上表

负责人	行动要求
行车值班员	（1）开启隧道事故照明及工作照明； （2）做好广播安抚乘客，通知地铁公安到场维持秩序； （3）按动紧急停车按钮，防护有关区域； （4）执行《车站疏散程序》； （5）监控乘客疏散情况； （6）根据行车调度员的指示，安排支援人员进入隧道救援，并及时向站长、行车调度员通报有关情况
站务人员	（1）引导乘客； （2）协助有困难乘客； （3）如疏散线路上乘客可能进入邻线，则到该处进行引导； （4）确认列车乘客疏散完毕，沿途检查线路是否有滞留乘客或遗留物品； （5）启动公交接驳时，组织乘客乘坐接驳车

（4）若火灾发生在车辆基地。

①车辆基地调度接到报告后，立即通知当地政府急救中心、消防支队等相关单位组织救援；立即通知各有关部门领导；将车辆基地接触网停电；利用各种手段向车辆基地内人员发出火灾警报。

②现场总指挥到达事故现场后，应迅速查看事故现场，确定影响范围，开展抢险救援工作，防止火灾火势的扩大。

4. 发生爆炸事件的应急处理

（1）处置原则

反应迅速、报告及时、密切配合、全力以赴、疏散乘客、排除险情、减少损失、尽快恢复运营。

（2）车站发生爆炸的应急处理

①目击者应迅速报告车站行车值班员和车站警务室（如在车站以外地铁管辖范围其他部位报告110及控制中心值班主任）。车站值班站长现场确认后，将了解到的情况立即报控制中心和110、119、120，组织现场乘客疏散，并组织人员进行抢救和前期处理工作。同时封锁现场，设定禁行区，挽留证人，对未逃离现场的犯罪嫌疑人设法抓获。控制中心接报后立即报告安保部及地铁公司领导，待上级领导、公安人员和消防队员到达现场后，值班站长负责介绍情况，并听从指挥。

②控制中心根据现场实际情况，发布不同的调度命令。随时了解事故现场情况，协助处理有关事宜。

车站发生爆炸的应急处理流程如图6-25所示。

（3）列车发生爆炸的应急处理

①地铁列车在运行中发生爆炸，司机在立即报告行车调度员的同时应尽力将列车运行到前方车站处理。若列车无法行驶，列车司机立即向控制中心报告，控制中心立即报告安保部、公司领导和当地公安机关、急救中心，并指挥司机按列车救援和突发事件程序处理。同时注意稳定乘客情绪，做好疏散工作。

②车站员工应按照车站爆炸应急处理的分工,协助做好初期应急处置工作。
③控制中心在配合处理有关事宜工作的同时,尽力组织好全线的运营。

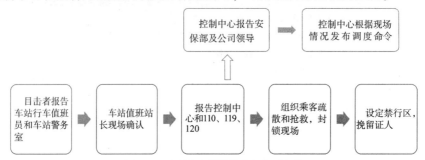

图 6-25　车站发生爆炸的应急处理流程

(4) 地铁变电站发生爆炸的应急处理

①当班人员立即报告控制中心,同时做好救援及现场处理工作,控制中心立即报告安保部、公司领导和当地公安机关、急救中心。

②发生断电后,按照《大面积停电应急预案》相关程序处理。

(5) 控制中心发生爆炸的应急处理

①值班主任立即报告当地公安机关、急救中心,同时应急指挥部组织好救援及现场处理工作,立即组织有关专业技术人员进行抢修,先恢复供电、通信功能,至少满足人工调度指挥的条件。

②各调度员立即检查设备受损、受影响情况,根据实际情况发布相应调度命令,尽力保证列车正常运营。若现场情况恶劣,控制中心失去对全线行车指挥的控制,则采用降级处理的模式维持运营。

(四) 车站、列车客伤应急处理

发生客伤事件时应按照当地《地铁乘客伤亡事件处理实施细则》(以下简称《实施细则》)有关规定积极妥善处理;如发生乘客突发疾病,可参照《实施细则》灵活处理。对伤势轻微的伤者或需要急救者进行简单救护,需要移动伤者前要征求伤者的意见;伤势严重或征得伤者认可时,及时协助伤者拨打120急救电话。

乘客受伤(急病)救助演练

接到报告或发现乘客受伤,应寻找目击证人,了解现场及受伤情况,引导当事人表述实际发生的事情;要保留必要的现场照片;疏散围观人群或确保不造成二次伤害前提下移动伤者到管理区域或转移救护。

乘客受伤的各岗位人员行动指引见表 6-5。

乘客受伤的各岗位人员行动指引　　　　表 6-5

负责人	行 动 要 求
值班站长	(1) 马上赶赴现场,疏散围观乘客。 (2) 安抚乘客并与乘客进行沟通,用引导方式了解情况。 (3) 对伤势轻微的伤者或需要急救者进行简单救助,如伤者要求或伤势严重时,征得伤者同意及时拨打120急救电话。

续上表

负责人	行动要求
值班站长	（4）寻找目击证人，按照《实施细则》附件要求做好取证记录。 （5）安排人员保护现场（如需恢复现场应在恢复现场前进行拍照取证）并做好记录，收集有关资料，并协助保险公司或公安进行处理。 （6）如因地铁设备造成事故，应停止该设备运行（影响列车运行的设备除外），并通知维修责任部门到现场检查处理，出具相关运行记录。 （7）汇总资料、填写《实施细则》附件后，上报车务部综合技术室和安全监察部
行车值班员	（1）立即报行车调度员和保险公司，视情况请求急救中心和地铁公安支援，再按照《实施细则》附件要求进行汇报。 （2）根据值班站长指示派人到指定出入口，引导急救中心人员进站。 （3）将情况报告站长、车务部有关人员。 （4）通过CCTV观察现场，加强与值班站长、行车调度员联系。 （5）如有需要，联系伤者家属
站务人员	（1）需要时，对乘客外伤进行简单救护。 （2）疏散围观乘客，协助寻找两名及以上目击证人，记录证人有关资料，以便协助调查。 （3）设置隔离带，保护好现场。 （4）协助事故调查
行车调度员	（1）接到报告后，报告值班主任。 （2）如事件影响列车运行，则应扣停列车，调整列车的运行。 （3）按照《实施细则》附件要求进行汇报

（五）车门/屏蔽门夹人夹物应急处理程序

站台人员应站在站台两端的楼扶梯口值岗，车门和屏蔽门关闭之际，应尽可能提前阻止乘客抢上抢下，发现车门/屏蔽门关好后有夹人夹物没有自动弹开，就近人员须第一时间采取以下有效措施：

（1）基于通信的列车自动控制系统（CBTC）和点式ATP模式下。

站台人员立即按压紧急停车按钮（在去按压紧停按钮的途中，可用400M电台紧急呼叫司机停车并向司机显示停车手信号），避免夹人夹物动车，将人或物撤出后，向车控室报告，并向司机显示"好了"信号，司机凭"好了"信号动车。

（2）联锁后备模式下。

①采用联锁后备模式行车时，车控室必须及时通知站台人员。

②站台人员接到通知采用联锁后备模式行车后，如出现屏蔽门/车门夹人夹物，可不按压站台紧急停车按钮，立即用400M电台紧急呼叫司机停车，并向司机显示停车手信号，避免夹人夹物动车。将人或物撤出后，向车控室报告，并向司机显示"好了"信号，司机凭"好了"信号动车。

（3）如屏蔽门夹人夹物处理完毕后，PSL上屏蔽门"PSD/FED关闭且紧锁"绿灯不亮，执行屏蔽门故障处理程序相关规定。

后续行动指引中涉及的站台人员处理方法，以此为标准，不在文中表述。

行车值班员在列车到站期间应加强监控，观察站台人员是否有异常，需要时，可按压 IBP 盘紧急停车按钮（联锁后备模式除外），并立即用 400M 电台紧急呼叫司机。司机在关门期间应重点观察瞭望光带，监控是否有抢上乘客，如有，不要急于动车，应重点观察站台人员是否显示"紧停"手信号，重点监听 400M 电台是否有人呼叫。列车车门夹人夹物动车被迫停后，司机不能再动车，一律采用单独解锁车门处理。接到车站或行调夹人夹物处理通知、命令后，应先进行客室广播（如列车临时停车广播），再迅速前往现场处理，处理完毕凭行调指令动车。站台屏蔽门夹人夹物，动车被迫停后，站台人员应及时手动开启屏蔽门进行处理，处理完毕后，站台人员报车控室，车控室报行车调度员，司机凭行车调度员指令动车。

如果列车车门夹人夹物，动车未被迫停，应采取以下措施：

（1）列车仍在站台区域时，车站人员立即用 400M 电台紧急呼叫司机停车，并告知司机夹人夹物具体位置。司机接车站或行车调度员通知后停车。

（2）列车尾部已离站时，车站人员立即报告车控室。车控室报行车调度员，行车调度员通知司机下一站扣停，通知下一站车站人员待列车停稳后按压相应站台侧紧急停车按钮，如非站台侧车门夹人夹物，由司机按单独解锁车门处理（在司机未到达前，车站人员上车协助进行处理，必要时通过乘客紧急通信装置，即 PECU 联系司机处理情况），处理完毕后，恢复紧急停车按钮，方可动车。

列车车门/屏蔽门同时夹人夹物，动车被迫停后，车站人员立即报告车控室，及时手动开启夹人夹物屏蔽门进行处理。司机接车站或行车调度员通知，对夹人夹物车门采用单独解锁处理，处理完毕后凭行车调度员指令方可动车。

车站站台人员应熟记车站扶梯口对应的屏蔽门编号，便于及时准确汇报。发生列车车门夹人夹物动车后应及时汇报清楚（如夹人夹物车门对应屏蔽门编号等）。

列车未启动时车门/屏蔽门夹人夹物各岗位行动指引、列车已启动时车门夹人夹物各岗位行动指引、列车已启动时屏蔽门夹人夹物各岗位行动指引分别见表 6-6、表 6-7、表 6-8。

列车未启动时车门/屏蔽门夹人夹物各岗位行动指引   表 6-6

负责人	行 动 要 求
站台人员	（1）发现列车车门/屏蔽门夹人夹物且没有自动弹开释放，立即按压紧急停车按钮（在去按钮紧急停车按钮的途中，可用 400M 电台紧急呼叫司机停车并向司机显示停车手信号），避免夹人夹物动车（如接到通知采用联锁后备模式行车，则不用按压紧急停车按钮）。 （2）将人或物撤出后，向车控室报告，并向司机显示"好了"信号。 （3）值班站长到场后，协助调查处理。 （4）确认站台安全后，恢复紧停
行车值班员	（1）发现异常或接到报告后，通知值班站长前往处理，并向行车调度员汇报。 （2）利用 CCTV 观察现场情况。 （3）需要时，通知公安或运管办公室到场协调处理。 （4）接到人或物撤出通知后，取消紧停，并汇报行车调度员

续上表

负责人	行动要求
值班站长	（1）赶赴现场处理，调查事件原因。 （2）如发生客伤事故，按《客伤处理程序》办理。 （3）如是乘客抢上抢下造成时，寻找目击证人，并记录详细资料。 （4）事件处理完毕后，将有关情况通报行车调度员。对乘客进行教育，对蛮不讲理的乘客通知运管办人员到场处理
司机	（1）如接到报告或观察到夹人夹物及站台人员显示停车手信号后，应重新打开车门和屏蔽门，开门后如人和物未撤离，用400M电台通知站台人员处理。 （2）待人或物撤离后，凭站台人员"好了"信号，关闭车门和屏蔽门，确认车门、屏蔽门无夹人夹物，以及屏蔽门和车门之间空隙无滞留人或物后动车
行车调度员	接到报告后，了解现场情况，必要时，指示有关人员按规章处理；监控事件处理经过和结果，提醒相关人员，防止夹人夹物开车

列车已启动时车门夹人夹物各岗位行动指引　　表6-7

负责人	行动要求
站台人员	（1）发现列车车门夹人夹物，列车已启动，立即按压紧急停车按钮（在去按压紧停按钮的途中，可用400M电台紧急呼叫司机停车并向司机显示停车手信号），避免夹人夹物动车。 （2）待司机将人或物撤出后，向车控室报告，并向司机显示"好了"信号（如接到通知采用联锁后备模式行车，则不用按压紧急停车按钮）；如列车尚未出站且所在位置在站台有效范围内，应前往夹人夹物现场了解情况，必要时协助司机处理，并将情况向车控室汇报。 （3）如列车未停车，应立即用400M电台紧急呼叫司机停车处理；如司机仍未停车，立即报车控室
行车值班员	（1）立即向行车调度员汇报，并通知值班站长到现场处理（如列车未停止运行，应立即用400M电台紧急呼叫司机停车并向行车调度员汇报；不能立即与行车调度员通话时，应通知前方站）。 （2）利用CCTV观察现场情况，必要时，通知公安或运管办到场协调处理。 （3）接到行车调度员通知后，取消"紧停"，恢复正常运作
值班站长	（1）赶赴现场，协助司机处理。 （2）调查事件原因，并检查是否对车站设备造成影响，将有关情况通报行车调度员
行车调度员	（1）接到报告后，通知司机前往现场处理。 （2）如列车未迫停，在前方站将列车扣停，并立即通知前方站安排人员到指定车厢了解情况，并采取相应的处理措施。 （3）接司机夹人夹物事件处理完毕报告后，通知车站取消紧停，指示司机动车。 （4）如对设备造成影响时，还应通知相关部门前往处理，并指示后续列车的运行
司机	（1）列车产生不明原因紧急制动后汇报行车调度员（如运行中获知夹人或夹物信息，应立即停车）。 （2）接到车站或行车调度员有关夹人夹物处理指示后确认具体位置，通过广播，做好乘客安抚工作。 （3）携带800M电台前往现场，采用单个车门紧急解锁方式处理（解锁前要确保附近乘客的安全）。严禁按压司机室门控按钮开门。 （4）处理完毕，恢复车门，汇报行车调度员，凭行车调度员指令动车。 （5）若在前往现场处理途中，接行车调度员通知继续运行至前方站处理时，立即返回司机室动车；如运行途中，乘客按压PECU，则进行安抚

列车已启动时屏蔽门夹人夹物各岗位行动指引　　　　　表 6-8

负责人	行动要求
站台人员	(1) 发现屏蔽门夹人夹物未自动弹开，立即接压紧急停车按钮（在去按压紧停按钮的途中可用 400M 电台紧急呼叫司机停车并向司机显示停车手信号），避免夹人夹物动车，将人或物撤出后，向车控室报告，并向司机显示"好了"信号（如接到通知采用联锁后备模式行车，则不用按压紧急停车按钮）。 (2) 及时采用手动开启屏蔽门进行处理。 (3) 处理完毕后确认屏蔽门正常关闭，取消紧停。如不能正常关闭，则隔离相应屏蔽门，并将情况向车控室汇报
行车值班员	(1) 接报屏蔽门夹人夹物动车被迫停时，将情况汇报值班站长。 (2) 利用 CCTV 观察现场情况；需要时，联系公安或运营办到场协调处理。 (3) 接到站台人员处理完毕后，取消紧停，恢复正常运作，向行车调度员汇报
值班站长	(1) 赶赴现场，及时采用手动开启屏蔽门进行处理。 (2) 处理完毕后报车控室
行车调度员	(1) 接到报告时，通知站台人员前往立即处理。 (2) 接车控室汇报处理完毕后，通知司机动车。 (3) 如对设备造成影响时，还应通知相关部门前往处理，并指示后续列车的运行
司机	(1) 紧急停车后，及时向行车调度员了解站台屏蔽门夹人夹物情况。 (2) 接行车调度员指令动车

（六）特殊气象的应急处理

与城市轨道交通运营相关的气象灾害有台风、暴雨、高温、大雾、大风、雷电、灰霾等七类。

1. 特殊气象应急预案启动原则

以当地气象台发布的气象预警信号为准，当发布相应的台风、雷雨大风、暴雨、高温、大雾、灰霾、冰雹、道路结冰及寒冷等气象预警信号后，由责任控制中心在受影响的线路范围内启动相应的特殊气象应急预案。

恶劣天气应急处理

2. 相应的特殊气象应急预案的解除原则

满足以下两个条件，责任控制中心可解除相应的特殊气象灾害应急预案，并向下令启动预案的领导汇报。

（1）当地某区域气象台解除相应的台风、雷雨大风、暴雨、高温、大雾、灰霾、冰雹、道路结冰及寒冷等气象预警信号后。

（2）控制中心确认受相应的特殊气象影响的设备已全部恢复正常。

3. 停止某线路段运营的启动及解除程序

（1）启动程序。当需要停止某线路段运营时，控制中心 OCC 向运营总部总经理汇报，总经理下令启动；因特殊情况联系不上时，分别依次由运营分管安全、行车组织的副总经理下令启动。

（2）解除程序。当达到恢复某线路段运营条件时，控制中心 OCC 向运营总部总经理汇报，总经理下令恢复；因特殊情况联系不上时，分别依次由运营分管安全、行车组织的副总经理下令解除。

（3）恢复因台风、雷雨大风（含龙卷风）造成高架或地面路段停运的行车条件：接获气象台取消橙色信号及在过去 1h 监测到的最高风速低于 74km/h（8 级）。

恢复高架段行车的程序：

①组织客车或工程车限速 25km/h 进行线路检查；

②安排专业维修人员跟车检查相关设备设施，确认具备条件后，恢复正常运营服务。

4. 特殊气象发生险情的应急处理原则

（1）抓住主要矛盾，先全面、后局部，先救人、后救物，先抢救通信、供电等要害部位，后抢救一般设施。

（2）根据需要，各部门要积极合理地调动人力、物力投入抢险，在确保安全的情况下尽快开通线路，恢复运营（含局部线路）。

（3）发生灾害时，应迅速准确地报告事故情况，确保信息渠道畅通。

（4）各部门、员工均应采取有效措施，控制事态、减少损失，防止次生灾害的发生。

（5）贯彻抢险与运营并重、地铁运输与公交运输系统统筹兼顾的工作方针，在积极稳妥地处理事故的同时，按照地铁公司总部相关规定最大限度地维持地铁运营或尽快恢复地铁运营。

（七）正线车辆脱轨的应急处理

（1）确定脱轨后，控制中心立即扣停开往受影响区域的列车，对已进入该区间的列车组织其退回始发车站。

（2）控制中心通知电力调度做好关闭脱轨区段的牵引电流和挂接地线的准备。

列车脱轨起复救援

（3）通知相关线路的车辆控制中心派出救援队起复车辆，启动应急轨道交通与公交接驳预案。

（4）控制中心、驾驶员和车站组织乘客疏散，确认具备停电条件后，控制中心组织停电。

（5）如在隧道内脱轨，控制中心应组织隧道送风。

（6）组织好抢修期间的客车降级运营工作（小交路运营）。

（7）维修调度员在接到车辆脱轨事故的明确报告后，应立即组织车辆抢险队前往事故现场，车辆抢险队员接到车厂控制中心 DCC 维修调度命令时须出发前往事故现场。

（8）第一个赶往事故现场的员工，自动成为车辆事故现场抢险指挥负责人，负责现场抢险工作并将所观察到的情况反馈回事发分部车厂控制中心 DCC，使 DCC 能够及时获得现场情况，做出有利于抢险工作的人员和设备安排；当车辆抢险指挥小组成员赶到后，现场抢险指挥向车辆抢险指挥小组成员汇报现场情况，并将指挥权移交。

(9) 车辆起复后，执行以下工作：确认接地线拆除和线路出清后，通知电力调度员送电，做好恢复正常运营的准备工作；组织一列客车清客或工程车前往救援，连挂脱轨列车限速运行进入就近的存车线，待运营结束后再安排事故列车回厂检修。

(10) 组织备用客车上线服务。

任务工单六　水侵出入口应急处理

【任务说明】

地铁车站及线路大都位于地面以下，遇暴雨时，极易发生雨水倒灌。为了避免这种情况的发生，大多数车站出入口做了抬高处理，同时准备有防洪板、沙袋等物资，以便在极端天气下，能有效阻挡雨水进入地铁系统内部。尽管如此，某些城市地铁仍有雨水倒灌的情况发生。

强暴雨出入口水淹事件应急处理演练

根据本单元内容，以小组为单位开展车站水侵出入口的实训演练，即在极端天气条件下，采取应急预案，维护地铁正常运营，参与事故救援。

本次实训任务的实训工具要求：对讲机、防洪板、"暂停服务"指示牌、"小心地滑"指示牌、模拟站台出入通道等。

【任务目标】

1. 能向乘客做出合理解释，并灵活引导乘客进出车站。
2. 能按照程序汇报相关信息。
3. 掌握水侵出入口情况下各工作岗位的职责。
4. 能紧密协作，维护车站正常运营。

【任务要求】

1. 以小组为单位开展现场实训演练。
2. 演练过程中，演练活动的考核主要围绕考核表中的要点进行。

演练角色设置：建议每小组学员 8 人左右。每个小组设置一名观察兼监督员，负责记录学员演练情况。各工作岗位各设一名工作人员；设置两名乘客，相关部门联系人各设一名。

教师负责演练实施过程的指挥控制，提醒学员按照流程演练，并对每位学员的演练过程进行评估；实训学员扮演不同的角色，完成现场演练要求的各项任务，相互监督、相互提出改进意见。学员自己负责对演练流程的组织和相关信息的组织。

3. 演练过程围绕下列主题开展：

(1) 针对乘客意见合理解释。

(2) 现场信息汇报。

(3) 各岗位配合，参与极端天气条件下的救援。

模块六　城市轨道交通应急管理

【任务实施与考核】

实训任务	水侵出入口应急处理			
任务说明	车站发生水侵出入口时，灵活组织乘客出入站，参与救援			
班级		姓名		
学习小组		考核时间		
考核目标				
1. 能向乘客做出合理解释，并灵活引导乘客进出车站。 2. 能按照程序汇报相关信息。 3. 掌握水侵出入口情况下各工作岗位的职责。 4. 能紧密协作，维护车站正常运营				
考核内容				
考核项目	评分标准		分值	得分
值班站长职责	接到水侵出入口的报告后，立即到达该出入口		4	
	组织车站人员设置防洪设施（如挡水板、防洪沙袋），防止雨水涌入站内		6	
	当出入口发生拥堵时，引导乘客到人少的出入口或进入站内，必要时组织向乘客发放一次性雨具		4	
	视情况，关闭该出入口		5	
	指示保洁人员，清扫积水		5	
	水退后，组织撤除防淹设施，开启该出入口，通知车控室		4	
客运值班员职责	接到水侵出入口的通知后，立即到达该出入口		4	
	协助值班站长设置防淹设施，防止水涌入车站		4	
	在出入口处地面、楼梯、通道处设置"小心地滑"牌		6	
	需关闭出入口时，设置隔离带、"暂停服务"牌		4	
	出入口关闭后，引导乘客由其他的出入口出站		4	
	水退后，撤除防淹设施，开启该出入口		4	
站厅站务员职责	暴雨期间，加强对出入口巡视，发现雨水流进车站时，停止该出入口自动扶梯运行，立即报告车控室		6	
	协助值班站长设置防淹设施，防止水涌入车站		4	
	在出入口处地面、楼梯、通道处设置"小心地滑"牌		4	
	需关闭出入口时，设置隔离带、"暂停服务"牌		4	
	出入口关闭后，引导乘客由其他的出入口出站		4	
	水退后，撤除防淹设施，开启该出入口		4	
行车值班员职责	通过CCTV加强对出入口监视，确认发生水侵后，报告值班站长、客运值班员、行车调度员		6	
	做好乘客广播		4	
	接到值班站长处理完毕通知后，向行车值班员报告		4	

续上表

考核内容			
考核项目	评分标准	分值	得分
其他人员职责	保洁人员按照值班站长指示清扫积水		
总评成绩			

任务完成人签字：

日期：　　年　　月　　日

指导教师签字：

日期：　　年　　月　　日

任务工单七　车站照明全部熄灭处理

【任务说明】

城市轨道交通大面积停电突发事件一般具有不可预知的特点，无论是其影响范围还是其危害程度都难以预测。所以当停电突发事件发生时，必须把握相应的救灾原则，及时救灾，降低事故影响。

根据本单元内容，以小组为单位开展车站照明全部熄灭处理的实训演练，即在车站大面积停电的情况下，采取应急预案，组织乘客疏散，参与事故救援。

本次实训任务的实训工具要求：对讲机、模拟车站等。

【任务目标】

1. 能向乘客做出合理解释，并灵活引导乘客进出车站。
2. 能按照程序汇报相关信息。
3. 掌握车站照明全部熄灭情况下各工作岗位的职责。
4. 能紧密协作，防止各类事故发生。

【任务要求】

1. 以小组为单位开展现场实训演练。
2. 演练过程中，演练活动的考核主要围绕考核表中的要点进行。

演练角色设置：建议每小组学员8人左右。每个小组设置一名观察兼监督员，负责记录学员演练情况。各工作岗位各设一名工作人员；设置两名乘客，相关部门联系人各设一名。

教师负责演练实施过程的指挥控制，提醒学员按照流程演练，并对每位学员的演练过程进行评估；实训学员扮演不同的角色，完成现场演练要求的各项任务，相互监督、相互提出改进意见。学员自己负责对演练流程的组织和相关信息的组织。

3. 演练过程围绕下列主题开展：

（1）针对乘客意见合理解释。

（2）现场信息汇报。

（3）各岗位配合，参与车站照明全部熄灭情况下的救援。

【任务实施与考核】

实训任务		车站照明全部熄灭处理		
任务说明		在车站照明全部熄灭的情况下，组织乘客出站，参与救援，快速恢复正常秩序		
班级			姓名	
学习小组			考核时间	
考核目标				
1. 能向乘客做出合理解释，并灵活引导乘客进出车站。 2. 能按照程序汇报相关信息。 3. 掌握车站照明全部熄灭情况下各工作岗位的职责。 4. 能紧密协作，防止各类事故发生				
考核内容				
考核项目	评分标准		分值	得分
值班站长职责	指示票务岗停止售票，客运值班员、站务员拿应急灯到站台		5	
	根据现场的实际情况，在得到行车调度员的同意后，关闭车站		6	
	接到疏散的命令，立即通过广播疏散站厅的乘客		4	
	不断用广播安慰站台的乘客，"不要恐慌，注意上下车的安全"		5	
	广播通知恢复供电的信息		6	
	来电后报告行车调度员，通知站厅、站台的员工、保安将应急灯放回原位，恢复运营服务		4	
行车值班员职责	发现停电后，立即报告行车调度员、电力调度员、警务站和站务中心		4	
	根据行车调度员命令做好行车组织工作，必要时联系行车调度员，要求列车进行限速		6	
	接到行车调度员命令，车站退出运营		4	
	加强对站台监视，注意站台安全		4	
客运值班员职责	按值班站长的指示，拿应急灯下站台维持秩序		6	
	与站台的员工、保安共同照顾好上车的乘客，以确保安全		4	
	与站务员及保安共同照顾站厅的乘客；协助站务员疏散站厅的乘客		4	
	安排票务岗和站厅岗站务员回岗恢复服务工作		4	
站台站务员职责	发生低压配电没电及照明故障时，拿出应急照明，并向值班站长报告		5	
	防护站台的安全，按规定立岗接车		5	

续上表

考核内容			
考核项目	评分标准	分值	得分
站厅站务员职责	拿手提广播到站台维持秩序	5	
	用广播提醒乘客上车注意列车与站台的空隙	4	
	听从值班站长的指挥,关闭车站出入口	5	
票务岗站务员职责	停止售票,将票款收好、锁好	6	
	听从值班站长指挥,做好解释疏导工作,维护车站秩序	4	
总评成绩			

任务完成人签字:

日期: 年 月 日

指导教师签字:

日期: 年 月 日

单元四 伤害急救管理

 单元导入

乘客突发疾病,工作人员成功救助

【事件经过】

某年某月某日11:05,深圳地铁2号线登良站的站台上,一名30岁左右的男乘客突然跪倒抽搐,面色苍白,嘴唇发紫,而这一幕恰巧被正在巡视的地铁保安侯××发现。眼见形势不对,侯××立即上前并通过对讲机通知同事。接报后,值班站长陈×与保安队长魏××第一时间赶到现场。而此时,跪倒在地的男乘客已失去了意识,呼吸、心跳、脉搏已骤停。情急之下,陈×马上将悬挂在站台中部的自动体外除颤器(又称为自动体外电击器、自动电击器、自动除颤器、心脏除颤器等,是一种便携式的医疗设备,它可以诊断特定的心律失常,并且给予电击除颤,是可被非专业人员使用的用于抢救心脏骤停患者的医疗设备。在心跳骤停时,只有在最佳抢救时间的"黄金4分钟"内,利用该器械对患者进行除颤和心肺复苏是最有效制止猝死的办法,英文简称AED)取下,并让在场的人员拨打120。陈×的同事也在现场摆开屏风,一场生死攸关的抢救立即展开。

"我们先把乘客放平躺在地上、解开衣服,并启动AED将电极板贴在他的身上。根据程序AED会自动分析心率,发出是否进行电击除颤的建议。"陈×回忆,当AED发出操作音提示无需电击,请进行心肺复苏时,她来不及松一口气,立即对这名男乘客开始了胸外心脏按压。

就在此时一名护士恰巧路过,立即上前协助陈×,两人轮流对男乘客进行胸外心脏按

压。经过 1 分半的紧急抢救后，男子的心跳、呼吸和意识开始恢复，但仍十分虚弱。见状，陈×不断呼喊乘客，并喂其慢服温水。而此时，距离乘客突然晕倒在地仅过去了 5min。

随后，120 急救人员到达现场，确认该乘客已脱离生命危险，并在车站的协助下将其送至医院，据悉，目前该名男子已恢复清醒自行离院。

在此次事件中紧急使用 AED 抢救的陈×，在去年 8 月参加了急救培训，因此对 AED 的使用了然于心。"当他恢复脉搏的那一刻，我才真正松了一口气。生命有时候真的很脆弱，真心庆幸我们学习了这一技能。"陈×说。

【案例启示】

地铁工作人员需要掌握常见的伤害急救处理方法，不断开展各类急救培训和急救演练，才能在紧急情况下第一时间开展救助，保障市民乘客的出行安全。

任务要求

1. 掌握机械伤害急救处理方法。
2. 掌握触电伤害急救方法。
3. 掌握化学物品伤害急救、创伤急救、休克、中暑等其他伤害急救方法。

我国每年突发事件平均数量高达 120 万次，每年因突发事件非正常死亡人数超过 20 万。而城市轨道交通中发生的突发事件也不在少数，相当多的伤亡是因为没得到迅速有效的救治所致。在无法抵御的自然灾害或者是突发事故面前，能掌握正确的自救互救的知识和技能显得十分重要，在意外发生后第一时间应急处置和妥善急救，对于挽救生命、后续治疗以及减少事故损失有着举足轻重的作用。

一 机械伤害急救

当伤害事故发生后，应立即拨通 120 急救电话，报告出事地点、受伤人员及伤情，同时应根据具体情况对伤员进行现场急救。对伤员的现场抢救包括：

（1）对心跳呼吸停止者，现场施行心肺复苏。

（2）对失去知觉者宜清除口鼻中的异物、分泌物、呕吐物，随后将伤员置于侧卧位，以防止窒息。

（3）对出血多的伤口应加压包扎，有搏动性或喷涌状动脉出血不止时，暂时可用指压法止血；或在出血肢体伤口的近端扎止血带，上止血带者应有标记，注明时间，并且每 20min 放松一次，以防肢体的缺血坏死。

（4）遇有开放性颅脑或开放性腹部伤，脑组织或腹腔内脏脱出者，不应将污染的组织塞入，可用干净碗覆盖，然后包扎；避免进食、饮水或用止痛剂，速送往医院诊治。

（5）当有木桩等物刺入体腔或肢体，不宜拔出，宜锯断刺入物的体外部分（近体表的保留一段），等到达医院后，手术拔出，有时戳入的物体正好刺破血管，暂时尚起填塞止血作用，一旦现场拔除，会招致大出血。

（6）若有胸壁浮动，应立即用衣物、棉垫等充填后适当加压包扎，以限制浮动；无法充填包扎时，使伤员卧向浮动壁，也可起到限制反常呼吸的效果。

（7）若有开放性胸部伤，立即取半卧位，对胸壁伤口应进行严密封闭包扎，使开放性气胸改变成闭合性气胸，速送医院。救护人员中若能断定张力性气胸者，有条件时可行穿刺排气或上胸布置引流管。

（8）对骨折者，就地取材固定骨折的肢体，防止骨折的再损伤。

二 触电伤害急救

触电急救的关键是动作迅速、救护得法。一定要坚持在现场抢救，切不可惊慌失措、束手无策，造成可当场救活的人，由于救治不及时、不得法而失去生命。

1. 脱离电源

尽快使触电者脱离电源。人触电以后，可能由于痉挛或失去知觉等原因而紧抓带电体，不能自行摆脱电源。这时，使触电者尽快脱离电源是救活触电者的首要因素。

（1）触电者触及低压带电设备，救护人员应设法迅速切断电源，如拉开电源开关或刀闸，拔除电源插头等；或使用绝缘工具、干燥的木棒、木板、绳索等不导电的东西解脱触电者；也可抓住触电者干燥而不贴身的衣服，将其拖开，切记要避免碰到金属物体和触电者的裸露身躯；也可戴绝缘手套或将手用干燥衣物等包起绝缘后解脱触电者；救护人员也可站在绝缘垫上或干木板上，绝缘自己进行救护。为使触电者与导电体解脱，最好用一只手进行救护。如果电流通过触电者入地，并且触电者紧握电线，可设法用干木板塞到身下，与地隔离，也可用干木把斧子或有绝缘柄的钳子等将电线剪断。剪断电线要分相，一根一根地剪断，救护人员尽可能站在绝缘物体或干木板上。

（2）触电者触及高压带电设备，救护人员应迅速切断电源，或用适合该电压等级的绝缘工具（戴绝缘手套、穿绝缘靴并用绝缘棒）解脱触电者。救护人员在抢救过程中应注意保持自身与周围带电部分必要的安全距离。

如果触电者触及断落在地上的带电高压导线，且尚未确证线路无电，救护人员在未做好安全措施（如穿绝缘靴或临时双脚并紧跳跃地接近触电者）前，不能接近断线点至 8~10m 范围内，防止跨步电压伤人。触电者脱离带电导线后亦应迅速带至 8~10m 范围以外后立即开始触电急救。只有在确证线路已经无电，才可在触电者离开触电导线后，立即就地进行急救。

救护触电伤员切除电源时，有时会同时使照明失电，因此应考虑事故照明、应急灯等临时照明。新的照明要符合使用场所防火、防爆的要求，但不能因此延误切除电源和进行急救。

2. 伤员脱离电源后的处理

触电伤员如神志清醒者，应使其就地躺平，严密观察，暂时不要站立或走动。

触电伤员如神志不清醒者，应就地仰面躺平，且确保气道通畅，并用 5s 时间，呼叫伤员或轻拍其肩部，以判定伤员是否意识丧失。禁止摇动伤员头部呼叫伤员。

3. 心肺复苏法

触电伤员呼吸和心跳停止时，应立即按心肺复苏法支持生命的三项基本措施，正确进行就地抢救：通畅气道、口对口（鼻）人工呼吸、胸外按压（人工循环）。

（1）通畅气道

患者原地躺下后，让其头部保持后仰，解开衣领扣子，如果有假牙将其取下；如口腔有呕吐物，需尽量清理出来。无论是在什么地方发病，都要帮助患者就地仰卧。用仰头举颏法打开气道，使下颌角与耳垂连线垂直于地面呈90°，保持其气道通畅。

（2）口对口（鼻）人工呼吸

在保持伤员气道通畅的同时，救护人员用放在伤员额上的手指捏住伤员鼻翼，救护人员深吸气后，与伤员口对口紧合，在不漏气的情况下，先连续大口吹气两次，每次1~1.5s。如两次吹气后试测颈动脉仍无搏动，可判断心跳已经停止，要立即同时进行胸外按压。

触电伤员如牙关紧闭，可口对鼻进行人工呼吸。口对鼻人工呼吸吹气时，要将伤员嘴唇紧闭，防止漏气。

（3）胸外按压

使触电伤员仰面躺在平硬的地方，救护人员立或跪在伤员一侧肩旁，救护人员的两肩位于伤员胸骨正上方，两臂伸直，肘关节固定不屈，两手掌根相叠，手指翘起，不接触伤员胸壁。

以髋关节为支点，利用上身的重力，垂直按压胸骨，正常成人胸骨压陷3~5cm，儿童和瘦弱者酌减。

压至要求程度后，立即全部放松，但放松时救护人员的掌根不得离开胸壁。按压必须有效，有效的标志是按压过程中可以触及颈动脉搏动。

操作频率：胸外按压要以均匀速度进行，每分钟80次左右，每次按压和放松的时间相等。胸外按压与口对口（鼻）人工呼吸同时进行，节奏为：单人抢救时，每按压15次后吹气2次（15∶2），反复进行；双人抢救时，每按压5次后由另一人吹气1次（5∶1），反复进行。

在医务人员未接替抢救前，现场抢救人员不得放弃现场抢救。

4. 抢救过程中伤员的移动与转院

（1）心肺复苏法应在现场就地坚持进行，不要为方便而随意移动伤员。如确需要移动时，抢救中断时间不应超过30s。

（2）移动伤员或将伤员送医院时，除应使伤员平躺在担架上并在其背部垫平硬阔木板外，移动或送医院过程中应继续抢救，心跳呼吸停止者要继续进行心肺复苏法抢救，在医务人员未接替救治前不能终止。

三 其他伤害急救

（一）化学物品伤害急救

1. 气体中毒

迅速将伤员救离现场，搬至空气新鲜、流通的地方，松开领口、紧身衣服和腰带，以利于呼吸畅通，使毒物尽快排出，有条件时可接氧气。同时要保暖、静卧，并密切观察伤者病情的变化。

2. 毒物灼伤

应迅速除去伤者被污染的衣服、鞋袜，立即用大量清水冲洗（时间一般不能少于15~20min），也可用"中和剂"（弱酸、弱碱性溶液）清洗。对一些能和水发生反应的物质，应先用棉花、布和纸吸除后，再用水冲洗，以免加重损伤。

3. 口服非腐蚀性毒物

首先要催吐。若伤者神志清醒，能配合时，可先设法引吐，即用手指、鸡毛、压舌板或筷子等刺激咽喉壁或舌根引起呕吐，然后给患者饮温水 300~500mL，反复进行引吐，直到吐出物已是清水为止。

严重中毒昏迷不醒时，对心跳、呼吸停止者，要进行人工呼吸和胸外心脏按压。同时，迅速送就近医院进行诊断治疗。在送医院途中，要坚持抢救，密切注意伤者的神志、瞳孔、呼吸、脉搏及血压等情况。

（二）创伤急救

1. 创伤急救的基本要求

（1）创伤急救原则上是先抢救，后固定，再送医院，并注意采取措施，防止伤情加重。需要送医院救治的，应立即做好保护伤员措施后送医院救治。

（2）抢救前先使伤员安静躺平，判断全身情况和受伤程度，如有无出血、骨折和休克等。

（3）外部出血立即采取止血措施，防止失血过多而休克。外观无伤，但呈休克状态，神志不清或昏迷者，要考虑胸腹部内脏或脑部受伤的可能性。

（4）为防止伤口感染，应用清洁布片覆盖。救护人员不得用手直接接触伤口，更不得在伤口内填塞任何东西或随便使用药物。

（5）搬运时应使伤员平躺在担架上，腰部束在担架上，防止跌下。平地搬运时伤员头部在后，上楼、下楼、下坡时头部在上，搬运中应严密观察伤员，防止伤情突变。

2. 止血

伤口渗血：用比伤口稍大的消毒纱布数层覆盖伤口，然后进行包扎。若包扎后仍有较多渗血，可再加绷带适当加压止血。

伤口出血呈喷射状或鲜红血液涌出时，立即用清洁手指压迫出血点上方（近心端），使血流中断，将出血肢体抬高或举高，以减少出血量。

用止血带或弹性较好的布带等止血时，应先用数层柔软布片或伤员的衣袖等垫在止血带下面，再扎紧止血带，以刚使肢端动脉搏动消失为度。上肢每 60min 放松一次，下肢每 80min 放松一次，每次放松 1~2min。开始扎紧与放松的时间均书面标明在止血带旁。扎紧时间不宜超过 4h。不要在上臂中三分一处和腋窝下使用止血带，以免损伤神经系统。若放松时观察已无大出血，可暂停使用止血带。

高处坠落、撞击、挤压可能有胸腹内脏破裂出血。受伤者外观无出血但常表现面色苍白、脉搏细微、气促、冷汗淋漓、四肢厥冷、烦躁不安，甚至神志不清等休克状态，应迅速躺平，抬高下肢，保持温暖，速送医院救治。若送院途中时间较长，可给伤员饮用少量糖盐水。

（三）休克

（1）平卧位，下肢应略抬高，以利于静脉血回流。如有呼吸困难，可将头部和躯干抬高一点，以利于呼吸。

（2）保持呼吸道通畅，尤其是休克伴昏迷者。方法是将病人颈部垫高，下颌抬起，使头部最大限度后仰，同时头偏向一侧，以防呕吐物和分泌物误吸入呼吸道。

（3）注意给体温过低的休克病人保暖，盖上被、毯。但伴发高烧的感染性休克病人应给予降温。

（4）必要的初步治疗。因创伤骨折所致的休克给予止痛，骨折固定；烦躁不安者可给予适当的镇静剂；心源性休克可吸氧等。

（5）注意病人的运送。现场抢救条件有限，需尽快送往有条件的医院抢救。对休克病人搬运越轻越少越好。应送到最近的医院为宜。在运送途中，应有专人护理，随时观察病情变化，最好在运送病人中采取吸氧和静脉输液等急救措施。

（四）中暑

1. 中暑的原因

中暑是指人体在高温或烈日下，引起体温调节功能紊乱、散热机能发生障碍，致使热能积累所致的以高热、无汗及中枢神经系统症状为主的综合征。中暑的原因如下。

（1）环境因素：发生中暑的外界因素主要为高温、高湿、风速小。

（2）自身因素：主要有产热增加、热适应差、散热障碍。

2. 中暑症状

（1）先兆中暑

病人常常感到大量出汗、头晕、眼花、无力、恶心、心慌、气短，注意力不集中，定向力障碍。体温常常小于37.5℃。在离开高温作业环境进入阴凉通风的环境时，短时即可恢复正常。

（2）轻症中暑

病人除有先兆症状外，有的表现为体温升高至38℃以上，皮肤灼热、面色潮红；面色苍白，呕吐，皮肤湿冷，脉搏细弱，血压下降等周围循环衰竭的表现，通常休息后体温可在4h内恢复正常。

（3）重症中暑

上述症状进一步加重。中暑衰竭主要表现为皮肤苍白，出冷汗，肢体软弱无力，脉细速。血压下降（收缩压降至80mmHg以下），呼吸浅快，体温正常或变化较小，意识模糊或昏厥。日射病主要表现为剧烈头痛、头晕、耳鸣、呕吐、面色潮红、头温40℃以上，体温一般正常，严重者昏迷。中暑高热主要表现为高热，体温高达40℃以上，伴有晕厥，皮肤干燥灼热，头痛、恶心、全身乏力，脉搏快，神志模糊，严重时引起脏器损害而死亡。

3. 中暑的现场急救措施

（1）搬移：迅速将患者抬到通风、阴凉、干爽的地方，使其平卧并解开衣扣，松开或脱去衣服，如衣服被汗水湿透应更换衣服。

（2）降温：患者头部可捂上冷毛巾，可用50%酒精、白酒、冰水或冷水进行全身擦浴，然后用扇或电扇吹风，加速散热。有条件的也可用降温毯给予降温。但不要快速降低患者体温，当体温降至38℃以下时，要停止一切冷敷等强降温措施。

（3）补水：患者仍有意识时，可给一些清凉饮料，在补充水分时，可加入少量盐或小苏打水。但千万不可急于补充大量水分，否则会引起呕吐、腹痛、恶心等症状。

（4）促醒：病人若已失去知觉，可指掐人中、合谷等穴位，使其苏醒。若呼吸停止，应立即实施人工呼吸。

（5）转送：对于重症中暑病人，必须立即送医院诊治。搬运病人时，应用担架运送，不可使患者步行，同时运送途中要注意，尽可能用冰袋敷于病人额头、枕后、胸口、肘窝及大腿根部，积极进行物理降温，以保护大脑、心肺等重要脏器。

任务工单八　乘客突发情况应急处理

【任务说明】

一般城市轨道交通日均客流量几百万人次，部分城市甚至可达到1000万人次以上。由于乘客乘坐地铁时要经常接触各类机电设备，同时个别乘客由于自身身体原因，有可能出现心跳、呼吸骤停和意识丧失等意外情况。

心肺复苏术是在心跳、呼吸骤停和意识丧失等意外情况发生时，给予迅速而有效的人工呼吸与心脏按压，使呼吸循环重建并积极保护大脑，最终使大脑智力完全恢复的急救技术。简单地说，是通过胸外按压、口对口吹气，使猝死的病人恢复心跳、呼吸。

根据本单元内容，以小组为单位开展心肺复苏的实训演练，即在车站正常运营时，假定某乘客突发疾病，出现心跳、呼吸骤停和意识丧失情况，学员立即采取应急预案，展开心肺复苏急救。

本次实训任务的实训工具要求：心肺复苏术假人、对讲机、模拟车站等。

【任务目标】

1. 遇到乘客突发疾病，能按照流程汇报信息。
2. 能在急救前采取措施，包括现场维护、寻找相关人员。
3. 能向120准确报警求助。
4. 能进行心肺复苏急救。

【任务要求】

1. 以小组为单位开展现场实训演练。

2. 演练过程中，演练活动的考核主要围绕考核表中的要点进行。

演练角色设置：建议每小组学员 5 人左右。每个小组设置一名观察兼监督员，负责记录学员演练情况。各工作岗位各设一名工作人员；设置两名乘客。

教师负责演练实施过程的指挥控制，提醒学员按照流程演练，并对每位学员的演练过程进行评估；实训学员扮演不同的角色，完成现场演练要求的各项任务，相互监督、相互提出改进意见。

3. 演练过程围绕下列主题开展：

（1）现场信息汇报。

（2）现场维护、寻找相关人员。

（3）120 电话报警求助。

（4）心肺复苏急救。

【任务实施与考核】

实训任务		乘客突发情况应急处理		
任务说明		地铁运营中，一名乘客突发疾病，出现无脉搏无呼吸症状，实行急救		
班级			姓名	
学习小组			考核时间	
考核目标				
1. 遇到乘客突发疾病，能按照流程汇报信息。 2. 能在急救前采取措施，包括现场维护、寻找相关人员。 3. 能向 120 准确报警求助。 4. 能进行心肺复苏急救				
考核内容				
考核项目	评分标准		分值	得分
前期工作	发现乘客受伤或突发疾病时，想办法通知其家人		3	
	接到报告或发现乘客受伤，站务人员立即寻找目击证人，并记录好目击证人有关联系信息的资料		3	
	保护好现场，设置隔离带，并用照相机记录现场有关情况		3	
评估意识	确保周围环境安全		3	
	轻拍患者双肩、在双耳边呼唤（禁止摇动患者头部，防止损伤颈椎）。如果患者清醒（对呼唤有反应、对痛刺激有反应），要继续观察；如果患者没有反应，则为昏迷		6	
	检查颈动脉有无搏动，检查脉搏应不超过 10s；如果施救者在该时限内未明确触及患者脉搏，施救者应开始胸外按压		6	

续上表

考核内容				
考核项目	评分标准		分值	得分
报警求救	高声呼救："快来人啊，有人晕倒了。"指定一人负责打120，然后向旁边寻找可以配合心肺复苏的人		5	
	拨打120求救，保持冷静，待120调度人员询问清楚后再挂电话		6	
疏通气道	确保患者在平整、坚硬的地面上		5	
	检查及畅通呼吸道：取出口内异物，清除分泌物。用一手推前额使头部尽量后仰，同时另一手将下颏向上方抬起。注意不要压到喉部及颌下软组织		6	
人工呼吸	判断是否有呼吸，一看、二听、三感觉（维持呼吸道打开的姿势，将耳部放在病人口鼻处）。一看：患者胸部有无起伏；二听：有无呼吸声音；三感觉：用脸颊接近患者口鼻，感觉有无呼出气流		8	
	如果无呼吸，应立即给予人工呼吸2次，保持压额抬颏手法，用压住额头的手以拇指食指捏住患者鼻孔，张口罩紧患者口唇吹气，同时用眼角注视患者的胸廓，胸廓膨起为有效。待胸廓下降，吹第二口气。每次人工呼吸的时间在1s以上		7	
胸外按压	按压位置：心脏按压部位为胸骨下半部，胸部正中央，两乳头连线中点		6	
	按压姿势：双肩前倾在患者胸部正上方，腰挺直，以臀部为轴，用整个上半身的重量垂直下压		7	
	按压手法：双手掌根重叠，手指互扣翘起，以掌根按压，手臂要挺直，胳膊肘不能打弯。按压的深度至少5cm。施救者每一次按压后都要让胸廓完全回弹，使得在下一次按压前心脏完全充盈		7	
	按压频率：快速按压和用力按压。按压的速率每分钟至少100次。一般来说，心脏按压与人工呼吸比例为30∶2		6	
重复检查	人工呼吸胸外按压每5个（30∶2）循环后（2min），复查呼吸循环等生命体征		5	
	无恢复，则重复心肺复苏		4	
恢复体位	患者侧卧稳定，头偏向一侧，整理		4	
总评成绩				

任务完成人签字：

日期　　年　　月　　日

指导教师签字：

日期　　年　　月　　日

思考与练习

1. 列车应急设备有哪些？各自的作用是什么？
2. 车站机电设备应急装置有哪几项？
3. 阐述突发事件应急救援的总目标和基本任务。
4. 简述大客流的应急处理程序。
5. 简述火灾的应急处理程序。
6. 发生地震的应急方案主要有哪些内容？

模块七

城市轨道交通运营安全分析与评价

📰 模块导入

某年某月,某市地铁3号线建设者宣布,经过5年的建设,地铁3号线已经建成,即将通车,但广大市民却迟迟等不到地铁3号线的正式开通运营。广大市民及媒体记者多次询问地铁运营分公司,最终得到的答复是地铁3号线还没有通过安全评价,因此不能正式投入运营。原来,该市的地铁3号线虽然已经建成,但还没有邀请地铁方面的专家对新线进行安全评价,按城市轨道交通线路建设和投入运营的基本条件,线路在建成后,只有经过严格的安全评价后才能投入运营。

在西方发达国家,城市轨道交通项目要经过第三方机构在建设前的安全预测评价和试运营前的验收评价才能投入运营。但是,我国目前仅有北京、深圳、南京等几个城市邀请专家对新建地铁进行验收评价。针对这种情况,有必要制定城市轨道交通安全评价标准和相应的管理制度,以强化安全评价的作用。

城市轨道交通作为特殊的人员密集公共场所,对其安全程度进行分析、评价,发现其薄弱环节,预先采取措施,把事故消灭于萌芽状态是极为重要的。

📚 教学目标

1. 了解安全检查表分析法、事故树分析法和事件树分析法、专家评议法等常用的安全分析方法。
2. 了解城市轨道交通安全评价的内容、特点、意义和程序。
3. 掌握运营组织、行车基础设备评价的主要内容。

⏰ 建议学时

8学时。

模块七　城市轨道交通运营安全分析与评价

单元一　城市轨道交通运营安全分析

 单元导入

专家对杭州地铁试运营进行安全评审

【事件概况】

某年某月某日，杭州地铁1号线正式进入试运营基本条件专家评审阶段。试运营基本条件评审工作是对杭州地铁1号线开通载客运营条件的一次全面检验和科学评价，是载客试运营前的最后一道把关，有利于及时发现问题、梳理问题、解决问题，进而为杭州打造"平安地铁""品质地铁"提供可靠保障。此次评审是浙江省交通运输厅履行城市轨道交通运营管理职能后，首次组织城市轨道交通试运营基本条件评审。此次评审委托上海市交通运输行业协会作为第三方机构组织评审，来自上海、天津、广州、武汉、成都及宁波等地的38名专家参加了评审。评审分为总体、土建、设备（1）、设备（2）、试运营准备5个小组同时开展，专家组观看了1号线工程专题汇报片，听取了工程建设情况汇报、试运营准备情况汇报、公交配套方案汇报，实地查勘了12座车站、部分区间及控制中心，进行了相关功能测试和现场抽查，乘坐了地铁列车，审阅了大量送审材料，并与建设、运营、设计、施工、设备、安装、监理等单位深入进行了讨论和交流。通过为期4d的认真细致工作，专家组圆满完成人防、气象防雷、工程档案、卫生防疫、供电、工程质量、消防、环保、特种设备等9项专项验收工作，一致认为：杭州地铁1号线工程的建设程序、验收等符合相关法律法规及建设程序要求；工程质量、设备系统调试符合设计与试运营的要求；运营筹备周密扎实，组织结构合理，部门职能清晰，运作基本顺畅；人员配备合理，能做到持证上岗；运营演练项目较为齐全，应急体系健全。杭州地铁1号线的线路及系统设备状态普遍良好，基本达到了预定的功能要求，达到试运营基本条件，在完成后续的相关整改工作后可开通试运营。

【案例启示】

安全评价的目的是查找、分析和预测城市轨道交通系统存在的危险、有害因素及可能导致的危险、危害后果和程度，提出合理可行的安全对策和措施，以达到最低事故率、最少损失和最佳的安全投资效益。城市轨道交通作为特殊的人员密集公共场所，对其安全程度进行分析、评价，发现其薄弱环节，预先采取措施，把事故消灭于萌芽状态是极为重要的。

任务要求

1. 掌握安全表编制、分析方法。
2. 掌握事故树分析法，会求最小割集和最小径集。
3. 掌握专家评议法。

4. 掌握事件树分析法，会绘制事件树。

安全与危险是一个事物的两个方面，可以说世界上没有绝对安全的事物，只能说危险存在的大小不同。城市轨道交通运营是否安全，需要通过分析并对其做出评价，对运营安全进行考核。常用的安全分析方法主要有安全检查表分析法、事故树分析法、专家评议法和事件树分析法等。

一 安全检查表分析法

（一）安全检查表分析法的定义

安全检查表分析（Safety Checklist Analysis，SCA）法是指依据相关的标准、规范，对系统中已知的危险类别、设计缺陷及与一般工艺设备、操作、管理有关的潜在危险性和有害性进行判别检查，是系统安全分析中一种常用的分析方法，也是进行系统安全检查、预防事故、改善劳动条件的一种重要手段。其可用于发现与查明系统的各种危险和隐患，监督安全法律、制度和标准的实施，制止违章行为，预防事故，消除危险，保障安全。

安全检查表分析法一般采用正面提问的方式列出要检查的因素或状态，以"是"或"否"来回答。

安全检查表分为运输设备、设施的定期安全检查表，运营生产安全检查（如调车、行车客运等作业的检查）表，消防安全检查（如车站、列车上的消防检查）表和专项安全检查（如施工安全、特殊装置的检查）表。

（二）安全检查表的编制依据

（1）国家、地方的相关安全法规、规定、规程、规范和标准，行业、企业的规章制度、标准及企业安全生产操作规程。

（2）国内外行业、企业事故统计案例、经验教训。

（3）行业及企业安全生产的经验，特别是本企业安全生产的实践经验，引发事故的各种潜在不安全因素，以及成功杜绝或减少事故发生的经验。

（4）系统安全分析的结果（为防止重大事故的发生而采用事故树分析法对系统进行分析，得出能导致引发事故的各种不安全因素的基本事件）。将该结果作为防止事故控制点源列入检查表。

（三）编制安全检查表的步骤

（1）确定被检查对象，组织有关人员。

（2）熟悉被分析的系统，对于复杂的系统，可分为若干个子系统进行分析。

（3）调查不安全因素，从人、机、法、环、料等方面进行调查。

（4）收集与系统有关的规范、标准、制度等资料。

（5）明确规定的安全要求。

（6）根据具体情况和要求确定编制方法，编制安全检查表。

（7）通过反复使用，不断修改、补充和完善。

安全检查表的编制步骤如图7-1所示。

```
确定被检查对
象,组织人员         调查不安全因素         明确安全要求         修改、补充和完善
   ●────────●────────●────────●────────●────────●────────●
         熟悉被分析的系统    收集规范、标准、制度        编制安全检查表
```

图 7-1 安全检查表的编制步骤

(四) 编制安全检查表时的注意事项

编制安全检查表时,要力求系统完整,不漏掉任何能引发事故的危险关键因素。因此,编制安全检查表时应注意如下问题:

(1) 安全检查表内容要重点突出,简繁适当,有启发性。

(2) 各类安全检查表的项目、内容应针对不同的检查对象而有所侧重,分清各自职责内容,尽量避免重复。

(3) 安全检查表的每项内容都要定义明确,便于操作。

(4) 能对安全检查表的项目、内容随工艺的改造、设备的更新、环境的变化和生产异常情况的出现进行不断修订、变更和完善。

(5) 凡能导致事故的一切不安全因素都应列出,以确保各种不安全因素能被及时发现或消除。

(五) 应用安全检查表时的注意事项

应用安全检查表时应注意以下几个问题:

(1) 各类安全检查表都有适用对象,专业检查表与日常定期检查表要有区别。专业检查表应详细,突出专业设备安全参数的定量界限;日常检查表,尤其是岗位检查表应简明扼要,突出关键和重点部位。

(2) 应用安全检查表实施检查时,应落实安全检查人员。企业厂级日常安全检查可由安技部门现场人员和安全监督巡检人员会同有关部门联合进行。车间的安全检查可由车间主任或指定车间安全员检查。岗位安全检查一般指定专人进行。安全检查后应签字并提出处理意见备查。

(3) 为保证检查的有效定期实施,应将安全检查表列入相关安全检查管理制度,或制定安全检查表的实施办法。

(4) 应用安全检查表检查时,必须注意信息的反馈及整改。对查出的问题,凡是检查者当时能督促整改和解决的,应立即解决;当时不能整改和解决的,应进行反馈登记和汇总分析由有关部门列入计划安排解决。

(5) 应用安全检查表检查时,必须按编制的内容逐项目、逐内容、逐点检查。有问必答、有点必检,按规定的符号填写清楚,为系统分析及安全评价提供可靠、准确的依据。

(六) 安全检查表的优缺点

1. 安全检查表的优点

(1) 检查项目系统、完整,可以做到不遗漏任何能导致危险的关键因素,避免传统的安全检查中易发生的疏忽、遗漏等弊端，因而能保证安全检查的质量。

（2）可以根据已有的规章制度、标准、规程等检查执行情况，得出准确评价。

（3）安全检查表采用提问的方式，有问有答，给人的印象深刻，能使人了解如何做才是正确的，因而可起到安全教育的作用。

（4）编制安全检查表的过程本身就是一个系统安全分析的过程，可使检查人员对系统的认识更深刻，便于发现危险因素。

（5）可对不同的检查对象、检查目的编制不同的检查表，应用范围广泛。

2. 安全检查表的缺点

针对不同的需要，须事先编制大量的检查表，工作量大，并且安全检查表的质量受人员的知识水平和经验的影响较大。

（七）安全检查表示例

表 7-1 为××车站生产安全检查表。

××车站生产安全检查表　　　　表 7-1

序号	检查项目	检查结果		整改措施
		是	否	
一、运营安全生产管理				
1	是否推行各项作业标准化，并按规定操作			
2	是否落实安全生产责任制			
3	是否定期组织安全生产会议			
4	是否存在安全薄弱环节、惯性事故，是否指定了预防措施			
	……			
二、安全教育与宣传				
1	干部是否宣传安全生产的方针政策、法规制度			
2	是否举办安全学习班为安全生产培训骨干			
3	是否建立了安全生产考核制度			
4	对职工是否进行了安全操作教育培训			
5	对职工是否进行了急救知识教育			
	……			
三、作业场所情况				
1	各车站是否设立了安全标志			
2	通道是否顺畅			
3	监控、防护设施是否完整			
4	是否开展了有效措施，以保证职工、乘客安全			
	……			
四、安全检查与生产管理新技术的推广				
1	管理人员是否经常下现场检查，发现问题是否及时整改			

续上表

序号	检查项目	检查结果		整改措施
		是	否	
2	是否对作业纪律进行定期检查,并有考核制度			
3	是否推广应用了安全生产的先进技术设备			
4	各班组及岗位是否经常开展自检、互检			
	……			

二 事故树分析法

(一)事故树分析法的定义

事故树分析法是一种既能定性又能定量的逻辑演绎评价方法,是从结果到原因描绘事故发生的有向逻辑树,在逻辑树中相关原因事件之间用逻辑门连接,构成逻辑树图,为判明事故发生的途径及损害间关系提供一种最形象、最简洁的表达方式。

事故树分析法又称为故障树分析法,是一种逻辑演绎的系统评价方法,是安全系统工程中重要的分析方法之一。它能对各种系统的危险性进行识别评估,既适用于定性分析,又能进行定量分析,具有简明、形象的特点。其分析方法是从要分析的特定事故或故障顶上事件开始,层层分析其发生原因(中间事件),一直分析到不能再分解或没有必要分析时为止,即分析至基本原因事件为止,用逻辑门符号将各层中间事件和基本原因事件连接起来,得到形象、简洁表达其因果关系的逻辑树图形,即故障树,通过对其简化计算,得到分析评价目的的方法。

(二)事故树的符号及其意义

事故树采用的符号包括事件符号、逻辑门符号和转移符号三大类。

1. 事件及事件符号

在事故树分析中各种非正常状态或不正常情况皆称为事故事件,各种完好状态或正常情况皆称为成功事件,两者均简称为事件。事故树中的每一个节点都表示一个事件。

(1)结果事件

结果事件分为顶事件和中间事件。矩形符号用来表示结果事件,将事件扼要记入矩形框内,顶事件一定要清楚、明了,不要太笼统。例如,"发生行车险性事故",对此,人们无从下手分析,而应当选择具体的事故,可写成"某站发生列车冒进出站信号",如图 7-2a)所示。

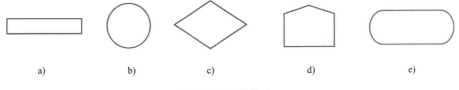

图 7-2 事件符号

①顶事件：是事故树分析中所关心的结果事件，位于事故树的顶端，它总是所讨论事故树中逻辑门的输出事件而不是输入事件，即系统可能发生的或实际已经发生的事故结果。

②中间事件：是位于事故树顶事件和底事件之间的结果事件。它既是某个逻辑门的输出事件，又是其他逻辑门的输入事件。

（2）底事件

底事件是导致其他事件的原因事件，位于事故树的底部，它总是某个逻辑门的输入事件而不是输出事件。底事件又分为基本原因事件和省略事件。

①基本原因事件：它表示导致顶事件发生的最基本的或不能再向下分析的原因或缺陷事件，用图7-2b）中的圆形符号表示。

②省略事件：它表示没有必要进一步向下分析或其原因不明确的原因事件。另外，省略事件还表示二次事件，即不是本系统的原因事件，而是来自系统之外的原因事件，用图7-2c）中的菱形符号表示。

（3）特殊事件

特殊事件是指在事故树分析中需要表明其特殊性或引起注意的事件。特殊事件又分为开关事件和条件事件。

①开关事件：又称为正常事件。它是在正常工作条件下必然发生或必然不发生的事件，如"调车作业""列车运行"等，将事件扼要记入符号内。用图7-2d）中屋形符号表示。

②条件事件：限制逻辑门开启的事件，用图7-2e）中椭圆形符号表示。

2. 逻辑门及其符号

逻辑门符号是连接各事件，并表示事件之间逻辑关系的符号，包括与门符号、或门符号、条件与门符号和条件或门符号。

（1）与门符号

与门符号表示它下面的输入事件B_1、B_2同时发生时，输出事件A才会发生的连接关系，两者缺一不可，表现为逻辑积的关系，即$A = B_1 \cdot B_2$或$A = B_1 \cap B_2$，当有若干输入事件时也是如此，如图7-3a）所示。

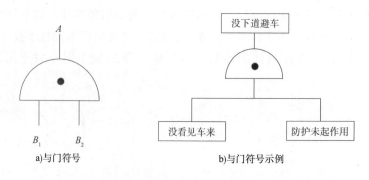

a）与门符号　　　　　　b）与门符号示例

图7-3　与门符号及示例

例如，工人在线路上施工，没下道避车而被列车撞伤，没下道避车的原因一是没看见车来，二是防护未起作用，只有两个原因同时发生才能造成"没下道避车"，用与门符号表示，如图 7-3b) 所示。

（2）或门符号

或门符号表示它下面的输入事件 B_1 或 B_2 中任何一个事件发生，都可以使输出事件 A 发生，表现为逻辑和的关系，即 $A = B_1 + B_2$ 或 $A = B_1 \cup B_2$；当有若干输入事时也是如此，如图 7-4a) 所示。

例如，线路施工作业人员没撤出机车车辆限界而被机车撞压，没撤出机车车辆限界的原因有未下道避车和下道不及时，这两个原因任何一个发生都会造成"没撤出机车车限界"，用或门表示，如图 7-4b) 所示。

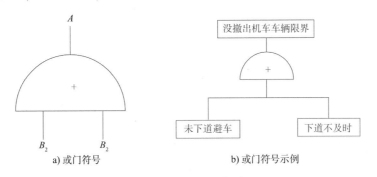

图 7-4　或门符号及其示例

（3）条件与门符号

条件与门符号表示 B_1、B_2 同时发生时，A 并不一定发生，只有在满足条件 α 的情况下，A 才发生。它相当于 3 个输入事件的与门，即 $A = B_1 \cdot B_2 \cdot \alpha$ 或 $A = B_1 \cap B_2 \cap \alpha$，将条件记入六边形内，如图 7-5a) 所示。

例如，线路施工作业人员被机车撞压死亡，造成的原因是驾驶员走神和工人未撤出机车辆限界，但这两个原因同时发生，还必须有"人体与机车接触"这个条件，用条件与门表示，如图 7-5b) 所示。

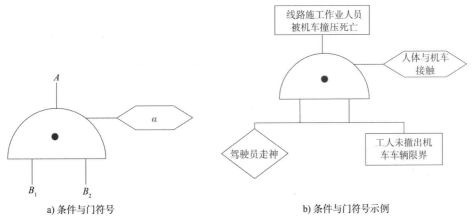

图 7-5　条件与门符号

(4) 条件或门符号

条件或门符号表示 B_1 或 B_2 任何一个事件发生时，还必须满足条件 β 才有输出事件 A 发生，将条件记入六边形内，如图7-6a) 所示，例如，"撞坏列车"是由于"作业失误"和"线路上有障碍物"两个原因造成的，这两个原因任何一个发生都有可能造成"撞坏列车"，但是必须满足"物件与列车接触"这个条件，用条件或门表示，如图7-6b) 所示。

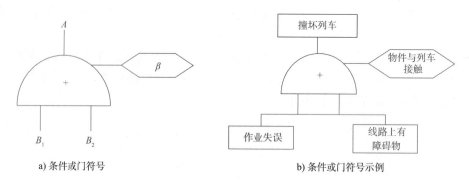

图7-6　条件或门符号及其示例

(5) 限制门符号

限制门符号是逻辑上的一种修正符号，即当输入事件 B 满足发生条件 α 时，才产生输出事件 A；相反，如果不满足，则不发生输出事件。其具体条件写在六边形符号内，如图7-7a)所示。

例如，工人从脚手架上坠落死亡是由于从脚手架上坠落，但输入事件只有在高度和地面情况满足的基础上发生时，才会造成死亡，即只有高度足够高且地面坚硬时才会摔死。限制门符号和条件与门符号不同，输入事件只有一个，如图7-7b) 所示。

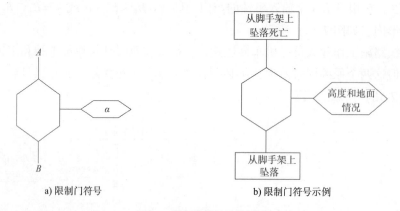

图7-7　限制门符号及其示例

(6) 排斥或门符号

排斥或门符号即或门连接下的 B_1、B_2 两个事件，其中有一个发生，输出事件 A 便发生，但 B_1、B_2 不可能同时发生，B_1、B_2 是相互排斥的，如图7-8a) 所示。

例如，建筑施工作业人员从脚手架坠落，原因之一是没系安全带，造成没系安全带的原因有因走动而取下和忘系。这两个原因任何一个发生都会造成没系安全带事件发生，但这两个原因不会同时发生，是互相排斥的，如图7-8b) 所示。

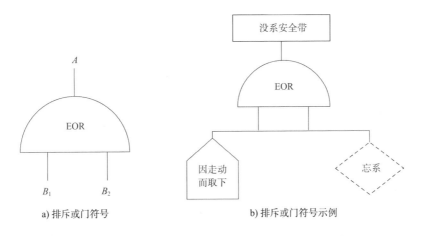

图 7-8 排斥或门符号及其示例

3. 转移符号

事故树规模很大时,需要将其某些部分画在别的纸上,或转移到其他部门,这就要用转移符号,以表示向何处转出和从何处转入。

(1) 转出符号。转出符号表示向其他部分转出,三角形内记入向何处转出的标记,如图 7-9a) 所示。

(2) 转入符号。转入符号表示从其他部分转入,三角形内记入从何处转入的标记,如图 7-9b) 所示。

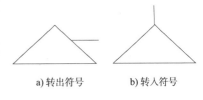

图 7-9 转入和转出符号

(三) 布尔代数主要运算法则

在故障树分析中常用逻辑运算符号 (·)、(+) 将各事件连接起来,连接式称为布尔代数表达式。在求最小割集时,要用布尔代数运算法则,化简代数式。

由元素 a、b、c……组成的集合 B,若在 B 中定义了两个二元运算 "+" 与 "·",则有如下法则。

(1) 结合律:

$$(a + b) + c = a + (b + c)$$
$$(a \cdot b) \cdot c = a \cdot (b \cdot c)$$

(2) 交换律:

$$a + b = b + a$$
$$a \cdot b = b \cdot a$$

(3) 分配律:

$$a \cdot (b + c) = (a \cdot b) + (a \cdot c)$$
$$a + (b \cdot c) = (a + b) \cdot (a + c)$$

(4) 零一律 (幺元律):

$$a + 0 = 0 + a = a$$
$$a \cdot 1 = 1 \cdot a = a$$

(5) 互补律：
$$a + a' = 1$$
$$a \cdot a' = 0$$

(6) 加法等幂律：
$$a + a = a$$

(7) 乘法等幂律：
$$a \cdot a = a$$

(8) 吸收律：
$$a + ab = a$$
$$a(a + b) = a$$

(9) 德·摩尔根律：
$$(a + b)' = a'b'$$
$$(ab)' = a' + b'$$

(10) 圄元律（极元律）：
$$a + 1 = 1, \quad a \cdot 0 = 0$$

事故树按其事件的逻辑关系，自上（顶上事件开始）而下逐级运用布尔代数展开，进一步进行整理、化简，以便于进行定性、定量分析。

（四）最小割集和最小径集

1. 最小割集

在事故树中，一组基本事件能造成顶事件发生，则该组基本事件的集合称为割集。能够引起顶上事件发生的最低限度的基本事件集合称为最小割集，即如果割集中任一基本事件不发生，顶事件就绝不发生。为有效、针对性控制顶事件的发生，最小割集在事故树分析中起到重要的作用。因此，最小割集的求解很关键。其求解方法包括布尔代数化简法、行列法、结构法、质数代入法、矩阵法等。本书主要介绍布尔代数化简法，该方法同样适应于最小径集求解。

最小割集表示系统的危险性，每个最小割集都是顶事件发生的一种可能渠道，最小割集的数目越多，越危险。

其作用如下：

（1）表示顶事件发生的原因。事故发生必然是某个最小割集中几个事件同时存在的结果。求出事故树全部最小割集，就可掌握事故发生的各种可能，对掌握事故的规律、查明事故的原因提供帮助。

（2）一个最小割集代表一种事故模式。根据最小割集，可以发现系统中最薄弱的环节，直观判断出哪种模式最危险，哪些次之，以及如何采取预防措施。

（3）可以用最小割集判断基本事件的结构重要度，计算顶事件概率。

（4）由于一个基本事件发生的概率比两个基本事件同时发生的概率要大得多，比三个基本事件的同时发生概率更大，故最小割集含有的基本事件越少，发生顶事件就越有可能,即故障模式危险性大。只有一个基本事件的割集最危险。

2. 最小径集

与割集相反,在事故树中,有一组基本事件不发生,顶上事件就不会发生,这一组基本事件的集合叫作径集。径集表示系统不发生顶上事件而正常运行的模式。同样在径集中也存在相互包含和重复事件的情况,去掉这些事件的径集叫作最小径集。也就是说,凡是不能导致顶上事件发生的最低限度的基本事件的集合叫作最小径集。在最小径集中,任意去掉一个事件也不称其为径集。事故树有一个最小径集,顶事件不发生的可能性就有一种。最小径集越多,顶事件不发生的途径就越多,系统也就越安全。

最小径集的求法是利用最小径集与最小割集的对偶性,首先画事故树的对偶树,即成功树。求成功树的最小割集,就是原事故树的最小径集。成功树的画法是将事故树的"与门"全部换成"或门","或门"全部换成"与门",并把全部事件的发生变成不发生,就是在所有事件上都加"′",使之变成原事件"补集"。经过这样变换后得到的树形就是原事故树的成功树。

最小径集作用如下:

(1)最小径集表示系统的安全性,如事故树中有一个最小径集,则顶事件不发生的可能性就有一种;最小径集越多,控制顶事件不发生的方案就越多,系统的安全性就越大。

(2)由最小径集可选择控制事故的最佳方案,如一个事故树中有几个最小径集,那么使顶事件不发生的方案就有几个。一般而言,控制最小径集中的基本事件少时比控制最小径集中的基本事件多时,更省工、省时、经济、有效。当然,如果由于经济和技术上的原因,难以控制,则又另当别论,此时应选择其他方案。

(3)利用最小径集(或最小割集)可进行结构重要度分析。

(五) 事故树分析法操作步骤

1. 熟悉分析系统

首先要详细了解要分析的对象,包括工艺流程、设备构造、操作条件、环境状况及控制系统和安全装置等,还可以广泛收集同类系统发生的事故。

2. 确定分析的对象系统和对象事件

通过试验分析、事故分析及故障类型和影响分析,确定顶事件;明确对象系统的边界分析深度、初始条件、前提条件和不考虑条件。

3. 确定分析边界

在分析之前要明确分析的范围和边界,以及系统内包含的内容。城市轨道交通生产过程具有连续化、大型化的特点,各工序、设备之间相互连接,如果不划定界限,得到的事故树将会非常庞大,不利于研究。

4. 确定系统事故发生概率和事故损失的安全目标值

为了查清事件的情况,杜绝以后发生类似的事件,一定要认真确定系统事故发生概率、事故损失的安全目标值,以吸取教训。

5. 调查原因事件

顶事件确定之后，就要分析与之有关的原因事件，也就是找出系统所有潜在危险因素的薄弱环节，包括设备元件等硬件故障、软件故障、人为差错及环境因素，凡是与事故有关的原因都找出来，作为事故树的原因事件。

6. 确定不予考虑的事件

与事故有关的原因各种各样，但是有些原因根本不可能发生或发生的概率很小，如雷电、飓风、地震等，编制事故树时一般都不予考虑，但要先加以说明。

7. 确定分析的深度

在分析原因事件时，分析到哪一层为止需要事先确定。分析得太浅可能发生遗漏，分析得太深，则事故树会过于庞大、烦琐。因此，具体的分析深度应视分析对象而定。

8. 编制事故树

从顶事件起，一级一级往下找出所有原因事件，直到最基本的事件为止，按其逻辑关系画出事故树。每个顶事件对应一棵事故树。

9. 定性、定量分析

按事故结构进行简化，求出最小割集和最小径集，排出结构重要度顺序，求出概率重要度和临界重要度。

10. 结论

当事故发生概率超过预定目标值时，从最小割集着手，研究降低事故发生概率的所有可能方案，利用最小径集找出消除事故的最佳方案；通过重要度分析，确定采取对策措施的重点和先后顺序，从而得出分析、评价的结论。

事故树分析法操作流程如图 7-10 所示。

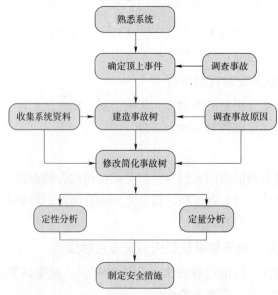

图 7-10　事故树分析法操作流程

（六）事故树分析法的特点

事故树分析法具有以下几个特点：

（1）采用演绎的方法分析事故的因果关系，能详细找出各系统固有的潜在危险因素，为安全设计、制定安全技术措施和安全管理要点提供依据。

（2）能简洁、形象地表示出事故和各原因之间的因果关系及逻辑关系。

（3）在事故分析中，顶事件可以是已发生的事故，也可以是预想的事故。通过分析找出原因，采取对策加以控制，从而起到预测、预防事故的作用。

（4）可以用于定性分析，求出危险因素对事故影响的大小；也可以用于定量分析，由各危险因素的概率计算出事故发生的概率，从数量上说明是否满足给定目标值的要求，从而确定采取措施的重点和轻、重、缓、急顺序。

（5）可选择最感兴趣的事故作为顶事件进行分析。

（6）分析人员必须非常熟悉对象系统，具有丰富的实践经验，能准确和熟练地应用分析方法。往往出现不同分析人员编制的事故树和分析结果不同的现象。

（7）复杂系统的事故树往往很庞大，分析、计算的工作量大。

（8）进行定量分析时，必须知道事故树中各事件的故障数据。如果这些数据不准确，定量分析就不可能进行。

（七）事故树示例

某化工厂仓库火灾事故树示意如图 7-11 所示。

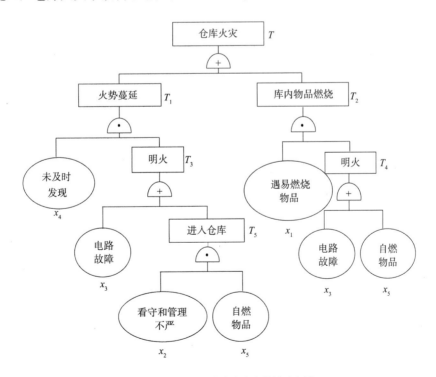

图 7-11 某化工厂仓库火灾事故树示意图

最小割集：

$$T = T_1 + T_2$$
$$= x_4 \cdot T_3 + x_1 \cdot T_4$$
$$= x_4 \cdot (x_3 + T_5) + x_1 \cdot (x_3 + x_5)$$
$$= x_4 \cdot (x_3 + x_2 x_5) + x_1 \cdot (x_3 + x_5)$$
$$= x_3 x_4 + x_2 x_4 x_5 + x_1 x_3 + x_1 x_5$$

该事故树的最小割集有4个，分别为：

$$\{x_3, x_4\} \, 、 \, \{x_2, x_4, x_5\} \, 、 \, \{x_1, x_3\} \, 、 \, \{x_1, x_5\}$$

即该化工厂发生事故的途径有4种，分别是电路故障导致明火且未及时发现、自燃物品由于看守管理不严进入仓库导致明火且未及时发现、电路故障导致明火且遇易燃烧物品、自燃物品导致明火且遇易燃烧物品。

求最小径集：

先将事故树转化为成功树，如图7-12所示。

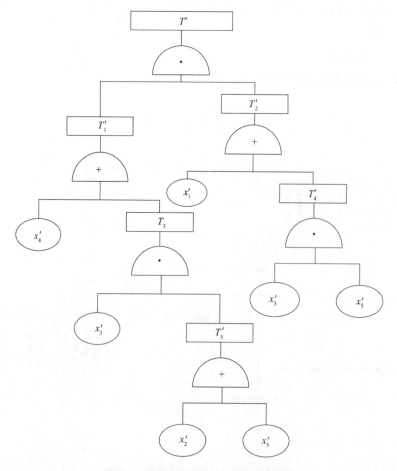

图7-12　某化工厂仓库火灾成功树示意图

$$T' = T'_1 \cdot T'_2 = (x'_4 + T'_3) \cdot (x'_1 + T'_4)$$
$$= (x'_4 + x'_3 \cdot T'_5) \cdot (x'_1 + x'_3 \cdot x'_5)$$
$$= [x'_4 + x'_3(x'_2 + x'_5)](x'_1 + x'_3 x'_5)$$
$$= (x'_4 + x'_2 x'_3 + x'_3 x'_5)(x'_1 + x'_3 x'_5)$$
$$= x'_1 x'_4 + x'_1 x'_2 x'_3 + x'_1 x'_3 x'_5 + x'_3 x'_4 x'_5 + x'_2 x'_3 x'_5 + x'_3 x'_5$$
$$= x'_1 x'_4 + x'_1 x'_2 x'_3 + x'_3 x'_5$$

成功树的三个最小割集为：

$$\{x'_1, x'_4\} \quad \{x'_1, x'_2, x'_3\} \quad \{x'_3, x'_5\}$$

对偶变换得到事故树的三个最小径集为：

$$\{x_1, x_4\}、\{x_1, x_2, x_3\}、\{x_3, x_5\}$$

即有三种方法确保该化工厂不会着火。方法一：及时发现明火，清除易燃燃烧品。方法二：杜绝易燃物品遇明火，确保电路无故障，同时严格执行看守管理制度，杜绝自燃物品进入仓库。方法三：确保电路无故障，清除自燃物品。

三 专家评议法

（一）专家评议法的定义

专家评议法是一种组织专家参加，根据事物的过去、现在及发展趋势进行积极的创造性思维活动，对事物的未来进行分析、预测的方法。

（二）专家评议法的分类

专家评议法有以下两种类型：

（1）专家评审法。专家评审法是指根据一定的规则，组织相关专家进行积极的创造性思维，对具体问题共同探讨、集思广益的一种专家评价方法。

（2）专家质疑法。专家质疑法需要进行两次会议：第一次会议是专家对具体的问题进行直接谈论；第二次会议则是专家对第一次会议提出的设想进行质疑。其主要工作内容如下：

①研究讨论有碍设想实现的问题；
②论证已提出设想的实现可能性；
③讨论设想的限制因素及提出排除限制因素的建议；
④在质疑过程中，对出现的新的建设性的设想进行讨论。

（三）专家评议法的步骤

（1）明确具体分析、预测的问题；
（2）组成专家评议分析、预测小组，小组应由预测专家、专业领域的专家、推断思维能力强的演绎专家等组成；
（3）举行专家会议，对提出的问题进行分析、讨论和预测；
（4）分析、归纳会议的结果。

(四) 专家评议法的优缺点和适用范围

专家评议法简单易行、比较客观，所邀请的专家在专业理论上造诣较深厚、实践经验丰富，而且有专业、安全、评价、逻辑方面的专家参加，将专家的意见运用逻辑推理的方法进行综合、归纳，这样所得出的结论一般是比较全面、正确的，特别是专家质疑通过正、反两方面的讨论，使问题研究讨论更深入、全面和透彻，所形成的结论性意见更科学、合理。但是，由于要求参加评价的专家具有较高的水平，并不是所有的工程项目都适用于本方法。

专家评议法适用于类比工程项目、系统和装置的安全评价，它可以充分发挥专家丰富的实践经验和理论知识。专项安全评价经常采用专家评议法，可以将问题研究讨论更深入、更透彻，并得出具体执行意见和结论，便于进行科学决策。

四 事件树分析法

(一) 事件树分析的含义

事件树分析（Event Tree Analysis，ETA）是从一个初始事件开始，按顺序分析事件向前发展中各环节成功与失败的过程和结果。

一起事故的发生是许多原因事件相继发生的结果。其中，一些事件的发生是以另一些事件首先发生为条件的，而一事件的出现，又会引起另一些事件的出现。在事件发生的顺序上，存在因果的逻辑关系。事件树分析法是一种时序逻辑的事故分析方法，它以初始事件为起点，按照事故的发展顺序，分成阶段，一步一步地进行分析，每一事件可能的后续事件只能取完全对立的两种状态（成功或失败、正常或故障、安全或危险等）之一的原则，逐步向结果方面发展，直到达到系统故障或事故为止。所分析的情况用树枝状图表示，故叫作事件树。它既可以定性地了解整个事件的动态变化过程，又可以定量计算出各阶段的概率，最终了解事故发展过程中各种状态的发生概率。

事件树分析是由决策树演化而来的，最初是用于可靠性分析。它的原理是每个系统都是由若干个元件组成的，每一个元件对规定的功能都存在具有和不具有两种可能。元件具有其规定的功能，表明正常（成功）；不具有规定功能，表明故障（失败）。按照系统的构成顺序，从初始元件开始，由左向右分析各元件成功与失败两种可能，直到最后一个元件为止。分析的过程用图形表示出来，就得到近似水平的树形图。

通过事件树分析，可以把事故发生发展的过程直观展现出来，如果在事件（隐患）发展的不同阶段采取适当措施阻断其向前发展，就可达到预防事故的目的。

(二) 分析步骤

1. 确定初始事件

初始事件是事件树中在一定条件下造成事故后果的最初原因事件。它可以是系统故障、设备失效、人员误操作或工艺过程异常等。一般选择分析人员最感兴趣的异常事件作为初始事件。

2. 找出与初始事件有关的环节事件

所谓环节事件就是出现在初始事件后一系列可能造成事故后果的其他原因事件。

3. 画事件树

把初始事件写在最左边，各环节事件按顺序写在右面。从初始事件画一条水平线到第一个环节事件，在水平线末端画一垂直线段，垂直线段上端表示成功，下端表示失败；再从垂直线两端分别向右画水平线到下一个环节事件，同样用垂直线段表示成功和失败两种状态；依此类推，直到最后一个环节事件为止。如果某一个环节事件不需要往下分析，则水平线延伸下去，不发生分支，如此便得到事件树。

4. 说明分析结果

在事件树最后面写明由初始事件引起的各种事故结果或后果。

事件树的一般形式如图 7-13 所示。

（三）定性与定量分析

1. 事件树定性分析

事件树定性分析在绘制事件树的过程中就已进行，绘制事件树必须根据事件的客观条件和事件的特征作出符合科学性的逻辑推理，用与事件有关的技术知识确认事件可能状态，所以在绘制事件树的过程中就已对每一发展过程和事件发展的途径进行可能性分析。

事件树画好之后的工作，就是找出发生事故的途径和类型以及预防事故的对策。

（1）找出事故连锁

事件树的各分枝代表初始事件一旦发生，其可能的发展途径。其中，最终导致事故的途径即为事故连锁。一般而言，导致系统事故的途径有很多，即有许多事故连锁。

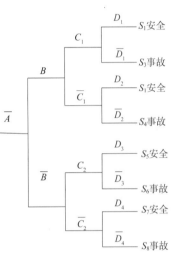

图 7-13　事件树的一般形式

事故连锁中包含的初始事件和安全功能故障的后续事件之间具有"逻辑与"的关系，显然，事故连锁越多，系统越危险；事故连锁中事件数越少，系统越危险。

（2）找出预防事故的途径

事件树中最终达到安全的途径指导我们如何采取措施预防事故。在达到安全的途径中，发挥安全功能的事件构成事件树的成功连锁。如果能保证这些安全功能发挥作用，则可以防止事故。一般而言，事件树中包含的成功连锁可能有多个，即可以通过若干途径来防止事故发生。显然，成功连锁越多，系统越安全；成功连锁中事件数越少，系统越安全。

由于事件树反映了事件之间的时间顺序，所以应该尽可能地从最先发挥功能的安全功能着手。

2. 事件树定量分析

事件树定量分析是指根据每一事件的发生概率，计算各种途径的事故发生概率，比较各途径概率值的大小，确定最易发生事故的途径。一般而言，当各事件之间相互统计独立时，其定量分析比较简单。当事件之间相互统计不独立时（如共同原因故障、顺序运行等），则定量分析变得非常复杂。

定量分析要有事件概率数据作为计算的依据，而且事件过程的状态又是多种多样的，一般都因缺少概率数据而不能实现定量分析。

3. 事故预防

事件树分析把事故的发生发展过程表述得清楚而有条理，为设计事故预防方案，制订事故预防措施提供了有力的依据。

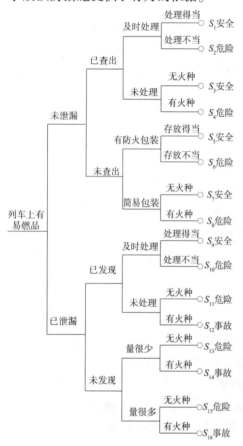

从事件树上可以看出，最后的事故是一系列危害和危险的发展结果，如果中断这种发展过程就可以避免事故发生。因此，在事故发展过程的各阶段，应采取各种可能措施，控制事件的可能性状态，降低危害状态出现概率，增大安全状态出现概率，把事件发展过程引向安全的发展途径。

采取在事件不同发展阶段阻截事件向危险状态转化的措施，最好在事件发展前期过程中实现，从而产生阻截多种事故发生的效果。但有时因为技术经济等原因无法控制，这时就要在事件发展后期过程采取控制措施。显然，要在各条事件发展途径上都采取措施才行。

（四）事件树分析应用实例

列车上有易燃品引起火灾事故的事件树分析

在轨道交通旅客运输中，为了确保旅客运输安全，严禁旅客携带易燃品上车。但有的旅客违反规定携带易燃品，进站时未查出，将其带上列车，这就可能引起火灾事故，造成人员伤亡和财物损失，如果处理得当，也可以避免火灾事故的发生。列车上有易燃品引起火灾的事故树具体分析如图 7-14 所示。

图 7-14 列车上有易燃品引起火灾的事件树

单元二　城市轨道交通运营安全评价

 单元导入

上海地铁创新安全评价方法

【事件概况】

2014 年 1 月，上海地铁 1~4 号线已完成运营安全评价，4 条线路的运营安全评价始于 2012 年下半年，运营安全评价共分为土建、车辆、机电、信号等 8 个方面，以详细反映设施设备和运营管理的实际情况，为决策和提高运营安全管理水平提供依据，同时推动

相关标准和规范的优化。

设计与标准差异和设备老化是4条线路主要风险点的成因，但不存在非常严重和灾难性的风险点。这是国内首次对既有城市轨道交通线路采取第三方独立评价，今后这类运营安全评价将常态化。其中对于10年以上的线路将每隔3年进行一次评价，10年以下的线路每隔5年做一次评价。

经过对4条线路运营中风险点的分析和梳理，设计与标准的差异和设备老化分别占风险点的31%和29%，其余为管理、专业结构及其他方面。从涉及的专业来说，机电、供电、车辆和通信等专业位居前列。专家介绍，上海地铁部分线路不是一次性建成的，1号线、2号线分别分5期、4期建造而成。由于时间跨度长，不同时期的标准、设备有所不同，在信号、通信或其他方面的相互衔接上容易产生问题。从分析来看，3号线、4号线的共线运营，使得设备老化风险点高于1号线、2号线。

在评价中，风险可能产生故障的严重程度共分为5个等级，分别为可接受的（不涉及人员或设备安全，影响运营时间较短），需重视的（可能涉及人员或设备安全，但采取措施后可以保障安全），严重的（明显涉及人员或设备安全，但采取措施后仍可以保障安全），非常严重和灾难性。如高峰时段大客流带来的风险，有些车站采用了限流的措施，这种风险被列为可接受的等级。对于地铁线路沿线施工可能给运营带来的影响，则是需重视的风险点。而车站上尤其是高架车站多次出现的人员进入轨道，给列车安全运营带来严重影响，则属于比较严重的风险等级。

风险点容易导致故障影响运营，4条线路评价结果是，风险点中71%为可接受的等级，其余为需重视的和严重的，尚未发现会引发非常严重和灾难性后果的风险点。

【案例启示】
随着搭乘轨道交通快速流动的人口越来越多、越来越密集，潜在的城市不安全因素也越来越复杂。安全是最大的民生，绝对的安全是没有的，关键看风险是否处于可掌控的范围内。

任务要求

1. 了解系统负荷评价和人员评价。
2. 掌握客运组织和人员疏散评价内容。
3. 掌握行车基础设备评价内容。
4. 掌握外界影响评价内容。

安全评价（又称为风险评价）是指以保障安全为目的，应用安全系统工程原理和方法，对工程、系统中存在的危险、有害因素进行辨识与分析，判断工程、系统发生事故和职业危害的可能性及其严重程度，提出安全对策、建议，为制定防范措施和管理决策提供科学依据。

城市轨道交通安全评价是城市轨道交通安全管理的重要组成部分。它以实现城市轨道交通运营安全为目的，按照系统科学的方法，对城市轨道交通系统中的危险因素进行分析和评价，并根据形成事故的大小采取相应的安全措施，以实现安全管理。城市轨道交通安全评价体系包括安全管理评价、运营组织与管理评价、线路与轨道系统评价、环境与设备监控系统评价、自动售票系统评价、车辆段与综合基地评价、土建评价和外界环境评价。

一、安全评价的内容

20世纪60年代初，安全评价技术起源于美国。美国空军倡导系统安全工程评价方法，而美国道氏化学公司则首创了危险指数评价方法，逐渐形成了并行不悖的两大流派。无论哪一种评价方法，其主要内容不外乎危险的识别、危险的定量、定量化的危险与基准值比较、提出控制危险的措施四个方面。危险的识别是分析所研究对象存在的各种危险；危险的定量则是研究确定这些危险发生的频率及可能造成的后果；一般将定量化的危险称为风险，定量化的危险与基准值比较是将这些风险与预定的风险值相比较，判断是否可以接受；提出控制危险的措施即根据风险能否接受而提出的降低、排除、转移风险的对策。

二、安全评价的特点与意义

（一）安全评价的特点

与传统的安全分析和安全管理相比，安全评价主要具有以下特点：

（1）确立了系统安全的观点。随着生产规模的扩大、生产技术的日趋复杂和连续化生产的实现，系统往往由许多子系统构成。为了保证系统安全，就必须研究每个子系统，另外各子系统之间的"接点"往往会被忽略而引发事故，因而"接点"的危险性不容忽视。由于安全评价是以整个系统安全为目标，因此不能孤立地对子系统进行研究和分析，而要从全局的观点出发，寻求最佳、有效的防灾途径。

（2）开发了事故预测技术。传统的安全管理常常是"亡羊补牢"，即从已经发生的事故中吸取教训，这当然是必要的，但是有些事故的代价太大，必须预先采取相应的防范措施。安全评价的目的是预先发现、识别可能导致事故发生的危险因素，以便于在事故发生之前采取措施消除、控制这些因素，防止事故的发生。

（3）对安全做定量描述。安全评价对安全做定量化分析，把安全从抽象的概念转化为数量指标，从而为安全管理、事故预测和选择最优方案等提供科学依据。

从某种意义上说，安全评价是一种创新，它是在传统的安全分析和安全管理的基础上发展起来的。因此，传统安全管理的宝贵经验和从过去事故中吸取的教训，对于安全评价依然是十分重要的。

（二）安全评价的意义

安全评价可有效预防事故的发生，减少财产损失和人员伤亡。其主要表现在以下几方面：

（1）安全评价是安全管理的一个重要组成部分。

（2）安全评价有助于政府安全监督管理部门对生产经营单位的安全生产实行宏观控制。

（3）安全评价有助于安全投资的合理选择。

(4)安全评价有助于提高安全生产经营单位的安全管理水平,实现三个转变:变事后处理为事先预测、预防,变纵向单一管理为全面系统管理,变经验管理为目标管理。

(5)安全评价有助于生产经营单位提高经济效益。

三 安全评价的依据与程序

(一)安全评价的依据

安全评价的依据:国家及地方的有关法律、法规、标准,企业内部的规章制度及技术规范,可接受的风险标准,前人的经验教训。

(二)安全评价的程序

安全评价的程序包括准备阶段,危险、有害因素识别与分析,定性、定量评价,提出安全对策措施,形成安全评价结论及建议,编制安全评价报告。

四 运营组织评价

运营组织与管理是一个集系统、管理者、乘客、组织手段等多种因素于一体的复杂过程,既要考虑行车指挥,又要关注客运组织,还与诸多中间环节有千丝万缕的联系。运营组织评价的主要对象包括系统负荷、人员、客运组织、行车组织。系统负荷分为线路负荷和车站负荷;客运组织是指车站客运人员根据客流量大小、天气情况等制定相应的方案,保证乘客在乘降及运输全过程的安全;行车组织是指调度员按照列车运行图指挥列车安全、正点地运行。行车岗和客运岗是保证旅客乘车安全、正点的关键岗位,具有高可靠性、高信任度的特点,调度员、行车值班员、驾驶员、客运服务人员及救援抢险人员是城市轨道交通的关键岗位人员。

(一)系统负荷评价

从乘客乘坐地铁全过程的角度讲,地铁系统可简单地划分为线路和车站两个部分,因此,将线路负荷和车站负荷作为评价对象。

1. 线路负荷评价

作为运营中的地铁线路,其系统负荷主要根据日运量、行车密度和车辆满载率,划分各种负荷类别,类别越高,风险越大。其评价标准如下:

(1)线路负荷是指评价期间内最大日均运量,即:

$$线路负荷 = 线路日运量(万人次) \div 线路运营里程(km)$$

一般来说,日运量越大,风险越大。

(2)车辆满载率是指列车在高峰时段最大断面的满载情况,不计算平均值。满载率越高,风险越大。

2. 车站负荷评价

车站负荷可分解为不同公共区域负荷。一旦这些区域满足负荷要求,车站负荷即可得到保证。此外,随着 AFC 系统的应用越来越普遍,其在客流组织方面所具有的不可替代作用也应在车站负荷评价中得到充分体现。其评价标准如下:

（1）站台是乘客在乘车流程当中车站范围的终点，也是列车范围的起点，是一个极易造成客流拥堵、形成安全隐患的区域。站台高峰每小时集散量就是对这一因素最有效的考量。

（2）通道和楼梯是一个客流过渡部分，而不是客流集散部分，然而，一旦通道超负荷而发生堵塞，将形成客流"瓶颈"。对通道和楼梯的评价参考《地铁设计规范》（GB 50157—2013）中的相关数据。

（3）正常情况下，AFC系统闸机通道发挥楼梯、通道的作用；大客流或突发情况下，其性能及疏散能力直接影响客流流速。

（二）人员评价

据有关资料统计表明，在典型的控制系统中，人的失误比例为：交通系统中人的失误概率占90%，机电设备事故中人的失误概率占70%，城市生命线系统中人的失误概率占80%。可见，人是导致事故的主要因素。

城市轨道交通运营的工作人员对信息的处理过程是一个复杂的感知-选择-判断-决策-操作的过程，其中任何环节出现差错均可能导致运营系统意外事件的发生。人员失误的根本原因包括生理、心理及环境影响三个方面，其根源是人的生理、心理上的固有弱点。人的感觉知觉、记忆思维、能力、气质、性格、情绪、疲劳等心理因素对工作人员的行为有重要影响。

1. 调度人员评价

调度人员评价内容包括调度员的年龄结构，现场工作经验，对行车基础设备的熟悉程度，客流增减对列车运行影响的掌握，指挥列车正点、安全运行的素质。

2. 行车值班员评价

行车值班员评价内容包括突发事件的处置能力，作业和收工过程的快慢，车站值班员同班组其他成员相互配合的程度。

3. 司机评价

司机对运行安全起决定性作用，列车司机是高信任度职业，对人的职业技能、心理承受能力和承受外界影响等能力的要求较高。针对司机长时间、不间断驾驶车辆疲劳的情况，一方面调整运行圈数、合理轮乘；另一方面加强管理人员的添乘指导，加大在不同时间、不同地点的检查工作。此外，加强对司机公寓的管理，确保司机得到充分休息，使司机能集中精力操作列车。

4. 客运服务人员评价

对客运服务人员评价，一是考察个人背景资料，包括性别、年龄、岗位和身体状况等；二是考察车站客运服务人员对突发事件的敏感程度和反应能力；三是考察车站客运服务人员对各类抢险救灾器材和逃生防护用品的掌握情况。

5. 应急救援人员评价

当发生火警时，应急救援人员要设法扑灭初期火灾，或引导消防队员灭火。其主要工作内容是对供电设备的抢修和协助其他部门抢险。城市轨道交通系统的应急救援人员年龄要求在35岁以下，人员布点满足第一时间到达现场的要求。另外，应加强应急救援人员与消防局、消防队之间的交流，保障地铁应急救援工作的顺利开展。

6. 设备维修、维护人员评价

对设备维修、维护人员采取多种形式的培训，如岗前安全培训、业务技能培训、安全专项培训和安全例行教育等；对国家规定的特种作业人员进行培训，实行持证上岗；加强日常的安全宣传教育，特别是对新员工的安全教育；加强职工的自保和事故应急能力的培训，明确设备危险特性及相应的应急处理措施和急救措施，加强从业人员的安全防护。

（三）客运组织评价和人员疏散评价

1. 客运组织评价

客运组织工作是城市轨道交通运营生产的重要组成部分，客运组织质量直接反映城市轨道交通运营管理水平。客运组织工作必须实行统一领导、分级管理的原则，建立健全各项工作制度，各部门密切配合，维持站、车秩序，完善服务态度，提高工作效率。在制订客运组织方案时，应做到以下几点：

（1）了解各站区的客流特征，包括车站的客流量、客流来源、早晚高峰时间、各方向站厅客流比例、15min进站量和票种构成特点等。

（2）制订日常客运组织方案，包括车站正常的客运组织方案和特殊情况下的客运组织方案。

（3）制订节假日与重点运输阶段的客运组织方案。节假日客运组织是指元旦、五一、十一期间的客运组织，重点运输阶段的客运组织是指清明节期间运输、暑期运输、冬季运输的客运组织。

（4）制订雨天、雪天客运组织方案。

（5）加强与社会各界沟通，配合社会上举行的重大活动，提前做好客运组织方案，保证乘客的人身安全。

2. 人员疏散评价

人员疏散是城市轨道交通客运组织的一个重要方面，可以选取线路中具有代表性的车站，运用人员疏散计算机模拟技术对应急疏散能力进行模拟分析。对各种影响因素（如人员密度、残疾人的比例、紧急时间、发生位置、出口的可用情况、疏散过程中的信息交流、步梯的使用情况）的单独和综合作用，以及各种组织疏导措施的效果等进行深入模拟分析。

（四）行车组织评价

列车必须按照既定的列车运行图运行。为了保证列车正点、安全运行，应制订正常行车组织方案和特殊情况下的行车组织方案。

1. 正常行车组织方案评价

当各种原因使列车运行偏离运行图时，行车调度员要根据实际情况对列车进行运行调整，尽可能在最短时间内使列车恢复按图行驶，做到恢复正点运行和行车安全兼顾。

正常情况下的列车运行调整方法如下：

（1）始发站提前或者推迟发出列车。

（2）加速车站作业过程，压缩停站时间。

（3）根据实际情况组织列车不停车而通过某些车站。

（4）变更列车交路，组织列车在具备条件的中间站折返。

（5）组织列车反方向运行。

（6）扣车。

（7）调整列车运行时间间隔。当车站客流骤增、作业困难时，行车调度员可根据列车的运行情况适当调整列车运行间隔，避免上下行列车同时到达车站。

（8）当一条线路运行秩序混乱时，要尽力维持另一条线路的列车正常运行，并通知各站组织乘客乘坐畅通线路方向的列车。

（9）停运列车。

2. 特殊情况下行车组织方案评价

在列车运行调整时，列车等级按照专运列车、旅客列车、回空列车、其他列车的次序排列。在抢险救灾的情况下，优先放行救援列车。特殊情况下的列车运行组织如下：

（1）列车出现自动控制故障时的行车；

（2）调度权力下放，改为车站控制时的行车；

（3）改用电话闭塞法的行车；

（4）改用时间间隔法的行车；

（5）夜间施工时的行车等。

此外，针对火灾、地震、毒气等特殊情形，制订紧急救援预案。

五　行车基础设备评价

（一）车辆评价

车辆是城市轨道交通系统的乘客运载工具，在保证运行安全、准点、快速的基础上，还要为乘客提供良好的服务条件。

车辆在运营线路上发生故障可能导致列车运行中断，也可能导致列车颠覆、脱轨，最终影响乘客的人身安全，对城市轨道交通系统运营安全的影响最大。

车辆评价可以采取现场安全检查表的方式，选取若干车辆段进行检查，设立相应检查项目，进而根据收集到的数据对车辆进行安全评价。

根据车辆评价结果反映的问题，研究安全措施和改进对策，比较常用的有以下几项：

（1）针对设备老化的问题，在更新车辆设备之前，加强对职工的安全教育，强化质量问题就是安全问题的意识，对重点部位"死看、死守"。检修部门加强对车辆的监控，制定严格的维修养护措施，派出专人在运营线路上对车辆进行监控，并及时向车间反馈故障信息。

想一想

车辆结构中，哪个部分最容易出现故障？

（2）针对容易发生事故的隐患，认真贯彻"抓小防大、安全关前移"的思想，制定和完善各种规章制度及作业标准。

（3）对老化车辆进行更换，以此提高车辆的安全性、可靠性和稳定性，降低车辆的事故率。

（4）在客室内安装与驾驶室的对讲装置，以保证在紧急情况下乘客能与驾驶员交流。

（5）在列车上安装安全监控设备，提高车辆的自动化水平，以防止在列车运营过程中驾驶员误操作和车辆故障而造成行车事故。

（6）提高备品、备件的质量，选取有资质的生产厂家统一进货，以保证备件质量安全可靠。

知识拓展

地铁车辆有个装置叫作司机警惕装置（即 Dead Man 装置），安装在司控器主手柄顶部，采用自复位按钮形式，在人工驾驶模式下要求司机一直按压该按钮，如果松开该按钮，列车就立即失去动力，松开超过一定时长，列车将自动施加紧急制动，直至列车最终停车为止。该装置可在司机发生意外时，有效保证列车的运行安全。

高铁动车组上，也设有类似的装置，采用踏板设计，叫作无人警惕装置，安装在车地板驾驶座旁。高铁司机每隔 30s 就要踩一次踏板，以此来得知司机是否高度集中。如果在超出规定时间 7s 还没有踩踏板的话，无人警惕装置就会发出警报，如果超过 10s，列车就会自动紧急制动。

（二）线路评价

线路是行车最主要的基础设备。线路问题可能导致列车脱轨等重大事故的发生，影响乘客的人身安全，它对城市轨道交通系统安全的重要性仅次于车辆。线路必须坚固稳定，并具有正确的几何形状，只有线路的平面和纵断面符合规范才能确保机车车辆安全、平稳、不间断地运行。线路评价也可以采取现场安全检查表的方式，从线路设计缺陷、钢轨伤损等方面进行检查，并对钢轨断裂用事故树分析法进行分析，从而发现安全隐患。

线路的安全应对措施如下：

（1）对于线路不满足现行规范要求的问题，通过制定列车限速标准、设置标识来保证行车安全。

（2）按钢轨探伤周期，严格执行《工务维修规则》，及时发现轨道的各种伤损情况，并采取各种措施进行处理。

(3) 对道床开裂、破损地段定期监测，及时进行修复。

（三）供电系统评价

采用安全检查表对城市轨道交通系统供电设备进行安全检查，对历年的事故资料采用数理统计分析的方法进行评价，并对影响列车运营的三轨断电事故进行事故树分析，分别评价供电系统在负荷要求、电源要求、牵引制式、变电所变压器和牵引整流机组等的数量容量设计、线缆设置、杂散电流控制及保护设置等方面的安全性。

供电系统评价主要考察的问题有设备服役期限、设备老化情况、设备技术水平、设备与环境的适应性、设备结构设计、备件备品情况等。

根据评价结果，制定完善的供电系统安全管理制度和维护检修制度，对供电的重点部位加强监护，保证对各系统持续、稳定、可靠供电，及时改造存在火灾隐患的供电设备。

（四）通信信号评价

通信信号系统是列车安全运行的重要辅助设备。通信信号系统发生故障，其本身不会导致乘客伤亡的事故，若通信信号故障不能短时间排除，可以采用电话闭塞法行车，也不会导致长时间的列车停运。因此，通信信号系统发生故障对轨道交通系统的安全影响比较小。

对通信信号设备主要采用数理统计分析的方法和影响弹性系数方法进行评价，统计设备故障数量、设备故障率、自动化水平及设备稳定性等。针对信号设备、车载设备，电视系统等发生故障频率比较高的设备制定专门的规章制度，保证通信信号故障发生后快速解决。

（五）机电设备评价

机电设备故障本身不会导致乘客的安全问题，但是一旦发生意外突发事件，机电设备尤其是通风排烟系统对于抢险救灾意义重大。

机电设备数量繁多、种类复杂，在评价过程中可以应用安全检查表对机电设备设施进行现场检查，考察通风和排烟设施、管路锈蚀情况、电缆阻燃能力、区间隧道应急照明等，并采用事故树分析法进行分析。

对于老化设备及地铁最初设计、布局造成的一些安全隐患的历史遗留问题，通过加强对设备的巡视，提高巡检、维修质量来确保设备的安全运行，机电分公司除了加强平时的巡视、巡检、巡查外，还要不断加强安全管理方面的建设，演练应急救援预案，完善维修、操作规程，确保机电设备处于良性运行状态。

（六）土建设施系统评价

土建设施系统包括车站、风亭、隧道等静态行车基础设施，其本身不会对列车运行产生任何影响，也不会导致乘客的人身安全问题。车站设备设施不符合规范，本身不会导致乘客安全事故，但是一旦发生意外，不利于人群的疏散；土建设施的病害一般不会造成车内乘客的伤害，但是若病害严重，则可能影响列车的正点运行。

土建设施系统的评价主要考察车站的通道宽度，楼梯宽度，站厅、站台、设备及管用房、通道、人行楼梯、自动扶梯高度，以及车站控制室、出入口、风亭、人行楼梯的设置等。

（七）行车基础设备评价总结

车辆线路、供电、通信信号、机电等行车基础设备是城市轨道交通运营的基础，行车基础设备与城市轨道交通事故的关系总结如下：

（1）车辆是影响安全运营最重要的设备，车辆故障可能导致列车脱轨等事故发生，从而导致群死群伤事件的发生。

（2）线路伤损可导致重大行车事故的发生，需要进行线路检测、维修，以保证及时发现伤损情况，并进行处理。

（3）供电设备故障可导致长时间停运，本身不会导致乘客的伤亡，但是如果疏散不当，可能导致拥挤、踩踏事件。

（4）机电设备本身不对安全运营产生影响，但是关系到灾后通风排烟。

（5）通信信号本身发生的故障，通过采取各种措施，不会导致乘客伤亡事故。

六　外界影响评价

（一）乘客对轨道交通系统安全影响评价

乘客由于各种原因携带禁带品乘坐城市轨道交通，严重威胁城市轨道交通系统的运营安全，禁带品的种类主要有笨重物品、危险化学品、动物、超长物品、易燃易爆危险品、易碎物品、危险工具等。

由于车站工作人员无权对乘客所携带的物品进行盘查，目前只能依靠观察，以及通过安检设备进行识别，发现明显的禁带品时予以制止。因此，车站存在乘客违规携带危险品进入城市轨道交通的潜在威胁，可通过数理统计的方法，考察乘客携带禁带品的数量、种类、比例及多发地区，得出评价结果。

（二）水、电、气、热等生命线工程对安全影响的评价

城市轨道交通系统，特别是地铁，主要修建于地下，周边敷设有大量的水、电、气、热管网。但由于地铁运营公司无法掌握详细资料，因此无法对周围管网安全进行监控。

外界停电会导致地铁运营中断，若疏散不利，可能导致乘客拥挤、踩踏等事故发生，也可能引起地铁大面积停电而停运；水管若发生意外泄漏，可能导致轨道受淹而使地铁停运，用电设备因进水而短路、起火；煤气管道泄漏，有导致火灾发生的可能。

（三）外界环境评价

外界环境评价包括防自然灾害、保护区两个评价项目。

依据《国家处置城市地铁事故灾难应急预案》，城市轨道交通系统中特别重大、重大事故灾难类型包括地铁遭受台风、水灾、地震等自然灾害。此外，《地铁设计规范》（GB 50157—2013）中规定，地铁应具有防风灾、水淹、冰雪、地震、雷击等灾害的防灾设施。因此，根据可能发生的危险形式，分为防风灾、防雷电、防水灾、防地震、防地质灾害5

个方面，对地铁运营期间防自然灾害的能力进行评价。

思考与练习

1. 说明安全检查表分析法的基本方法、步骤及主要优缺点。
2. 简要说明事件树分析法的优缺点及适用范围。
3. 简要说明如何使用事故树分析法进行安全分析。
4. 城市轨道交通安全评价的主要内容是什么？
5. 城市轨道交通安全评价的特点与意义是什么？
6. 简要说明城市轨道交通安全评价的依据与程序。
7. 城市轨道交通系统客运组织评价的主要内容是什么？
8. 如何对城市轨道交通系统的行车基础设备进行评价？

参 考 文 献

[1] 彭冬芝，郑霞忠．现代企业安全管理[M]．北京：中国电力出版社，2004．
[2] 顾正洪．交通运输安全[M]．南京：东南大学出版社，2009．
[3] 何静．城市轨道交通运营管理[M]．北京：中国铁道出版社，2007．
[4] 陈信，袁修干．人-机-环境系统工程总论[M]．北京：北京航空航天大学出版社，2000．
[5] 徐德蜀，宋大成．安全科学与安全生产[R]．1996．
[6] 郑希文．安全生产管理[M]．北京：冶金工业出版社，1997．
[7] 金磊，徐德蜀，罗云．中国现代安全管理新编[M]．北京：人民邮电出版社，1995．
[8] 何学秋等．安全工程学[M]．北京：中国矿业大学出版社，2000．
[9] 周小楠．城市轨道交通运营安全[M]．北京：中国劳动社会保障出版社，2008．
[10] 史富强．城市轨道交通运营安全[M]．青岛：中国石油大学出版社，2017．
[11] 刘亚苹，王笑然．城市轨道交通安全管理[M]．北京：中国建材工业出版社，2017．
[12] 盛海洋，王志中．城市轨道交通安全管理[M]．北京：机械工业出版社，2017．
[13] 李宇辉．城市轨道交通应急处理[M]．北京：人民交通出版社股份有限公司，2017．
[14] 招晓菊．城市轨道交通运营安全管理[M]．北京：机械工业出版社，2018．
[15] 马子彦．轨道交通运营事故案例分析[M]．北京：北京交通大学出版社，2015．